普通医药院校创新型系列教材

外科护理学

谢　萍　主编

科学出版社
北　京

内 容 简 介

本教材共26章，内容包括绪论，水、电解质、酸碱代谢失衡患者的护理，外科营养支持患者的护理，外科休克患者的护理，麻醉患者的护理，手术室管理和工作，烧伤患者的护理，颅脑疾病患者的护理，胸部损伤患者的护理，肺癌患者的护理，食道癌患者的护理，心脏疾病患者的护理，甲状腺疾病患者的护理，乳腺疾病患者的护理，门静脉高压症患者的护理，原发性肝癌患者的护理，胆道疾病患者的护理，胰腺肿瘤患者的护理，胃十二指肠疾病患者的护理，肠道疾病患者的护理，阑尾炎患者的护理，腹部损伤患者的护理，腹外疝患者的护理，周围血管疾病患者的护理，泌尿、生殖系统疾病患者的护理，骨与关节疾病患者的护理。本教材注重培养学生学习的主动性，每章开头介绍了"学习要点"，让学生掌握、熟悉和了解的具体内容；文末附有1～2个"案例分析"，并附有"小结"，在帮助学生梳理和总结整章内容的同时，注重理论与实践的结合，提高其临床实战能力。

本教材可供普通医药院校护理学专业本、专科学生，在职临床护理人员，继续教育学员，以及从事各层次护理专业教学、管理工作者参考、学习使用。

图书在版编目(CIP)数据

外科护理学 / 谢萍主编. —北京：科学出版社，2018.4
普通医药院校创新型系列教材
ISBN 978-7-03-057007-9

Ⅰ.①外… Ⅱ.①谢… Ⅲ.①外科学—护理学—医学院校—教材 Ⅳ.①R473.6

中国版本图书馆CIP数据核字(2018)第059221号

责任编辑：闵 捷
责任印制：谭宏宇 / 封面设计：殷 靓

科学出版社 出版
北京东黄城根北街16号
邮政编码：100717
http://www.sciencep.com

南京展望文化发展有限公司排版
广东虎彩云印刷有限公司印刷
科学出版社发行 各地新华书店经销

*

2018年4月第 一 版 开本：889×1194 1/16
2021年3月第六次印刷 印张：14
字数：400 000

定价：52.00元

(如有印装质量问题，我社负责调换)

普通医药院校创新型系列教材

专家指导委员会

普通医药院校创新型系列教材

《外科护理学》编辑委员会

主　编

谢　萍

副主编

杨　琴　潘凌燕　袁晓红

编　委

（按姓氏笔画排序）

方　方　朱　青　乔继红　刘　春　刘　霞
阮小燕　严俊丽　杨　琴　张　灿　张　菁
陆　云　赵　烨　柏基香　袁晓红　袁海娟
谢　萍　潘凌燕

前　言

随着医学科学的发展和人民群众对健康需求的日益提升，临床护理工作面临更多的机遇和挑战，护理工作人员需在原有职前教育的基础上不断巩固基础知识和技能，进一步掌握新的理论和技术，才能适应新的需求，促进护理工作的发展。目前护理教育体系中，呈现职前与职后教育并举，学历教育与非学历教育相互配合的局面，继续教育、终身教育日益成为社会经济发展的必要条件。接受继续教育的护理人员已具备一定的理论知识，并在各自的岗位上从事护理工作，具有一定的社会经验和职业经验，再次接受学习和培养，既需要获得更高层次的文凭，更需要掌握和了解目前学科进展和动态。故本教材针对继续教育学员特点，坚持“以人为本，以社会需求为导向”的原则，确立具有本科导向、成教特色的护理人才培养目标，构建以“专业能力＋关键能力”为核心的教学模式，重视对学生自主学习、综合运用、分析解决问题的能力，实施课程导学、模块化教学。本教材共26章，有下列几个编写特点。

一是与时俱进。本教材在编写过程中参考了国内诸多外科护理学及外科学书籍和相关指南，更新概念，增添了一些新知识、新理论和新技能。

二是本科导向，成人特色。与本科层级教材相比，本教材更符合成人学生的认知前提和心理取向，在内容的取舍上做到轻重有度，详略得当，既体现已有基础知识，又对部分章节内容进行了适当调整，删除了“器官移植”及“外科感染”两大部分内容，有针对性地选取疾病，紧密联系临床，以病因、病理、临床表现与治疗原则为前提，以护理诊断、护理措施、健康指导为主干，强调围术期护理、术后并发症观察及处理，注重实效。

三是结构新颖。在每章前设有“学习要点”，帮助学生从掌握、熟悉、了解三个层面学习整章的重点内容；以插入文本框的形式对新技术、新方法进行“知识拓展”；在每章适当处附有1～2个“案例分析”，供学生结合理论分析，提高学生工作中的实战能力；每章结束设有“小结”，帮助学生梳理和总结整章内容，巩固已学知识，达到温故知新的目的。

本教材在编写过程中，得到了扬州大学护理学院、江苏省苏北人民医院、扬州大学附属医院各级领导的关心和大力支持。就组织管理而言，扬州大学护理学院各级领导都很重视本教材的出版工作，多次就编写的形式、内容等组织相关专家讨论、论证。

承担本教材撰写的作者为从事外科临床护理工作的护理专家和护理学院的双师制教师，除日常承担的护理临床、教学、科研工作之外，还集中精力编写此书，实属不易，在此对他们的辛勤劳动及严谨工作表示感谢。受编者水平所限，对书中不足之处，恳请各位专家及使用本教材的师生和护理界同仁不吝赐教，提出宝贵意见。

主编

2018年1月

目录

第一章

绪　论

学习要点

- **掌握**：外科护理学、围术期、围术期护理的概念。
- **熟悉**：① 手术的分类；② 外科护理人员应具备的素质。
- **了解**：如何学习和运用外科护理学。

外科护理学基于医学科学的整体发展而形成，是护理学的一个重要组成部分，是现代科学体系中一门涵盖自然科学和社会科学知识的综合性学科。

一、外科护理学的范畴

外科护理学与外科学紧密相连，在与其他学科彼此促进、交叉、重叠的同时，大大丰富了外科护理学的内涵与外延。它包含医学基础理论、外科学基础理论、专科护理学基础理论及技术，还包括护理心理学、护理伦理学、社会学等人文科学知识。它以感染、创伤、肿瘤、畸形、内分泌、梗阻、功能障碍等外科疾病为研究对象。随着外科领域研究的不断深入，更是拓展了外科护理学的新领域，如心血管外科护理、微创手术护理、肠内外营养治疗护理等。同时，随着人们对健康需求的日益增加和重视，外科护理社会化的趋势越来越明显，扩大了外科护理工作范畴。工作场所也由医院向社区、家庭延伸，护士职能更趋向多样化、多功能化。

二、外科围术期护理

（一）围术期与围术期护理的概念

围术期是指准备从决定手术治疗起，到与本次手术有关的治疗基本结束为止的一段时间。它包括手术前期、手术期、手术后期 3 个阶段。① 手术前期：从患者决定手术到将患者送至手术台；② 手术期：从患者被送上手术台到患者手术后被送入复苏室或外科病房；③ 手术后期：从患者被送至复苏室或外科病房到患者出院或继续追踪。

外科围术期护理围绕手术前期、手术期、手术后期 3 个阶段患者出现的问题进行针对性护理，对患者关心的健康问题进行指导，对术后可能发生的并发症进行预防和处理，对即将出院的患者进行健康教育。

（二）手术分类

1. 按手术时限分类

（1）急症手术：病情危急，需在最短的时间内进行必要的准备后立即手术，如外伤性肝、脾破裂、肠破裂等。

（2）限期手术：手术时间可以选择，但不宜过久延迟，应在限定的时间内作好术前准备，如各种

笔记栏

恶性肿瘤根治术。

(3) 择期手术：手术时间没有期限的限制，可在充分的术前准备后进行手术，如良性肿瘤切除术、腹股沟疝修补术。

2. 按手术次数分类

(1) 一期手术：一次完成的手术，绝大多数手术均属此类，如体表肿物切除等。

(2) 分期手术：指由于各种条件的限制，需间隔一定时期分次完成的手术。例如，乙状结肠扭转，肠管已有坏死，切除坏死肠段后，因结肠血循环不良，细菌较多，一期吻合不易愈合，故可将两断端外置作结肠造瘘(临时性手术)，以后再做二期吻合术(永久性手术)。

3. 按手术目的分类

(1) 诊断性手术：目的是明确诊断，如活体组织检查、开腹探查术等。

(2) 根治性手术：目的是彻底治愈。

(3) 姑息性手术：目的是减轻症状，如造瘘术、消化道短路手术等。

三、如何学习和运用外科护理学

1. 树立良好的职业道德观念　学习外科护理学的目的是为了更好地为人类健康服务，在实践中运用知识，奉献爱心。当一个人所学知识为人所需、为人所用，自身价值才能得到体现。只有目的明确，有学习的欲望，同时具有高尚的思想品德和崇高的职业道德，热爱护理事业者，才能心甘情愿地付出精力学好外科护理学。

2. 坚持理论、联系实践　医学是一门实践性很强的学科，其发展过程是理论与实践相结合的过程。要学习好外科护理必须将实践贯穿于理论学习过程的始终，不仅要学习医学基础知识和外科护理的专业知识，还应将书本知识与外科护理临床实践有机结合。外科患者危急者居多，病情变化快，加之手术后其解剖关系和生理功能发生了变化，术前、术后的护理问题也随之发生改变。同时外科病房特点是外科医生在手术室时间长，在病房时间相对较短，术后患者病情观察主要由护理人员完成，这必然要求护理人员有一定的理论知识、敏锐的观察能力，及时发现问题，及早处理，以预防并发症的发生，促进患者早日康复。

3. 以现代护理观指导学习　现代生物-心理-社会医学模式要求护士不仅要帮助和护理患者，还需向患者及其家属提供健康教育和指导服务。护理人员的角色已由照顾者扩大到管理者、决策者、沟通者、健康教育者和研究者；护理的服务对象由患者扩大至健康人群；护理服务的场所由医院扩大至家庭、社区和社会；护理的服务期限涵盖了生命的全过程。护理是护理人员与患者之间的互动过程，护理的目的是增强患者的应对和适应能力，满足患者对健康的各种需要，使之达到最佳的健康状态。外科护理人员在护理实践中，应始终以人为本，以系统论和现代护理观为指导，运用护理程序对患者实施整体护理，帮助其解决健康问题。

四、外科护理人员应具备的职业素质

外科急诊、危重患者多，护理治疗多，工作强度大，另外，外科疾病因为创伤、麻醉及手术的影响，病情复杂多变，演变迅速。因此，外科护理人员只有具备良好的综合素质，才能更好地胜任外科的护理工作，提高医疗护理质量，减轻患者的痛苦，增进患者的健康，适应医疗护理事业的发展。

1. 高度的责任心　护理工作是一项非常严谨的工作，它直接涉及人的生命和健康，护理工作者要有一种强烈的使命感和责任心。外科患者的病情瞬息万变，故外科护理人员应在工作中严肃认真、一丝不苟、兢兢业业，热爱患者的生命，保护患者的生命。

笔记栏

2. 扎实的专业素质　外科护理人员不仅要掌握丰富的外科理论知识、娴熟的操作技能、熟悉各种先进仪器的使用方法，还应广泛学习内科、儿科、妇产科等各科相关知识，融会贯通，这样才能提高敏锐的观察力和判断能力，及时发现患者现存或潜在的生理、心理和病理问题，采取有效的护理措施，解决患者的健康问题。

3. *实事求是的工作作风* 严格遵守各项操作规程，只有严格遵守各项操作规程，才能杜绝差错的发生，保证护理质量。

4. *开展护理科研的能力* 护理学的发展需要护理科研的支撑和推动。外科护理学理论的构建，护理技术、方法的改进，护理设备的更新，护理质量的改善等，有赖于护理人员探索规律、总结经验，推动外科护理学科的发展。作为外科护士应认真钻研业务，不断开拓创新，善于在实践中发现问题、思考问题、解决问题，提高自己的科研能力。

5. *良好的身心素质* 外科护理工作急诊多、工作量大、患者病情急且变化快、突发事件多、工作节奏快，要求护士具有强健的体魄、健康的心态、饱满的精神状态、过硬的心理素质和应急能力，保证及时有效参与抢救及护理工作，满足患者的身心需求。在护理工作中，要有意识地培养沉着冷静、处变不惊的心理素质，同时，学会自我调节，积极向上、乐观自信，增进护患之间的情感交流，使之积极主动配合治疗和护理。

小 结

外科护理学是阐述和研究对外科患者进行临床护理的一门临床护理学科。外科护理人员应具备高度的责任心、扎实的专业素质、实事求是的工作作风、开展护理科研的能力、良好的身心素质。在学习过程中，要以现代护理观为指导，坚持理论联系实践，做好围术期患者的护理。在学习和护理实践过程中，养成良好的综合素质，更好地胜任外科护理工作，减轻患者痛苦，增进患者健康。

（杨 琴）

笔记栏

第二章

水、电解质、酸碱代谢失衡患者的护理

学习要点

● **掌握**：① 等渗性缺水、低渗性缺水、高渗性缺水、低钾血症、高钾血症、代谢性酸中毒、代谢性碱中毒、呼吸性酸中毒、呼吸性碱中毒的概念；② 等渗性缺水、低渗性缺水、高渗性缺水、低钾血症、高钾血症、代谢性酸中毒、代谢性碱中毒、呼吸性酸中毒、呼吸性碱中毒的护理措施。

● **熟悉**：① 比较等渗性缺水、低渗性缺水、高渗性缺水的临床表现及处理原则；② 比较低钾血症、高钾血症的临床表现及处理原则；③ 比较代谢性酸中毒、代谢性碱中毒、呼吸性酸中毒、呼吸性碱中毒的临床表现及处理原则。

● **了解**：① 机体体液的含量、组成、分布及水、电解质、酸碱平衡失调的调节；② 常见水、电解质和酸碱代谢平衡失调的病因、病理。

第一节　概　　述

一、体液含量、组成及分布

体液由水、电解质、低分子有机化合物及蛋白质等组成，广泛分布于组织细胞内外。体液总量的分布因年龄、性别、胖瘦而不同。从婴儿到成年人，体液量占体重的比例逐渐减少。新生儿体液量约占体重的80%，婴儿占70%，学龄前儿童约占65%，成年男性体液量约占体重的60%，女性因脂肪组织较多，体液约占体重的50%。体液总量随脂肪的增加而减少。

体液由细胞内液和细胞外液组成。细胞外液量占体重的20%，其中血管内液即血浆占5%、组织间液占15%、第三间隙液含量小于1%。体液的主要成分是水和电解质，细胞外液中的主要阳离子为 Na^+，主要阴离子为 Cl^-、HCO_3^- 和蛋白质。细胞内液中的主要阳离子为 K^+ 和 Mg^{2+}，主要阴离子为 HPO_4^{2-} 和蛋白质。细胞内、外渗透压基本相等，正常为290～310 mmol/L。

二、体液平衡及调节

笔记栏

1. 水平衡　水是机体中含量最多的组成部分，正常人每天水的摄入和排出都处于动态平衡之中(表2-1)。

2. 电解质平衡　钠的平衡：Na^+ 是细胞外液最重要的阳离子，主要来自食盐，由小肠吸收。正常成人对钠的日需要量为6～10 g。主要生理功能是维持细胞外液的渗透压及神经肌肉的兴奋性。

表 2-1　正常人体每日水分摄入量和排出量的平衡

摄入量(mL)		排出量(mL)	
饮水	1 600	尿	1 500
食物含水	700	粪便	200
代谢氧化水	200	皮肤蒸发	500
		呼吸蒸发	300
合　计	2 500	合　计	2 500

钾的平衡：K^+是人体重要的无机阳离子之一。体内钾总量的98%在细胞内，2%在细胞外液。钾主要来源是含钾的食物，经消化道吸收，80%经肾排出。正常成人对钾的日需要量为3～4 g。钾的主要生理功能是维持细胞的正常代谢、维持细胞内液的渗透压和酸碱平衡、增加神经肌肉应激性、抑制心肌收缩能力。

3. *体液容量与渗透压平衡的调节*　体液容量及渗透压的稳定由神经-内分泌系统调节。通过肾素-血管紧张素-醛固酮系统来调节血容量，通过下丘脑-神经垂体-抗利尿激素系统来调节体液的渗透压。

三、酸碱平衡及调节

1. *缓冲系统*　HCO_3^-/H_2CO_3、$HPO_4^{2-}/H_2PO_4^-$、Pr/HPr为血浆中重要的缓冲对，以HCO_3^-/H_2CO_3最重要，其比值保持20∶1时，血浆pH维持在7.40。

2. *器官调节*　主要为肺和肾。肺主要通过调节CO_2的排出量调节酸碱平衡。肾脏主要通过Na^+-H^+交换、HCO_3^-重吸收、分泌NH_4^+和排泌有机酸这四种方式改变固定酸排出及保留碱性物质的量来调节酸碱平衡。

第二节　体液代谢失衡

一、水和钠代谢紊乱

在细胞外液中水和钠的关系非常密切，故一旦发生代谢紊乱，缺水和失钠常同时存在。不同原因引起的水和钠的代谢紊乱，在缺水和失钠的程度上会有所不同，既可水和钠按比例丧失，也可缺水少于缺钠，或缺水多于缺钠。

(一) 病因

1. *等渗性缺水*　又称急性缺水或混合性缺水。这种缺水在外科患者最易发生，此时水和钠成正比例丧失，血清钠及细胞外液渗透压维持在正常范围。常见病因：① 消化液的急性丧失，如肠外瘘、大量呕吐等；② 体液丧失，如急性腹膜炎、肠梗阻、大面积烧伤早期等。

2. *低渗性缺水*　又称慢性缺水或继发性缺水。此时水和钠同时丧失，但失钠多于失水，血清钠低于135 mmol/L，细胞外液呈低渗状态。常见病因：① 消化液的持续性丧失，如反复呕吐、长期胃肠减压引流或慢性肠瘘；② 大创面的慢性渗液；③ 应用排钠利尿剂，如氯噻酮、呋塞米等；④ 等渗性缺水治疗时过多补充水分而忽略钠的补充。

3. *高渗性缺水*　又称原发性缺水。水和钠同时丢失，但因失水多于失钠，故血清钠高于正常范围，血清钠高于150 mmol/L，细胞外液呈高渗状态。常见病因：① 水分摄入不足，如吞咽困难、禁食、危重患者的给水不足、经鼻胃管或空肠造口管给予高浓度肠内营养溶液等；② 水分丧失过多，如高热、大量出汗、大面积烧伤暴露疗法、糖尿病患者因血糖未控制高渗性利尿等。

笔记栏

4. 水中毒　又称稀释性低血钠。水中毒较少发生，系指机体的摄水量超过了排水量，水分潴留体内致血浆渗透压下降和循环血量增多。常见病因：① 各种原因所致的 ADH 分泌过多；② 肾功能不全，排尿能力下降；③ 机体摄入水分过多或接受过多的静脉输液。

（二）病理

1. 等渗性缺水　由于丧失的液体为等渗，细胞外液的渗透压基本不变，细胞内液并不会代偿性向细胞外间隙转移，因此细胞内液的量一般不发生变化。但如果这种体液丧失持续时间较久，细胞内液也将逐渐外移，随同细胞外液一起丧失，以致引起细胞缺水。

2. 低渗性缺水　由于体内失钠多于失水，细胞外液呈低渗状态，细胞外液可以向细胞内转移引起细胞内水肿，出现以细胞外液减少为主的体液容量变化。

3. 高渗性缺水　由于失水量大于失钠量，细胞外液渗透压高于细胞内液，细胞内液向细胞外转移，导致以细胞内液减少为主的体液容量变化。

4. 水中毒　由于水分摄入过多或排出过少，使细胞外液量骤增，血清钠被稀释，渗透压降低，细胞外液向细胞内转移，造成细胞内、外液量均有增加而渗透压降低。

（三）临床表现

1. 等渗性缺水　① 轻度：表现为恶心、呕吐、厌食、眼窝凹陷、口唇干燥、皮肤弹性差、尿量减少等，但不口渴；② 若在短期内体液丧失量达到体重的 5%，患者则会出现脉搏细速、血压不稳定或下降、肢端湿冷等血容量不足表现；③ 当体液继续丧失达体重 6%～7%时，则有休克和酸中毒的表现。如果患者丧失的体液主要为胃液，因有 H^+ 的大量丧失，则可伴发代谢性碱中毒。

2. 低渗性缺水　① 轻度：血清钠＜135 mmol/L，患者感疲乏、头晕、手足麻木。尿中钠减少；② 中度：血清钠＜130 mmol/L，患者除有上述症状外，尚有恶心、呕吐、脉搏细速，血压不稳定或下降，脉压变小，浅静脉萎陷，视力模糊，站立性晕倒，尿量少，尿中几乎不含钠和氯；③ 重度：血清钠＜120 mmol/L，患者神志不清，肌肉痉挛性抽搐，腱反射减弱或消失，出现木僵，甚至昏迷。

3. 高渗性缺水　① 轻度：缺水量为体重的 2%～4%，患者除口渴外，无其他症状；② 中度：缺水量为体重的 4%～6%，患者有极度口渴、烦躁、乏力、口舌干燥、皮肤弹性差、眼窝下陷、尿少和尿比重增高；③ 重度：缺水量大于体重的 6%，患者除上述症状外，可出现躁狂、幻觉、谵妄，甚至昏迷。

4. 水中毒　① 急性水中毒：因脑细胞肿胀和脑组织水肿可致颅内压增高，引起一系列神经精神症状；② 慢性水中毒：多被原发疾病的症状所掩盖。在原发病的基础上逐渐出现体重增加、软弱无力、恶心、呕吐、嗜睡等，一般无凹陷性水肿。

（四）辅助检查

1. 等渗性缺水　有血液浓缩现象；血清钠基本在正常范围；尿比重升高。

2. 低渗性缺水　有血液浓缩现象；血清钠＜135 mmol/L；尿比重低，尿中钠、氯明显减少。

3. 高渗性缺水　有血液浓缩现象；血清钠＞150 mmol/L；尿比重升高。

4. 水中毒　有血液稀释现象；血清钠浓度降低。

（五）临床诊断与治疗

1. 诊断要点　依据病史、临床表现、实验室检查常可诊断。

2. 治疗要点　纠正病因，根据水钠代谢紊乱的类型给予对症处理。

（六）护理诊断

1. 体液不足　与大量呕吐、肠梗阻、腹膜炎、大面积烧伤等导致体液急性丧失有关。

2. 体液过多　与水分摄入过多或排出过少有关。

3. 有受伤的危险　与意识障碍、低血压有关。

4. 潜在并发症　低血容量休克、肺水肿、脑水肿等。

（七）护理措施

1. 去除病因　遵医嘱积极处理原发疾病，以减少体液的丢失。

笔记栏

2. 实施液体疗法　对已发生缺水的患者，依其生理状况和各项实验室检查结果，遵医嘱及时补充液体。补液时严格遵循定量、定性和定时的原则。① 定量：包括生理需要量、已经损失量和继续损失量 3 部分。生理需要量：2 000～2 500 mL。每日生理需要量的简易计算方法：体重的第一个 10 kg×100 mL/(kg・d)＋体重的第二个 10 kg×50 mL/(kg・d)＋其余体重×20 mL/(kg・d)。对于 65 岁以上或心脏疾病患者，实际补液量应少于上述计算所得量。已经损失量：或称累计失衡量，指在制订补液计划前已经丢失的体液量，按缺水严重程度计算。一般将估计量分为 2 d 补足。继续损失量：或称额外损失量，指在补液治疗开始后继续丢失的体液量，如呕吐、高热、出汗、引流损失的液体量等。② 定性：生理需要量，即补给 0.9％氯化钠溶液 500～1 000 mL，剩余的用 5％～10％葡萄糖溶液补充。已经损失量，即等渗性缺水补充等渗盐溶液；低渗性缺水轻、中度缺钠者补充 5％葡萄糖氯化钠溶液，重度缺钠者先输晶体溶液还需适量补充胶体液和 5％氯化钠溶液。高渗性缺水鼓励患者饮水，或静脉补充 5％葡萄糖溶液或 0.45％氯化钠溶液，并根据具体情况补充等渗氯化钠溶液；继续损失量：原则上丧失什么补充什么，根据丧失体液成分等质等量补充。③ 定时：每日及单位时间内的补液量及速度取决于体液丧失的量、速度及脏器功能状态。若各脏器代偿功能良好，应按先快后慢的原则进行分配，即第一个 8 h 补充总量的 1/2，剩余 1/2 总量在后 16 h 内均匀输入。

对于水中毒的患者，停止可能增加体液量和各种治疗，控制每日入水量在 700～1 000 mL，遵医嘱给予高渗溶液，如 5％氯化钠溶液或 20％甘露醇溶液，透析患者做好透析护理。

3. 准确记录液体出入量　准确记录饮食、饮水量、静脉补液量、大小便量、呕吐和引流液等。

4. 疗效观察　补液过程中，护理人员必须严密观察治疗效果、注意不良反应。① 精神状态，如萎靡、嗜睡等症状的改善情况。② 缺水征象，如皮肤弹性下降、眼窝内陷等表现的恢复程度。③ 生命体征，如血压、脉搏、体温的改善情况。④ 实验室检查与其他辅助检查，如尿量和尿比重等尿常规检查、血常规检查、血清电解质和肝肾功能等生化检查、中心静脉压等指标的变化趋势。

5. 减少受伤的危险　建立安全的活动模式，与患者及家属共同制订活动的时间、量及形式；加强安全防护措施，减少意外受伤的可能；对定向力差及意识障碍者，建立安全保护措施，如加床栏保护、适当约束及加强监护等，以免发生意外。

6. 健康指导　有大量呕吐、大面积烧伤等易致等渗性缺水者，及早就诊和治疗。

二、钾代谢异常

细胞内的主要阳离子是 K^+。正常血清钾浓度为 3.5～5.5 mmol/L。钾代谢异常包括低钾血症和高钾血症，前者多见。

（一）低钾血症

血清钾浓度低于 3.5 mmol/L。

1. 病因

(1) 钾摄入不足，如长期进食不足或静脉中钾盐补充不足。

(2) 钾丢失过多，如胃肠减压、腹泻、呕吐、急性衰竭多尿期、应用排钾利尿剂等。

(3) 钾体内分布异常：K^+ 向细胞内转移，如大量输入葡萄糖和胰岛素、碱中毒等。

2. 临床表现

(1) 肌无力：为最早的临床表现，一般先出现四肢软弱无力，以后延及躯干和呼吸肌，致呼吸困难或窒息；严重者出现软瘫、腱反射减退或消失。

(2) 消化道功能障碍：出现厌食、恶心、呕吐、腹胀、腹痛、肠鸣音减弱或消失等肠麻痹症状。

(3) 心功能异常：主要是传导阻滞和节律异常；低钾性碱中毒：可出现头晕、躁动、昏迷、面部及四肢抽动、手足抽搐、口周及手足麻木等碱中毒症状。

笔记栏

3. 辅助检查　血清钾＜3.5 mmol/L。典型心电图改变为T波低平或倒置、ST段降低、Q-T间期延长、出现U波。

4. 临床诊断与治疗

(1) 诊断要点：依据病史和临床表现、实验室检查即可作出诊断。心电图检查为辅助性诊断手段。

(2) 治疗要点：纠正和去除引起低血钾的原因。分次补钾，边治疗边观察，监测血钾浓度变化。

5. 护理诊断

(1) 活动无耐力：与肌无力有关。

(2) 有受伤的危险：与肌无力、意识障碍有关。

6. 护理措施

(1) 恢复血清钾水平：严密监测患者心率、心律及意识状态。减少钾的丢失、遵医嘱补钾：遵医嘱予以止吐、止泻等治疗，以减少钾继续丢失。补钾原则：① 先尽量口服补钾：遵医嘱以10%氯化钾或枸橼酸钾溶液口服。鼓励患者多进食香蕉、橘子汁、番茄汁等含钾丰富的食物。② 见尿补钾：每小时尿量＞40 mL或每日尿量500 mL方可补钾。③ 补钾浓度：静脉补液中钾浓度不宜超过40 mmol/L(相当于氯化钾3 g)；禁止静脉直接推注氯化钾，以免血钾骤升致心跳停止。④ 补钾速度：应缓慢滴注，补钾速度不宜超过20 mmol/L。⑤ 严密监测血钾浓度，及时调整补钾总量：一般每日补钾40～80 mmol，以每克氯化钾等于13.4 mmol计算，每日补氯化钾3～6 g。

(2) 减少受伤的危险：参见本章"第二节　体液代谢失衡"相关内容。

(3) 健康指导：长时间禁食、控制饮食摄入者或近期有呕吐、腹泻、胃肠道引流者，应及时补钾，以防发生低钾血症。

(二) 高钾血症

血清钾浓度高于5.5 mmol/L。

1. 病因

(1) 钾摄入过多：静脉输入过多钾或输入大量库存血等。

(2) 钾排出减少：如急性肾衰竭少尿期、应用保钾利尿剂等。

(3) 钾体内分布异常：细胞内钾移出至细胞外，见于溶血、严重组织损伤、酸中毒等。

2. 临床表现　无特异性，可有神志淡漠、感觉异常、乏力、四肢软瘫、腹胀和腹泻等；严重的高钾血症者有微循环障碍的表现，如皮肤苍白、湿冷、青紫及低血压等；也可有心动过缓、心律不齐；最危险的为心搏骤停；血清钾＞7 mmol/L者，几乎都有异常心电图的表现。

3. 辅助检查　血清钾＞5.5 mmol/L。心电图改变为早期T波高而尖，Q-T间期延长，出现QRS波增宽，P-R间期延长。

4. 临床诊断与治疗

(1) 诊断要点：根据病史、临床表现和实验室检查作出诊断。心电图检查为辅助性诊断手段。

(2) 治疗要点：纠正和去除引起高血钾的原因，积极治疗原发病。降低血清钾浓度。

5. 护理诊断

(1) 活动无耐力：与高钾血症引起的肌肉无力、软瘫有关。

(2) 潜在并发症：心律失常、心搏骤停等。

6. 护理措施

(1) 禁止钾的摄入：立即停用一切含钾药物和溶液，避免进食含钾高的食物。

(2) 促进K^+向细胞内转移：① 输注碱性溶液，先给予5%碳酸氢钠。② 输注葡萄糖溶液及胰岛素，予25%葡萄糖溶液100～200 mL，以每5 g葡萄糖加入胰岛素1 U静脉滴注。

(3) 促进K^+排泄：① 静脉推注呋塞米40 mg；② 口服阳离子交换树脂，15 g/次，每日4次，从消化道排出K^+；③ 血液透析或腹膜透析。

(4) 并发症的预防和急救

1) 病情观察：严密监测患者心率、心律、心电图及意识状态。

笔记栏

2）对抗心律失常：给予10%葡萄糖酸钙或5%氯化钙静脉缓慢推注，能缓解K^+对心肌的毒性作用。

3）一旦发生心律失常应立即通知医师，积极协助治疗；若出现心搏骤停，立即行心肺脑复苏。

（5）健康指导：长期使用保钾利尿剂及肾功能减退的患者，应限制含钾食物和药物的摄入，并定期复诊。

第三节　酸碱平衡失调

正常情况下体液的酸碱平衡有赖于体内的缓冲系统、肺和肾的调节。若体内酸性或碱性物质过多或过少，超出了机体的代偿和调节能力，即可出现酸碱平衡失调。临床最常见的是代谢性酸中毒。

（一）病因

1. 代谢性酸中毒　指体内酸性物质积聚或产生过多，或HCO_3^-丢失过多所致。常见原因：① 摄入酸过多，过多输入酸性药物；② 代谢产酸过多，如严重损伤、腹膜炎、高热或休克时，无氧酵解增加引起乳酸增多；③ 肾排酸减少，如肾功能不全或应用肾毒性药物等；④ 碱丢失过多，如腹泻、胆瘘、肠瘘或胰瘘等致大量碱性消化液丧失。

2. 代谢性碱中毒　指体内H^+丢失或HCO_3^-增多所致。常见原因：① H^+丢失过多，如严重呕吐、长期胃肠减压；② 碱性物质摄入过多，如长期服用碱性药物或大量输入库存血，后者所含抗凝剂入血后可转化为HCO_3^-；③ 低钾血症，当血清钾降低时，细胞内K^+向细胞外转移，细胞内的3个K^+和细胞外的2个Na^+和1个H^+进行交换，使细胞外液H^+浓度降低；④ 利尿剂使用。

3. 呼吸性酸中毒　指肺泡通气及换气功能减弱，不能充分排出体内生成的CO_2，使血液中$PaCO_2$增高而引起的高碳酸血症。常见原因：① 呼吸中枢抑制，如全身麻醉过深、颅内压增高、镇静剂过量；② 胸部活动受限，严重胸壁损伤、胸腔积液、严重气胸；③ 呼吸道阻塞或肺部疾病，支气管阻塞、喉或支气管痉挛、急性肺水肿、慢性阻塞性肺疾病（COPD）；④ 呼吸机管理不当。

4. 呼吸性碱中毒　指由于肺泡通气过度、体内CO_2排出过多，使血液中的$PaCO_2$降低而引起的低碳酸血症。常见原因：中枢神经系统疾病、癔症、疼痛、创伤、高热、感染、呼吸机辅助通气过度等。

（二）临床表现

1. 代谢性酸中毒　轻度代谢性酸中毒可无症状。重者可出现呼吸系统症状：较典型的症状为呼吸深而快，呼出气体有酮味；神经系统症状：可出现疲乏、眩晕、嗜睡、感觉迟钝或烦躁不安，甚至意识模糊或昏迷，伴对称性肌张力降低，腱反射减弱或降低；循环系统症状：可有面色潮红、心率加快、血压偏低，易发生休克、心律失常等；缺水表现。

2. 代谢性碱中毒　轻者常无明显表现。有时可有呼吸系统症状：出现呼吸浅慢；神经系统症状：嗜睡、谵妄或昏迷等；可有缺水及低钾表现。

3. 呼吸性酸中毒　呼吸系统症状：主要为胸闷、气促和呼吸困难；神经系统症状：二氧化碳潴留致脑血管扩张，可出现颅内压增高、脑水肿；循环系统症状：因酸中毒和高钾血症，可发生心律失常。

4. 呼吸性碱中毒　呼吸系统症状：可仅有呼吸急促；神经系统症状：可出现头昏、晕厥、表情淡漠或意识障碍；循环系统症状：常伴心率增快；低钙症状。

（三）辅助检查

1. 代谢性酸中毒　代偿期血PH可在正常范围，但HCO_3^-、$PaCO_2$有一定程度降低；失代偿期血PH和HCO_3^-明显下降，$PaCO_2$正常；可伴血清钾升高。

2. 代谢性碱中毒　代偿期血PH可在正常范围，但HCO_3^-、BE有一定程度增高；失代偿期血PH和HCO_3^-明显增高，可伴血清钾降低。

笔记栏

3. 呼吸性酸中毒　血 PH 降低、$PaCO_2$增高，HCO_3^-可正常。

4. 呼吸性碱中毒　血 PH 增高、$PaCO_2$降低，HCO_3^-下降。

（四）临床诊断与治疗

1. 诊断要点　依据病史、临床表现、血气分析做出诊断。

2. 治疗要点

（1）代谢性酸中毒积极处理原发病，消除病因，逐步纠正。轻者不需碱剂治疗。当HCO_3^-低于15 mmol/L时，则给予碱剂治疗。

（2）代谢性碱中毒的纠正不宜过速，一般不要求完全纠正，关键在于积极治疗原发病，消除病因。

（3）呼吸性酸中毒积极治疗原发病，改善患者通气，必排除过多的CO_2。

（4）呼吸性碱中毒积极治疗原发疾病和去除病因的同时，采取限制通气的措施，如用纸袋罩住口鼻减少CO_2的呼出；也可给予5% CO_2氧气吸入等。

（五）护理诊断

（1）有受伤的危险与疲乏、眩晕、嗜睡、感觉迟钝、意识改变等有关。

（2）低效型呼吸形态与呼吸中枢受抑制、呼吸道梗阻或呼吸深快有关。

（3）潜在并发症：低钾血症、高钾血症、心律失常、颅内压增高等。

（六）护理措施

1. 观察病情　观察患者的意识、生命体征、皮肤黏膜改变，定时监测动脉血气分析及血清电解质。

2. 维持酸碱平衡

（1）代谢性酸中毒建立静脉通道，积极补液。遵医嘱静脉输注5%碳酸氢钠溶液。

（2）代谢性碱中毒遵医嘱轻者给予生理盐水、10%氯化钾、盐酸精氨酸溶液等。注意观察有无手足抽搐，必要时遵医嘱静脉注射钙剂。

（3）呼吸性酸中毒保持呼吸道通畅，改善通气功能，必要时配合气管插管或气管切开术；使用呼吸机的患者，应调整呼吸机的参数，促进CO_2的排出，并给予低浓度氧气吸入。

（4）呼吸性碱中毒采取限制通气的措施，如用纸袋罩住口鼻；使用呼吸机的患者，应调节呼吸机的参数，以减少CO_2的呼出。

3. 减少受伤的危险　防跌倒或坠床、防压疮等。

4. 健康指导　告知严重呕吐、腹泻、少尿、高热等患者，有可能发生酸碱平衡失调，应及时到医院诊治。

案例分析

患者，男性，25岁，体重60 kg。肠梗阻手术后第2日，T 36℃，P 110次/min，R 22次/min，BP 80/50 mmHg。24 h尿量1 000 mL。自述头晕、四肢无力。血清钠130 mmol/L、血清钾3.0 mmol/L，因肠功能尚未恢复，今日仍需禁饮食。

【问题】

（1）患者目前的医疗诊断是什么？

（2）该患者护理诊断有哪些？

（3）目前应采取哪些护理措施？

【分析与解答】

（1）医疗诊断是：低渗性缺水、低钾血症。

（2）① 体液不足：与水、钠摄入不足有关；② 活动无耐力：与低钠、低钾有关；③ 有受伤的危险：与四肢软弱无力有关；④ 潜在并发症：心律失常、休克。

（3）① 维持充足的体液量；② 恢复血清钾水平；③ 增加患者活动耐受力；④ 减少受伤的危险；⑤ 预防并发症。

笔记栏

小　结

水、电解质代谢紊乱及酸碱平衡失调并非独立的疾病，在各类外科疾病、大手术时均可发生，以等渗性缺水、低钾血症和代谢性酸中毒最为多见。缺水与缺钠分为三种情况，虽然病因不同、水和钠丢失的比例不同，但体液容量减少、血液浓缩、可发生低血容量性休克的结局相同，因此应遵守补液原则，把实施补液计划和观察病情变化作为护理重点。水中毒以急性水中毒多见，它提醒护士为患者输液时，应根据患者的心、肺、肾功能掌控输液速度。低钾血症首先出现肌无力，血清钾测定和心电图检查可确诊；执行静脉补钾医嘱时应注意总量、浓度、速度和尿量要求。高钾血症的表现常被原发病所掩盖，血清钾测定可以确诊，应指导患者禁止摄入含钾食物，并遵医嘱抗钾、转钾和排钾。代谢性酸中毒严重时需用5%碳酸氢钠溶液纠正。

（杨　琴）

笔记栏

第三章

外科营养支持患者的护理

学习要点

- **掌握:** ① 肠内营养和肠外营养的概念、适应证和禁忌证;② 实施肠内营养和肠外营养支持患者的护理。
- **熟悉:** 肠内营养和肠外营养的营养制剂,给予的方法和途径。
- **了解:** 机体营养状况评估的常用方法。

第一节　营养状态评定

任何营养不良或代谢紊乱都可影响组织及器官功能,进一步恶化可导致器官功能衰竭。从20世纪60年代开始,营养支持的基础理论、营养制剂及应用技术不断发展,现广泛用于临床。目前营养支持已成为外科应激患者的有效治疗手段之一,对较大的手术、创伤、有营养不良风险的患者提供及时、合理的营养支持,将有助其康复。临床营养支持是经口、肠道或肠外途径为患者提供较全面的营养素,包括肠内营养和肠外营养。

营养评定是由专业人员对患者的营养代谢、机体功能等进行检查和评估,目的是评估患者有无营养不良,确定营养不良的类型与程度,同时,也是评价营养支持效果的客观指标。

1. 病史　有无慢性消耗性疾病、手术创伤、感染等应激状态,注意摄食量变化、体重变化以及是否有呕吐、腹泻等胃肠道症状。

2. 人体测量指标

(1) 体重: 是营养评价中最简单、直接常用的指标。短时间内出现的体重变化,可受水钠潴留或脱水影响,故应根据病前3～6个月的体重变化加以判断。当实际体重仅为标准体重90%以下时,可认为体重显著下降。

(2) 体质指数: 是反映蛋白质能量营养不良及肥胖症的可靠指标,体质指数(BMI)=体重(kg)/身高$(m)^2$。中国成人BMI常参考值为18.5 kg/m^2≤BMI＜24 kg/m^2,＜18.5 kg/m^2为消瘦,≥24 kg/m^2为超重。

(3) 其他: 皮褶厚度是测定皮下脂肪贮备的指标;上臂肌围反映肌肉发育状况或肌蛋白贮存和消耗程度;握力反映肌肉总体力量的指标。

3. 实验室检查

(1) 血浆蛋白: 包括血清白蛋白、转铁蛋白及前白蛋白,是营养评定的重要指标。清蛋白浓度降低常出现蛋白质营养不良;清蛋白的半衰期较长(18～20 d),而转铁蛋白及前白蛋白的半寿期均较短,分别为8 d和2 d,是营养不良早期诊断和评价营养支持效果的敏感指标(见表3-1)。

笔记栏

表 3-1　营养不良的评定标准

测量指标	正常	轻度营养不良	中度营养不良	重度营养不良
体重(理想正常值的%)	＞90	80～90	60～79	＜60
体质指数(kg/m^2)	18.5～23	17～18.4	16～16.9	＜16
三头肌皮褶厚度(正常值%)	＞90	80～90	60～80	＜60
上臂围肌(正常值%)	＞90	80～90	60～79	＜60
肌酐身高指数(正常值%)	＞95	85～94	70～84	＜70
白蛋白(g/L)	＞30	30～25	24.9～20	＜20
转铁蛋白(g/L)	2.0～2.5	1.8～2.0	1.6～1.8	＜1.6
前白蛋白(g/L)	0.18～0.45	0.14～0.16	0.10～0.14	＜0.10
总淋巴细胞计数($\times 10^9/L$)	＞1.5	1.2～1.5	0.8～1.2	＜0.8
氮平衡(g/d)	±1	－5～－10	－10～－15	＜－15
迟发性皮肤超敏反应	≥＋＋	＋～＋＋	－～＋	－

(2) 氮平衡：能反映体内蛋白质的平衡情况。氮的摄入量大于排出量为正氮平衡，反之为负氮平衡。在正常口服饮食情况下，氮平衡计算公式为：B＝I－(U＋F＋S)，其中，B：氮平衡；I：摄入氮；U：尿氮；F：粪氮；S：皮肤等氮损失。一般认为成人经肾脏排出非尿素氮 2 g，粪氮 1 g，皮肤丢失 0.5 g，故上公式写作为：氮平衡＝氮摄入量[静脉输入氮量或口服蛋白质(g)/6.25]－氮排出量(尿中尿素氮＋4 g)。食物中每 6.25 g 蛋白质含 1 g 氮。

(3) 免疫指标：营养不良时常伴有免疫功能降低。主要指标有总淋巴细胞计数及皮肤迟发型超敏试验。

知识拓展

营养不良的分类

临床上根据蛋白质或能量缺乏的种类，分为三种类型：① 消瘦型营养不良，又称能量缺乏型，主要表现为消瘦，以人体测量各项指标值下降为主；② 低蛋白型营养不良，又称蛋白质缺乏型或水肿型，主要表现为血浆蛋白降低及组织水肿，体重下降不明显；③ 混合型营养不良，又称蛋白质-能量缺乏型，兼有上述两种类型的临床表现，常伴有维生素和其他营养素缺乏。

当患者出现下列情况之一时，应提供营养支持：① 近期体重下降大于理想体重的 10%；② 血清白蛋白＜30 g/L；③ 连续 7 日以上不能正常进食；④ 已明确为营养不良；⑤ 可能产生营养不良或手术并发症的高危患者。

第二节　肠内营养

肠内营养是指经胃肠道给予较全面的营养素，临床上多指经管饲提供肠内营养素。其优点是：它具有符合生理状态、能维持肠道结构和功能的完整性、费用低、使用和监护简便、并发症较少等优点。因此，凡胃肠道功能正常，或存在部分功能，均可采用肠内营养。

一、适应证

1. 胃肠道功能正常

(1) 口腔不能进食者：如因意识障碍不能吞咽，口腔、咽喉、食管疾病。

笔记栏

（2）高分解状态者：如严重感染、大面积烧伤、复杂大手术后、危重患者（胃肠道疾病）摄食不足等。

（3）慢性消耗状态者：如结核、肿瘤等。

（4）肝、肾功能不全及糖不耐受者。

2. 胃肠道疾病　如短肠综合征、消化道瘘、炎性肠道疾病、急性坏死性胰腺炎等经肠外营养至病情稳定时，可逐步增加或过渡到肠内营养。

二、禁忌证

绝对禁忌证是肠梗阻，不宜使用肠内营养。其他禁忌证如重症胰腺炎急性期、消化道活动性出血、腹膜炎、严重腹泻、休克等。

三、肠内营养的实施

肠内营养制剂按其组成成分，分为要素型、非要素型、组件制剂和疾病专用型制剂，标准能量密度为 4.18 kJ（1 kcal）/mL。临床上应根据制剂的特点、患者病情进行合理选择，以达到最佳的营养效果。

1. 肠内营养给予途径　口服营养；经鼻胃（肠）管；胃造口或空肠造口。

2. 肠内营养给予方式

（1）分次给予：适用于喂养管端位于胃内和胃肠功能良好者，将配好的肠内营养液用注射器分次缓慢注入，每次入量 100～300 mL，在 10～20 min 内完成。此方式易引起胃肠道反应，可视患者耐受程度调整。

（2）连续输注：是指利用肠内营养泵或重力作用将每日营养液在 12～24 h 内不间断地均匀输入胃肠道。

（3）间隙重力滴注，将营养液经肠内营养管与喂养管连接，利用重力缓慢滴注，每次入量 2～3 h 内完成，中间间隔 2～3 h。

四、护理诊断

1. 有误吸的危险　与胃排空障碍、喂养管位置、患者意识和体位等有关。

2. 有胃肠动力失调的危险　与不能经口摄食、管饲、患者不耐受等有关。

3. 有皮肤完整性受损的危险　与长期留置喂养管有关。

4. 潜在并发症　感染、血糖异常等。

五、护理措施

1. 病情观察　若患者出现呛咳及腹泻、腹胀、恶心、呕吐等胃肠道不耐受症状，立即停止输液。

2. 管道护理　妥善固定喂养管：观察喂养管是否在位；经鼻置管者妥善固定于面颊部；造口置管者采用缝线固定于腹壁；内镜下经皮胃（空肠）造瘘（PFG/PEJ）通过内外垫片固定，防止压迫、扭曲、拉脱喂养管；输注前确定导管的位置，可用 pH 试纸测定抽吸液的酸碱性，若患者胃酸抑制可借助 X 线确定位置。

3. 输注过程护理

（1）取合适体位：输注时抬高床头 30°～45°，鼻饲后保持半卧 30 min，有利于营养液进入下段肠腔，防止营养液逆流，引起恶心、呕吐。经鼻肠管或空肠造瘘途径取随意卧位。

笔记栏

（2）评估胃内残留量：每次输注营养液前及连续输注过程中（每隔 4 h）抽吸并评估胃内残留量，若 100～150 mL 或超过 150 mL，应减慢或暂停输注，必要时遵医嘱加用胃动力药物。

（3）输注时注意营养液的浓度、速度及温度。① 浓度：从低浓度 2.09 kJ/mL 开始，逐步增加至

4.18 kJ/mL；② 速度：营养液从少量开始，250～500 mL/d，速度从 20 mL/h 逐步增加到 100～120 mL/h，用肠内营养专用输注泵控制输注速度为佳；③ 温度：输注时保持营养液温度合适（38～40℃）。

（4）防止营养液污染：每日更换输注管或专用泵管；配制营养液时遵守无菌操作原则；现配现用；暂不用时置于 4℃冰箱保存，24 h 内用完。

（5）保持喂养管通畅：每次输注前后，连续输注过程中每隔 4 h 及特殊用药前后，均需以温开水 30 mL 冲洗管道，防止营养液残留堵塞管腔。喂养管通常只用于营养液的输注。如需管饲药物，应参考药物说明书，药物经研碎溶解后直接注入喂养管，避免与营养液混合而凝结成黏块，附于管壁或堵塞管腔。导管的体外段，避免过度弯曲，尽量不钳夹以免增加老化速度增加断管渗漏概率。

4. 并发症的观察与护理

（1）黏膜和皮肤损伤：经鼻置管常引起患者鼻咽部不适，可采用细软材质的喂养管，用油膏涂拭鼻腔黏膜可起润滑作用，防止鼻咽部黏膜长期受压而产生溃疡；经胃、空肠造口者，保持造口周围皮肤干燥、清洁，防止造口周围皮肤损伤。

（2）吸入性肺炎：大部分经鼻胃管行肠内营养发生误吸者。患者突然出现呛咳、呼吸急促或咳出类似营养液的痰液时，疑有误吸可能。鼓励和刺激患者咳嗽，排出吸入物和分泌物，必要时经鼻导管或气管镜清除误吸物。

（3）急性腹膜炎：多见于经空肠造口置管行肠内营养者。① 加强观察：若患者突然出现腹痛、造口管周围渗出或腹腔引流管引流出类似营养液的液体，应立即停输并报告医师，尽可能清除或引流出渗漏的营养液。② 遵医嘱合理应用抗生素，避免继发性感染或腹腔脓肿。

（4）胃肠道反应：腹泻、腹胀较多见，注意营养液的温度，遵循浓度由低到高、容量从少到多的原则。

（5）血糖紊乱：注意监测血糖或尿糖波动情况，目标血糖控制在 6.1～10.0 mmol/L。及时发现高血糖和高渗性非酮症性昏迷。

5. 健康指导

（1）告知患者肠内营养的重要性和必要性，提高患者的依从性，降低自行拔管的风险。

（2）患者和家属应熟悉饮食护理的内容，保持均衡饮食。

（3）指导携带喂养管出院的患者及家属居家喂养和自我护理方法。

第三节　肠外营养

肠外营养（PN）是指因胃肠道摄取或摄取的营养物不能满足自身代谢需要的患者，只有通过静脉提供包括氨基酸、脂肪、碳水化合物、维生素及矿物质在内的营养素，达到抑制分解代谢、促进合成代谢并维持结构蛋白的功能。所有营养素完全经肠外获得的营养支持方式称为全肠外营养（TPN）。

一、适应证

凡不能或不宜经口摄食 5～7 d 或超过 7 d 的患者都是肠外营养的适应证。

（1）消化系统疾病，如高流量消化道瘘、食管胃肠道先天性畸形、短肠综合征、急性坏死性胰腺炎、肠道炎性疾病长期腹泻等。

笔记栏

（2）高分解代谢状态，如严重感染、大面积烧伤、复杂手术特别是腹部大手术后。

（3）需要改善营养状况，如妊娠剧吐、营养不良者的术前应用，肝、肾衰竭者，放、化疗期间胃肠道反应重者。

(4) 消化道需要休息或消化不良者，如肠道炎性疾病(溃疡性结肠炎和 Crohn 病)、长期腹泻等。

二、禁忌证

严重循环、呼吸功能衰竭；严重水、电解质、酸碱平衡紊乱；凝血功能异常；休克。

三、肠外营养的实施

1. 肠外营养的制剂

(1) 葡萄糖：是 PN 的主要能源物质，成人常用量为 4～5 g/(kg・d)，常用浓度为 25%、50%。

(2) 脂肪乳剂：是 PN 的另一种重要能源，成人常用量为 1～2 g/(kg・d)，供给机体非蛋白质热量需要的 20%～30%。常用浓度为 10%、20%、30%。

(3) 复方氨基酸：是肠外营养中基本供氮源，正常机体氨基酸需要量为 0.8～1.0 g/(kg・d)，应激、创伤时需要量增加，可按 1.2～1.5 g/(kg・d)供给。

(4) 水与电解质：在正常情况下，成人每天需水 30 mL/kg，肠外营养的液体的需水量基本 1 mL/kcal。肠外营养时补充电解质应视患者的病情、病程决定，需补充钾、钠、氯、钙、镁及磷。

(5) 维生素微量元素：维生素分为水溶性维生素及脂溶性维生素。复方微量元素静脉用制剂，含人体所需锌、铜、锰、铁、铬、钼、硒、氟、碘 9 种微量元素。短期禁食者可不予补充，超过 2 周静脉给予。

2. 肠外营养液的输注途径

(1) 周围静脉肠外营养支持：应用方便、安全性高、并发症少。用于 PN 时间<2 周、部分补充营养素的患者。

(2) 中心静脉肠外营养支持(CPN)：用于 PN 时间>10 d 的患者，包括经锁骨上、下静脉或颈内、外静脉穿刺置管入上腔静脉途径，由于选择管径较粗，血流较快，故可使用高渗溶液(>900 mOsm/L)和高浓度营养液。

3. 肠外营养液的输注方法

(1) 全营养混合液(TNA)系将 PN 各营养素配制于 3 L 聚乙烯醋酸乙酯中。其优点是：① 营养物质被更好地利用吸收；② 混合后液体的渗透压降低，减少对静脉的刺激；③ 单位时间内脂肪乳剂输入量大大低于单瓶输注，可避免因脂肪乳剂输注过快引起的副作用；④ 使用过程中无须排气及更换输液瓶，简化输注步骤。全封闭的输注系统，减少了污染和空气栓塞的机会。一般全天营养液在 8～12 h 内输完即可。

目前临床常用的卡文是将葡萄糖、氨基酸、脂肪乳制成三腔的产品，各腔之间有隔膜，将各成分分开。使用前加压即可撕开隔膜，各成分立即混合，简单、方便、安全。

(2) 单瓶输注，各营养素非同步输入，不利于所供营养素的有效利用。

四、护理诊断

潜在并发症：气胸、血胸、血管损伤、胸导管损伤、空气栓塞、血栓性静脉炎、导管移位、感染、糖代谢紊乱、肝功能异常、肠黏膜萎缩等。

五、护理措施

1. 合理输注　合理安排输液顺序和控制输注速度，对已有缺水者，先补充平衡盐溶液；已有电解质紊乱者，先予纠正；输注不超过 200 mL/h，保持输注的连续性，不可突然大幅度改变输注速度；根据 24 h 液体出入量，合理补液，维持水、电解质和酸碱平衡。

笔记栏

2. 置管护理

(1) 严格按照操作规程：掌握静脉导管留置技术，遵循静脉治疗临床实践指南规范。

(2) 妥善固定：防止导管移位，每日查看体外导管长度，确保输注装置、接头紧密连接。

(3) 无菌操作：穿刺 24 h 后消毒置管口皮肤，更换透明敷贴并注明时间，以后每周更换 2 次，局部潮湿渗出及时更换。每日更换输液管道，遵守无菌操作原则。

(4) 防止管腔堵塞：中心静脉导管不可用于输注血制品、抽血及测压；保持滴注通畅，防止回血凝固导致导管堵管；采用正压封管技术，保持管腔通畅。

3. 规范配制和使用 TNA

(1) 专人负责：在层流环境、按无菌操作技术要求进行。

(2) 配制过程：按医嘱将各种营养素均匀混合，添加电解质、微量元素等时注意配伍禁忌。保证各营养素的理化性质保持正常状态。

(3) 现配现用：营养液不得加入抗生素、激素、升压药等；TNA 液在 24 h 内输完，暂时不用保存于 4℃冰箱内，输注前 0.5～1 h 取出置室温下复温后再输。

4. 定期监测和评价　监测电解质、血糖水平、血清清蛋白、转铁蛋白、前清蛋白、淋巴细胞计数等营养指标及肝肾功能测定。

5. 并发症的观察与护理

(1) 置管并发症：气胸、血管损伤、胸导管损伤、空气栓塞、导管移位等。重在预防。中心静脉穿刺时，安置患者平卧位、屏气，置管成功后妥善固定输液管道，输注结束后旋紧肝素帽或输液接头。如发生空气栓塞现象，立即安置患者左侧卧位，头低脚高，即刻与医生联系，并协助抢救。如患者出现胸痛、胸闷、呼吸困难、血压下降、休克，应立即与医生联系，并做好胸腔穿刺或胸腔闭式引流的准备。

(2) 感染并发症：导管性脓毒症在导管置入、营养液配制、输入过程中极易发生感染。置管过程中严格无菌技术，在超净工作台内配制营养液，采用全封闭式输液系统，定期消毒穿刺点皮肤并更换敷料。

密切观察患者有无发热、寒战，局部穿刺部位有无红肿、渗出，怀疑出现导管性脓毒血症者应做营养液细菌培养及血培养，更换输液袋及输液管，观察 8 h 后仍然不退热者拔出中心静脉导管，并做静脉导管培养。24 h 仍不退热者遵医嘱使用抗生素。

(3) 代谢并发症：高血糖和高渗性非酮性昏迷较常见。与外科应激患者对葡萄糖的耐受力及利用率降低、输入葡萄糖浓度过高、速度过快有关。当血糖浓度超过 40 mmol/L 致高渗性非酮性昏迷。患者主要表现为血糖异常升高、渗透性利尿、脱水、电解质紊乱、神志改变等。因此，葡萄糖的输入速度应小于5 mg/(kg · min)。一旦血糖异常升高，立即报告医师，停输葡萄糖液或含大量糖的营养液；输入低渗或等渗盐水以纠正高渗环境，加用适量胰岛素以降低血糖。

(4) 肠道并发症：与长期 TPN 时肠道缺少食物刺激而影响胃肠激素分泌、体内谷氨酰胺缺乏等引起肠黏膜萎缩、肠屏障功能减退、肠内细菌和内毒素移位有关。当患者胃肠功能恢复，尽早开始肠内营养。

(5) 血栓性静脉炎：多发生在经外周静脉肠外营养支持时，其主要原因为化学性损伤和机械性损伤。一般在局部湿、热敷，更换输液部位，外涂经皮肤吸收的抗凝消炎软膏（如喜疗妥软膏）即可愈合。

6. 健康指导

(1) PN 相关知识：告知病员及家属合理输注营养液及控制输注速度的重要性，不能自行调节速度；告知保护静脉导管的方法，避免翻身、活动、更衣时导管脱出。

(2) 尽早经口进食或肠内营养：当患者胃肠功能恢复或允许进食情况下，鼓励患者经口进食或行肠内营养，以降低和防治 PN 相关并发症。

(3) 出院指导：制订饮食计划，指导均衡营养，定期到医院复诊。

笔记栏

案例分析

患者，女性，70 岁，因“反酸、嗳气、食欲减退 1 个月”来院检查，胃镜病理检查示“胃窦部低分化腺癌”，入院后体格检查示“T 36.6℃，P 70 次/分，R 18 次/分，BP 125/75 mmHg”。入院后完善各项辅助检查，3 日后在全麻下行腹腔镜胃癌根治术。术后给予心电监护、吸氧。术后放置鼻肠管一根，腹腔引流管一根，尿管一根，颈内静脉置管一根。术后第 3 日予以能全力 500 mL 经鼻肠管以 30 滴/分注入。1 h 后患者诉腹痛、腹胀，要求停用肠内营养液。

【问题】

(1) 肠内营养的优点？

(2) 请问术后腹痛、腹胀的原因及处理办法？

【分析与解答】

(1) 肠内营养的优点是：① 符合生理状态，能维持肠道结构和功能的完整性；② 费用低，使用和监护简便、并发症少。

(2) 原因：与营养液的温度、速度以及浓度有关。

处理办法：早期肠内营养应正确评估患者胃肠道的情况，给予肠内营养时应注意营养液的温度需控制在 38～40℃；浓度应由低到高，从低浓度的 2.09 kJ/mL 开始，逐步增加到 4.18 kJ/mL；速度从 20 mL/时逐步增加到 100～120 mL/时；容量从少到多，开始给予 250～500 mL/d。肠内营养液应现配现用，严格遵守无菌操作原则。暂不用时，应置于 4℃冰箱保存，24 h 内用完。

小　结

营养支持已成为外科临床治疗措施中有效的治疗手段之一。分为肠外营养和肠内营养两种方式，凡胃肠道功能正常或存在部分功能者应首选肠内营养，肠内营养的输注途径有鼻饲管或经胃空肠造口输注。在输注过程中要做好喂养管的护理，输注过程护理包括：给予合适体位，定时评估胃残留量，防止营养液污染；输注前后及每 4 h 均需冲管一次；准确掌握好营养液的温度、速度、浓度，同时注意防止皮肤和黏膜的损伤；防误吸、感染和代谢并发症。肠外营养的输注途径有外周静脉和中心静脉。肠外营养时需注意合理安排输液顺序，控制合适的速度，同时做好静脉导管的护理，定期监测各项指标，并做好各项并发症的观察和护理。

(刘　春)

笔记栏

第四章

外科休克患者的护理

学习要点

- **掌握**：① 休克的概念；② 休克患者的抢救配合及护理措施。
- **熟悉**：① 休克的病因与分类；② 休克患者的临床表现和生理指标的评估；③ 失血性休克及创伤性休克的处理原则；④ 感染性休克的处理原则。
- **了解**：能阐明休克的病理生理过程。

第一节 概　　述

休克是多种致病因素引起的人体对有效循环血量锐减的全身性应激反应，是组织灌注不足引起的以微循环障碍、代谢障碍和内脏器官功能受损的一种危急的病理性综合征。氧供和需求是休克的本质。

一、病因与分类

引起休克的原因很多，根据休克的原因、始动因素和血流动力学变化，对休克有不同的分类，按休克的原因将休克分为低血容量性休克、感染性休克、心源性休克、神经源性休克、过敏性休克五类，其中低血容量性休克与感染性休克在外科最常见。按血流动力学分为低血容量性休克、心源性休克、梗阻性休克、分布性休克。

二、病理生理

各类休克共同的病理生理基础是有效循环血量锐减和组织灌注不足，以及由此导致的微循环障碍、代谢的改变及内脏器官的继发损害。

1. *微循环障碍*　休克微循环的病理变化主要分为微循环收缩期、微循环扩张期和微循环衰竭期三期。

(1) 微循环收缩期（休克早期）：此期又称为休克代偿期。微循环内因前括约肌收缩而致“少灌多流”，组织处于低灌注、缺氧状态。若能在此时去除病因积极处理，休克较易得到纠正。

(2) 微循环扩张期（休克期）：若休克继续发展，微循环将进一步因动静脉短路和直接通道大量开放，处于多灌少流状态。原有的组织灌注不足更为加重，细胞因严重缺氧处于无氧代谢状况，出现乳酸积聚及组织胺类物质释放。

(3) 微循环衰竭期（休克晚期）：若病情继续发展，休克进入不可逆阶段。红细胞和血小板容易发生凝集并在血管内形成微血栓，甚至引起弥散性血管内凝血（DIC）。微循环处于“不灌不流”的停

笔记栏

滞状态。最终形成多器官功能障碍综合征(MODS)。

2. 代谢改变　由于组织灌注不足和细胞缺氧,导致丙酮酸和乳酸产生过多,儿茶酚胺大量释放,血管紧张素和醛固酮增加,蛋白质分解加速等而使机体出现代谢性酸中毒、血糖升高、水钠潴留以及尿素氮、肌酐、尿酸增高等代谢变化。

3. 内脏器官的继发性损害　休克时内脏器官由于持续缺血、缺氧,组织器官发生变性、出血、坏死。休克持续存在未纠正,可依次发生肺、肾、心、脑、肝、胃肠道等内脏器官功能损害。MODS是造成休克患者死亡的主要原因。

三、临床表现

1. 症状　休克代偿期患者精神紧张、兴奋或烦躁不安、口渴;休克抑制期患者神志淡漠、反应迟钝,甚至可出现意识模糊或昏迷,出冷汗。

2. 体征　休克代偿期和休克抑制期表现在生命体征、皮肤黏膜色泽、体表温度、体表血管、尿量等的不同(表4-1)。

表4-1　休克的临床表现和程度

分期	程度	神志	外周循环				生命体征		尿量	估计失血量
			口渴	皮肤黏膜色泽	体表温度	体表血管	脉搏	血压		
休克代偿期	轻度	神志清楚伴痛苦表情,精神紧张	口渴	开始苍白	正常,发凉	正常	100次/min以下,尚有力	收缩压正常或稍升高,舒张压增高,脉压缩小	正常	20%以下(800 mL以下)
休克抑制期	中度	神志尚清楚,表情淡漠	很口渴	苍白	发冷	表浅静脉塌陷,毛细管充盈迟缓	100～120次/min	收缩压90～70 mmHg,脉压小	尿少	20%～40%(800～1 600 mL)
	重度	意识模糊,甚至昏迷	非常口渴,可能无主诉	显著苍白,肢端青紫	厥冷(肢端更明显)	毛细血管充盈非常迟缓,表浅静脉塌陷	速而细弱,或摸不清	收缩压在70 mmHg以下或测不到	尿少或无尿	40%以上(1 600 mL以上)

四、辅助检查

1. 实验室检查　血、尿和粪常规检查;血生化检查:包括肝功能、肾功能、血电解质、血糖等检查;动脉血气分析;动脉血乳酸盐测定反映组织无氧代谢水平及组织灌注情况,估计休克程度和复苏趋势,血乳酸正常值为1～1.5 mmol/L,血乳酸盐浓度增高,提示组织灌注不足,与休克严重程度相平行,>2.0 mmol/L提示病情危重。凝血功能测定:血小板计数<80×10^9/L、血浆纤维蛋白原<1.5 g/L或呈进行性降低,凝血酶原时间较正常延长3 s以上时应考虑弥漫性血管内凝血(DIC)。

2. 血流动力学监测　① 中心静脉压(CVP):其变化可反映血容量和右心功能。正常值为5～12 cmH_2O。CVP<5 cmH_2O表示右心房充盈不佳或血容量不足;CVP>15 cmH_2O提示右心功能不全,CVP>20 cmH_2O提示充血性心力衰竭。② 肺毛细血管楔压(PCWP):反映肺静脉、左心房和左心室的功能状态,正常值为6～15 mmHg。低于正常提示血容量不足,高于正常提示左心压力增高,如急性肺水肿。③ 心排出量(CO)和心脏指数(CI):正常成人的CO值为4～6 L/min,CI值为2.5～3.5 L/(min·m^2)。

3. 影像学检查　如B超、CT、X线检查作为辅助检查,以排除骨骼、内脏或颅脑损伤,以及感染病灶。

笔记栏

五、临床诊断与治疗

1. 诊断要点　凡遇到严重损伤、大量出血、重度感染以及过敏患者和有心脏病史者，应想到有并发休克的可能，再结合临床表现，体格检查和辅助检查，综合考虑做出诊断。

2. 治疗要点　治疗休克的关键是早期发现，治疗休克的重点是恢复灌注和对组织提供足够的氧，防止 MODS 发生。包括：① 一般紧急治疗；② 补充血容量；③ 积极处理原发病；④ 纠正酸碱平衡失调；⑤ 血管活性药物应用；⑥ 治疗 DIC 改善微循环；⑦ 皮质类固醇和其他药物的应用。

六、护理诊断

1. 体液不足　与大量失血、失液有关。
2. 气体交换受损　与有效循环血量锐减、缺氧和呼吸形态改变有关。
3. 体温过低或过高　与感染、组织灌注不良有关。
4. 潜在并发症　损伤、感染、压疮、MODS 等。

七、护理措施

救治原则：迅速恢复有效循环血量；积极处理原发疾病；纠正酸碱代谢紊乱；保护重要脏器功能，预防 MODS 发生等。

1. 一般护理

(1) 体位：患者宜取休克体位，即将头和躯干抬高 $20^\circ \sim 30^\circ$，下肢抬高 $15^\circ \sim 20^\circ$，以增加回心血量。

(2) 吸氧并保持呼吸道通畅：氧流量 6 L/min。严重呼吸困难者，可行气管插管或气管切开，必要时用呼吸机辅助呼吸。

(3) 维持正常体温：休克时患者体温降低，应予以保暖。高热时应予以物理降温，必要时结合药物降温。

(4) 防止损伤和感染：休克时患者的检查和操作繁多，如穿刺、插管、导尿等，需严格无菌技术操作，操作轻柔，减少损伤和感染的可能。对烦躁或神志不清的患者，应加床旁护栏以防坠床，必要时以约束带适当固定肢体。同时注意保持患者床单清洁、平整、干燥，定时翻身、拍背，以防皮肤发生压疮。

2. 病情观察

(1) 神志。反映脑组织血液灌注状况。休克患者神志由兴奋转为抑制状态，表示脑缺氧加重，病情恶化，经治疗患者神志转清、反应灵敏、对答自如，提示脑循环改善。

(2) 生命体征。① 血压：若患者收缩压＜90 mmHg、脉压＜20 mmHg 是休克存在的表现。② 脉率：脉率的变化常先于血压的变化。可用脉率/收缩压(mmHg)计算休克指数，帮助判断休克的有无及程度，休克指数正常值为 0.58；≥1.0 提示有休克；＞2.0 为重度休克，估计失血量在 50%以上。③ 呼吸：包括观察呼吸的频率、节律、深度。呼吸＞30 次/min 或＜8 次/min 提示病情严重。④ 体温：休克患者常有体温偏低。若体温突然升高至 40℃以上或突然降到 36℃以下提示病情危重。

(3) 皮肤色泽和温度。休克患者皮肤黏膜由苍白转为发绀，表示休克加重；发绀并出现皮下瘀点、瘀斑，则提示可能发生 DIC；若发绀程度减轻逐渐转为红润，肢体皮肤干燥温暖，说明末梢循环改善。

(4) 尿量。是观察休克病情变化最简便有效的指标。尿量维持在 30 mL/h 以上时，提示休克好转。

(5) 辅助动态监测。定时监测血、尿、粪常规，血电解质，肝、肾功能，血气分析，CVP，PCWP 等检查，了解休克状态和治疗效果。

笔记栏

3. 配合治疗护理

(1) 扩充血容量。原则是及时、快速、足量。应快速建立两条静脉通道。一般先快速输入平衡盐溶液、等渗盐水等晶体液；再输入扩容作用持久的胶体液（如羟乙基淀粉）；然后输入全血、血浆、白蛋白等胶体液以减少晶体液渗出血管外。合理补液：根据血压及CVP监测情况调整输液速度（表4－2）。记录出入量：准确记录输入液体的种类、数量、时间、速度等，并详细记录24 h出入量，作为治疗的依据。

表4－2　CVP与输液的关系

CVP	血压	原　因	处　理　原　则
低	低	血容量严重不足	充分补液
低	正常	血容量不足	适当补液
高	低	心功能不全或血容量相对过多	给强心药，减慢输液
高	正常	容量血管过度收缩	舒张血管
正常	低	心功能不全或血容量不足	补液试验*

*补液试验：取等渗盐水250 mL，在5～10 min内经静脉滴入，若血压不变而CVP升高3～5 cmH_2O，提示心功能不全；若血压升高而CVP不变，则提示血容量不足。

(2) 应用血管活性药物。休克患者常用血管活性药物有去甲肾上腺素、多巴胺、多巴酚丁胺、间羟胺、硝普钠、硝酸甘油等。使用血管活性药物的注意事项：① 使用血管活性药物应尽量从中心静脉使用微量注射泵输入，不要与测量CVP及其他静脉输液在同一静脉通道；② 浓度、速度和监测，从低浓度、慢速度开始，并用心电监护仪每5～10 min测1次血压，血压平稳后每15～30 min测1次。根据血压、心率等参数的变化随时调整药物泵入速度，防血压骤升和骤降引起不良后果；③ 严防药液外渗；④ 药物的停止使用，血压平稳后，应逐渐降低药物浓度、减慢速度后撤除，以防突然停药引起不良反应。

(3) 纠正代谢紊乱。休克时由于微循环严重灌流不足，组织无氧代谢产生较多酸性物质而发生代谢性酸中毒。纠正酸中毒的首选药物为5%碳酸氢钠溶液。

(4) 维护重要脏器功能。① 应用糖皮质激素和能量合剂：有利于改善心脏功能，可选用氢化可的松或地塞米松；能量合剂可选用三磷酸腺苷、辅酶A、细胞色素c等。② 抗凝血药物：常用肝素抗凝，但需避免过量使用，以防发生自发性出血。③ 利尿剂：有利于维护肾功能，适用于休克伴尿少的患者，常用呋塞米等。

(5) 处理原发疾病。应针对休克病因，积极配合医生采取有效措施处理原发疾病。

4. 心理护理　对早期患者，应充分理解患者焦虑不安的心情，关心、安慰患者，给予耐心细致的护理。病情严重者，各项操作应轻柔，尽量减少患者的痛苦。

5. 健康指导

(1) 告知休克期勿随意搬动患者。

(2) 加强自我保护，避免损伤或其他意外伤害。

(3) 了解和掌握意外损伤后的初步处理和自救知识，如伤处加压包扎止血等。

(4) 发生高热或感染及时就诊。

第二节　低血容量性休克

笔记栏

低血容量性休克常因大量出血或体液丢失，或液体积存于第三间隙，导致有效循环量降低引起。由大血管破裂或脏器出血引起的称失血性休克；各种损伤或大手术后同时具有失血及血浆丢失而发生的称创伤性休克。

一、失血性休克

失血性休克多见于大血管破裂、腹部损伤引起的肝脾破裂、胃十二指肠出血、门静脉高压所致的食管胃底曲张静脉破裂出血等。通常在迅速失血超过全身总血量的20%时，即出现休克。

处理原则是补充血容量和止血并重。

1. 补充血容量　经静脉快速滴注晶体溶液(如生理盐水和乳酸林格液)和胶体溶液(如羟乙基淀粉和白蛋白)。一般认为，维持血红蛋白浓度在100 g/L、红细胞比容(HCT)在30%为好。若血红蛋白低于70 g/L可输浓缩红细胞，大量失血时应注意凝血因子的补充。对出血未控制的失血性休克患者，早期采用控制性复苏，收缩压维持在80～90 mmHg，以保证重要脏器的基本灌注，并尽快止血；出血控制后再进行积极容量复苏。对合并颅脑损伤的多发伤患者、老年患者及高血压患者应避免控制性复苏。

2. 止血　对于活动性出血如大血管破裂或实质性内脏器官(肝、脾)破裂等，应在保持血容量的同时积极进行手术准备，及早施行手术止血。

二、创伤性休克

创伤性休克多见于严重的外伤，如大血管破裂、复杂性骨折、挤压伤或大手术等，引起血液或血浆丧失，损伤处炎性肿胀和体液渗出，可导致低血容量。

处理原则是补充血容量及对症处理。

1. 补充血容量　积极快速补充血容量是创伤性休克患者的首要措施。由于损伤可有血块、血浆和炎性渗液积存在体腔和深部组织，必须详细检查以准确估计丢失量。

2. 镇痛　创伤后疼痛刺激严重者需适当给予镇痛镇静剂。

3. 急救处理　妥善临时固定(制动)受伤部位；对危及生命的创伤如开放性或张力性气胸、连枷胸等，应作必要的紧急处理。

4. 手术　一般应在血压稳定后或初步回升后进行。

5. 预防感染　创伤或大手术患者继发休克后，还应使用抗生素，避免继发感染。

第三节　感染性休克

感染性休克亦称脓毒性休克，是指脓毒症伴由其所致的低血压，虽经液体治疗后仍无法逆转。脓毒症是指明确或可疑的感染引起的全身炎症反应综合征(SIRS)。严重脓毒症是指脓毒症伴由其导致的器官功能障碍和/或组织灌注不足。感染性休克常见于急性腹膜炎、胆道感染、绞窄性肠梗阻及泌尿系感染等。

处理原则是纠正休克和控制感染并重。

1. 补充血容量　首先快速输入晶体液，对脓毒症导致组织低灌注的患者采取早期目标导向的液体复苏。初始复苏的最初6 h内复苏目标：中心静脉压8～12 mmHg；平均动脉压(MAP)≥65 mmHg；尿量≥0.5 mL/(kg·h)；上腔静脉血氧饱和度或混合静脉血氧饱和度≥0.70或0.65。

2. 控制感染　主要措施是应用抗菌药物和处理原发感染灶。明确诊断的感染性休克，应在1 h内开始有效的静脉抗菌药物治疗。

3. 纠正酸碱平衡　感染性休克的患者，常伴有严重的酸中毒，且发生较早，需及时纠正。一般在纠正、补充血容量的同时，经另一静脉通路滴注5%碳酸氢钠200 mL，并根据动脉血气分析结果，再作补充。

4. 心血管活性药物的应用　经过充分的液体复苏后仍然存在着组织低灌注或面对致命性低

笔记栏

血压时，应使用血管活性药物维持血压达到一定水平，建议血压治疗的初始目标是 MAP 达到 65 mmHg，去甲肾上腺素作为脓毒性休克患者的首选血管升压药物。

5. 其他治疗　包括营养支持，对并发的 DIC、重要器官功能障碍的处理等。

案例分析

患者，男，43 岁，因"车祸伤 2 h"急诊入院治疗。入院时患者极度烦躁、面色苍白、肢体冰凉，全腹剧烈疼痛。查体：T 38.3℃，P 136 次/min，R 32 次/min，BP 75/53 mmHg，CVP 4 cmH_2O；全腹明显压痛、反跳痛、腹肌紧张，以左上腹为甚；1 h 尿量 7 mL。实验室检查：血白细胞计数 25.0×10^9/L。腹腔穿刺抽出食物残渣和气体，腹部 X 线检查显示膈下游离气体。患者表情极度痛苦，情绪紧张。

【问题】

(1) 主要考虑什么医疗诊断？

(2) 首要的处理措施是什么？

(3) 你将采取哪些护理措施？

【分析与解答】

(1) 主要考虑为肠穿孔、急性腹膜炎、感染性休克。① 胃穿孔：车祸史，腹痛以左上腹为甚；腹腔穿刺抽出食物残渣和气体，腹部 X 线检查显示膈下游离气体。② 急性腹膜炎：发热、脉搏增快、全腹明显压痛、反跳痛、腹肌紧张。③ 感染性休克：发热、脉搏、呼吸增快、血压下降且脉压缩小，CVP 降低、烦躁、面色苍白、肢体冰凉、尿少；白细胞计数 25×10^9/L。

(2) 首要处理措施：立即建立静脉通道，快速补充血容量。

(3) 护理措施：① 快速补充血容量，迅速建立静脉双通道，快速补液。原则上先输晶体液，后输胶体液。② 保持呼吸道通畅，予以鼻导管吸氧。③ 致患者于休克体位，予以加被保暖和调节室温。④ 观察病情变化，注意患者意识、生命体征、腹部症状及体征、尿量、皮肤黏膜及末梢循环、血常规、血气分析及血电解质等检查值的变化。⑤ 禁食、胃肠减压，保持胃肠减压管通畅，观察并记录引流物量和性状。⑥ 控制感染和缓解疼痛，按医嘱应用抗生素和镇痛剂。⑦ 留置导尿管，准确记录每小时尿量和 24 h 出入量。⑧ 发热护理，按医嘱予以物理或药物降温；保持患者皮肤、衣服、被褥等清洁干燥。⑨ 观察和预防并发症，如压疮和坠积性肺炎等；加强安全防护，预防意外损伤。⑩ 积极做好术前准备。

小　结

休克是机体受到强烈致病因素侵袭后，导致有效循环血量锐减，组织血液灌流不足引起的微循环障碍、代谢障碍和细胞受损为特征的病理性综合征，是严重的全身应激反应。氧供不足和需求增加是休克的本质。有效循环血容量锐减和组织灌注不足，以及由此引起的代谢改变、炎症介质释放与继发性损害是各类休克的共同病理生理基础。休克患者典型临床表现包括神志改变、皮肤苍白、四肢湿冷、心率加快、脉压差小、呼吸加快、尿量减少等。休克的护理措施要点包括：一般护理：休克体位、吸氧并保持呼吸道通畅、维持正常体温、防止损伤及感染；病情观察：神志、生命体征、皮肤色泽及温度、尿量、血流动力学监测、辅助检查。配合治疗护理：补充血容量、应用血管活性药物、纠正酸碱平衡失调、维护重要脏器功能、处理原发疾病。

笔记栏

(杨　琴)

第五章

麻醉患者的护理

学习要点

- **掌握**：① 麻醉、全身麻醉、局部麻醉、椎管内麻醉的概念；② 常用麻醉前药物的种类及使用目的；③ 麻醉的主要并发症及护理措施。
- **熟悉**：① 不同麻醉方式的特点；② 导致麻醉主要并发症的原因；③ 全身麻醉期间和麻醉恢复期的主要监测指标及临床意义。
- **了解**：① 麻醉前患者健康指导；② 实施麻醉期间及麻醉恢复期监护的内容。

第一节　概　　述

麻醉(anesthesia)原意是指感觉或知觉的丧失，其后则指可使患者在接受手术或者有创操作时不感到疼痛和不适的状态。一般认为麻醉是由药物或其他方法产生的一种中枢神经系统和(或)周围神经系统的可逆性功能抑制的特点，主要是感觉特别是痛觉的丧失。

现根据我国习用的分类列表见表 5－1。

表 5－1　麻醉方法分类

麻醉方法分类	麻醉药作用方式	作用的神经部位
全身麻醉(general anesthesia)		
吸入麻醉(inhalation anesthesia)	经呼吸道吸入	中枢神经系统
静脉麻醉(intravenous anesthesia)	静脉注射或静脉滴注、泵注、靶控输注	中枢神经系统
肌肉麻醉(intramuscular anesthesia)	肌内注射	中枢神经系统
直肠麻醉(per rectum anesthesia)	经直肠灌注	中枢神经系统
椎管内麻醉(intrathecal anesthesia)		
蛛网膜下隙阻滞(subarachnoid block)	局麻药注入蛛网膜下隙	蛛网膜下隙脊神经
硬脊膜外阻滞(epidural block)	局麻药注入硬脊膜外隙	硬脊膜外隙脊神经
局部浸润麻醉(local infiltration anesthesia)		
表面麻醉(topical anesthesia)	局麻药涂敷、喷、滴	黏膜、皮肤
局部浸润麻醉(local infiltration)	局麻药浸润注射	神经末梢
区域阻滞麻醉(regional anesthesia)	麻醉药注射	神经末梢、神经干
周围神经阻滞(peripheral nerve blocks)		神经干、丛、节

笔记栏

第二节 麻醉前工作

一、麻醉前病情评估

通过询问患者的手术麻醉史、药物过敏史、吸烟史等等情况，了解患者日常体力活动及近期状况，根据现有的病情诊断及麻醉相关检查结果，初步判断患者对麻醉的耐受能力。同时与手术医生沟通，了解手术的范围、大约出血量、风险性是否需要特殊的麻醉处理等，以制定最佳麻醉方案。目前临床常用美国麻醉医师协会（ASA）分级方法判断患者对手术和麻醉的耐受力（表 5－2）。

表 5－2 ASA 病情分级

病情分级	健康状况
1 级	没有全身性疾病，仅有局部的病理改变
2 级	有轻度到中度脏器（心、肝、肺、肾和中枢神经系统）病变，但其功能代偿良好
3 级	有重度脏器（心、肝、肺、肾和中枢神经系统）病变，但其功能尚能代偿
4 级	有危及生命的全身性疾病
5 级	存活机会小，处于濒死状态，手术是唯一的治疗措施，如腹主动脉破裂或严重脑损伤

注：如系急症手术患者，在每级数字后标“急”或“E”（emergency），如 1E、2E 等。

一般认为，第 1～2 级患者对麻醉和手术的耐受性良好，风险性较小。第 3 级患者对麻醉和手术的耐受能力减弱，风险性较大，但若术前准备充分，尚能耐受麻醉。第 4 级患者因器官功能代偿不全，麻醉和手术的风险性很大，即使术前准备充分，围术期的死亡率也很高。第 5 级为濒临死亡的患者，麻醉和手术都异常危险，不宜行择期手术。

知识拓展

在我国根据临床实践经验将患者的病情和体格情况分为两类四级（表 5－3）：

表 5－3 手术患者病情及体格情况分级

类别	全身情况	外科病变	重要生命器官	麻醉耐受评估
Ⅰ	好	局限，不影响或仅有轻微全身影响	无器质性病变	好
	良好	对全身有一定影响，但易纠正	有早期病变，出于代偿状态	良好
Ⅱ	较差	对全身已造成明显影响	有明显器质性病变，功能接近失代偿，或有早期失代偿	差
	很差	对全身已有严重影响	有严重器质性病变，功能已失代偿，需要内科支持治疗	劣

二、麻醉前准备

1. 患者准备

（1）心理准备：对于麻醉和手术，患者常感到紧张、焦虑，甚至恐惧。术前应有针对性地消除其思想顾虑和焦虑心理，耐心听取并解答其疑问。过度紧张者，可给予药物辅助治疗，有心理障碍者，应请心理专家协助处理。

（2）身体准备：麻醉前应纠正紊乱的生理功能和治疗潜在的内科疾病，尽量改善患者状况，使患者各脏器功能处于较好状态。特别注意术前胃肠道准备，充分考虑胃排空问题，避免术中术后并发症。

笔记栏

2. *麻醉设备、用具和药品的准备*　为使麻醉和手术能安全顺利地进行，防止任何意外事件发生，麻醉前必须充分准备好麻醉用具、麻醉机及相应气源、监测设备及药品，保证各仪器设备的功能正常。

3. *麻醉前用药*

（1）用药目的

1）镇静和催眠：消除患者紧张、焦虑及恐惧心理，使其情绪稳定，配合麻醉。

2）镇痛：缓解或消除麻醉操作可能引起的疼痛和不适，提高痛阈。

3）抑制腺体分泌：维持呼吸道通畅。

4）抑制不良反射：消除因手术或麻醉引起的不良反射，特别是迷走神经反射，维持血流动力学的稳定。

（2）常用药物

1）镇静药和催眠药：具有镇静、催眠、抗焦虑及抗惊厥作用，对局麻药的毒性反应也有一定的预防作用。常用药物：地西泮（安定）、苯巴比妥钠（鲁米那）。

2）镇痛药：与全身麻醉药有协同作用，增加麻醉效果，减少麻醉药用量。椎管内麻醉时作为辅助用药，能减轻内脏牵拉反应。常用药物：吗啡、哌替啶。

3）抗胆碱能药：抑制腺体分泌，减少呼吸道和口腔分泌物，松弛平滑肌痉挛，解除迷走神经兴奋对心脏的抑制作用。常用药物：阿托品、东莨菪碱。

4）抗组胺药：作用于平滑肌和血管，解除其痉挛，可以拮抗或阻滞组胺释放。常用药物：异丙嗪。

第三节　局部麻醉

局部麻醉（local anesthesia，简称局麻）是指将局麻药作用于身体局部，使身体某一部位的感觉神经传导功能暂时阻断，运动神经传导保持完好或有不同程度被阻滞，患者局部无痛而神志清楚。广义的局麻包括椎管内麻醉。局麻是一种简便易行、安全有效、并发症较少的麻醉方法，适用于较表浅、局限的手术。

一、常用局麻药物

1. *局麻药物分类*　局麻药按其化学结构的不同分为两类。

（1）酯类：包括普鲁卡因、丁卡因等。酯类药在血浆内被胆碱酯酶分解，其代谢产物可成为半抗原，能引起变态反应，使用前应做过敏试验。

（2）酰胺类：包括利多卡因、罗哌卡因、布比卡因等。酰胺类局麻药在肝内被肝微粒体酶系水解，不形成半抗原，一般使用前不做过敏试验。

2. *理化性质与麻醉特性*　局麻药物的理化性质主要包括离解常数、脂溶性及血浆蛋白结合率，这些因素决定了局麻药的起效时间、麻醉效能、阻滞作用持续时间及毒性作用的大小（表 5－4）。

表 5－4　常用局麻药理化性质比较

	普鲁卡因	丁卡因	利多卡因	布比卡因	罗哌卡因
p*K*a	8.9	8.5	7.9*	8.1	8.1
脂溶性	低	高	中等	低	高
血浆蛋白结合率（%）	6	76	70	95	94
效能	弱	强	中等	强	强
弥散性能	弱	弱	强*	中等	中等

笔记栏

（续表）

	普鲁卡因	丁卡因	利多卡因	布比卡因	罗哌卡因
毒性	弱	强	中等	中等	中等
表面麻醉	—	慢	中等	—*	—
局部浸润	快	—	快	快	快
神经阻滞	慢	慢	快	中等	中等
作用时间(h)	0.75～1	1～1.5	2～3	3～7	4～8
一次限量*(mg)	1 000	40(表面麻醉) 80(神经阻滞)	100(表面麻醉) 400(神经阻滞)	150	150

* 成人剂量，使用时还应根据具体患者、具体部位决定

(1) 解离常数(pKa)：大多数局麻药物的pKa在7.6～9.1。一般pKa越大，起效时间越长。

(2) 脂溶性：脂溶性越高，麻醉效能越强。

(3) 蛋白质结合率：麻醉药与血浆蛋白结合后，会暂时失去药理活性。血浆蛋白结合率大则阻滞作用持续时间相应延长。血浆蛋白结合率除与亲和力有关外，还受药物浓度和血浆蛋白含量的影响。血液中游离的麻醉药物多，则麻醉药物的毒性增加。

二、常用局部麻醉方法

1. *表面麻醉*　将渗透作用强的局麻药用于黏膜表面，药物透过黏膜而阻滞黏膜下神经末梢，产生麻醉作用的方法称为表面麻醉。如眼科手术用滴入法；鼻腔用涂敷法；咽喉、气管用喷雾法；尿道和膀胱手术用灌注法等。

2. *局部浸润麻醉*　将局麻药注射于手术部位的组织内，阻滞组织中的神经末梢而产生麻醉作用，称为局部浸润麻醉。注意事项：① 每次注药前回抽，以防药液注入血管；② 局麻药中加入适量肾上腺素可减缓药液吸收，延长作用时间；③ 感染及癌肿部位不宜用局部浸润麻醉。

3. *区域阻滞*　围绕手术区四周和底部注射局麻药，阻滞支配手术区神经纤维的方法称为区域阻滞。适用于局部肿块切除，如乳腺良性肿瘤切除术。

4. *神经及神经丛阻滞*　在神经干、丛、节的周围注射局麻药，阻滞相应区域的神经冲动传导而产生麻醉作用。临床常用臂丛神经阻滞、颈丛神经阻滞、肋间神经阻滞和指(趾)神经阻滞等。

三、常见护理诊断/问题

1. *焦虑*　与对麻醉的不了解及麻醉的安全性有关。

2. *知识缺乏*　缺乏配合麻醉相关知识。

3. *潜在并发症*　局麻药毒副作用、过敏反应。

四、护理措施

1. *心理护理*　向患者和家属介绍麻醉的方法、过程、麻醉后的恢复，使患者和家属有所了解并积极配合，减轻焦虑。

2. *麻醉前的准备*　① 协助患者摆好麻醉体位并注意保暖和保护患者隐私；② 遵医嘱准备好局麻药；③ 协助医生施行麻醉并观察患者的反应。

笔记栏

3. *并发症的观察与护理*

(1) 毒性反应。常见原因有：① 用药过量；② 误注入血管内；③ 注射部位血液供应丰富或局麻药中未加入血管收缩药；④ 患者全身情况差，对局麻药耐受能力降低等。

1) 临床表现：轻度中毒时有嗜睡、眩晕、寒战、多语、惊恐、定向困难等；重度中毒可导致神志不

清，四肢肌震颤，甚至抽搐、惊厥、血压上升、心率加快；若发生全面抑制，短时间血压下降，呼吸困难甚至心脏停搏。

2）护理措施：一旦发生，立即停药、给氧、加强通气。开放静脉通路和输液。遵医嘱予地西泮 5～10 mg 静脉或肌内注射；抽搐、惊厥者还加用 2.5%硫喷妥钠缓慢静脉注射。心跳呼吸停止者应立即行心肺复苏。

3）预防措施：① 一次用药量不超过限量；② 注药前回抽无回血方可注射；③ 根据患者具体情况及用药部位酌减剂量；④ 如无禁忌，局麻药内加入适量肾上腺素；⑤ 麻醉前给予镇静催眠药，以提高毒性阈值。

（2）过敏反应：表现为在使用少量局麻药后，出现荨麻疹、咽喉水肿、支气管痉挛、低血压及血管神经性水肿等，甚至过敏性休克。一旦发生，立即停药、保持呼吸道通畅、给氧；遵医嘱注射肾上腺素，同时给予糖皮质激素和抗组胺药。

第四节　椎管内麻醉

一、蛛网膜下隙阻滞

蛛网膜下隙阻滞又称腰麻，是将局麻药注入蛛网膜下腔，作用于脊神经前根和后根及脊髓，产生不同程度的阻滞。

1. 适应证　适用于 2～3 h 以内的下腹部、盆腔、下肢及肛门会阴部手术。

2. 禁忌证　① 中枢神经系统疾病，如脊髓病变、颅内高压者；② 败血症、穿刺部位或附近皮肤感染者；③ 休克、脊椎外伤或有严重腰背痛疾病史者，有凝血功能障碍或腹内压明显增高者；④ 高血压合并冠心病者；⑤ 精神病及不合作的小儿等。

3. 常用的麻醉药　有丁卡因、普鲁卡因、利多卡因和布比卡因等。

二、硬脊膜外阻滞

硬脊膜外阻滞又称硬膜外麻醉，是将局麻药注入硬脊膜外间隙，阻滞脊神经根，使其支配区域产生暂时性麻痹。分为单次法和连续法两种。临床常用连续法。

（一）适应证和禁忌证

1. 适应证　最常用于横膈以下各种腹部、腰部和下肢手术，不受时间的限制。颈部、上肢和胸壁手术也可应用。

2. 禁忌证　与腰麻相似，严重贫血、高血压及心功能代偿功能不良者慎用；低血容量、进针部位感染、菌血症、凝血功能障碍或处于抗凝治疗期间者禁用。

（二）常见护理诊断/问题

1. 恐惧　与椎管内麻醉的缺乏了解和担心椎管内麻醉的安全有关。

2. 知识缺乏　缺乏配合椎管内麻醉的知识。

3. 潜在并发症　血压下降、心率减慢、恶心、呕吐、呼吸抑制、头痛、尿潴留、全脊髓麻醉和硬膜外血肿等。

（三）护理措施

1. 心理护理　参见本章第三节局部麻醉。

2. 配合麻醉的体位安置　协助摆放麻醉体位，如侧位穿刺，应保持后背与手术台边缘靠齐，低头弓背、双手抱膝。椎管穿刺时，应扶持患者，尽量增大棘突间隙，便于穿刺。穿刺成功后，再跟进手术要求安放好手术体位。

笔记栏

3. 术中并发症的观察与护理

(1) 术中并发症

1) 血压下降或心率减慢：血压下降的发生率和严重程度与麻醉平面有关系。血压下降者，先加快输液速度，增加血容量；必要时用麻黄碱 5 ～10 mg 静脉注射，以收缩血管、维持血压；心率过缓者可静脉注射阿托品。

2) 恶心、呕吐：由低血压、迷走神经功能亢进、手术牵拉内脏等因素所致。针对原因进行处理，给氧、升高血压，暂停手术牵拉以减少迷走神经刺激。

3) 呼吸抑制：常见于胸段脊神经阻滞，表现为肋间肌麻痹、胸式呼吸减弱、潮气量减少、咳嗽无力、发绀。遇此情况应迅速吸氧，必要时进行辅助呼吸。

4) 全脊椎麻醉：是由于硬膜外麻醉所用的局麻药大部分或全部意外注入蛛网膜下隙，使全部脊神经被阻滞的现象。患者可在注药后几分钟内发生呼吸困难，血压骤降，继而呼吸停止。应立即施行气管内插管机械通气，加速输液及胸外心脏按压等措施进行抢救。

(2) 术后并发症的观察与护理

1) 头痛：其特点是抬头或坐起时头痛加重，平卧后减轻或消失。主要因脑脊液经穿刺孔漏出，导致颅内压下降和颅内血管扩张刺激所致。头痛多出现在麻醉作用消失后 6～12 h。预防措施：① 麻醉时采用细穿刺针，提高穿刺技术，避免反复穿刺，缩小针刺裂孔；② 保证术中、术后输入足量液体；③ 术后常规去枕平卧 6～8 h。护理措施：① 平卧休息，每日补液或饮水 2 500～4 000 mL；② 遵医嘱给予镇痛或安定类药物。

2) 尿潴留：因支配膀胱的副交感神经抑制、下腹部、肛门或会阴部手术后切口疼痛、手术刺激膀胱或患者不习惯床上排尿所致。可诱导排尿、热敷、变换体位，必要时留置导尿管。

3) 硬膜外血肿：硬膜外麻醉后若出现麻醉作用持久不退，或消退后再出现肌无力、截瘫等，都是血肿形成压迫脊髓的征兆。一旦发生，尽早与医生沟通并配合治疗。

第五节　全 身 麻 醉

全身麻醉是目前临床上最常用的麻醉方法，指麻醉药通过呼吸道吸入、静脉注射、肌内注射等方法进入患者体内，使中枢神经系统受到抑制，患者意识消失而无疼痛感觉的一种可逆性功能性抑制状态。

一、常用全身麻醉药物

1. 吸入麻醉药　指经呼吸道吸人进人体内产生全身麻醉作用的药物。一般用于全身麻醉的维持，有时也用于麻醉诱导。常用的吸入麻醉药有：氧化亚氮、恩氟烷、异氟烷、七氟烷等。

2. 静脉麻醉药　经静脉注射进入体内，通过血液循环作用于中枢神经系统产生全身麻醉作用的药物。优点为诱导快，对呼吸道无刺激。常见静脉麻醉药物有硫喷妥钠、氯胺酮、依托咪酯、普鲁泊福等。

3. 肌肉松弛药　简称肌松药，能阻断神经-肌传导功能而使肌肉松弛。肌松药分为两类：去极化肌松药，以琥珀胆碱为代表；非去极化肌松药，以筒箭毒碱为代表。

4. 麻醉性镇痛药

笔记栏

(1) 吗啡：麻醉镇痛药，能提高痛阈，解除疼痛，对呼吸中枢有明显抑制作用。

(2) 哌替啶(度冷丁)：具有镇静、催眠、解除平滑肌痉挛作用。常作为麻醉前用药和术后镇痛。

(3) 芬太尼：是人工合成的强镇痛药。对中枢神经系统的作用与其他阿片类药物相似。对呼吸有抑制作用。

二、护理评估

1. 健康史　了解患者性别、年龄、职业等；一般资料：有无烟、酒等嗜好及药物成瘾史；既往史、麻醉史；有无中枢神经系统、心血管和呼吸系统等病史；目前用药情况及不良反应；有无过敏史。

2. 身体状况　局部有无牙齿缺少或松动、是否有义齿；意识和精神状态、生命体征；有无营养不良、发热、脱水及体重减轻；有无皮肤、黏膜出血及水肿等征象。辅助检查了解各项结果，有无重要脏器功能不全、凝血机制障碍及贫血、低蛋白血症等异常。

3. 心理-社会状况评估　患者及家属对麻醉的认知程度，是否存在焦虑或恐惧等不良情绪；家庭和单位对患者的支持程度等。

三、常见护理诊断/问题

1. 焦虑　与对全身麻醉风险的担忧有关。

2. 有受伤害的危险　与麻醉未完全清醒或感觉未完全恢复有关。

3. 潜在并发症　反流与误吸、呼吸道梗阻、低氧血症、低血压或高血压、心律失常、高热、抽搐和惊厥、苏醒延迟或不醒等。

四、护理措施

1. 心理护理　参见本章第四节椎管内麻醉。

2. 配合麻醉　麻醉实施前建立静脉通路；再次检查麻醉设备、器械、药品是否齐全，性能完好；连接监护仪，监测心电图、血压、脉搏、呼吸、血氧饱和度等。协助麻醉医生实施麻醉。

3. 并发症的观察与护理

(1) 反流与误吸：由于患者的意识、咽反射消失，一旦有反流物即可发生误吸。误吸物无论是固体还是液体，都可引起急性呼吸道梗阻，如不能及时有效进行抢救，可导致患者窒息甚至死亡。误吸胃液可引起肺水肿和肺不张。术前应严格禁食、禁饮，术后患者未清醒可采取去枕平卧位、头偏向一侧。

(2) 呼吸道梗阻

1) 上呼吸道梗阻：指声门以上的呼吸道梗阻。常见原因为机械性梗阻，如舌后坠、口腔分泌物阻塞、喉头水肿、喉痉挛等。不全梗阻表现为呼吸困难并有鼾声；完全梗阻时有鼻翼扇动和三凹征。一旦发生，迅速将下颌托起，放入鼻咽或口咽通气管，清除咽喉部分泌物和异物。喉头水肿者，给予糖皮质激素，严重者行气管切开。喉痉挛者，应解除诱因、加压给氧，无效时静脉注射琥珀胆碱，经面罩给氧，维持通气，必要时行气管内插管。

2) 下呼吸道梗阻：指声门以下的呼吸道梗阻。常见原因为导管斜面过长而紧贴在气管壁上、气管导管扭折、分泌物或呕吐物误吸等。轻者出现肺部啰音，重者出现呼吸困难、潮气量降低、呼吸道阻力高、缺氧发绀、心率加快、血压下降。如不及时处理可危及患者生命。

(3) 低血压：主要原因有麻醉过深、失血过多、术中牵拉内脏等。长时间严重的低血压可致重要器官低灌注，并发代谢性酸中毒等。一旦发生，首先减浅麻醉，补充血容量，必要时暂停手术操作，给予血管收缩药，待血压平稳后再继续手术。

(4) 高血压：多与麻醉浅、镇痛药用量不足、未能及时控制手术刺激引起的应激反应有关。有高血压病史者，应在全麻诱导前静脉注射芬太尼，以减轻气管插管引起的心血管反应。术中根据手术刺激程度调节麻醉深度，必要时行控制性降压。

(5) 心律失常：因麻醉过浅造成时可适当加深麻醉。手术牵拉内脏（如胆囊）或眼心反射时，因立即停止操作，必要时静注阿托品。

(6) 高热、抽搐和惊厥：常见于小儿麻醉。婴幼儿由于体温调节中枢尚未完全发育成熟，体温易受环境温度的影响，若高热处理不及时，可引起抽搐甚至惊厥。一旦发现体温升高，应积极进行

笔记栏

物理降温，特别是头部降温，以防脑水肿。

(7) 苏醒延迟或不醒：若全身麻醉后超过 2 h 意识仍不恢复，在排除昏迷后，即可认为是麻醉苏醒延迟。可能与麻醉药用量过量，循环或呼吸功能恶化，严重水、电解质失调或糖代谢异常等有关。

4. 防止意外伤害　患者苏醒过程中常常出现躁动不安或幻觉，容易出现意外伤害，应注意防护，必要时加以约束，防止发生坠床、引流管脱落等情况。

5. 做好健康宣育　① 麻醉前向患者讲解释麻醉方式和手术过程，讲述麻醉操作的配合要点及麻醉后注意事项；② 对术后仍然存在严重疼痛、需带自控镇痛泵出院的患者，教会其对镇痛泵的自我管理和护理。告知若出现镇痛泵脱落、断裂或阻塞者，及时就诊。

五、护理评价

(1) 患者焦虑是否减轻。

(2) 患者是否发生意外伤害。

(3) 患者是否发生并发症或发生后未及时发现和处理。

案例分析

患者，女性，65 岁，在局部浸润麻醉下行“颈部脂肪瘤切除术”，局部注入利多卡因 300 mg，注药后约 10 min，患者出现眩晕、寒战、四肢抽搐、惊厥，继而出现呼吸困难、血压下降、心率减慢。

【问题】

(1) 该患者目前主要的护理诊断/问题是什么？

(2) 发生该护理问题的原因有哪些？如何进行护理？

【分析与解答】

(1) 局麻药毒性反应。

(2) 发生的原因有：① 用药过量；② 误注入血管内；③ 注射部位血液供应丰富或局麻药中未加入血管收缩药；④ 患者全身情况差，对局麻药的耐受能力降低。如何进行护理：① 立即停药，给予吸氧，加强通气；② 遵医嘱给药地西泮 5～10 mg 静脉或肌肉注射，2.5%硫酸镁缓慢静脉注射；③ 根据病情给予对症处理，呼吸抑制或停止、严重低血压或心搏骤停者，加用升压药、输血输液，行心肺脑复苏。

小　结

根据麻醉作用的部位和所用药物的不同，临床麻醉分为局部麻醉、椎管内麻醉、全身麻醉、复合麻醉，基础麻醉。麻醉前工作包括了麻醉前病情评估，患者准备、麻醉设备、用具和药品的准备、麻醉前用药等。

局部麻醉适用于较表浅、局限的手术，做好其毒性反应、过敏反应的观察、预防、护理。

椎管内麻醉分为蛛网膜下隙阻滞、硬脊膜外阻滞，蛛网膜下隙阻滞术中并发症有血压下降或心率减慢、恶心呕吐、呼吸抑制，术后并发症有头痛、尿潴留，根据相应的并发症做好对应观察、预防、护理。

全身麻醉分为吸入麻醉、静脉麻醉，在施行全身麻醉过程中防止意外伤害，加强并发症的观察与护理，做好健康宣教。

笔记栏

(陆　云　赵　烨　朱　青)

第六章

手术室管理和工作

学习要点

- **掌握：** ① 手术室护士的职责要求；② 常用手术体位及适用范围；③ 外科手消毒、穿脱无菌手术衣及戴手套、脱手套；④ 手术中的无菌操作原则。
- **熟悉：** ① 手术室环境清洁与消毒方法及手术室管理；② 不同类别物品选择合适的消毒灭菌方法。
- **了解：** ① 手术室的设置和布局要求；② 不同级别洁净手术室的净化标准和适用范围制度。

手术室是为患者实施手术治疗的重要场所，手术室护理工作是医院护理工作的重要组成部分。手术前，要对患者进行全面评估，制定手术护理方案，做好手术准备工作；手术中，要实施各种保护措施，尽可能地满足患者个性化的需求，确保患者安全舒适，尊重患者的隐私，避免不必要的暴露；手术后，了解患者的恢复情况，是否出现并发症等。为达到以上工作目的与要求，要求护士趋于专业化，而培养手术室专科护士即为手术室护理实践发展的策略和方向。

第一节　手术室布局和人员职责

一、布局与环境

（一）手术室的设置和布局

手术室应设置在安静、清洁、便于和相关科室联系的位置。手术科室病房与手术室在同一楼宇中、与重症监护病房在同一楼层便于相互联系，缩短转运距离，利于患者安全。手术室应毗邻化验室、血库、病理科、放射科、消毒供应中心等，最好有直接通道和通信联系设备，便于工作联系。

手术室平面布局应符合卫生学和医学流程的要求，遵循无菌技术，有明确的人流、物流通道并应洁污分开。应全方位、全过程的控制污染途径，包括手术室空气净化、无菌物品的转运和贮存、无菌技术操作及使用后物品的消毒处理等流程。

洁净手术部的内部平面设计是以洁净手术间为核心，配置必要的辅助用房组合起来。

手术室按照洁净度分为 3 个区。

1. 洁净区　　洁净要求严格，设在内侧。包括洁净走廊、洗手间、手术间、无菌物品间、药品室、麻醉准备室等。非手术人员或非在岗人员禁止入内，此区内的一切人员及活动都必须严格遵守无菌原则。

笔记栏

2. *准洁净区* 设在中间。包括器械室、敷料室、复苏室、洗涤室、清洁走廊、石膏室等。凡已手臂消毒或已穿无菌手术衣者，不可进入此区。

3. *非洁净区* 设在外侧。包括办公室、会议室、值班室、实验室、标本室、污物室、资料室、电视教学室、更衣室、更鞋室、医护人员休息室、手术患者家属等候室等。交接患者处应保持安静，患者在此换乘手术室平车进入手术间。

洁净区与非洁净区之间的联络必须设有缓冲室或传递窗。

洁净手术室的单间面积确定，取决于各种手术的复杂程度及使用治疗仪器的多少。手术间平面规模见表6-1。

表6-1 洁净手术室平面参考规模

类型	最小净面积/m^2	参考尺寸(长×宽)/m	容纳人数
特大型手术室	40～50	7.5×5.7	12人以上
大型手术室	30～40	5.7×5.4	10人以上
中型手术室	25～30	5.4×4.8	8人以上
小型手术室	20～25	4.8×4.2	6人以上

(二) 工作间的设施

1. *手术间的装备与设施* 手术间的数量与手术科室床位比一般为1∶20～1∶25。手术间物品应有固定的放置地点，保持室温在22～25℃，相对湿度在40%～60%。手术间的基本配备见表6-2。

表6-2 手术间基本配备

装备名称	每间最低配置数量
无影灯	1套(宜采用多头型)
手术台	1台
麻醉机	1台
监护仪	1台
输液架	根据需要配置
医用气源装置	2套(O、CO、N、压缩空气、负压吸引等设施)
麻醉气体排放装置	1套
医用吊塔、吊架	根据需要配置
工作电脑	根据需要配置
观片灯(嵌入式)或终端显示屏	根据需要配置
保暖柜	1个
药品柜(嵌入式)	1个
器械柜(嵌入式)	1个
麻醉柜(嵌入式)	1个
多功能调控面板(免提对讲电话、计时器)	1块
记录板	1块

每个手术间除了必要的基础设施外，还应有相应的医疗设备和物品，如高频电刀、微创必备的腔镜主机系统、器械托盘、器械车、手术坐凳等。不同的手术根据各自的专业还有相应的设备：显微镜、动力系统、眼科设备等。仪器设备合理放置在手术间内，以手术床为中心安置在距离操作最近的一侧，避开回风口，以保证层流效果。

随着科学的发展，涌现出更多的先进设备于手术中，比如一体化手术室，它可以把手术间的设备整合和控制，术者可以在触摸屏上自行操作控制设备，还可以把手术信息集中管理，实现信息共享、手术观摩、远程教学及学术交流等功能。还有更先进的技术在手术中应用，如数字减影血管造影(DSA)杂交手术间、核磁手术间等。

笔记栏

2. *其他工作间的设置和要求* 麻醉复苏室应备有麻醉机、监护仪和急救药品；设有无菌物品藏室以存放无菌敷料、器械等；还配有一定空间存放必要的药品、器材和仪器。洗手间设置包括感应式水龙头、无菌刷、外科消毒洗手液、无菌擦手巾及计时钟等。

（三）洁净手术室

洁净手术室是采用空气净化技术，使手术室内细菌浓度控制在一定范围、空气洁净度达到一定级别，是现代化医院的重要标志。

（1）空气净化技术是通过初效、中效、高效 3 级过滤以控制尘埃含量。是在空调技术基础上采用超净化装置。初效过滤器对空气中≥5 μm 微粒的滤除率在 50%以上；中效过滤器对空气中 1～10 μm 微粒的滤除率在 50%～90%；高效过滤器对空气中≥0.5 μm 微粒的滤除率在 95%以上。由于细菌多附着在 1 μm 左右的尘埃上，高效过滤器过滤细菌的有效率可达 99.95%以上。净化空气的气流方式有 3 种，即乱流式气流、垂直层流、水平层流。

（2）洁净手术室的净化标准及使用范围空气洁净程度以含尘浓度衡量。含尘浓度越低洁净度越高，反之则越低（表 6－3）。

表 6－3　洁净手术室用房的分级标准

洁净用房等级	沉降法（浮游法）细菌最大平均浓度		空气洁净度级别		参考手术
	手术区	周边区	手术区	周边区	
Ⅰ	0.2 cfu/30 min·φ90 皿（5 cfu/m³）	0.4 cfu/30 min·φ90 皿（10 cfu/m³）	5	6	假体植入、某些大型器官移植、手术部位感染可直接危及生命及生活生命及生活质量等手术
Ⅱ	0.75 cfu/30 min·φ90 皿（25 cfu/m³）	1.5 cfu/30 min·φ90 皿（50 cfu/m³）	6	7	涉及深部组织及生命主要器官的大型手术
Ⅲ	2 cfu/30 min·φ90 皿（75 cfu/m³）	4 cfu/30 min·φ90 皿（150 cfu/m³）	7	8	其他外科手术
Ⅳ	6 cfu/30 min·φ90 皿		8.5		感染和重度污染手术

（四）手术室的环境管理

（1）每台手术结束后应及时对手术间进行清洁及消毒。采用湿式打扫，用清水擦拭手术间内的设备、物品，用消毒液擦拭溅到地面、墙面的血液或药液。每日手术前 1 h 开启净化空调系统，术中持续运行净化系统，至当日手术结束后净化空调系统继续运行，直至恢复该手术间的洁净级别。禁止物品遮挡手术间回风口，以免影响空气回流。每日做好回风口的清洁处理，每周清洁 1 次过滤网，每周至少 1 次彻底大扫除。每月做 1 次空气洁净度和生物微粒监测。

（2）在日常的环境质量控制中，手术室管理人员应遵循医院相关制度做好手术间的管理，严格控制进入手术间室人员的数量，人员的着装必须符合手术室要求。人流、物流有严格区域划分，洁净区、准洁净区、非洁净区的通道禁止交叉，关注清洁卫生质量，不同区域及不同手术用房的清洁、消毒工具应分开使用，并有明显标识。

知识拓展

复合手术室的发展和应用

复合手术室的定义：复合手术室（hybrid operation room）也可称为杂交手术室。它把原来需要在不同的部门（如手术室和导管室）分期完成的重大手术，合并在一个手术室里完成。这个过程不仅仅是把两个操作间的仪器、设备、人员等，放到一个操作间里这种简单意义上的合并，而是打破学科壁垒，借助全新的复合手术设施，以患者为中心，多学科联合，将内科、外科、放射科、放疗科等多学科治疗的优点邮寄联合起来，形成一个完整的有机体。

复合手术是在实时影像学的指引下，采用介入技术与外科技术联合治疗复杂疾病，以达到减少创伤、缩短体外循环时间、提高整体医疗的目的。由于患者无须在介入导管室和外科手术室之间多次转移，从而避免患者在转运过程中可能带来的缺氧和生命体征不平稳等风险。因强调在同一处，同一时段，对同一病患实施复合手术，因此也称之为“一站式手术室”。

笔记栏

二、手术人员职责

每台手术的人员配备包括手术医师、麻醉医师、护士及其他工勤人员等。手术人员必须有明确的分工和职责，同时也要相互协作和配合。

1. 手术医师

(1) 手术者：参与手术患者安全核查；负责并主持整个手术操作的全过程。

(2) 助手：包括第一、第二助手，必要时还有第三助手。其主要职责是完成手术野皮肤的消毒和铺巾，协助手术者进行止血、结扎、拭血、暴露手术野、拉钩、剪线等操作，维持手术区整洁。

2. 麻醉医师　负责手术患者的麻醉、给药、监测及处理；协助巡回护士做好输液和输血工作；主持手术患者安全核查；观察、记录患者手术全过程的病情变化，出现异常及时通知手术者，组织抢救处理；术毕，协同手术室人员将患者送回病房或复苏室。

3. 巡回护士(circulating nurse)　又称辅助护士，工作区域在无菌区外，主要任务是协助完成手术患者安全核查，在台下负责手术全过程中器械、布类、物品和敷料的准备和供给，主动配合手术和麻醉，根据手术需要，协助完成输液、输血及手术台上特殊物品、药品的供给。对患者实施整体护理。

(1) 术前访视：术前1日访视患者，了解次日负责手术的情况，必要时参加病历讨论；完成手术准备工作；做好术前宣教。

(2) 术前物品准备：认真检查手术间内物品是否齐全，仪器设备是否安全有效，调试好仪器参数，调节手术间内光线和温度，创造最佳手术环境及条件。

(3) 选择适当的部位建立静脉通路并输液；需要时完成导尿和安置胃管等操作。

(4) 严格执行《手术患者安全查对制度》《手术部位标记管理制度》：在麻醉前、手术开始前及患者离开手术室前与手术医生、麻醉医生共同核对患者信息及手术部位标识，填写“手术安全核查表”。确保正确的患者、正确的手术部位和正确的手术方式。核对患者血型、交叉试验结果，做好输血准备。注意保暖和保护患者隐私。

(5) 协助麻醉医师完成麻醉，固定麻醉管路。

(6) 协助手术医生摆好手术体位，保证肢体处于功能位，保护好个部位的神经、血管、器官，保护患者皮肤受压部位，放置适当的体位保护装置，系好约束带，放置患者坠床。若使用高频电刀，则需将负极板与患者肌肉丰富处全面接触，以防灼伤。

(7) 协助洗手护士开台，分别于术前、术中关闭体腔、缝合伤口前及缝合完毕后，与器械护士共同唱点所有物品的数量和完整性，并准确记录。术中添加物品，由二人清点后及时记录，台上掉落的物品应集中放置于固定位置，以便手术结束时清点。

(8) 术中坚守岗位，对手术间内各类人员进行管理，监督执行无菌技术操作。随时观察手术进展情况，随时调整灯光，及时供应、补充手术台上所需物品。密切观察患者病情变化，保证输液、输血通路通畅，保证患者术中安全，主动配合抢救工作。认真填写手术护理记录单，严格执行术中用药制度。定时检查患者手术体位情况，预防手术相关性压疮。

(9) 依照病理单逐项与洗手护士、手术医生核对，确认无误后处理病理，并在护理记录单上签名记录。

(10) 术后整理：术后协助医师清洁患者皮肤、包扎伤口、妥善固定引流管，注意保暖。与主管医生共同检查受压部位皮肤情况，如有异常记录于护理记录单上。整理患者用物，护送患者回病房，将患者术中情况及物品与病区护士交班。整理手术间，补充手术间内的各种备用药品及物品，进行日常清扫及空气消毒。完成耗材记账工作、信息化扫码及各项登记工作。

笔记栏

4. 器械护士(scrub nurse)　又称洗手护士。其工作范围局限于无菌区内，主要职责是负责手术全过程所需器械、物品和敷料的传递，配合医师完成手术。

(1) 术前一天了解预施手术，熟悉手术步骤，备齐手术用仪器设备等。

(2) 术前检查手术用无菌物品的灭菌标识和有效期。术前 15～20 min 洗手、穿无菌手术衣、戴无菌手套；备好无菌器械台，检查并摆放好各种器械、敷料。

(3) 严格执行清点制度，分别于术前、术中关闭体腔、缝合伤口前及缝合完毕后，与巡回护士共同准确清点各种器械、敷料、缝针等数目及完好性，核对后登记。术中增减的用物须反复核对清楚并及时记录。

(4) 协助医师进行手术区皮肤消毒和铺无菌手术单，连接并固定电刀、吸引器等。

(5) 正确传递用物：手术过程中，按手术步骤及时准确地向医师传递器械、敷料、缝针等手术用物，传递任何器械时都要以柄轻击术者伸出的手掌，见图 6－1。对使用中的纱布、缝针等做到心中有数，用后及时收回。

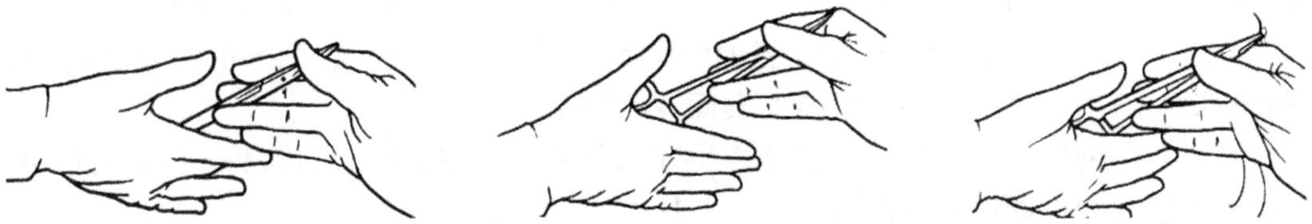

A　　B　　C

图 6－1　传递器械

A. 传递剪刀；B. 传递弯钳；C. 传递持针器

(6) 保持器械和用物整洁：保持手术野、器械托盘、器械桌、器械及用物等干燥、整洁、无菌。器械分类摆放整齐，用后及时取回擦净。

(7) 术中随时监督台上人员的无菌技术操作，及时指出错误的操作，并监督其立即纠正。

(8) 配合抢救：密切关注手术进展，若出现大出血、心搏骤停等紧急情况，立即备好抢救用品，积极配合医师抢救。

(9) 标本管理：妥善保管术中切下的组织或标本，按要求及时送检。

(10) 整理用物：按要求分类处理手术器械及各种用物、敷料等。如为特殊感染手术，按特殊感染手术要求处理。

第二节　手术室常见的消毒灭菌方法

手术过程中使用的所有器械和物品都必须严格灭菌处理，以防伤口感染。手术室常见的消毒灭菌方法有物理消毒法和化学消毒法两种。

一、物理消毒法

1. 高压蒸汽灭菌　　适用于耐高温、耐湿的物品，如各种手术衣、手术单、包布、一般敷料、基本器械等消毒。根据排放冷空气的方式和程度不同，分为下排式压力蒸汽灭菌器和预真空压力蒸汽灭菌器两种。压力参数如(表 6－4)。

表 6－4　压力蒸汽灭菌器灭菌参数

设备类别	物品类别	温度(℃)	维持时间(min)	压力(kPa)
下排式	敷料	121	30	102.9
	器械	121	20	102.9
预真空	器械、敷料	132～134	4	205.8

笔记栏

2. 过氧化氢等离子低温消毒　　同时将过氧化氢和低温等离子技术相结合使用，在灭菌循环过程中所产生的带电粒子与细菌的酵素、核酸、蛋白质结合，破坏其新陈代谢，达到灭菌的效果。可快速安全地对大多数医疗器械进行灭菌，且不留有任何残余物。

3. 环氧乙烷灭菌　环氧乙烷是一种气体灭菌剂，在室温25℃时能有效地杀死一切微生物。适用于某些不能高压蒸汽灭菌或低温等离子灭菌的医疗物品，如人工血管、一次性缝线、高频电刀、激光刀、电钻、内窥镜类、吻合器类等。

二、化学消毒法

手术室常见的化学消毒方法有以下三种。

1. 浸泡法　选用杀菌谱广、腐蚀性弱、水溶性消毒剂，将物品浸泡于消毒剂中在标准的浓度和时间内，达到消毒灭菌的目的，适用于耐湿、不耐热的物品，如锐利器械、精密器械的消毒。

2. 擦拭法　选用易溶于水、穿透性强的消毒剂，擦拭物品表面，在标准的浓度和时间里达到消毒灭菌的目的，适用于墙壁、地面、仪器的表面等的消毒。

3. 熏蒸法　加热或加入氧化剂，使消毒剂呈气体状态，在标准的浓度和时间里达到消毒灭菌的目的，适用于房间和仪器设备的消毒。

第三节　患者的准备

一、一般准备

患者应在手术前提前送入手术室。护士按手术通知单、病历、患者腕带仔细核对患者，确认手术部位，交接所带药品及物品，认真做好核对工作和麻醉、手术前准备工作。同时，加强心理护理，减轻患者焦虑或恐惧。

二、手术体位安置

手术体位是指术中患者的体位状态，由患者的姿态、体位垫的应用及手术床的操作三部分组成。手术体位的改变会对人体的心血管系统、呼吸系统、神经系统产生各种影响，因此，规范、正确、安全、合理的手术体位对提高手术质量、保障手术患者安全极其重要。手术体位安置原则：① 手术体位安置由手术医师、麻醉医生、巡回护士共同完成；② 在尽量减少对患者生理功能影响的前提下，充分暴露手术视野；③ 尽量维持正常人体的生理弯曲，并保持人体的生理轴线，即头与脊柱在同一轴线上；④ 尽量维持人体各部分为生理功能位，避免过度牵拉、扭曲；⑤ 分散人体压力，避免局部长时间压迫，尤其注意保护骨凸部；⑥ 注意约束及保护，约束带松紧适宜。

常用的手术体位有以下几种(图6-2)。

1. 仰卧位　为最常见的体位，至患者平卧，面部朝上。适用于头、面、颈、胸、腹、四肢等部位手术。根据手术视野的需要，仰卧位又可分为以下三种① 水平仰卧位：适用于胸部、腹部、下肢、颅脑等手术。方法：患者仰卧于手术台上，头部垫软枕；双上肢自然放于身体两侧，中单固定双臂；膝下放一软枕，膝部用宽约束带固定；足跟用软垫保护。② 垂头仰卧位：适用于甲状腺、颈前路术、腭裂修补、气管异物、全麻扁桃体等手术。方法：双肩下垫一肩垫，抬高肩部20°，头后仰；颈下垫一圆枕以防颈部悬空；头两侧用沙袋固定；余同“水平仰卧位”。③ 上肢外展仰卧位：适用于上肢、乳房手术。方法：患侧上肢外展置于托手器械台上，外展不超过90°，余同“水平仰卧位”。

笔记栏

2. 侧卧位　患者侧卧与手术床上，两肩连线与手术台成90°，适用于神经外科、胸腰部、髋部手术等。

(1) 脑科侧卧位：适用于颅后窝、枕大孔区等手术。方法：患者侧卧90°；头置于头架上，

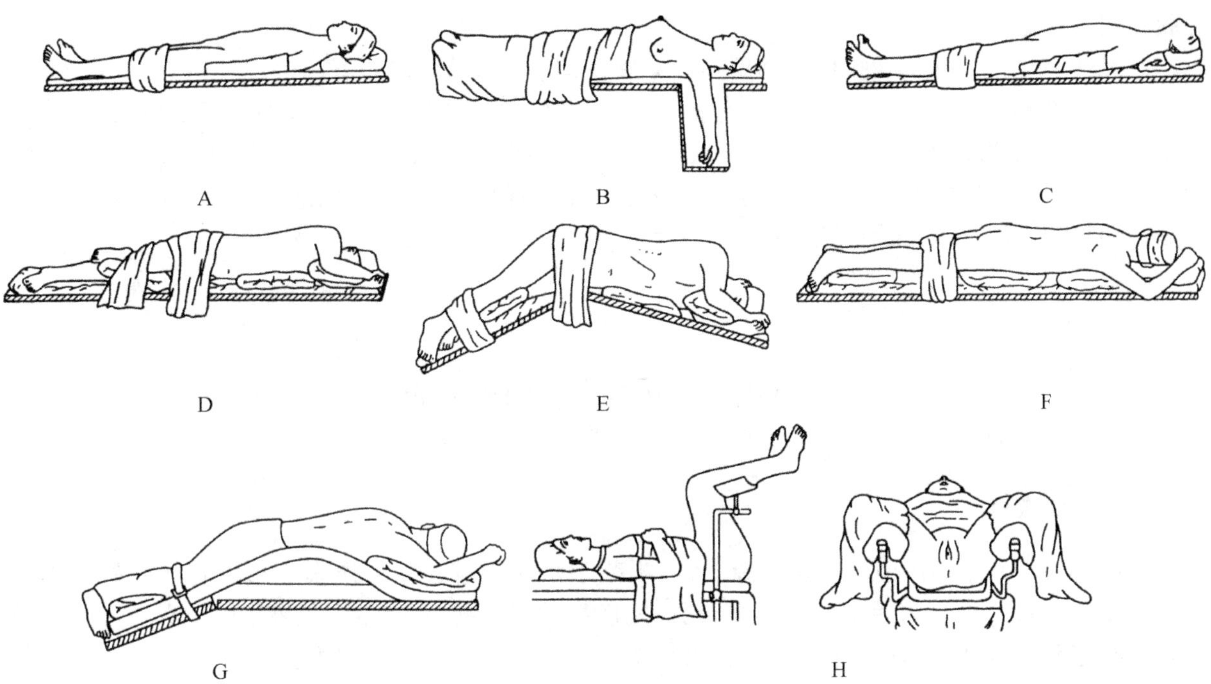

图 6－2　常用的手术体位

A. 水平仰卧位；B. 乳房手术平卧位；C. 颈仰卧位；D. 胸部手术侧仰卧位；
E. 肾手术侧卧位；F. 俯卧位；G. 腰椎手术俯卧位；H. 膀胱截石位

下耳廓置于圈中防止受压，上耳孔塞棉花球以防进水；腋下垫腋垫，距腋窝约 10 cm；于背部、髋部、胸部、腹部各上一挡板以固定身体；下腿屈曲、上腿伸直，以放松腹部；两腿间垫软枕；约束带固定髋部。

(2) 一般侧卧位：适用于肺、食管、侧胸壁、侧腰部（肾及输尿管中上段）等手术。方法：患者侧卧 90°，患侧在上；双臂向前伸展于托手架上；腋下垫腋垫，距腋窝约 10 cm；胸背部两侧各垫一个长沙袋，置于中单下固定；下腿屈曲 90°，上腿伸直，两腿间垫以软枕；约束带固定髋部。肾及输尿管中上段手术时，患侧肾区应对准手术台腰桥，在腰下垫一高约 10 cm 的体位垫，使腰部平直舒展，人腿上 1/3 用约束带固定，铺无菌巾后，升高腰桥。

3. 俯卧位　适用于脊柱后入路、颈椎后路、颅后窝、背部、骶尾部、经皮肾镜等手术。方法：全麻手术的俯卧位，患者首先在仰卧位状态下完成全身麻醉，需要医护人员共同配合，将患者轴线翻身完成俯卧位。患者俯卧于手术台，头转向一侧或支撑于头架上（颅后窝、颈椎后路手术、全麻腰椎胸椎内固定术）；胸部、髋部各垫一软枕，使腹肌放松；双肘稍屈曲，置于头旁；膝部用约束带固定；足背下垫小枕，防止足背过伸。

4. 膀胱截石位　适用于肛门、尿道、直肠、妇科手术、泌尿科膀胱镜、输尿管等手术。方法：患者仰卧，两腿屈髋、双膝置于腿架上，两腿间角度为 60°～90°，双腿高度以患者腘窝的自然屈曲下垂为准；臀部齐手术床缘，最大限度暴露会阴；腘窝部垫一软枕，并用约束带固定；膝关节摆正，不压迫腓骨小头，以免损伤腓骨神经。

5. 半坐卧位　适用于鼻中隔矫正、鼻息肉摘除、扁桃体手术。方法：将手术床头摇高 75°，床尾摇低 45°，整个手术床后仰 15°，使患者屈膝半坐在手术床上；双臂用中单固定于体侧。

三、手术区皮肤消毒

笔记栏

患者体位摆好后，需对手术皮肤进行皮肤消毒，以杀灭手术切口及其周围皮肤上的病原微生物。消毒前先检查手术区域皮肤的清洁程度、有无破损与感染。

1. *消毒剂* 目前国内普遍使用碘伏作为皮肤消毒剂。碘伏属中效消毒剂，可直接用于皮肤、黏膜和切口消毒。

2. *消毒方法* 按无菌操作原则用碘伏涂擦患者手术区域两遍即可。

3. *消毒原则* ① 充分暴露消毒区域，尽量将患者衣服脱去，充分暴露手术区，以免影响消毒效果。② 以手术切口为中心，由内向外，从上到下；若感染伤口或肛门会阴部皮肤消毒，应从外向内；已接触边缘的纱球，不能返回中央涂擦。③ 消毒范围包括手术切口周围 15～20 cm 的区域，如有延长切口的可能，应扩大消毒范围。④ 消毒前须检查消毒区皮肤清洁情况。

第四节 手术人员的准备

一、一般准备

人体是手术室生物污染的主要来源，通过规范手术室穿着建立工作人员与患者之间的保护性屏障。规范更衣：① 进入手术室的工作人员，先换穿手术衣裤，将上衣扎进裤内，非刷手人员穿长袖外套时应系好全部纽扣；② 手术帽需覆盖住头面部的毛发，长发需先固定后戴帽子，重复使用的帽子应在每次使用后清洗干净；③ 进入洁净区的人员必须戴口罩，口罩遮住口鼻，潮湿或污染及时更换；④ 进入清洁和洁净区的人员，佩戴的首饰需摘除；⑤ 进入手术室的人员须在隔离标识外脱去外穿鞋，标识内穿内穿鞋，内、外鞋不能混淆；⑥ 工作人员注意个人卫生，每天洗澡，勤修指甲、不涂指甲油，注意洗手，不浓妆艳抹，不佩戴首饰。

二、外科手消毒

外科手消毒的目的是清除或杀灭手表面暂居菌，减少常居菌，抑制手术过程中手表面微生物。

1. *刷手法* 分三个步骤：机械刷洗、擦拭水迹、手的消毒。

（1）清洁取适量的皂液清洗双手、前臂和上臂下 1/3，认真揉搓。清洁双手时，应注意清洁指甲下的污垢和手部皮肤的皱褶处；流动冲洗双手、前臂和上臂下 1/3。从手指到肘部，沿一个方向用流动水冲洗手和手臂，不要在水中来回移动手臂。

（2）刷洗取无菌手刷蘸取适量洗手液或外科手消毒液，刷洗双手、前臂和上臂下 1/3，时间约 3 min。刷时稍用力，先刷甲缘、甲沟、指蹼，再由拇指桡侧开始渐次到指背、尺侧、掌侧，依次刷完双手手指。然后在分段交替刷左右手掌、手背、前臂至肘上。刷手时要注意勿漏刷指尖、腕部、尺侧和肘窝部。用流动水至指尖至肘部冲洗，不要在水中来回移动手臂。

（3）擦干用无菌巾从手至肘上依次擦干，不可再向手部回擦。拿无菌巾的手不要触碰已擦过皮肤的巾面。同时还要注意无菌巾不要擦拭未经刷过的皮肤。同法擦干另一个手臂。

（4）消毒取适量的手消毒剂涂抹至双手的每个部位、前臂和上臂下 1/3，并认真揉搓 2～6 min 至消毒剂干燥。手消毒剂的取液量、揉搓时间及使用方法应遵循产品的使用说明。

2. *免刷手法* 参照刷手法步骤（目前临床常用）。

三、穿无菌手术衣

穿手术衣的目的是避免和预防手术过程中医护人员衣物上的细菌污染手术切口，同时保障手术人员的安全，预防职业暴露。

笔记栏

1. *全遮盖式手术衣穿法* ① 取手术衣，在较宽敞的地方，与肩同齐水平打开手术衣，衣内面朝向自己不要剧烈抖动；② 向上轻抛手术衣，两臂平行伸展手臂，将手伸入袖管；③ 巡回护士在穿衣者背后抓住衣领内面，并系住衣服后带；④ 穿衣者戴好无菌手套；⑤ 解开腰间活结，将右叶腰带递给已戴好手套的手术人员或由巡回护士用无菌持物钳夹持,旋转后与左手腰带系于胸前或侧方,使手术衣右叶遮盖左叶(图 6-3)。

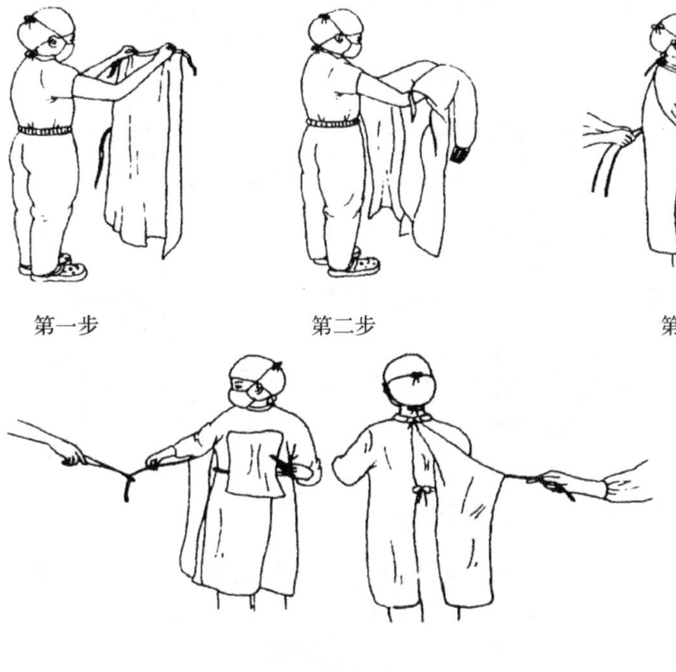

图 6-3 全遮盖式手术衣穿法

2. 对开式手术衣穿法 ① 取手术衣,在较宽敞的地方双手持衣领打开手术衣。双手提住衣领两角,衣袖向前位将衣展开,衣内面朝向自己。② 向上轻抛手术衣,顺势将双手插入袖中,两臂平行前伸,不可高举过肩。③ 巡回护士在穿衣者背后抓住衣领内面,协助拉袖口,并系住衣领后带。④ 穿衣者双手交叉,身体略向前倾,用手指夹住腰带递向后方,由巡回护士接住并系好。⑤ 穿好无菌手术衣后,双手应保持在腰以上、胸前及视线范围内(图 6-4)。

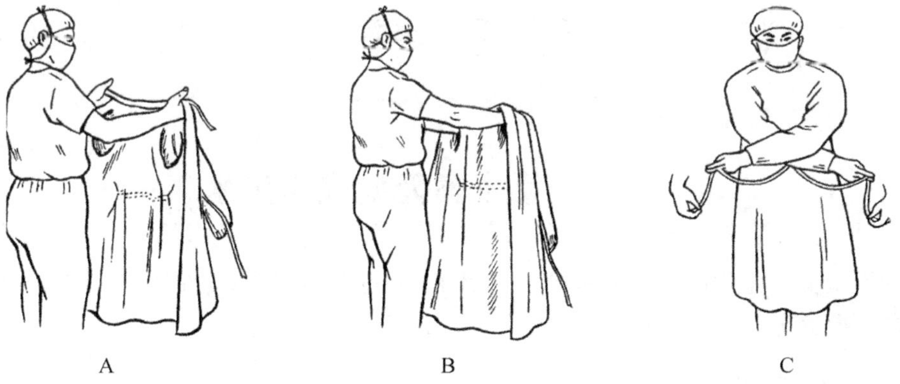

图 6-4 对开式手术衣穿法

A. 手提衣领两端抖开全衣;B. 两手手伸入衣袖中;C. 提起腰带,由他人系带

四、戴无菌手套

戴无菌手套的程序为先穿手术衣,后戴手套,方法为无接触式戴无菌手套。

1. 自戴无菌手套法 ① 双手伸入袖管后,不要伸出袖口,在袖筒内将无菌手套包装打开平放于无菌台面上。② 隔衣袖取手套置于同侧的掌侧面,指端朝向前臂,拇指相对,反折边与袖口平齐,隔衣袖抓住手套边缘并将之翻转包裹手及袖口。套边缘并将之翻转包裹手及袖口(图 6-5)。

笔记栏

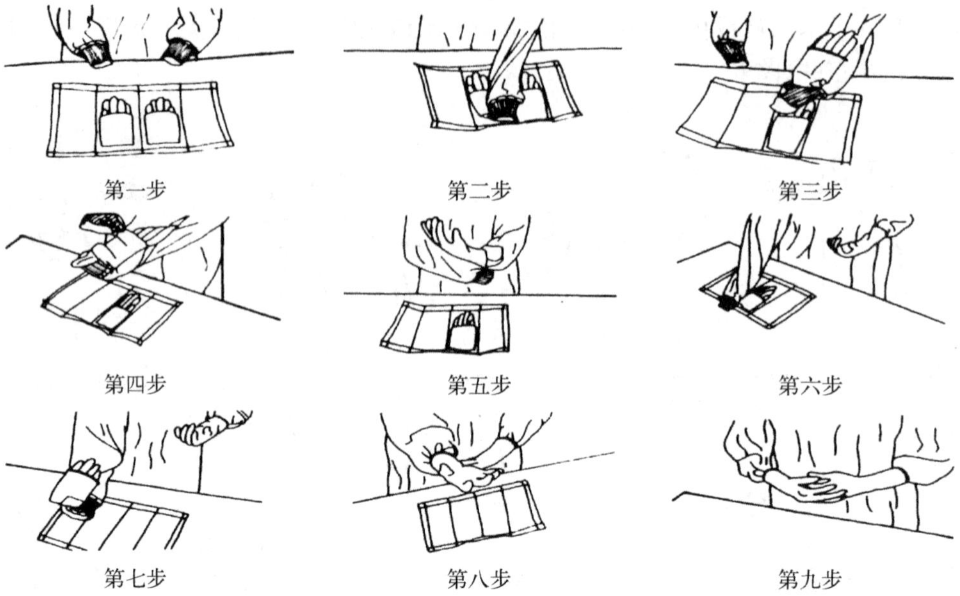

图 6-5 自戴无菌手套法

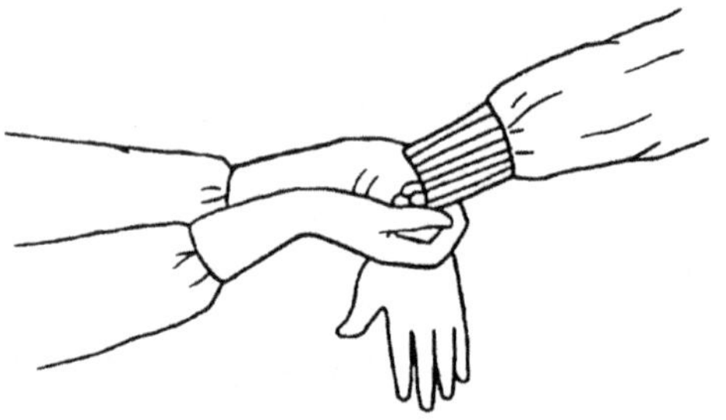

图 6-6 协助他人戴手套法

2. 协助他人戴手套法协助者　　将手套撑开，被戴者直接插入手套中(图 6-6)。

五、脱手术衣及手套

1. 脱手术衣　　① 他人帮助脱手术衣法：手术人员双手抱肘，由巡回护士将手术衣肩部向肘部、手的方向顺势翻转、扯脱。手套的腕部亦随之翻转于手上。② 自行脱手术衣法：左手抓住手术衣右肩并拉下，字上拉下，使衣袖由内向外翻，同法拉下手术衣左肩，脱下手术衣，使衣里外翻，保护手臂及洗手衣裤不被手术衣外面污染，将手术衣扔入污物袋内。

2. 脱手套　　用戴手套的手抓取另一手的手套外面，翻转脱下；用已摘除手套的手伸入另一手套的里面，翻转摘除。注意保护清洁的手不被手套外面污染。

第五节　手术室无菌操作技术

手术中的无菌操作是预防切口感染影响手术成功的重要因素，保证患者安全的关键。所有参加手术的人员都要充分认识其重要性，全过程的严格遵守无菌原则。

一、手术中的无菌操作原则

笔记栏

1. 明确无菌范围　　手术人员刷手后，避免倚靠非无菌区，面向无菌区域。穿戴好手术衣、手套后，双手要在胸部以下，腰部以上的前方操作，不可接触手术床边缘及无菌桌桌缘以下的布单。凡下坠超过手术床边缘以下的器械、敷料及缝线等一概不可再取回使用。无菌桌仅桌缘平面以上属无菌，参加于手术人员不得扶持无菌桌的边缘。

2. 保持物品无菌　　无菌区内所有物品均应严格灭菌。无菌物品的无菌性有所怀疑，应视为污染予以更换。1 份无菌物品只能用于 1 个患者，打开后即使未用，也不能留给其他患者使用，需重新包装、灭菌后才能使用。

3. 保护皮肤切口　在切开皮肤前，先粘贴无菌塑料薄膜，再经薄膜切开皮肤，以保护切口。切开皮肤及皮下脂肪层后，切口边缘应以无菌大纱布垫或手术巾遮盖，并用缝线及巾钳固定，仅显露手术野。凡与皮肤接触的刀片与器械不应再用，若需延长切口或缝合前，需用75%乙醇再消毒皮肤1次。手术因故暂停时，切口应用无菌巾覆盖。

4. 正确传递物品和调换位置　手术时不可从手术人员背后或头顶方向传递器械及手术用品，应由器械护士从器械升降台侧正面方向递给。传递刀片等锐利物品时要避免直接接触造成锐器伤(图6-7)。手术人员应面向无菌区，在规定区域内活动。同侧手术人员如需交换位置，背对背或面对面选择的原则转身到达另一位置。

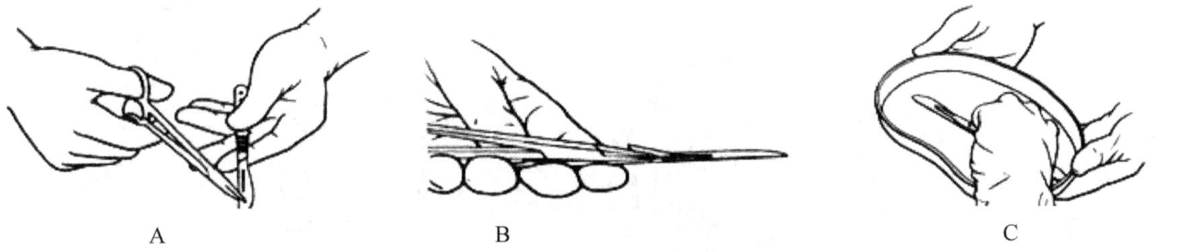

图6-7　刀片的装卸与传递

A. 安装刀片；B. 折卸刀片；C. 无接触传递刀片

5. 减少空气污染　手术进行时不应开窗通风或用风扇，室内空调机风口也不能吹向手术台，尽量减少人员走动，以免扬起尘埃，污染手术室内空气。手术过程中保持安静，不高声说话嬉笑，尽量避免咳嗽、打喷嚏，不得已时需将头转离无菌区。请他人擦汗时，头应转向一侧。口罩若潮湿，应更换。参观手术人员不可过于靠近手术人员或站得太高，也不可在室内频繁走动。

6. 沾染手术的隔离技术　进行胃肠道、呼吸道或宫颈等沾染手术时，切开空腔脏器前，先用纱布垫保护周围组织，并随时吸除外流的内容物，被污染的器械和其他物品应放在污染器械盘内，避免与其他器械接触，污染的缝针及持针器应在等渗盐水中刷洗。完成全部沾染步骤后，用灭菌用水冲洗或更换无菌手套，尽量减少污染机会。

二、无菌器械台的铺置

无菌器械台铺置，建立无菌屏障，防止无菌手术器械及敷料的再污染，最大限度减少微生物由非无菌区域转移至无菌区域，同时加强手术器械管理。

1. 铺置无菌器械台的注意事项

(1) 洗手护士穿无菌手术衣、戴无菌手套后方可进行器械台整理。未穿手术衣及未戴手套者，不得跨越无菌区及接触无菌台内的一切物品。

(2) 铺置好的无菌器械台原则上不进行覆盖。

(3) 无菌器械台的台面为无菌区，无菌单应下垂台缘下30 cm以上，手术器械、物品不可超出台缘。

(4) 保持无菌区整洁干燥，无菌巾一旦浸湿，及时更换或重新加盖。

(5) 移动器械台时，洗手护士不得接触台缘平面以下区域，巡回护士不得触及下垂的手术布单。

2. 无菌器械桌铺置步骤　将手术包、敷料包放于桌上，用手打开第一层包布(双层)，注意只能接触包布的外面，由里向外展开，手臂不可跨越无菌区。用无菌持物钳打开第二层包布，先对侧后近侧。器械护士穿好无菌手术衣和戴好无菌手套后，用手打开第三层包布。铺在台面上的无菌巾共6层，无菌单应下垂至少30 cm。将器械按使用先后分类，并有序的摆于器械桌上。

三、手术区铺单法

笔记栏

手术区铺无菌巾的目的是防止细菌进入切口，除显露手术切口所必需的最小皮肤区之外，遮盖手术患者其他部位，使手术周围环境成为一个较大范围的无菌区，以避免和尽量减少手术中的污染。铺单时距切口 2～3 cm，悬垂至床缘 30 cm 以下，双手切口四周及升降台上至少要有 4 层无菌布单覆盖，外周最少 2 层。无菌巾一旦放下，不要移动，必须移动时，只能由内向外。以腹部手术为例，先下后上，先对侧后同侧(图 6－8)。

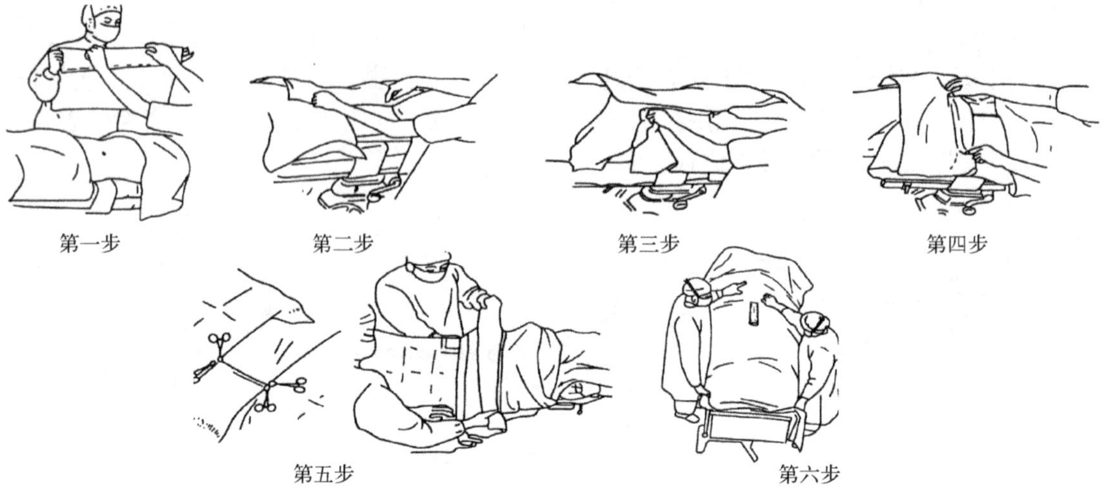

图 6－8　腹部手术铺单法

1. 铺无菌巾　又称切口巾，即用 4 块无菌巾遮盖切口周围。① 器械护士把无菌巾折边 1/3，第 1、2、3 块无菌巾的折边朝向第一助手，第四块巾的折边朝向器械护士自己，按顺序传递给第一助手。② 第一助手接过折边的无菌巾，分别铺于切口下方、上方及对侧，最后铺自身侧。每块巾的内侧缘距切口线 3 cm 以内。已铺好的无菌巾不可随意移动，如需移动只能向切口外移。③ 手术巾的 4 个交角处分别用布巾钳夹住。铺巾完成后，第一助手应再次消毒手臂并穿无菌手术衣，戴无菌手套后再铺其他层的无菌单。

2. 铺手术中单　将 2 块无菌中单分别铺于切口的上、下方。铺巾者需注意避免自己的手触及未消毒物品。

3. 铺手术洞单　将有孔洞的剖腹大单正对切口，短端向头部、长端向下肢，先向上方再向下方，分别展开。展开时手卷在剖腹单里面，以免污染。要求短端盖住麻醉架，长端盖住器械升降台，两侧和足端应垂下超过手术台边缘 30 cm。已铺下的无菌单只能由手术区向外移动，不可向内移动。

小　结

手术室按照洁净程度分为三个区：洁净区、准洁净区、非洁净区。手术间分为：特别洁净手术间、标准洁净手术间、一般洁净手术间、准洁净手术间。

器械护士职责包含术前访视、术前准备、清点核对物品、正确传递用物、保持器械和用物整洁、配合抢救、标本管理、伤口包扎和整理、整理手术用物等；巡回护士职责包含术前物品准备、核对患者、安置体位、清点核对物品、术中配合、术后整理等。

常见手术体位有仰卧位、侧卧位、俯卧位、截石位、半坐卧位。摆放体位时要遵循体位摆放原则，防止意外伤害。

手术人员的准备包括外科手消毒、穿无菌手术衣、戴无菌手套、脱手术衣和手套。

手术中的无菌原则包括明确无菌范围、保持物品无菌、保护切口皮肤、正确传递物品和调换位置、减少空气污染、污染手术的隔离技术。所有参加手术的人员严格遵守无菌原则，并贯穿手术的全过程，预防切口感染、保证患者安全。

笔记栏

(陆　云　赵　烨　严俊丽)

第七章

烧伤患者的护理

学习要点

- **掌握：**① 烧伤的概念；② 烧伤患者现场急救和护理措施。
- **熟悉：**① 烧伤面积和烧伤深度评估，烧伤严重程度判断；② 烧伤治疗原则和处理原则。
- **了解：**① 烧伤的病例生理及临床分期；② 烧伤患者的健康教育。

烧伤泛指由热力、电流、化学物质、激光、放射线等所致的组织损害。热力烧伤是指热液（如水、汤、油等）、蒸气、火焰、热金属液体或固体所引起的组织损害。临床上也有将热液、蒸气所致的热力烧伤称为烫伤。通常所称的烧伤或狭义的烧伤，一般是指热力烧伤，是烧伤最多见的致伤原因，占各种烧伤原因的85％～90％。本章重点讲解热力烧伤的相关内容。

一、病理生理与临床分期

根据烧伤病理生理特点，人为对烧伤临床发展过程不同阶段进行划分，大致分为四期。各期之间互相重叠、互相影响，而且，烧伤越重，它们之间的关系越密切，因此不能完全分开。

1. 急性体液渗出期　组织烧伤后的立即反应是体液渗出，一般持续36～48 h，伤后2～3 h最为急剧，8 h达高峰，随后逐渐减缓，至48 h渐趋稳定并开始回吸收，烧伤越严重，变化越剧烈，液体丢失速度越快，量越多，从而导致低血容量休克。烧伤越严重，休克发生越早，因此，在较大面积烧伤，此期又称休克期。

2. 急性感染期　烧伤渗出液回吸收一开始，感染的危险即已存在，并持续至创面完全愈合。通常在休克的同时即可并发局部和全身感染，急性感染期一般为伤后1～2周内。深度烧伤形成的凝固性坏死及焦痂，在伤后2～3周可进入广泛组织溶解阶段，此期细菌易通过创面侵入引起感染，为烧伤并发全身性感染的又一峰期。

3. 创面修复期　烧伤后组织修复在炎症反应的同时即已开始。创面的修复与烧伤的深度、面积及感染的程度密切相关。浅度烧伤多能自行修复，无瘢痕形成；深Ⅱ度烧伤靠残存的上皮岛融合修复，如无感染，伤后3～4周开始逐渐修复，留有瘢痕；Ⅲ度烧伤形成瘢痕或痉挛，可导致肢体畸形和功能障碍，需要皮肤移植修复。

4. 康复期　深度创面愈合后，可形成瘢痕，严重者影响外观和功能，需要锻炼、工疗、体疗和整形以期恢复；某些器官功能损害及心理异常也需要一个恢复过程；深Ⅱ度和Ⅲ度创面愈合后，常有瘙痒或疼痛、反复出现水疱、甚至破溃，并发感染，形成“残余创面”，由于大部分汗腺被毁，机体调节体温能力下降，在夏季，伤员多感全身不适，常需2～3年的调整适应过程，症状才逐步减轻；等等。

上述四期，只是为了便于临床治疗而人为划分的。从烧伤发生起，四期均已开始。特别是创面

笔记栏

修复和康复期，很难划分，只是出现的顺序而已。因此，有的学者将此两期合为一期，称为“修复期”或“修复康复期”。

二、临床表现

烧伤创面的面积和深度，以及伤者是否合并有吸入性损伤、休克、复合伤，是烧伤伤情判断的重要依据。

1. 症状

(1) 疼痛：依据烧伤深度和面积的不同，烧伤后患者会出现不同程度的创面疼痛，但随着烧伤深度的加深，疼痛感减弱，Ⅲ度焦痂性烧伤疼痛消失，感觉迟钝。

(2) 休克：重度大面积烧伤后不久即出现心输出量明显下降，48 h 内易发生低血容量性休克，主要表现为口渴、面色苍白、呼吸急促、脉搏细数、血压下降、皮肤湿冷、尿量减少、烦躁不安等。

(3) 体温变化：烧伤全身性感染发生后可出现性格改变、体温骤升或骤降、呼吸急促、心率加快(成人≥140 次/min)、创面骤变、白细胞计数骤升或骤降，其他如尿素氮、肌酐清除率、血糖、血气分析都可能变化。

2. 体征

(1) 烧伤面积：估算方法有多种方法，根据烧伤区域所占全身体表面积(TBSA)的百分数计算。目前国内多采用中国新九分法和手掌法，在临床常将这两种方法结合灵活使用。

1) 中国新九分法：适用于较大面积烧伤的评估，即把人体全身体表面积分为 11 个 9%的等份，另加 1%，头颈部为 9%(1 个 9%)，两上肢为 18%(2 个 9%)，躯干为 27%(3 个 9%)，双下肢(包括臀部)为 46%(5 个 9%+1%)(图 7-1，表 7-1)。儿童因头部较大，下肢相对较小，并随年龄增长而改变其比例，应稍加修改(表 7-1)。

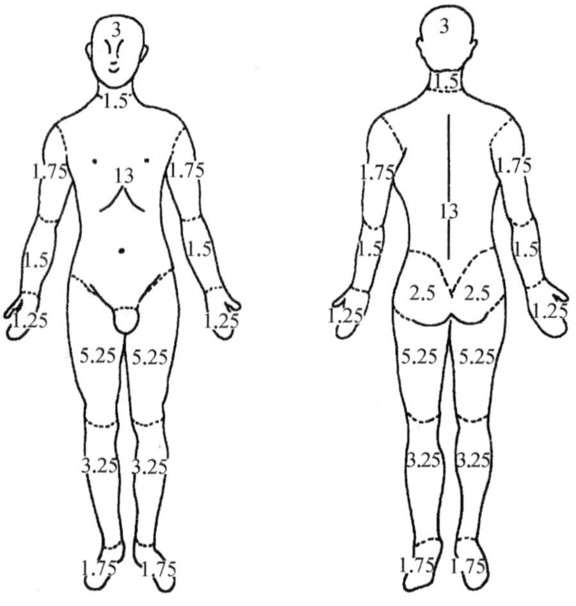

图 7-1 成人体表各部位表面积的估计(%)

表 7-1 中国新九分法

部位		占成人体表面积(%)		占儿童体表面积(%)
头颈	头部	3	9×1	9+(12−年龄)
	面部	3		
	颈部	3		
双上肢	双手	5	9×2	9×2
	双前臂	6		
	双上臂	7		
躯干	躯干前	13	9×3	9×3
	躯干后	13		
	会阴	1		
双下肢	双臀	5*	9×5+1	46−(12−年龄)
	双大腿	21		
	双小腿	13		
	双足	7*		

* 成年女性的双臀和双足各占 6%。

笔记栏

2）手掌法：以烧伤者本人五指并拢后的单侧手掌面积计为体表总面积的 1%，即 1%TBSA。此法适用于小面积的估计或作为九分法的补充（图 7－2）。

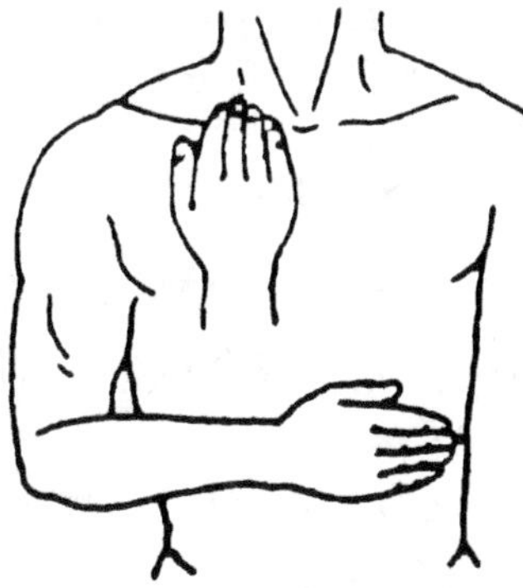

图 7－2　手掌法（手指并拢烧伤者单掌面积为体表面积的 1%）

3）估计面积时的注意事项：① 计算烧伤面积时，Ⅰ度面积不计算在内；② 无论哪种方法，结果均是估算，但力求近似，并以整数记录，小数点后面的数字采取四舍五入，不足 1%按 1%计；③ 大面积烧伤，为计算方便，可估计健康皮肤的面积，从 100%中减去健康皮肤面积即为烧伤面积；④ 吸入性烧伤不计算面积，但须注明其严重程度。

（2）烧伤深度：目前，国际上惯用的是三度四分法，即按热力损伤组织的程度分为Ⅰ°、浅Ⅱ°、深Ⅱ°、Ⅲ°，其中Ⅰ°、浅Ⅱ°烧伤一般称为浅度烧伤；深Ⅱ°、Ⅲ°烧伤属深度烧伤。此法简便，且较实用，特别是战争时期或成批收治患者时，有利于选择治疗措施。各度烧伤深度的估计与特点见表 7－2。

表 7－2　烧伤深度的估计与特点

深　度	组织学损伤	临 床 特 点	感　觉	拔毛试验	皮肤温度	创 面 预 后
Ⅰ° 红斑性烧伤	表皮层	局部皮肤红斑或轻度红肿、干燥，无水疱	烧灼感，疼痛	痛	皮温稍高	2～3 d 红斑消失，3～7 d 脱屑痊愈
浅Ⅱ° 水疱性烧伤	表皮全层、真皮浅层，部分生发层健存	红肿明显，疼痛剧烈；有大小不一的水疱，疱壁薄，创面基底红润、潮湿	剧痛感觉过敏	痛	皮温增高	3～4 d 结薄层棕黄色干痂，如无感染，1～2 周内愈合，多有色素沉着，无瘢痕
深Ⅱ° 水疱性烧伤	真皮深层，尚残留皮肤附件	水肿明显，水疱较小或无，疱壁较厚，创面基底发白或红白相间	疼痛感觉稍迟钝	微痛	局部皮温略低	无严重感染，3～4 周愈合，常有瘢痕形成和色素沉着
Ⅲ° 焦痂性烧伤	皮肤全层，甚至达脂肪、肌肉、骨骼	创面无水疱，干燥如皮革样坚硬，呈蜡白或焦黄甚至碳化，焦痂下可见树枝状栓塞的血管	痛觉消失，感觉迟钝	不痛且易拔除	皮温低，局部发凉	3～4 周后焦痂脱落，愈合后留有瘢痕或畸形

3. 烧伤严重程度判断　按烧伤的总面积和深度将烧伤严重程度分为四类。

（1）轻度烧伤：Ⅱ°烧伤总面积 9%以下。

（2）中度烧伤：Ⅱ°烧伤面积在 10%～29%内，或Ⅲ°烧伤面积不足 10%。

（3）重度烧伤：烧伤总面积 30%～49%；或Ⅲ°烧伤面积 10%～19%；或烧伤总面积、Ⅲ°烧伤面积虽未达到上述百分比，但已发生休克、吸入性损伤或有较重的复合伤。

（4）特重烧伤：烧伤总面积在 50%以上；或Ⅲ°烧伤面积在 20%以上；或已有较重的吸入性损伤、复合伤等。

4. 吸入性损伤　吸入性损伤以往称为“呼吸道烧伤”，是热力和/或烟雾引起的呼吸道甚至肺实质的损害。其致伤原因为热力或燃烧时烟雾中的化学物质，如一氧化碳、氰化物，这些物质能引起局部腐蚀和全身中毒作用。吸入性损伤的判断依据：① 燃烧现场相对密闭；② 有呼吸道刺激症状，咳出炭末样痰，呼吸困难，肺部可闻及哮鸣音；③ 面、颈、口鼻周围常有深度烧伤，鼻毛烧伤，口鼻有黑色分泌物，声音嘶哑。

三、辅助检查

笔记栏

1. 实验室检查　① 血尿便常规检查；② 血生化检查：包括肝、肾功能，血电解质，血糖，动脉血乳酸盐等；③ 动脉血气分析；④ 血小板计数、纤维蛋白原、凝血酶原时间测定；⑤ 创面细菌培养和药物敏感试验等。

2. 影像学检查　如B超、CT、X线检查作为辅助检查，以排除骨骼、内脏或颅脑损伤，以及感染病灶。

四、临床诊断与治疗

1. 诊断要点　依据烧伤史，烧伤创面的面积和深度，以及伤者是否合并有吸入性损伤、休克、复合伤，结合体格检查和辅助检查做出诊断。

2. 治疗要点

(1) 现场急救：现场急救的目标为迅速消除致伤原因，脱离现场，抢救危及患者生命的损伤，做好转送前的准备。

1) 迅速脱离热源：如火焰烧伤应尽快脱离火场，脱去燃烧衣物，就地翻滚或跳入水池、浅河沟内。禁止伤员衣服着火时奔跑、呼叫或用双手扑打火焰。小面积烧伤立即用冷水连续冲洗或浸泡，一般持续到冷疗停止后不再有灼痛为止，多需 0.5～1 h。

2) 保护创面：剪开取下衣服，不可剥脱；可用干净敷料或布类简单包扎后送医院处理，避免受压，避免用有色药物涂抹。寒冷季节还应注意保暖。

3) 维护呼吸道通畅：火焰烧伤后常伴吸入性损伤，应注意保持呼吸道通畅，合并有一氧化碳中毒者应移到通风处，予以高浓度氧气或纯氧吸入。

4) 其他救治措施：应尽早建立静脉通路，给予补液治疗，避免过多饮水；大面积严重烧伤早期应避免长途转运，休克期最好就近输液抗休克治疗。安慰和鼓励烧伤者，使其情绪稳定。疼痛剧烈可酌情予镇痛剂。

(2) 防治烧伤休克

1) 口服补液：成人烧伤面积在 30%以下，小儿在 10%以下的轻、中度烧伤，且无休克表现和胃肠道障碍者，伤后可给予口服补液治疗。可予口服淡盐水或烧伤饮料(100 mL 液体中含食盐 0.3 g、碳酸氢钠 0.15 g、糖适量)。切忌大量饮用白开水，以免发生水中毒。口服补液采取少量多次方法，成人每次量不宜超过 200 mL，小儿不超过 50 mL，过多过急可引起呕吐、腹胀，甚至急性胃扩张。

2) 静脉补液

(a) 补液总量：根据烧伤早期体液渗出的规律估计补液总量。国内通常按患者的烧伤面积和体重计算。

第一个 24 h 补液量＝体重(kg)×每 1%烧伤面积(Ⅱ°、Ⅲ°)×每公斤体重电解质液和胶体液总补充量 1.5 mL(儿童 1.8 mL，婴儿 2 mL)＋每日生理需要量 2 000 mL(儿童 60～80 mL/kg，婴儿 100 mL/kg)。

第二个 24 h 补液量＝电解质液和胶体液为第一个 24 h 的一半，再加每日生理需要量 2 000 mL。

(b) 补液种类：胶体液和电解质液比例为 1∶2，大面积深度烧伤者与小儿的比例为 1∶1。电解质液首选平衡液，其次是等渗盐水。重度烧伤或休克较深者，可加用碳酸氢钠溶液碱化尿液，纠正酸中毒。胶体液首选血浆，也可右旋糖酐、羟乙基淀粉等。全血在烧伤后血液浓缩时不宜使用，深度烧伤大量红细胞损害时可用。

(c) 补液速度：补液按照“先晶后胶、先盐后糖、先快后慢、见尿补钾”的原则，安排合适的补液顺序。伤后第一个 24 h 补液量的 1/2 应在前 8 h 内输入人体，后 16 h 输入其余 1/2 量。补液期间注意监测生命体征及尿量，调整输液速度，保护心、肺、肾功能。

(3) 创面处理：创面早期处理是治愈烧伤的关键环节。

1) 早期清创：未发生休克的烧伤者，伤后立即清创，即清洗、消毒、清理创面；已发生休克的烧伤者，待休克控制后尽早清创。

笔记栏

2) 包扎和暴露疗法：包扎疗法适用于面积小或肢体的浅Ⅱ°烧伤。暴露疗法适用于大面积、头面部或会阴部烧伤。

3) 手术疗法：对深度烧伤创面，应及早手术治疗，包括切痂术(切除烧伤组织达深筋膜平面)或削痂术(削除坏死组织至健康组织平面),并立即植皮。小面积深度烧伤,可采用自体游离皮片移植、皮瓣移植等方法。大面积烧伤者,可采用大张异体皮开洞嵌植小块自体皮、异体皮下微粒自体皮、网状皮片移植等方法。

(4) 防治烧伤全身性感染。原则:① 及时积极纠正休克,维护机体的防御功能,保护肠黏膜屏障;② 正确处理创面:烧伤创面特别是深度烧伤创面应早期切痂、削痂、植皮,这是防治全身性感染的关键措施;③ 抗生素的选择和应用:近年来,新型高效广谱抗生素(碳青霉烯类、β内酰胺类和第三、四代头孢类)、局部外用抗菌软膏(如莫匹罗星)和抗感染伤口敷料已逐步应用于临床;④ 营养支持,纠正水电解质紊乱,维护脏器功能。

五、护理诊断

1. 有窒息的危险　与头面部烧伤、吸入性损伤或胸部损伤有关。

2. 体液不足　与烧伤后体液渗出,血容量减少有关。

3. 皮肤完整性受损　与烧伤失去皮肤屏障和长期卧床有关。

4. 疼痛　与创面烧伤、局部炎症有关。

5. 营养失调　低于机体需要量,与烧伤后机体处于高分解状态、摄入不足和大量血浆渗出有关。

6. 有感染的危险　与皮肤完整性受损和机体抵抗力下降有关。

7. 悲伤　自我形象紊乱,与烧伤后毁容、肢残及功能障碍有关。

六、护理措施

1. 维持有效呼吸

(1) 保持呼吸道通畅:及时清除口鼻及呼吸道的分泌物,鼓励患者深呼吸、用力咳嗽及咳痰,对气道分泌物多者,定时翻身及拍背,体位引流;加强观察,若发现患者有刺激性咳嗽或咳黑痰、呼吸困难、呼吸频率增快,氧饱和度下降、血氧分压下降等表现,应积极做好气管切开及气管插管的准备。

(2) 吸氧:中重度呼吸道烧伤患者多有不同程度缺氧,一般用鼻导管或面罩给氧,氧浓度为40%左右,氧流量4～5 L/min,合并一氧化碳中毒者可经鼻导管给高浓度氧或纯氧吸入,有条件者积极采用高压氧疗。

(3) 加强气管插管及气管切开后的护理:严格无菌操作,正确进行气管内吸引;给予雾化吸入保持呼吸道湿润,以控制呼吸道炎症及稀释痰液。

(4) 呼吸机辅助呼吸的护理:① 定时吸痰;② 主动湿化气道;③ 观察生命体征;④ 加强呼吸机管道的管理:严格管道的清洗和消毒,及时检查管道内有无积液影响通气;⑤ 加强脱机后的管理。

2. 补充液体,维持有效循环

(1) 建立静脉输液通道:建立2～3条快速输液的通道,保证各种液体及时输入,尽早恢复有效循环血量。

(2) 合理安排输液的种类及速度:遵循输液原则合理安排输液的种类及速度。

(3) 注意观察补液效果:液体复苏有效指标:① 尿量:成人应维持在30～50 mL/h,小儿每公斤体重每小时不低于1 mL,吸入性烧伤或合并颅脑伤的患者,每小时尿量应维持在20 mL左右;② 患者安静,无烦躁不安;③ 无明显口渴;④ 脉搏、心跳有力,脉率在120次/min以下,小儿在140次/min以下;⑤ 收缩压维持在90 mmHg、脉压在20 mmHg以上,中心静脉压为5～12 cmH_2O;⑥ 呼吸平稳。

3. 加强创面护理,促进愈合

(1) 暴露疗法:患者的病室温度一般在28～32℃,相对湿度40%左右,安排在隔离室,防止接触感染。

笔记栏

(2) 包扎疗法护理：① 抬高肢体并保持各关节处于功能位，敷料污染或潮湿时及时更换；② 密切观察创面，及时发现感染征象，如发热、创面异味、疼痛加剧、渗出液颜色改变等。

(3) 适当约束肢体：极度烦躁和意识障碍者，适当予以肢体的约束，以防止抓伤。

(4) 定时翻身或使用翻身床，交替暴露受压创面，避免创面因长时间受压而影响愈合。大面积烧伤或背臀部烧伤可使用悬浮床。

(5) 用药护理：定期做创面、血液及排泄物细菌培养和药敏试验，遵医嘱给予止痛剂、抗生素及补液，观察疗效及不良反应。

(6) 特殊烧伤部位的护理。① 眼部烧伤：及时用无菌棉签清除眼部分泌物及眼周创面的渗出物；眼睑不能闭合者，用油纱条生理盐水湿纱布覆盖，以保护眼球；结合膜囊经常用无菌等渗盐水冲洗，白天定时用抗生素眼药水滴眼，晚上用抗生素眼膏涂眼，防止发生眼内感染。② 耳部烧伤：保持外耳道清洁、干燥及通畅，防止渗液流入耳道内，可在外耳道入口处放置无菌干棉球并经常更换；耳周部烧伤应用无菌纱布铺垫，为防止外耳道受压，后仰卧时宜使用小枕头，使耳壳悬空；侧卧时使用有孔枕头，避免耳壳受压。保持创面的清洁干燥，可用消毒棉签吸出耳窝内的渗液；注意观察病情，如有局部红肿、疼痛加剧、压痛明显，应考虑发生耳软骨炎。③ 鼻烧伤：及时清理鼻腔分泌物及痂皮，鼻黏膜表面涂烧伤湿润膏以保持局部湿润、预防因干燥出血；合并感染者用庆大霉素等抗菌药液滴鼻。④ 口唇烧伤：因口唇肿胀外翻导致口腔黏膜外露者，应涂烧伤湿润膏或无菌甘油，以保持局部湿润，使痂皮软化和防止感染。患者进食时早期用吸管吸食流质类食物，进食后注意口腔的清洁护理。⑤ 会阴部烧伤：多采用暴露疗法。为防止粘连，可用油纱布隔开阴唇；及时清理创面分泌物，保持创面清洁、干燥；在严格无菌操作下留置导尿管，注意做好会阴护理。

4. *疼痛管理*　不仅影响预后和转归，而且影响创面愈合速度和质量。非药物治疗包括冷疗、换药技术、现代敷料、音乐及模拟视频、按摩、宣教和心理治疗，对轻中度的烧伤疼痛有一定的疗效。对中重度疼痛，建议予以必要的药物如阿片类美沙酮、布洛芬、氟比洛芬酯，甚至镇痛泵。护理人员应注意及时监测，做好疼痛评估和效果评价，为医护人员正确实施个体化疼痛管理措施提供依据。

5. *防止感染*

(1) 严格消毒隔离制度：保持病室空气流通，定时进行室内空气消毒，每日用紫外线消毒照射2次；接触患者要洗手，防止发生院内感染。

(2) 加强观察和创面护理：若患者出现寒战、高热和脉搏加快，创面出现脓性分泌物、坏死和异味，外周血白细胞计数和中粒细胞计数明显升高，应警惕是否并发感染，及时汇报医生；遵医嘱合理使用抗生素；及时更换创面敷料，保持创面清洁和干燥。

(3) 加强各种导管的固定和护理，如导尿管、深静脉置管、负压吸引管，防止导管性感染或败血症。

6. *营养支持护理*　指导患者进食清淡易消化饮食，少量多餐；口周烧伤可用吸管吸入牛奶、菜汤、骨头汤等，由少到多，以后给予高蛋白、高热量、高维生素的饮食。经口摄入不足者，经鼻饲肠内营养或经肠外营养补充。保证摄入足够的营养素，以增强抗病能力。保持鼻饲管的通畅，避免因鼻饲管滑出而导致的误吸和吸入性肺炎。

7. *心理护理*　耐心倾听患者对烧伤的不良感受，对患者态度和蔼，给予真诚的安慰和劝导，取得患者的信任。耐心解释病情，使患者了解其病情、创面愈合和治疗的过程，并消除顾虑，积极合作。动员亲朋好友对其安慰和交谈，鼓励患者通过参与社会活动和工作减轻心理压力，放松精神、促进健康。

8. *健康指导*

(1) 宣传防火、灭火和自救等安全教育知识。

(2) 创面愈合过程中，可能出现皮肤干燥、痒痛等，告知患者避免使用刺激性肥皂，洗澡水温不宜过高，勿搔抓。烧伤部位在1年内避免暴晒。

(3) 尽早在医护人员指导下进行康复训练，使用弹力绷带、各种功能锻炼康复器具，最大限度恢复机体的生理功能。

(4) 指导生活自理能力训练，鼓励参与一定的家庭和社会活动，恢复自信心，提高生活质量。

案例分析

患者，男性，35 岁，船厂工人，5 h 前在焊接船板时不慎全身多处烧伤，伤后即来我院就诊。急诊拟以“右上肢、躯干、双大腿 70%深Ⅱ°～Ⅲ°烧伤”收治入院，入院时神志清楚，痛苦貌，右上肢、躯干、双大腿大面积皮损，创面基底红白相间或苍白，痛觉敏感或迟钝，大量渗液，体格检查示：T 35.8℃，P 114 次/min，R 26 次/min，BP 90/60 mmHg，体重 80 kg。入院后立即予清创包扎、建立静脉通道、氧气吸入 3 L/min、心电监护、留置导尿等，导尿后引出酱油色尿液 260 mL。

【问题】

(1) 根据烧伤后的病理生理反应及临床特点，一般将烧伤的临床过程分为哪几期？该患者处于哪一期？属于何种程度的烧伤？

(2) 目前补液治疗的原则？该患者在伤后第一个 24 h 补液量是多少？

(3) 如何估算该患者的输液速度？

(4) 患者为什出现酱油色尿液？应采取哪些护理措施？

【分析与解答】

(1) 根据烧伤后的病理生理反应及临床特点，一般将烧伤的临床过程分为 4 期：急性体液渗出期、感染期、修复期、康复期。该患者处于急性体液渗出期(休克期)。属于特重度烧伤。

(2) 目前补液治疗的原则是：先快后慢，先晶后胶，先盐后糖，见尿补钾。

该患者在伤后第一个 24 h 应补充的液体量是：

$$70\times80\times1.5+2\,000=6\,600+2\,000=10\,400\ \text{mL}$$

(3) 输液速度：补液总量的一半 5 200 mL 应在伤后 8 h 内输完，平均 163 滴/min；另 5 200 mL 于以后的 16 h 输完，平均 81 滴/min。

(4) 该患者出现酱油色尿液，是因为产生了肌(血)红蛋白尿。大面积烧伤时，由于高热所致大量溶血产生的游离血红蛋白，因肌肉烧伤产生的肌红蛋白，由肾脏排出肌(血)红蛋白尿，呈酱油色易堵塞肾小管，使急性肾衰竭的发生率提高。

护理措施：① 及时汇报医生，留取尿样；② 遵医嘱静脉输注碳酸氢钠溶液碱化尿液；③ 保证静脉输液准确、快速、通畅、有序；④ 密切观察患者尿液颜色、量、性状等情况，记录每小时尿量和 24 小时尿量，如发生异常立即汇报；⑤ 密切观察病情变化及辅助检查，警惕酸碱平衡失衡和水、电解质紊乱，并做好护理记录。

小 结

本章主要学习了烧伤的基本概念、烧伤病情的判断、烧伤患者的治疗要点和护理。热力烧伤是指热液、蒸气、火焰、热金属或固体所引起的组织损伤。对烧伤伤情的判断主要从烧伤面积、烧伤深度及伤者是否并合并吸入性损伤、休克、复合伤等。对烧伤患者的治疗要点和处理原则是：现场急救、防治烧伤休克、创面处理、防治全身性感染。对烧伤患者的护理措施要点是：维持有效呼吸；补充液体，维持有效循环；加强创面护理，促进愈合；疼痛管理；防止感染；营养支持护理；心理护理等。

笔记栏

(潘凌燕)

第八章

颅脑疾病患者的护理

学习要点

- **掌握**：① 颅内压增高、脑疝、脑损伤、颅内动脉瘤、脑卒中的概念及分类；② 意识障碍程度的分级法；③ 颅内压骤然增高的常见因素及瞳孔变化的临床意义。
- **熟悉**：颅内压增高、脑疝、颅底骨折、脑损伤、脑脊液漏、颅内动脉瘤破裂患者的临床表现、临床诊断、治疗要点以及护理对策。
- **了解**：颅内压增高、脑疝、颅底骨折、颅内动脉瘤、颅内肿瘤、椎管内肿瘤患常见病因及处理原则。

第一节　颅内压增高

颅内压增高是由颅脑疾病导致颅腔内容物体积增加或颅腔容积缩小，超过颅腔可代偿的容量，导致成人颅内压持续高于 200 mmH_2O(2.0 kPa)，儿童高于 100 mmH_2O(1.0 kPa)，患者出现头痛、呕吐和视神经乳头水肿三个主要表现的综合征。

一、临床表现

1. 头痛　　头痛是最常见症状，系颅内压增高使脑膜血管和神经受刺激与牵拉所致。头痛以清晨和晚间加重为特点，部位多位于前额及颞部，以胀痛和撕裂痛多见。头痛的部位和性质与颅内原发病变的部位和性质有一定关系。程度可随颅内压增高而进行性加重，当患者咳嗽、打喷嚏、用力、弯腰低头时，头痛可加重。

2. 呕吐　　多呈喷射状，常出现于剧烈头痛时，易发生于饭后，可伴恶心，系因迷走神经受激惹所致，呕吐后头痛可有所缓解，严重可导致电解质紊乱。

3. 视神经乳头水肿　　是颅内压增高最客观体征之一，因视神经受压、眼底静脉回流受阻引起。表现为早期视力正常，可有短暂、一过性视物模糊；精神症状，癫痫发作，头痛，复视；长期慢性视神经乳头水肿可发生视野缺损及视力严重下降。头痛、呕吐、视神经乳头水肿是颅内压增高的“三主征”，但出现的时间可不一致，常以其中 1 项为首发症状。

4. 意识障碍及生命体征变化　　慢性颅内压增高的患者常常表现神志淡漠，反应迟钝；急性颅内压增高者常有明显的进行性意识障碍甚至昏迷。患者出现全身血管加压反应，又称库欣反应，表现为以升高动脉压并伴心率减慢，心搏出量增加和呼吸深慢的三联反应。

5. 其他症状和体征　　颅内压增高还可出现复视、头晕、猝倒等。婴幼儿颅内压增高时可见头皮静脉怒张、头颅增大、囟门隆起、颅缝增宽或分离等。

笔记栏

二、辅助检查

1. CT 与 MRI 检查　是目前诊断颅内占位性病变的首选辅助检查措施，能显示病变的位置、大小和形态。

2. 脑血管造影　主要用于疑有脑血管畸形或动脉瘤等疾病的病例。

3. 头颅 X 线检查　颅内压增高时小儿可见颅骨骨缝分离，指状压迹增多，鞍背骨质稀疏及蝶鞍扩大等。

4. 腰椎穿刺　腰椎穿刺可以测定颅内压力的同时，留取脑脊液做检查，但是明显颅内压增高者易引发脑疝，故应慎重进行。

5. 颅内压监测　临床需要监测颅内压者，通过植入颅内压力传感器，进行持续监测，指导药物治疗和手术时机选择。

三、临床诊断与治疗

1. 诊断要点　详细询问病史和认真的神经系统检查，可发现一些神经系统局灶性症状与体征，由此作出初步诊断。当发现有视神经乳头水肿、头痛及呕吐三主征时，则颅内压增高诊断可以确诊。小儿反复呕吐及头围迅速增大，成人进行性剧烈的头痛、进行性瘫痪及视力进行性减退等，都应考虑到有颅内病变可能。对于临床疑诊病例，应及时选择恰当的辅助检查，以利早期诊断和治疗。

2. 治疗要点

(1) 非手术治疗：适用于颅内压增高原因不明，或虽已查明原因但非手术治疗者，或作为手术前准备。主要方法有① 限制液体入量：颅内压增高明显者，摄入量应限制在每日 1 500～2 000 mL。② 降低颅内压：使用高渗性脱水剂(如 20%甘露醇、甘油果糖)，使脑组织间的水分通过渗透作用进入血液循环再由肾脏排出，达到减轻脑水肿和降低颅内压的目的；若同时使用利尿性脱水剂如呋塞米、氢氯噻嗪，降低颅内压效果更好。③ 激素治疗：应用肾上腺皮质激素可稳定血-脑脊液屏障，预防和缓解脑水肿，降低颅内压，常用药物如地塞米松、氢化可的松等。④ 冬眠低温疗法：应用药物和物理方法降低脑耗氧量的新陈代谢率，防止脑水肿的发生与发展。⑤ 辅助过度换气。⑥ 预防和控制颅内感染。⑦ 镇痛等对症处理：遵医嘱应用镇痛剂，但禁用吗啡、哌替啶等，以免抑制呼吸。

(2) 手术治疗：手术去除病因。如手术切除颅内肿瘤、清除颅内血肿、处理大片凹陷性骨折等。有脑积水者行脑脊液分流术，将脑室内的液体通过特殊导管引入蛛网膜下腔、腹腔或心房。有颅内压监测装置的病例，可经脑室缓慢放出脑脊液少许，以缓解颅内压增高。若难以确诊或虽确诊但无法切除者，可行侧脑室体外引流术或病变侧颞肌下减压术等来降低颅内压。

四、护理诊断

1. 脑组织灌注异常　与颅内压增高引起脑组织血流量减少有关。

2. 有体液不足的危险　与颅内压增高引起剧烈呕吐及应用脱水剂有关。

3. 急性疼痛、头痛　与颅内压增高有关。

4. 潜在并发症　脑疝。

五、护理措施

1. 术前护理

(1) 心理护理：安慰患者，消除其紧张、焦虑心理。

(2) 术前准备：密切观察病情变化，及时发现脑疝先兆，并立即汇报医生，同时给予脱水剂快速静滴以降低颅内压。迅速做好术前准备，以便进行手术治疗。

笔记栏

2. 术后护理

(1) 病情观察：密切观察患者意识状态、生命体征、瞳孔和肢体活动变化，警惕颅高压危象的发生，有条件者可监测颅内压。① 观察意识状态，准确判断意识障碍的程度(表 8-1)。② 依据患者睁眼、语言及运动反应进行格拉斯哥(Glasgow)昏迷评分(表 8-2)。③ 注意呼吸节律和深度、脉搏快慢和强弱及血压和脉压的变化。④ 瞳孔变化。⑤ 颅内压监护：颅内压正常压力 5～15 mmHg(0.7～2.0 kPa)，轻度增高，颅内压力 16～20 mmHg(2.1～2.7 kPa)，中度增高，颅内压力为 21～40 mmHg(2.8～5.3 kPa)，重度增高，颅内压力＞40 mmHg(＞5.3 kPa)。当颅内压力＞20 mmHg 需要通知医生处理。

表 8-1　意识状态分级

意识状态	语言反应	疼痛反应	生理反应	大小便自理	配合检查
清醒	灵敏	灵敏	正常	能	能
模糊	迟钝	不灵敏	正常	有时不能	尚能
浅昏迷	无	迟钝	正常	不能	不能
昏迷	无	无防御	减弱	不能	不能
深昏迷	无	无	无	不能	不能

表 8-2　Glasgow 昏迷评分法

睁眼反应(E)	分值	语言反应(V)	分值	运动反应(M)	分值
自动睁眼	4	回答正确	5	遵嘱动作	6
呼唤睁眼	3	回答错误	4	刺痛定位	5
刺痛睁眼	2	吐词不清	3	刺痛躲避	4
不能睁眼	1	有音无语	2	刺痛屈曲	3
		不能发音	1	刺痛过伸	2
				刺痛无动作	1

(2) 体位与活动：床头抬高 15°～30°，以利于颅内静脉回流，减轻脑水肿，卧床休息 2～4 周，禁止用力排便、独自如厕。

(3) 饮食护理：不能进食者，成人补液量控制在 1 500～2 000 mL/d，其中等渗盐水不超过 500 mL。神志清醒者给予普通饮食，但需适当限盐。

(4) 保持呼吸道通畅：辅助过度换气，维持患者 PaO_2 90～100 mmHg，$PaCO_2$ 25～30 mmHg 水平为宜。呕吐时，头偏向一侧，口角稍向下，防止窒息。

(5) 特殊用药观察：使用脱水剂时注意尿量与电解质的改变；使用尼莫地平时使用静脉推注泵，注意避光。

(6) 脑室引流的护理：① 妥善固定，引流管的开口高于侧脑室平面 10 cm；② 控制引流速度和量，每日引流量以不超过 500 mL 为宜；③ 保持引流通畅，观察引流管内有脑脊液流出、管内的液面随患者呼吸、脉搏等上下波动；④ 观察并记录脑脊液的颜色、量、性状，正常脑脊液无色透明，无沉淀；⑤ 严格无菌操作，防止进入空气或脑脊液逆流入颅内；⑥ 拔管前一天试行抬高引流瓶或夹闭引流管 24 h。了解脑脊液引流管内是否通畅。

(7) 防止颅内压骤然升高的因素：清醒患者突然坐起、情绪激动、躁动、呼吸道梗阻、剧烈咳嗽和用力排便、癫痫发作。

(8) 冬眠低温治疗的护理：掌握降温方法；记录治疗前生命体征、意识状态、瞳孔和神经系统病征，作为治疗后观察对比的基础；加强饮食护理；预防肺部并发症、体位性低血压，防止压疮和冻伤发生。

笔记栏

(9) 并发症的观察与护理

1) 意识障碍：评估患者意识障碍程度有无进行性加重，如有加重及时汇报医生，保持呼吸道通畅、吸氧，遵医嘱使用脱水剂，降低颅内压，维持脑组织正常灌注。

2）呼吸心搏骤停：发现患者呼吸骤停立即汇报医生的同时进行心肺复苏、迅速组织抢救。

3）脑疝：密切观察病情及时发现脑疝先兆，异常情况立即汇报医生，同时给予脱水剂快速静滴以降低颅内压。迅速做好术前准备，以便进行手术治疗。

3. 健康指导

（1）患者经常头痛，并进行性加重，伴有呕吐，经一般治疗无效，应及时到医院检查，以排除颅内压增高。

（2）颅内压增高患者应避免剧烈咳嗽、便秘、提重物、情绪激动等，防止颅内压骤然升高而诱发脑疝。

（3）对有神经系统后遗症的患者，要调动他们的心理和躯体的潜在代偿能力，鼓励其积极参与功能训练。

第二节　脑　　疝

颅内占位病变导致颅内压增高到一定程度时，颅内各分腔之间的压力不平衡，脑组织从高压区向低压区移位，部分脑组织被挤入颅内生理孔隙中，导致脑组织、血管及颅神经等重要结构受压和移位，出现严重的临床症状和体征，称为脑疝。脑疝是颅内压增高的危象和引起死亡的主要原因。

一、病因与分类

颅内任何占位性病变发展至一定程度均可导致颅内各分腔压力不均衡，诱发脑疝。常见原因有：外伤所致各种颅内血肿、颅内脓肿、颅内肿瘤、颅内寄生虫病及各种肉芽肿性病变、先天性小脑扁桃体下疝畸形等。医源性原因包括不适当操作，如腰椎穿刺放脑脊液过快过多。

根据移位的脑组织及其通过的硬脑膜间隙和孔道，可分为以下常见的3类（图8-1）。

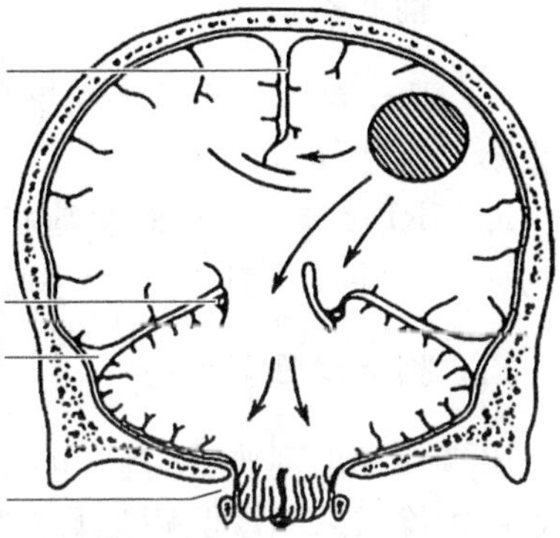

图8-1　大脑镰下疝（上）、小脑幕切迹疝（中）和枕骨大孔疝（下）的示意图

1. 小脑幕切迹疝　又称颞叶沟回疝，是位于小脑幕切迹缘的颞叶海马回、钩回通过小脑幕切迹被推移至幕下，或小脑蚓部及小脑前叶从幕下向幕上疝出。

2. 枕骨大孔疝　又称小脑扁桃体疝，是小脑扁桃体及延髓经枕骨大孔被挤向椎管内。

3. 大脑镰下疝　又称扣带回疝，是一侧半球的扣带回经镰下孔被挤入对侧分腔。

二、病理

当发生脑疝时，脑干受压移位可致其实质内血管受到牵拉，严重时基底动脉进入脑干的中央支可被拉断而致脑干内部出血。由于同侧的大脑脚受到挤压而造成病变对侧偏瘫，同侧动眼神经受到挤压可产生动眼神经麻痹症状。移位的钩回、海马回可将大脑后动脉挤压于小脑幕切迹缘上致枕叶皮层缺血坏死。小脑幕切迹裂孔及枕骨大孔被移位的脑组织堵塞，从而使脑脊液循环通路受阻，则进一步加重了颅内压增高，形成恶性循环，使病情迅速恶化。

三、临床表现

1. 小脑幕切迹疝

（1）颅内压增高：剧烈头痛，进行性加重，伴躁动不安、频繁喷射性呕吐。

笔记栏

(2) 进行性意识障碍：随脑疝的进展，患者出现嗜睡、浅昏迷、深昏迷。

(3) 瞳孔改变：脑疝初期，患侧瞳孔缩小，对光反射迟钝；脑疝中期患侧瞳孔逐渐散大，直接和间接对光反应消失，并伴上睑下垂及眼球外斜。脑疝晚期双侧瞳孔散大固定，对光反应均消失。

(4) 运动障碍：钩回直接压迫大脑脚，锥体束受累后，病变对侧肢体肌力减弱或瘫痪，肌张力增高，腱反射亢进，病理征阳性。脑疝进展时双侧肢体自主活动消失，甚至出现去脑强直发作。

(5) 生命体征变化：由于脑干内生命中枢功能紊乱或衰竭，可出现心率减慢或不规则，血压忽高忽低，呼吸不规则、大汗淋漓或汗闭，面色潮红或苍白。体温高达 41℃以上或不升。最终因呼吸循环衰竭而死亡。脑疝前驱期：呼吸深快，脉搏频数，血压升高。脑疝代偿期：呼吸深慢，脉搏缓慢，血压高。脑疝衰竭期：呼吸抑制，不规则，脉搏细弱，血压急速波动甚至衰竭。

(6) 去大脑强直：脑疝衰竭期，患者表现为双侧肢体瘫痪或间歇性或持续性四肢伸直性强直。往往同时伴有深昏迷，双侧瞳孔极度散大、呼吸不规则、高热等生命体征变化。

2. 枕骨大孔疝　多见于颅后窝病变。由于颅后窝容积较小，对颅内高压的代偿能力也小，病情变化更快。患者常有进行性颅内压增高的临床表现：剧烈头痛、频繁呕吐、颈项强直或强迫头位，生命体征紊乱出现较早，意识障碍出现较晚。患者早期即可突发呼吸骤停而死亡。

3. 大脑镰下疝(扣带回疝)

当一侧大脑半球有占位病变，除出现小脑幕切迹疝以外，病变侧的大脑内侧面扣带回也在大脑镰下前 2/3 部位向对侧疝入，一般扣带回疝不引起特殊症状，但有时由于扣带回疝可使大脑前动脉狭窄，使本侧额叶内侧面或旁中央小叶出现血液循环障碍，甚至软化，因此出现对侧下肢运动和深感觉障碍以及排尿障碍等。

四、辅助检查

1. CT 检查　小脑幕切迹疝时可见基底池(鞍上池)、环池、四叠体池变形或消失。大脑镰线明显不对称和移位。

2. MRI 检查　可观察脑疝时脑池变形、消失情况，清晰度高的 MR 可直接观察到脑内结构，如沟回、海马回、间脑、脑干及小脑扁桃体。

五、临床诊断与治疗

患者一旦出现典型的脑疝症状，立即给予脱水治疗以降低颅内压，确诊后尽快手术去除病因；若难以确诊或虽确诊但病变无法切除者，可通过脑脊液分流术、侧脑室外引流术或病变侧颞肌下、枕肌下减压术等姑息性手术来降低颅内压。

六、护理诊断

1. 脑组织灌注异常　与颅内增高、脑疝有关。

2. 潜在并发症　呼吸、心搏骤停。

七、护理措施

脑疝确诊后应立即采取紧急降低颅内压的措施，为手术争取时间。

(1) 纠正脑组织灌注不足，快速静脉输入脱水剂(如甘露醇)、地塞米松 10 mg 等以暂时降低颅内压力，保持呼吸道通畅，给氧，对呼吸功能障碍者，立即气管插管行人工辅助呼吸。

(2) 密切观察意识、生命体征、瞳孔变化和肢体活动情况。

(3) 紧急做好术前特殊检查及术前准备。

(4) 其他护理措施参见本章第一节。

八、健康指导

(1) 避免引发脑疝的诱因。

笔记栏

(2) 饮食以高蛋白、高维生素、低脂肪易消化的饮食，以鱼、瘦肉、鸡蛋、水果、蔬菜等为宜。

(3) 注意日常生活自理能力训练。

(4) 遵医嘱服药，不可擅自停药，出院后定时门诊随访。

(5) 进行语言、记忆力等方面的康复训练，以提高生活自理能力以及社会适应能力。

案例分析

患者，男，78 岁，因突发头痛头晕、右下肢无力瘫倒，伴恶心、呕吐，头颅 CT 提示：左丘脑出血、脑室系统积血，收住入院。入院后患者意识由清醒逐渐转变为昏迷、大小便失禁。查体：T 36.8℃，P 50 次/min，R 14 次/min，BP 158/90 mmHg。双侧瞳孔不等大、左侧瞳孔 5 mm，对光反射迟钝，右侧瞳孔 3 mm，对光反射灵敏，立即汇报医生，在医护陪同下行头颅 CT 复查，CT 结果提示患者脑疝。即刻行脑室外引流术。

【问题】

(1) 判断该患者处于脑疝的哪一分期？脑疝的过程中瞳孔会有哪些变化？

(2) 脑室外引流的护理措施？

【分析与解答】

(1) 该患者处于脑疝的早期。脑疝早期患侧瞳孔略微缩小，继而患侧瞳孔中度扩大对光反射迟钝或消失，对侧正常；中期患侧瞳孔散大，眼球固定，对侧瞳孔中度扩大，对光反射迟钝或消失；晚期两侧瞳孔散大，眼球固定。

(2) 脑室外引流的护理措施：① 引流管的位置：妥善固定，引流管最高点需高于侧脑室平面(即平卧时耳屏平面，侧卧时鼻中线平面)10 cm。搬动患者时应将引流管暂时夹闭，防止脑脊液反流引起逆行感染。② 引流速度及量：术后早期可适当抬高引流管高度，防止引流过快使颅内压骤然降低，待颅内压平衡后再降低引流管高度。24 h 引流量以不超过 500 mL 为宜。③ 保持引流畅通；活动及翻身时避免牵拉引流管。如见有脑脊液流出或引流管内液面随患者呼吸上下波动表明引流管通畅；否则应及时查明原因并向医生汇报。④ 观察并记录脑脊液的颜色及性状；正常脑脊液无色透明，无沉淀。术后早期脑脊液可略呈血性，以后转为橙黄色。⑤ 严格遵守无菌操作原则；保持引流装置的密闭。每日定时更换引流瓶(袋)时，应先夹闭引流管以免管内的脑脊液逆流。⑥ 拔管护理：拔管前一天应试行抬高引流管或夹闭引流管 24 h，若患者出现头痛，呕吐等颅内压增高症状，应报告医生。拔管后，切口处若有脑脊液漏出，通知医生妥善处理。

第三节　颅脑损伤

颅脑损伤是常见的外科急症，病死率和致残率均居首位。常见于各种意外事件，如交通和工矿作业事故、高处坠落、跌倒、锐器或钝器打击头部致伤，常与身体其他部位挫伤合并存在。颅脑损伤可分为头皮损伤、颅骨损伤和脑损伤，三者可单独或合并存在。

一、颅骨骨折

颅骨骨折指颅骨受暴力作用致颅骨结构的改变。颅骨骨折提示受伤者受暴力较重，其严重性并不在于骨折本身，而在于颅骨骨折同时并发的脑膜、脑组织、颅骨血管以及脑神经等的损伤，如颅骨骨折线跨越硬脑膜中动脉或大静脉窦所引起的颅内血肿，或引起的脑脊液漏并发感染等。

(一) 临床表现

1. 颅盖骨折　线性骨折发生率最高，约占颅盖骨折的 2/3 以上，局部压痛、肿胀，患者常伴有

笔记栏

局部骨膜下血肿；按骨折形式分为线性骨折、凹陷性骨折。线性骨折发生率最高，凹陷性骨折好发于额、顶部，多为全层凹陷，局部可扪及下陷区，部分患者仅有内板凹陷，若骨折片损伤脑功能区，可出现偏瘫、失语、癫痫等神经系统定位体征。

2. 颅底骨折　约占颅骨骨折的1/3，多为颅盖骨折延伸到颅底，或由强烈的间接暴力作用于颅底所致，常为线性骨折。颅底部的硬脑膜与颅骨贴附紧密，故颅底骨折时易撕裂硬脑膜，颅底与鼻窦相邻，骨折后极易使蛛网膜下腔与外界相通，产生脑脊液外漏而成为开放性骨折。颅底骨折按其发生的部位可分为颅前窝、颅中窝和颅后窝骨折，主要临床表现为皮下或黏膜下瘀斑、脑脊液外漏和脑神经损伤三个方面（表8-3）。

表8-3　颅底骨折的临床表现

骨折部位	脑脊液漏	瘀斑部位	合并脑损伤	可能损伤的脑神经
颅前窝	鼻漏	眶周、球结膜下（"熊猫眼"征）	额极、额底	嗅神经、视神经
颅中窝	鼻漏和耳漏	乳突部（Battle征）	颞极、颞底、垂体、下丘脑	面神经、听神经
颅后窝	无	乳突部、枕下部、咽后壁	小脑、脑干、延髓	第Ⅸ～Ⅻ对脑神经

（二）辅助检查

1. X线检查　线形闭合性颅盖骨折依靠X线检查得以明确。颅底骨折X线摄片检查价值不大，X线片可显示颅内积气，但仅30%～50%能显示骨折线。

2. CT检查　有助于了解骨折情况和有无合并脑损伤。不但对眼眶及视神经等骨折的诊断有帮助还可了解有无脑挫伤，因此CT具有重要价值。

3. MRI检查　可见视神经挫伤伴水肿，视交叉和视神经受压。

（三）临床诊断与治疗

1. 诊断要点　详细询问病史，观察患者的临床表现，结合X线检查、CT检查和MRI检查，则颅骨骨折诊断可以确诊。

2. 治疗要点　多数无须特殊处理，重点是预防颅内感染。出现脑脊液漏时，即原开放性挫伤应使用TAT及抗生素防感染，不可堵塞或冲洗鼻道、耳道等脑脊液漏的通道；不做腰椎穿刺，取头高位卧床休息，避免用力咳嗽、打喷嚏，应使用抗生素预防颅内感染。大部分脑脊液漏在伤后1～2周自愈，4周以上仍未停止，可考虑行手术修补硬脑膜封闭漏口。若骨折片压迫视神经，应尽早手术去除。

（四）护理诊断

1. 有感染的危险　与脑脊液外漏、颅内外相通有关。

2. 潜在并发症　颅内出血、颅内压增高、颅内低压综合征。

（五）护理措施

1. 预防颅内感染

(1) 体位：取半坐卧位，头偏向患侧，维持规定体位至停止漏液3～5 d。如果脑脊液外漏多，应取平卧位，头稍抬高，以防颅内压过低。

(2) 保持局部清洁：每日2次清洁、消毒外耳道、鼻腔或口腔，注意消毒棉球不可过湿，避免液体逆流入颅。劝告患者勿挖鼻、抠耳。

(3) 预防颅内逆行感染：脑脊液漏者，禁忌堵塞、冲洗鼻腔、耳道和经鼻腔、耳道滴药，禁忌行腰椎穿刺。脑脊液鼻漏者，禁忌从鼻腔吸痰或放置鼻胃管。遵医嘱应用抗生素。

(4) 避免颅内压骤升：嘱患者勿用力屏气排便、咳嗽、擤鼻涕或打喷嚏等，避免颅内压骤然升降导致气颅或脑脊液逆流。

2. 并发症的观察与处理

(1) 脑脊液漏：患者鼻腔、耳道流出淡红色液体，可疑为脑脊液漏，需要鉴别血性脑脊液与血性

笔记栏

渗液。在鼻前庭或外耳道口松松地放置干棉球，随湿随换，记录 24 h 浸湿的棉球数，以估计脑脊液外漏量。

（2）颅内继发性损伤：颅骨骨折患者可合并脑挫伤、颅内出血，继发性脑水肿导致颅内压增高。应严密观察患者的意识、生命体征、瞳孔及肢体活动等情况，以及时发现颅内压增高及脑疝的早期迹象。

（3）颅内低压综合征：脑脊液外漏量多时会导致颅内压过低，从而出现剧烈头痛、眩晕、呕吐、厌食、反应迟钝、脉搏细弱、血压偏低。头痛在立位时加重，卧位时缓解。若患者出现颅压过低表现，可遵医嘱补充液体量以缓解症状。

3. 健康指导　颅骨缺损者应避免局部碰撞，以免损伤脑组织，嘱咐患者在伤后半年左右作颅骨成形术；告知患者出院后如出现头痛或咽部、鼻腔有液体流出，需及时就医，以排除脑脊液漏的可能。

二、脑损伤

脑损伤是指脑膜、脑组织、脑血管及脑神经在受到外力作用而导致的损伤。

（一）脑震荡

脑震荡指头部受到撞击后，立即发生一过性脑功能障碍，经过短暂的时间后可自行恢复，无肉眼可见的神经病理改变，但在显微镜下可见神经组织结构紊乱。是原发性脑损伤中最轻的一种。

1. 临床表现　患者在伤后立即出现短暂的意识障碍，持续数秒或数分钟，一般不超过 30 min。有的仅表现为瞬间意识混乱或恍惚，并无昏迷。同时伴有面色苍白、瞳孔改变、出冷汗、血压下降、脉弱、呼吸浅慢等自主神经和脑干功能紊乱的表现。清醒后，大多数患者不能回忆受伤当时及伤前近期的情况，但对往事记忆清楚，称逆行性遗忘。常伴有头痛、头昏、失眠、耳鸣、恶心、呕吐、情绪不稳、记忆力减退等症状，一般可持续数日或数周。

2. 辅助检查　脑脊液中无红细胞，CT 检查颅内无异常。神经系统检查无阳性体征。

3. 临床诊断与治疗　脑震荡一般无须特殊治疗。伤后一般卧床休息 1～2 周，遵医嘱可适当给予镇痛、镇静药物，自觉症状明显者可早期行高压氧治疗。多数患者 2 周内恢复正常。

4. 护理诊断

（1）焦虑：与缺乏脑震荡相关知识、担心疾病预后有关。

（2）头痛：与脑震荡有关。

5. 护理措施

（1）心理护理：讲解疾病相关知识，消除患者的畏惧心理，帮助其正确认识疾病。

（2）对症处理：疼痛明显者遵医嘱适当给予镇静、镇痛药物。

（3）病情观察：应密切观察患者的意识状态、生命体征及神经系统体征，预防颅内继发病变和并发症。

（4）健康指导：嘱患者保证充足睡眠，适当进行体能锻炼，避免过度用脑和劳累，保持心情愉快。

（二）脑挫裂伤

脑挫裂伤是常见的原发性脑损伤，也是脑实质性挫伤，包括脑挫伤及脑裂伤，前者指脑组织遭受破坏较轻，软脑膜完整；后者指软脑膜、血管和脑组织同时有破裂，伴有外伤性蛛网膜下腔出血。由于两者常同时存在，合称为脑裂伤。

1. 临床表现　因损伤部位和程度不同，临床表现差异很大，轻者仅有轻微症状，重者昏迷，甚至迅速死亡。

（1）意识障碍：是脑挫裂伤最突出的临床表现，严重程度和持续时间是衡量伤情轻重的指标。轻者昏迷的时间可为数十分钟或者数小时，重者可持续数日、数周或更长时间，有的甚至长期昏迷。

（2）局灶症状和体征：依损伤的部位和程度而不同。若伤及脑皮质功能区，伤后立即出现相应

笔记栏

的神经功能障碍症状或体征，如语言中枢损伤出现失语，运动中枢损伤出现锥体束征、肢体抽搐，或对侧瘫痪等。发生在额、颞叶前端等“哑区”的损伤，可无神经系统缺损的表现。

（3）头痛、呕吐：与颅内压增高、自主神经功能紊乱或外伤性蛛网膜下腔出血等有关。后者还可出现脑膜刺激征，脑脊液检查有红细胞。

（4）颅内压增高和脑疝：因继发脑水肿或颅内出血所致。表现为早期的意识障碍或偏瘫程度加重，或意识障碍好转后又加重。

原发性脑干损伤是脑挫裂伤中最严重的特殊类型，常与弥散性脑损伤并存。患者会出现持久昏迷。伤后早期出现严重的生命体征紊乱，表现为呼吸节律紊乱、心率及血压波动明显；双侧瞳孔时大时小，眼球位置歪斜或凝视，也可四肢肌张力增高，伴单侧或双侧锥体束征等，严重者表现为去大脑强直。

2. 辅助检查

（1）影像学检查：CT 检查是首选项目，可显示脑挫裂伤的部位、范围及周围脑水肿的程度，有无脑室受压及中线结构移位等。MRI 检查有助于明确诊断。

（2）腰椎穿刺检查：腰椎穿刺脑脊液中可见大量红细胞，同时可测量颅内压或引流血性脑脊液，以减轻症状。颅内压明显增高者或脑疝迹象时禁忌腰椎穿刺。

3. 临床诊断与治疗

（1）诊断要点：根据伤后出现的意识障碍、局灶症状和体征及较明显的头痛、恶心、呕吐等，脑挫裂伤的诊断多可成立。

（2）治疗要点：以非手术治疗为主，防治脑水肿，减轻脑损伤后的病理生理反应，预防并发症。经非手术治疗无效或颅内压持续增高，脑疝迹象时，应考虑局部病灶清除术或减压术，以解除脑受压。

4. 护理诊断

（1）清理呼吸道无效：与脑损伤后意识障碍有关。

（2）营养失调：低于机体需要量与脑损伤后高代谢、呕吐、高热等有关。

（3）有废用综合征的危险：与脑损伤后意识和肢体功能障碍及长期卧床有关。

（4）潜在并发症：颅内压增高、脑疝、蛛网膜下腔出血、癫痫发作、消化道出血。

5. 护理措施

（1）保持呼吸道通畅

1）体位：静卧休息，床头抬高 15°～30°，以利于颅内静脉回流。昏迷或吞咽功能障碍者取侧卧位或侧俯卧位，以免呕吐物、分泌物误吸。

2）保持呼吸道通畅，及时清除呼吸道分泌物、口咽部血块或呕吐物，定时吸痰。呕吐时将头转向一侧以免误吸。

3）人工气道的护理：保持室内适宜的温度和湿度，湿化气道，避免呼吸道分泌物黏稠，利于排痰。呼吸减弱且潮气量不足不能维持正常血氧者，及早使用呼吸机辅助呼吸。

4）高热护理：及时给予冰袋、冰帽，冰敷等物理降温，也可给予酒精及冰水擦拭等。

5）预防感染：遵医嘱使用抗生素防治呼吸道感染。

（2）加强营养：创伤后的应激反应可产生严重分解代谢，使血糖增高、乳酸堆积，后者可加重脑水肿。因此，必须及时、有效补充能量和蛋白质以减少机体分解代谢。

（3）病情观察

1）意识：意识障碍是脑损伤患者最常见的变化之一。观察患者意识状态，判断患者意识障碍程度及变化，辨别脑损伤的轻重。意识障碍出现的迟早和有无继续加重可作为区别原发性和继发性脑损伤的重要依据。

2）生命体征：为避免患者躁动影响结果的准确性，应先测呼吸，再测脉搏，最后测血压。① 体温：伤后早期，可出现中等程度发热；若损伤累及间脑或脑干，可导致体温调节紊乱出现体温不升或

笔记栏

中枢性高热；伤后即发生高热，多系视丘下部或脑干损伤；伤后数日体温升高，常提示感染。② 脉搏、呼吸、血压：注意呼吸节律和深度、脉搏快慢和强弱以及血压和脉压变化。若呼吸深慢，脉搏缓慢而有力，血压进行性升高，常提示颅内压及脑水肿发生，应警惕颅内血肿或早期脑疝的形成。

3）瞳孔变化：可因动眼神经、视神经及脑干部位的损伤引起。观察两侧睑裂大小是否相等，有无上睑下垂，注意对比两侧瞳孔的形状、大小及对光反应。若伤后立即出现一侧瞳孔散大，对光反应消失，但患者神志清楚，生命体征平稳，多为动眼神径损伤。伤后一侧瞳孔进行性散大、对侧肢体瘫痪、意识障碍，提示脑受压或脑疝；双侧瞳孔散大、对光反应消失、眼球固定伴深昏迷或去皮质强直，多为原发性脑干损伤或临终表现；双侧瞳孔大小形状多变、对光反应消失，伴眼球分离或异位，常是中脑损伤的表现；眼球不能外展且有复视者，多为展神经受损；眼球震颤常见于小脑或脑干损伤。有无间接对光反应可以鉴别视神经损伤与动眼神经损伤。观察瞳孔时应注意某些药物、剧痛等也会影响瞳孔变化，如吗啡、异丙嗪可使瞳孔缩小，阿托品、麻黄碱可使瞳孔散大。

4）神经系统体征：原发性脑损伤引起的偏瘫等局灶症状，在受伤当时已出现，且不再继续加重；伤后一段时间才出现一侧肢体运动障碍且进行性加重，同时伴有意识障碍和瞳孔变化，多为小脑幕切迹疝使中脑受压，锥体束受损所致。

5）其他：观察有无脑脊液漏、剧烈头痛、呕吐、烦躁不安等颅内压增高表现或脑疝先兆。注意CT和MRI检查结果及颅内压监测情况。

（4）并发症的观察与护理

1）昏迷患者易发生以下多种并发症。

压疮：保持皮肤清洁干燥，定时翻身，注意骶尾部、足跟、耳郭等骨隆突部位，不可忽视敷料覆盖部位。消瘦者伤后初期及高热者常根据患者病情决定翻身次数，长期昏迷、一般情况较好者可每3～4 h翻身1次。

坠积性肺炎：加强呼吸道护理，定时翻身叩背，保持呼吸道通畅，防止呕吐物误吸引起窒息和呼吸道感染。

废用综合征：脑损伤患者因意识或肢体功能障碍，可发生关节挛缩和肌萎缩。保持患者良肢位摆放，防止足下垂。每日四肢关节被动活动及肌肉按摩2～3次，防止肢体挛缩和畸形。

泌尿系感染：长期留置导尿管是引起泌尿系感染的主要原因。必须导尿时，严格执行无菌操作，留置尿管过程中，加强会阴部护理；长期留置尿管的时间不宜过长，需长期导尿者，宜行耻骨上膀胱造瘘术，以减少泌尿系感染。

暴露性角膜炎：眼睑闭合不全者，角膜涂眼药膏保护；无须随时观察瞳孔时，可用纱布遮盖上眼睑，甚至行眼睑缝合术。

深静脉血栓：对患者进行深静脉血栓风险评估，根据评分结果，遵医嘱进行分级预防。

2）蛛网膜下腔出血：患者可有头痛、发热、颈项强直表现，可遵医嘱给予解热镇痛药物对症处理。病情稳定，可谨慎行腰椎穿刺，少量多次放出血性脑脊液缓解头痛。

3）消化道出血：除遵医嘱补充血容量、停用激素外，还应使用止血药和抑制胃酸分泌的药物，如奥美拉唑、雷尼替丁等。及时清理呕吐物，避免消化道出血发生误吸。

4）外伤性癫痫：任何部位的脑损伤均可能导致癫痫，尤其是大脑皮层运动区受损。可采用苯妥英钠预防发作。癫痫发作时使用地西泮10～30 mg静脉缓慢注射，直至控制抽搐为止。躁动患者适当约束。

5）颅内压增高和脑疝：参见颅内压增高患者的护理。

（5）健康指导

1）心理指导：对恢复过程中出现头痛、耳鸣、记忆力减退的患者，给予适当解释和宽慰，使其树立信心，帮助患者尽早自理生活。

2）控制外伤性癫痫：坚持服用抗癫痫药物至症状完全控制后1～2年，逐步减量后才能停药，不可突然中断服药。癫痫患者不能单独外出、登高、游泳等，以防意外。

笔记栏

3）康复训练：脑损伤后遗留语言、运动或智力障碍，在伤后1～2年内有部分恢复的可能。应提高患者自信心，协助患者制订康复计划，进行患侧肢体功能训练，如语言、运动、吞咽等方面的训练，以提高生活自理能力及社会适应能力。

（三）颅内血肿

颅内血肿是颅脑损伤中最多见、最危险、可逆性的继发性脑损伤。由于血肿直接压迫脑组织，引起局部脑功能障碍及颅内压增高，若未及时处理，可导致脑疝危及生命。早期发现并及时处理可在很大程度上改善预后。按血肿所在位置分为硬脑膜外血肿、硬脑膜下血肿及脑内血肿；按出现颅高压或早期脑疝症状所需时间分为急性型（3 d内）、亚急性型（3 d至3周）、慢性型（3周以上）。

1. 临床表现

（1）硬脑膜外血肿：出血积聚在颅骨与硬脑膜之间。

1）意识障碍：进行性意识障碍是颅内血肿的主要症状。意识障碍有三种类型：① 典型的意识障碍是伤后昏迷有“中间清醒期”。表现为原发性脑挫伤的意识障碍清醒后。经过一段时间因颅内血肿形成，颅内压增高使患者再度出现昏迷，并进行性加重。② 原发性昏迷：原发性脑损伤较严重或血肿形成较迅速，可不出现中间清醒期，伤后持续昏迷并进行性加重。③ 继发性昏迷：原发性脑损伤轻，伤后无原发性昏迷，至血肿形成后开始出现昏迷。

2）颅内压增高及脑疝表现：一般成人幕上血肿＞20 mL、幕下血肿＞10 mL，即可引起颅内压增高症状。血肿进一步增大形成小脑幕切迹疝时，表现为两次昏迷，患侧瞳孔先短暂缩小，随后进行性散大、对光反应消失，对侧肢体偏瘫进行性加重。幕上血肿者大多先经历小脑幕切迹疝，然后合并枕骨大孔疝，故严重的呼吸循环障碍常发生在意识障碍和瞳孔改变之后。幕下血肿者可直接发生枕骨大孔疝，较早发生呼吸骤停。

（2）硬脑膜下血肿：出血积聚于硬脑膜与蛛网膜之间，是最常见的颅内血肿。

1）急性和亚急性硬脑膜下血肿：症状类似硬脑膜外血肿，脑实质损伤较重，原发性昏迷时间长，极少有“中间清醒期”，颅内压增高和脑疝症状多在1～3 d内进行性加重。

2）慢性硬脑膜下血肿：好发于老年人。由于致伤外力小，出血缓慢，病程较长，患者表现为：① 慢性颅内压增高症状，如头痛、呕吐和视神经乳头水肿等；② 血肿压迫所致局灶症状和体征，如偏瘫、失语和局限性癫痫等；③ 脑供血不足、脑萎缩症状，如智力下降、记忆力减退和精神失常等。

（3）脑内血肿：以进行性加重的意识障碍为主，与急性硬脑膜下血肿症状相似。若血肿累及重要脑功能后，可能出现偏瘫、失语、癫痫等症状。

2. 辅助检查

（1）硬脑膜外血肿：CT检查可助诊断。在颅骨内板与脑表面之间有双凸镜形或弓形密度增高影，常伴颅骨骨折和颅内积气。CT检查可明确定位，计算出血量，了解脑室受压及中线结构移位以及脑挫裂伤、脑水肿、多个血肿等情况。

（2）硬脑膜下血肿：急性或亚急性硬脑膜下血肿示颅骨内板与脑组织表面之间有高密度、等密度或混合密度的新月形或半月形影，有助于确诊；慢性硬脑膜下血肿示颅骨内板下低密度的新月形、半月形影。

（3）脑内血肿：在脑挫裂伤灶附近或脑深部白质内出现圆形或不规则高密度血肿影，血肿周围有低密度水肿区。

3. 临床诊断与治疗

（1）诊断要点：根据头部受伤史，伤后当时清醒，以后昏迷，或出现中间清醒期，结合X线平片显示骨折线经过脑膜中动脉或静脉窦沟，一般可以早期诊断硬脑膜外血肿。根据有较重的头部外伤史，伤后即有意识障碍并逐渐加重，伴有颅压增高症状，多表明有急性或亚急性硬脑膜下血肿，结合CT扫描可以确诊。慢性硬脑膜下血肿容易误诊漏诊，凡老年人出现慢性颅压增高症状、智力和精神异常，或病灶症状，特别是曾经有过轻度头部受伤史者，应想到慢性硬脑膜下血肿的可能，及时施行CT或MRI检查，当可确诊。脑内血肿与伴有脑挫裂伤的复合性硬脑膜下血肿的症状很相似，

笔记栏

而且事实上两者常同时存在，及时施行 CT 扫描可证实脑内血肿的存在。

(2) 治疗要点

1) 手术治疗：幕上血肿>30 mL，幕下血肿>10 mL，有明显占位效应，伴有严重颅内高压症状或意识障碍进行性加重者，应及早清除血肿。颅内血肿一经确诊原则上手术治疗，行开颅血肿清除术并彻底止血。慢性硬脑膜下血肿若已经形成完整包膜且有明显症状者，可采用颅骨钻孔引流术，术中置管冲洗、清除血肿，术后在包膜内放置引流管继续引流 2～3 d。

2) 非手术治疗：用于病情稳定的小血肿，患者无意识障碍和颅内压增高症状，或症状已明显好转者，可在严密观察病情下，采用脱水等非手术治疗。治疗期间一旦出现颅内压进行性升高、病情变化血肿增大、脑疝早期症状，应紧急手术。

4. 护理诊断

(1) 意识障碍：与颅内血肿、颅内压增高有关。

(2) 潜在并发症：颅内压增高、脑疝、术后血肿复发。

5. 护理措施　颅内血肿为继发性脑损伤，护理中除需执行原发性脑损伤的护理措施之外，还应注意以下几点。

(1) 密切观察病情：严密观察患者意识状态、生命体征、瞳孔、神经系统病症等变化，一旦发现颅内血肿增大、颅内压增高迹象，应积极采取措施降低颅内压，同时做好术前准备。术后注意病情变化，判断颅内血肿清除效果并及时发现术后血肿复发迹象。

(2) 引流管的护理：慢性硬脑膜下血肿术后患者取平卧位或头低脚高患侧卧位，以便充分引流。引流瓶(袋)应低于创腔 30 cm，保持引流管通畅，注意观察引流液的性质和量。术后 3 d 左右行头颅 CT 检查，证实血肿消失后拔管。

6. 健康指导

(1) 饮食指导：加强营养，进食高热量、高蛋白、富含纤维素、维生素的饮食，体温过高时多饮水。

(2) 康复指导：早期康复，生命体征平稳后根据患者肌力情况，进行主动或被动全范围关节功能锻炼、肺部功能锻炼，预防长期卧床并发症，如肌肉萎缩、关节功能废用、坠积性肺炎等。

(3) 安全指导：颅骨缺损者注意保护骨窗局部，外出戴防护帽，尽量少去公共场所。

(4) 复诊指导：出院后 1～3 个月门诊复查，如出现原有症状加重、头痛、呕吐、抽搐、不明原因发热、手术部位红肿热痛等应及时就诊。一般术后 6 个月可行颅骨修补。

第四节　脑血管性疾病

脑血管性疾病是由各种颅内血管病变引起脑功能障碍的一组疾病的总称。其发病率、致残率和死亡率都较高，存活者中 50%～70%遗留残疾，严重威胁人类健康，与恶性肿瘤、冠心病构成人类死亡的三大疾病。

一、颅内动脉瘤

颅内动脉瘤是颅内动脉壁的囊性膨出，多因动脉壁局部薄弱和血流冲击而形成，极易破裂出血，是自发性蛛网膜下腔出血最常见的原因。好发于 40～60 岁人群，青少年少见，在脑血管意外的发病率中，仅次于脑血栓形成和高血压脑出血。

笔记栏

(一) 临床表现

1. 局灶症状　小的动脉瘤可无症状。较大的动脉瘤可压迫邻近组织出现相应局灶症状，如动眼神经受累时，表现为病侧眼睑下垂、瞳孔散大、眼球内收和上、下视不能，直接和间接对光反射消失。

2. 出血症状　发病急骤，发病前多数患者可有运动、情绪激动、用力排便、剧烈咳嗽等诱因，突发剧烈头痛、恶心、呕吐、面色苍白、全身冷汗、眩晕等，部分患者出现精神症状，如烦躁不安、意识模糊、定向力障碍等。严重者可因急性颅内压增高而引发枕骨大孔疝，导致呼吸骤停。颅内动脉病变破裂出血，血液流至蛛网膜下腔，诱发脑动脉痉挛，广泛脑血管痉挛可致脑梗死，查体可见脑膜刺激征阳性。

3. 其他症状　偏瘫、癫痫发作、迟发性脑缺血(DID)、脑积水等。

(二) 辅助检查

DSA是确诊颅内动脉瘤的金标准，可判断动脉瘤的位置、数目、形态、内径、有无血管痉挛。头颅CT、CTA和MRI检查也有助于诊断。

(三) 临床诊断与治疗

1. 诊断要点　依据病史、临床表现及辅助检查，可确诊颅内动脉瘤。

2. 治疗要点

(1) 非手术治疗：主要是防止出血或再出血，控制动脉痉挛。

1) 已发生颅内动脉破裂造成蛛网膜下腔出血的患者绝对卧床休息2～4周，适当抬高头部，镇痛、抗癫痫治疗，保持大便通畅，避免情绪激动。

2) 对症处理，控制血压，降低颅内压。为解除发现脑血管痉挛，多主张早期使用钙离子拮抗剂等扩血管药物治疗。使用氨基已酸抑制纤溶酶的形成，预防再次出血。

(2) 手术治疗：开颅动脉瘤蒂夹闭术既不阻断载瘤动脉，又完全彻底消除动脉瘤。颅内动脉瘤介入栓塞治疗，具有微创、简便、相对安全、恢复快等优点。

(四) 护理诊断

1. 知识缺乏　缺乏预防颅内动脉瘤破裂的相关知识。

2. 急性头痛　与出血刺激脑膜及脑水肿有关。

3. 急性意识障碍　与蛛网膜下腔出血后的脑血管痉挛、脑水肿、脑代谢障碍有关。

4. 潜在并发症　颅内动脉瘤破裂、颅内压增高、脑血管痉挛、脑缺血。

(五) 护理措施

1. 预防出血或再次出血

(1) 绝对卧床休息：抬高床头15°～30°，以利静脉回流。避免颅内压升高的因素，如过早活动、情绪激动、咳嗽、便秘等。必要时遵医嘱使用降压药和镇静镇痛药物。保持病房安静，保证充足的睡眠，预防再出血。

(2) 维持适宜的颅内压

1) 预防颅内压骤降：颅内压骤降会诱发动脉瘤破裂，应维持颅内压在100 mmH_2O左右；行脑脊液引流者，引流速度要慢，脑室引流者，引流瓶位置不能过低。

2) 避免颅内压增高的诱因，如便秘、咳嗽、癫痫发作等。

(3) 维持血压稳定：血压波动可引发动脉瘤破裂，应避免引发血压骤升骤降的因素。一旦发现血压升高，遵医嘱使用降压药物，使血压下降10%即可。用药期间注意血压的变化，避免血压偏低造成脑缺血。

2. 术前护理　开颅动脉瘤夹闭术按颅脑手术术前常规准备，介入栓塞治疗者还需双侧腹股沟区备皮。动脉瘤位于Willis环前部的患者，应在术前进行颈动脉压迫试验及练习，以促进建立侧支循环。

笔记栏

3. 术后护理

(1) 体位：待意识清醒后抬高床头15°～30°，以利颅内静脉回流。避免压迫手术伤口。介入栓塞治疗的患者术后绝对卧床休息24 h，术侧下肢制动8～12 h。搬动患者或为其翻身时，使头颈部成一直线，扶持头部，防止头颈部过度扭曲或震动。

(2) 一般护理：① 保持呼吸道通畅，氧气吸入；② 密切观察生命体征、意识、瞳孔对光反射、肢体活动、伤口及引流液等变化，注意有无颅内压增高或再出血迹象；③ 遵医嘱使用抗癫痫、抗生素等药物；④ 术后当日禁食，次日给予流质或半流质饮食，昏迷患者给予鼻饲流质。

(3) 并发症的观察与护理

1) 脑血管痉挛：可因动脉瘤栓塞治疗或手术刺激脑血管诱发，表现为一过性神经功能障碍，如头痛、短暂的意识障碍、肢体瘫痪和麻木、失语症等。早期发现及时处理，可避免脑缺血缺氧造成不可逆的神经功能障碍。为预防脑血管痉挛，术后常用钙离子拮抗剂扩张血管，给药期间观察有无胸闷、面色潮红、血压下降、心率减慢等不良反应。

2) 脑梗死：因术后血栓形成或血栓栓塞引起，患者表现为一侧肢体无力、偏瘫、失语甚至意识障碍。嘱患者绝对卧床休息，保持平卧姿势，遵医嘱予扩血管、扩容、溶栓治疗。

3) 穿刺点局部血肿：常发生于介入栓塞术后 6 h 内。可能因动脉硬化、血管弹性差，术中肝素过量、凝血机制障碍，或术后穿刺侧肢体活动频繁、局部压迫力度不够所致。颈动脉穿刺术后穿刺点加压包扎，并用沙袋压迫 8～10 h，绝对卧床 24 h。

4. 健康指导

(1) 出血预防：指导患者保持情绪稳定，避免诱因，控制血压于稳定状态，保持大便通畅，必要时使用缓泻剂；遵医嘱服用降压药物；尽量不要单独外出活动或锁上门洗澡，以免发生意外时影响抢救。

(2) 疾病相关知识：动脉瘤栓塞术后，定期复查脑血管造影。出现动脉瘤破裂出血表现，如头痛、呕吐、意识障碍和偏瘫时，及时诊治。

二、颅内动静脉畸形

颅内动静脉畸形是一团发育异常的病理脑血管，由 1 支或几支弯曲扩张的动脉供血，不经毛细血管床，直接向静脉引流。畸形血管团内有脑组织，体积随人体发育而增长，周围的脑组织因缺血而萎缩。多在 40 岁以前发病，男性稍多于女性。

(一) 临床表现

1. 出血　是最常见的首发症状。畸形血管破裂可致脑内、脑室内和蛛网膜下腔出血，患者出现意识障碍、头痛、呕吐等症状。

2. 癫痫　是较常见的首发症状，在颅内出血时发生，也可单独出现。与脑缺血、病变周围胶质增生及出血后的含铁血黄素刺激大脑皮质有关。若长期癫痫发作，可致患者智力减退。

3. 头痛　一般患者有头痛史，为单侧局部或全头痛，间断性或迁移性。畸形血管发生破裂出血时头痛为剧烈性，可伴有恶心、呕吐。

4. 神经功能障碍及其他症状　因动静脉畸形周围脑组织缺血萎缩、血肿压迫或合并脑积水所致，出现运动、感觉、视野及语言功能障碍等。婴儿和儿童可因颅内血管短路出现心力衰竭。特大型脑动静脉畸形分流“盗”走周围组织的血供，造成脑萎缩时可出现智力障碍、反应迟钝。

(二) 辅助检查

脑血管造影是确诊本病的必须手段。头部 CT 及 MRI 检查也有助于诊断。

(三) 处理原则

手术切除是最根本的治疗方法。对位于脑深部或重要功能区的、直径小于 3 cm 的动静脉畸形可采用伽马刀治疗，对血流丰富、体积较大者可行血管内栓塞术。各种治疗后复查脑血管造影，了解畸形血管是否消失。

(四) 护理诊断

1. 急性意识障碍　与脑缺血、脑出血所致脑功能受损有关。

2. 头痛　与血管闭塞、缺血、缺氧、血液刺激脑膜有关。

3. 潜在并发症　颅内动静脉畸形破裂、颅内压增高、脑血管痉挛、癫痫发作、术后血肿。

笔记栏

（五）护理措施

1. 日常护理

生活规律，避免剧烈运动、情绪激动、暴饮暴食和酗酒等，以防颅内再出血。对高血压和癫痫发作者，遵医嘱按时服用降压药及抗癫痫药。其他护理措施参见本章“第四节　一、颅内动脉瘤”相关内容。

2. 健康指导

（1）伤口护理：穿刺部位伤口保持干燥，防止感染。

（2）按时服药，控制血压在正常范围内；术后需继续抗凝治疗者应注意遵医嘱用药，观察出血情况，如有异常及时复诊。

（3）加强营养，多吃蔬菜、水果、粗纤维食物，忌辛辣刺激性食物；保持大便通畅，不可用力排便。

（4）适度进行康复训练，避免剧烈运动。

（5）定时门诊随访，3个月或半年复查DSA和头颅MRT或CT等。如有头晕、头痛不适，立即来院就诊。

三、脑卒中

脑卒中是各种原因引起的脑内动脉狭窄、闭塞、破裂、出血，并出现相应临床症状及体征。包括缺血性脑卒中及出血性脑卒中，前者发病率高于后者。部分脑卒中患者需要外科治疗。

（一）临床表现

1. 缺血性脑卒中　根据脑动脉狭窄和闭塞后，神经功能障碍的轻重和症状的持续时间，分为三类。

（1）短暂性脑缺血发作：神经功能障碍持续时间不超过24 h，患者表现为突发的单侧肢体无力、感觉麻木、一过性黑矇及失语等大脑半球供血不足表现；椎基底动脉供血不足表现以耳鸣眩晕、步态不稳、复视及猝倒为特征。症状反复发作，可自行缓解，大多不留后遗症。

（2）可逆性缺血性神经功能障碍：发病似短暂性脑缺血发作，但神经功能障碍持续时间超过24 h，可达数日，也可完全恢复。

（3）完全性脑卒中：症状较严重，常伴意识障碍，神经功能障碍长期不能恢复。

2. 出血性脑卒中　突然出现意识障碍和偏瘫；重症者可出现昏迷、完全性瘫痪、去皮质强直、生命体征紊乱。

（二）辅助检查

主要靠影像学检查。经脑血管造影可发现缺血性脑卒中病变的部位、性质、范围及程度；急性脑缺血性发作24～48 h后，头部CT检查可显示缺血病灶；磁共振血管造影（MRA）可提示动脉系统的狭窄和闭塞；颈动脉B型超声检查和经颅多普勒超声探测亦有助于诊断。急性脑出血首选CT检查。

（三）处理原则

1. 缺血性脑卒中　非手术治疗包括卧床休息、扩血管、抗凝、血液稀释疗法及扩容治疗等。脑动脉完全闭塞者，在24 h内进行手术治疗，可行颈动脉内膜切除术、颅外-颅内动脉吻合术等，以改善病变区的血供情况。

2. 出血性脑卒中　经绝对卧床休息、控制血压、止血、脱水降颅压等非手术治疗，病情仍继续加重时应考虑手术治疗。手术方案有开颅血肿清除术，或钻颅穿刺血肿抽吸加尿激酶溶解引流术。对出血破入脑室及脑室铸型者，若病情过重如深昏迷、双瞳孔散大或年龄过大、伴重要脏器功能不全者，手术效果欠佳，不宜手术治疗。

笔记栏

（四）护理诊断

1. 躯体移动障碍　与脑组织缺血或脑出血有关。

2. 急性疼痛　头痛与开颅手术有关。

3. 潜在并发症　颅内压增高及脑疝、颅内出血、感染、脑脊液漏、中枢性高热、癫痫发作等。

（五）护理措施

1. 术前护理　除常规护理外，还应采取控制血压、减轻脑水肿、降低颅内压、促进脑功能恢复的措施；在溶栓、抗凝治疗期间，注意观察药物疗效及不良反应。

2. 术后护理

（1）生活护理

1）饮食护理：鼓励患者进食，有吞咽障碍者给予鼻饲流质；防止进食时误吸，导致窒息或肺部感染；如面瘫患者进食时，需特别注意清洁该侧颊部黏膜。

2）防止意外损伤：肢体无力或偏瘫者，加强生活护理，防止坠床、跌倒或碰伤。

3）促进沟通：对语言、视力、听力障碍患者，采取不同的沟通方法，了解患者需求，给予满足。

4）促进肢体功能恢复：患者卧床休息期间，定时翻身，保持肢体功能位，并及早进行肢体被动或主动功能锻炼。

（2）有效缓解疼痛：评估术后患者头痛的性质和程度，分析其原因，对症治疗和护理。

1）止痛：遵医嘱给予止痛药物，不可使用吗啡或哌替啶。

2）降低颅内压：颅内压增高所引起的头痛多发生在术后 2～4 d 脑水肿高峰期，常为搏动性头痛，严重时有烦躁不安、呕吐，伴意识、生命体征改变等。

3）腰椎穿刺：若系术后血性脑脊液刺激脑膜引起的头痛，术后早期可采取多次腰椎穿刺引流出血性脑脊液方法。该法不仅可以减轻脑膜刺激症状，还可降低颅内压，但有脑疝迹象者禁忌使用。

（3）并发症的观察与护理

1）颅内压增高、脑疝：术后出现脑水肿时，应适当控制输液量和输液速度；遵医嘱按时使用脱水剂和激素；维持水、电解质的平衡；观察生命体征、意识状态、瞳孔、肢体活动状况；监测颅内压变化；及时处理咳嗽、便秘、躁动等使颅内压升高的因素，避免诱发脑疝。

2）颅内出血：是术后最危险的并发症，多发生在术后 24～48 h。患者表现为意识清楚后又逐渐嗜睡、反应迟钝甚至昏迷等意识障碍逐渐加深的反应。术后应严密观察，一旦发现患者颅内出血征象，应及时报告医师，并做好再次手术止血的准备。

3）感染：常见的感染有切口感染、肺部感染，严重的切口感染可波及骨膜，甚至发生颅骨骨髓炎和脑膜脑炎。遵医嘱使用抗生素、严格无菌操作、加强营养及基础护理预防手术后感染。

4）脑脊液漏：注意观察切口敷料及引流情况。一旦发现有脑脊液漏，及时通知医师妥善处理。

5）中枢性高热：多出现在术后 12～48 h，体温可达 40℃以上，常伴有意识障碍、瞳孔缩小、脉搏快速、呼吸急促等自主神经功能紊乱症状。一般物理降温效果差，需及时采用冬眠低温治疗。

6）癫痫发作：多发生在术后 2～4 d 脑水肿高峰期，遵医嘱给予抗癫痫药物控制；患者卧床休息，吸氧；保护好患者，避免意外受伤。

7）压疮：观察记录皮肤状况，定时翻身，提供有效的减压装置，如气垫床、肉垫等，保持床单元清洁干燥平整、无渣屑。

3. 健康指导

（1）加强功能锻炼：康复训练应在生命体征平衡后早期开始，根据肌力采取被动及主动运动，及早提高语言能力及记忆力；教会患者自我护理方法，如翻身、起坐、穿衣、行走及上下轮椅等，尽早、最大限度恢复其生活自理及工作能力，早日回归社会。

（2）避免再出血：出血性脑卒中患者避免导致再出血的诱发因素。高血压患者注意规律服药，保持情绪稳定，将血压控制在适当水平，切忌血压忽高忽低。一旦发现异常应及时就诊。

笔记栏

第五节 颅内和椎管内肿瘤

一、颅内肿瘤

颅内肿瘤包括原发性和继发性肿瘤两类。原发性颅内肿瘤发生于脑组织、脑神经、脑膜、垂体及血管等；继发性肿瘤是身体其他部位恶性肿瘤转移到颅内的肿瘤。可发生于任何年龄，以 20～50 岁为多见。

（一）临床表现

1. *颅内压增高*　约 90%以上的患者可出现颅内压增高症状和体征，通常呈慢性、进行性加重过程。患者除头痛、呕吐、视乳头水肿三大主要特征外还可出现视力减退、复视、体展神经麻痹等症状，并进行性加重。

2. *局灶症状与体征*　因肿瘤部位而异，如意识障碍、癫痫发作、进行性运动或感觉障碍、视力或视野障碍、语言障碍及共济运动失调等。

（二）辅助检查

CT 或 MRI 检查是诊断颅内肿瘤的首选方法，结合两者检查结果，不仅能明确诊断，而且能确定肿瘤的位置、大小及瘤周组织情况。脑电图诱发电位，正电子发射断层扫描等。垂体腺瘤需作血清内分泌激素测定以确诊。

（三）临床诊断与治疗

1. *诊断要点*

（1）颅骨 X 线检查：脑内型多无特征性；脑外型有时可见颅骨有波浪状硬化边缘的颅内缺损。

（2）头部 CT 和 MRI 检查：根据颅内肿瘤在 CT 异常密度和 MRI 信号变化、脑室受压和脑组织移位、瘤周脑水肿范围，脑组织及其继发改变。

（3）正电子发射体层摄影术（PET）：可早期发现肿瘤，判断脑肿瘤恶性程度。

（4）活检：立体定向或神经导航技术获取标本，行组织学检查，确定肿瘤性质，选择治疗方法。

2. *治疗要点*

（1）降低颅内压：常采用脱水、激素治疗、冬眠低温和脑脊液外引流等方法，以缓解症状，为手术治疗争取时间。

（2）手术治疗：是最直接、有效的方法。若肿瘤不能完全切除，可行颅内减压术、外减压术和脑脊液分流术等。

（3）放射治疗：适用于肿瘤位于重要功能区或部位深不宜手术者或患者全身情况差不允许手术及对放射治疗较敏感的颅内肿瘤。

（4）化学治疗：逐渐成为重要的综合治疗手段之一，在化疗过程中防止颅内压升高、肿瘤坏死出血及其他不良反应。

（5）热能治疗：肿瘤细胞对热能较正常细胞敏感。当将瘤区温度升高至 42°～43°时，肿瘤细胞可被杀死，正常细胞可不受影响。加温可用微波或射频电流，温度控制在 43℃，时间 20～30 min。

（6）其他治疗：如免疫治疗、基因治疗、中医药治疗等，均在进一步探索中。

（四）护理诊断

笔记栏

1. *自理缺陷*　与肿瘤压迫导致肢体瘫痪及开颅手术有关。

2. *焦虑*　与担心颅脑肿瘤手术的预后有关。

3. *潜在并发症*　颅内压增高、颅内积液，脑脊液漏，尿崩症。

（五）护理措施

1. 术前护理　评估神经功能障碍的情况，对症给予患者心理支持，选择有效的沟通方法。加强生活护理，特别是视听觉障碍、面瘫、偏瘫的患者，预防意外损伤。经口鼻蝶窦入路手术的患者，术前需剃胡须、剪鼻毛。

2. 术后护理

（1）生活护理

1）保持口腔清洁：经口鼻窦入路手术的患者，加强口腔护理。

2）体位：幕上开颅术后患者应卧向健侧，避免切口受压。幕下开颅术后早期宜取去枕侧卧或侧俯卧位；体积较大的肿瘤切除后，因颅腔留有较大的空隙，24 h 内手术区应保持高位，以免突然翻动时发生脑和脑干移位，引起大脑上静脉撕裂、硬脑膜下出血或脑干功能衰竭。搬动患者或为其翻身时，应有人扶持头部使头颈部成一条直线，防止头部过度扭曲或震动。

（2）饮食护理：术后次日可进流食，以后半流食逐渐过渡到普食。颅后窝手术或听神经瘤手术后，发生吞咽困难，饮水呛咳者，应严格禁食禁饮，采用鼻饲供给营养，待吞咽功能恢复后逐渐练习进食。

（3）并发症的观察与护理

1）颅内压增高：术后密切观察生命体征意识、瞳孔、肢体功能和颅内压的变化，遵医嘱行脱水剂治疗。

2）颅内积液：① 妥善放置引流瓶；术后早期，创腔引流瓶（袋）置于头旁枕上或枕边，高度与手术创腔保持一致，以保证创腔内一定的液体压力，避免脑组织移位。若术后早期引流量多，应适当抬引流瓶（袋），48 h 后，可将引流瓶（袋）略放低，以期较快引流出创腔内的液体，使脑组织膨出，减少局部残腔。② 引流管放置 3～4 d，一旦血性脑脊液转清，即拔除引流管，以免形成脑脊液漏。

3）脑脊液漏：注意伤口、鼻、耳等处有无脑脊液漏。经鼻蝶窦手术后避免剧烈咳嗽，以防脑脊液鼻漏。

4）尿崩症：主要发生鞍上手术后，如垂体腺瘤、颅咽管瘤等手术。患者出现多尿、多饮、口渴，每日尿量大于 4 000 mL，尿比重低于 1.005。遵医嘱给予垂体后叶素等药物治疗时，准确记录出入液量，根据血清电解质情况及时遵医嘱经口或经外周静脉补充，及时纠正电解质紊乱。

3. 健康指导

（1）疾病预防：适当休息，坚持锻炼（如散步、打太极拳等），劳逸结合。

（2）做好心理指导，鼓励患者保持积极、乐观的心态，积极自理个人生活。

（3）疾病康复：神经功能缺损或肢体活动功能障碍者，进行辅助治疗（如高压氧、针灸、理疗、按摩等），加强肢体功能锻炼与看护，避免意外伤害。

（4）用药指导：遵医嘱按时、按量服药，尤其是抗癫痫、抗感染、脱水、激素等药物，不可突然停用，以免病情加重。

（5）疾病知识：原有症状加重，如头痛、头晕、恶心、呕吐、抽搐、不明原因持续高热、肢体乏力、麻木、视力下降应及时就医。术后 3～6 个月门诊复查 CT 或 MRI。

二、椎管内肿瘤

椎管内肿瘤又称脊髓肿瘤，是指发生于脊髓本身和椎管内与脊髓邻近组织的原发性或转移性肿瘤的总称，发生率仅为颅内肿瘤 1/10。肿瘤发生以胸段者最多，颈、腰段次之。以髓外硬脊膜下肿瘤最常见，占椎管内肿瘤 65%～70%，多为良性。

（一）临床表现

随肿瘤增大，脊髓和神经根受到进行性压迫和损害，临床表现分为 3 期。

1. 刺激期　早期肿瘤小，主要表现为神经根痛，疼痛部位固定且沿神经根分布区域扩散，咳嗽、打喷嚏和用力大便时加重，部分患者可出现夜间痛和平卧痛。

笔记栏

2. 脊髓部分受压期　　肿瘤增大直接压迫脊髓表现病变以下的感觉、运动障碍。脊髓半切综合征表现为同侧运动障碍及深感觉障碍，对侧痛、温觉障碍，双侧触觉正常或减退。

3. 脊髓瘫痪期　　肿瘤增大使脊髓完全受压，脊髓横贯性损害，表现为病变平面以下的感觉、运动和自主神经功能障碍，表现为压迫平面以下的运动、感觉和括约肌功能完全丧失，直至完全瘫痪。

（二）辅助检查

1. 实验室检查　　脑脊液检查示蛋白质含量增加，在 5 g/L 以上，但白细胞计数正常，称蛋白细胞分离现象，是诊断椎管内肿瘤的重要依据。

2. 影像学检查　　脊髓 MRI 检查是目前最有价值的辅助检查方法。X 线脊柱平片，脊髓造影、CT 等检查也可协助诊断。

（三）临床诊断与治疗

1. 诊断要点　　椎管内肿瘤的诊断主要根据病史，临床症状和体征以及神经影像学检查。

2. 治疗要点　　椎管内肿瘤目前唯一有效的治疗手段是手术切除。良性椎管内肿瘤经手术切除后，预后良好；恶性肿瘤可行肿瘤大部切除并作减压，术后辅以放射治疗，能使病情得到一定程度的缓解。

（四）护理诊断

1. 急性疼痛　　与肿瘤压迫脊髓、神经有关。

2. 低效性呼吸型态　　与脊髓损伤造成的呼吸机麻痹有关。

3. 清理呼吸道无效　　与呼吸肌无力有关。

4. 躯体移动障碍　　与肌无力、肢体瘫痪有关

5. 有废用综合征的危险　　与肢体瘫痪、神经功能障碍有关。

6. 知识缺乏　　缺乏疾病相关的知识。

7. 潜在并发症　　截瘫。

（五）护理措施

1. 术前护理

（1）术前训练：呼吸功能、自主排尿功能、轴线翻身等训练。

（2）高颈段手术或腰椎手术患者遵医嘱带好颈托或腰托。

（3）术前常规准备。

2. 术后护理

（1）体位：术后 6 h 去枕平卧位，搬动时需要保持脊柱水平位，尤其高颈段手术应颈部制动，颈托固定，注意颈部不能过伸过屈，以免加重脊髓损伤。硬脊膜打开修补者取俯卧位。

（2）基础护理：1～2 h 轴线翻身一次；留置尿管患者定时夹放尿管，保持尿管通畅。

（3）脊髓神经功能的观察

1）高颈段手术：注意观察有无出现血肿压迫颈部导致呼吸困难的情况。麻醉清醒后，观察四肢感觉、运动、肌力等，如肌力下降或有不适，应及时通知医生。

2）胸椎手术：观察下肢肌力活动情况，术后常会出现腹胀，排泄困难，可遵医嘱予肛管排气，便秘可用缓泻剂。

3）腰骶部手术：观察下肢肌力活动度及肛周皮肤感觉，如发现感觉障碍平面上升或四肢活动度有减退，应及时通知医生紧急处理。

（4）并发症的观察与护理

1）呼吸功能障碍：是颈段椎管内肿瘤术后严重并发症，警惕痰液不能自排者，予雾化吸入；严重呼吸困难者，行气管切开或呼吸机辅助通气。

2）预防关节畸形、足下垂等发生：瘫痪的肢体保持功能位，并进行功能锻炼。

3）预防压疮：保持皮肤清洁、干燥，以及床单干燥、平整。

笔记栏

4）预防呼吸道感染：开窗通风，鼓励有效咳嗽、咳痰，必要时遵医嘱口鼻吸痰。

5）缓解疼痛：了解并避免加重患者疼痛的因素，如指导患者采取适当体位，减少神经根刺激，以减轻疼痛；遵医嘱适当应用镇痛药。

3. 健康指导

（1）卧床平卧时保持脊柱中立位，平时生活注意保护颈部。

（2）饮食宜清淡、易消化、富含营养。

（3）根据手术创伤后大小和病情，决定自主活动的时间。

（4）保持大小便通畅，有导尿管者应多饮水，保持尿道口清洁，做好留置导尿护理，便秘时可用缓泻剂。

（5）心理支持增强疾病恢复的信心。

（6）定期复查。

小　结

颅内压增高是颅脑外科常见的症状，脑疝是颅内压增高的致命性后果，在患者的护理中需要密切观察患者意识、瞳孔、生命体征、颅内压增高的变化。颅脑损伤护理要根据损伤的部位分析疾病严重度和护理要点，重点关注患者的引流管护理、体位护理、呼吸道护理、饮食护理、冬眠疗法、脱水剂管理、体液平衡、并发症观察等方面。脑血管性疾病临床上重点是预防出血或再出血，密切观察不同手术后并发症：脑血管痉挛、脑梗死、穿刺点局部血肿等，有效控制头痛的症状。颅内和椎管内肿瘤主要采取手术切除的治疗方法，术后注意神经功能和肢体活动功能的康复锻炼。

（柏基香）

笔记栏

第九章

胸部损伤患者的护理

学习要点

- **掌握：**① 反常呼吸运动、纵隔扑动、闭合性气胸、开放性气胸、张力性气胸的概念及紧急处理方法；② 胸腔闭式引流的护理措施。
- **熟悉：**肋骨骨折、气胸、血胸的临床表现及护理。
- **了解：**肋骨骨折的处理原则。

第一节　肋骨骨折

肋骨骨折指暴力直接或间接作用于肋骨，使肋骨的完整性和连续性中断，是最常见的胸部损伤。第1～3肋骨粗短，且有锁骨、肩胛骨保护，不易发生骨折。第4～7肋骨长而薄，最易折断。第8～10肋骨前端肋软骨形成肋弓与胸骨相连，第11～12肋前端游离，弹性较大，均不易发生骨折，若发生骨折，应警惕腹内脏器和膈肌损伤。

（一）病因

1. 外来暴力　多数肋骨骨折因外来暴力所致。直接暴力指打击力直接作用于骨折部位而发生的骨折，间接暴力则是胸部前后受挤压而导致的骨折。

2. 病理因素　恶性肿瘤肋骨转移的患者或严重骨质疏松者，可因咳嗽、打喷嚏或病灶肋骨处轻度受力而发生骨折。

（二）病理生理与分类

根据骨折断端是否与外界相通，分为开放性肋骨骨折和闭合性肋骨骨折。根据损伤程度，又分为单根单处肋骨骨折、单根多处肋骨骨折、多根单处肋骨骨折和多根多处肋骨骨折。

单根或数根肋骨单处骨折时，其上、下仍有完整肋骨支撑胸廓，对呼吸功能影响不大。若骨折断端向内移位可刺破胸膜、肋间血管和肺组织，可产生气胸、血胸、皮下气肿或咯血。多根多处肋骨骨折使局部胸壁失去完整肋骨支撑而软化，可出现反常呼吸运动（图9-1），即吸气时软化区胸壁内陷，呼气时外突，又称为连枷胸。若软化区范围较大，致呼吸时双侧胸腔压力不均衡，纵隔左右扑动，影响换气和静脉血回流，导致体内缺氧和二氧化碳滞留，严重者可发生呼吸和循环衰竭。连枷胸常伴有广泛肺挫伤。

（三）临床表现

1. 症状　骨折部位疼痛，深呼吸、咳嗽或体位改变时加重；部分患者有咯血；因损伤程度不同出现不同程度的呼吸困难、发绀或休克等。

2. 体征　伤处胸壁肿胀，可有畸形；局部明显压痛，甚至产生骨擦音；多根多处肋骨骨折者，

笔记栏

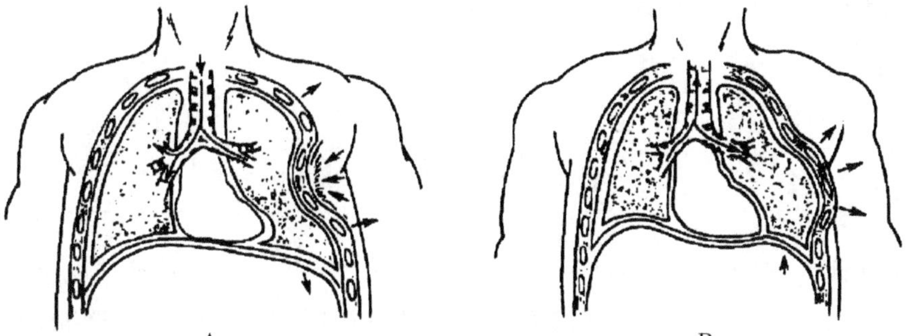

图 9-1　反常呼吸运动

A. 吸气时；B. 呼气时

伤处可见反常呼吸运动；部分患者出现皮下气肿。

（四）辅助检查

1. 实验室检查　　出血量大者，血红蛋白、血细胞比容下降。

2. 影像学检查　　胸部 X 线和 CT 检查可显示肋骨骨折的断端错位、断裂线及血气胸等，但前胸肋软骨折断征象不能显示；肋骨三维重建 CT 可以更好地显示肋骨骨折情况。

（五）处理原则

1. 闭合性肋骨骨折

（1）固定胸廓，处理反常呼吸：目的是限制肋骨断端活动，减轻疼痛。可用多带条胸带、弹性胸带或宽胶布条叠瓦式固定。反常呼吸者用厚棉垫加压包扎，或行牵引固定。

（2）止痛：口服或肌肉注射镇痛药；也可使用 1%普鲁卡因行肋间神经阻滞或封闭骨折部位。

（3）呼吸道管理：① 鼓励患者咳嗽排痰，减少呼吸系统并发症；② 应用抗菌药物预防感染；③ 对有闭合性多根多处肋骨骨折、咳嗽无力、不能有效排痰或呼吸衰竭者，应实施气管插管或切开、呼吸机辅助呼吸。

2. 开放性肋骨骨折还需

（1）清创与固定：彻底清洁胸壁伤口，分层缝合后包扎固定。必要时肋骨断端行内固定术。

（2）胸膜穿破者需行胸膜腔闭式引流术。

（六）护理诊断

1. 气体交换障碍　　与肋骨骨折导致的疼痛、胸廓运动受限、反常呼吸运动有关。

2. 急性疼痛　　与胸部组织损伤有关。

3. 潜在并发症　　肺部和胸腔感染。

（七）护理措施

1. 维持有效气体交换　　吸氧；及时清理呼吸道分泌物，鼓励患者咳出分泌物和血性痰；反常呼吸者厚棉垫加压包扎。对气管插管或切开、应用呼吸机辅助呼吸者，加强呼吸道护理，主要包括湿化气道、吸痰及保持管道通畅等。

2. 减轻疼痛　　妥善固定胸部；遵医嘱给镇痛药；患者咳嗽、咳痰时，协助或指导其用双手按压患侧胸壁，以减轻疼痛。

3. 病情观察　　密切观察生命体征、神志、胸腹部活动及呼吸等情况，观察患者有无皮下气肿，观察有无其他部位损伤，若有异常，及时报告医师并协助处理。

4. 术前准备　　开放性骨折、合并血气胸等需手术者，作好术前准备。

5. 防治感染　　协助并鼓励患者深呼吸、咳嗽、排痰，以减少呼吸系统并发症；监测体温变化；保持敷料清洁、干燥和引流管通畅。

（八）健康指导

（1）休息与活动：保持大便通畅；生命体征稳定后下床活动；3 个月内避免剧烈活动。

笔记栏

(2) 胸带持续固定 1 个月，定期复查，不适随诊。

第二节　气　　胸

胸膜腔内积气称为气胸。气胸的形成是由于肺组织、气管、支气管、食管破裂，空气逸入胸膜腔，或因胸壁伤口穿破胸膜，外界空气进入胸膜腔所致。根据胸膜腔的压力情况，气胸可分为闭合性气胸、开放性气胸和张力性气胸。

(一) 病因

1. 闭合性气胸　多并发于肋骨骨折，由于肋骨断端刺破肺，空气进入胸膜腔所致。

2. 开放性气胸　多并发于刀刃锐器或弹片火器等导致的胸部穿透伤。

3. 张力性气胸　多由于较大的肺泡破裂、较深较大的肺裂伤或支气管破裂所致。

(二) 病理生理

1. 闭合性气胸　空气进入胸膜腔后伤道立即闭合，气体不再进入，胸膜腔内负压被抵消，使患侧肺部分萎陷、有效气体交换面积减少，影响肺的通气和换气功能。

2. 开放性气胸　胸膜腔通过胸壁伤口或软组织伤口与大气相通，空气可随呼吸自由进出胸膜腔，胸膜腔内压力几乎等于大气压，伤侧肺被压缩而萎陷；患侧胸膜腔压力高于健侧，可致纵隔向健侧移位，健侧肺扩张受限。因空气随呼吸自由进出胸膜腔，导致吸气时纵隔向健侧移位，呼气时又移回患侧，纵隔的位置随呼吸运动左右摆动，称为纵隔扑动。纵隔扑动影响静脉回心血流，引起循环功能障碍。患者在吸气时不仅吸入从气管进入的气体，同时也吸入由患侧肺排出的含氧量低的气体；呼气时健侧肺气体不仅排出体外，同时也排至患侧支气管和肺内，使低氧气体在双肺内重复交换而致患者严重缺氧。

3. 张力性气胸　气管、支气管或肺损伤处形成活瓣，每次吸气气体进入胸膜腔并积累增多，导致胸膜腔内压力高于大气压。伤侧肺严重萎陷，纵隔明显向健侧移位，健侧肺受压，腔静脉回流受阻，导致呼吸、循环功能严重障碍。同时气体向皮下扩散，形成纵隔气肿或颈、面、胸部等处的皮下气肿。

(三) 临床表现

1. 闭合性气胸

(1) 症状：胸闷、胸痛、气促和呼吸困难，其程度随胸膜腔积气量和肺萎陷程度而不同。肺萎陷在 30%以下者为小量气胸，患者可无明显呼吸和循环功能紊乱的症状；肺萎陷在 30%～50%者为中量气胸；肺萎陷在 50%以上者为大量气胸。后两者均可出现明显的低氧血症的症状。

(2) 体征：可见患侧胸部饱满，叩诊呈鼓音；呼吸活动度降低，气管向健侧移位，听诊呼吸音减弱甚至消失。

2. 开放性气胸

(1) 症状：明显呼吸困难、鼻翼扇动、口唇发绀，重者伴有休克症状。

(2) 体征：可见患侧胸壁的伤道，呼吸时可闻及气体进出胸腔伤口发出吮吸样声音，称为胸部吮吸伤口；颈部和胸部皮下可触及捻发音；心脏、气管向健侧移位；患侧胸部叩诊呈鼓音，听诊呼吸音减弱或消失。

笔记栏

3. 张力性气胸

(1) 症状：严重或极度呼吸困难、烦躁、意识障碍、发绀、大汗淋漓、昏迷、休克，甚至窒息。

(2) 体征：患侧胸部饱满，叩诊呈鼓音；呼吸幅度减低，听诊呼吸音消失；气管明显移向健侧，颈静脉怒张，多有皮下气肿。

（四）辅助检查

1. 影像学检查　胸部 X 线和 CT 检查可显示不同程度的肺萎陷，气管、心脏等可向健侧移位。

2. 诊断性胸腔穿刺　既能明确有无气胸，又能抽出积气降低胸腔内压，缓解症状。张力性气胸者胸腔穿刺时有高压气体向外冲出，外推注射器活塞。

（五）处理原则

以抢救生命为首要原则。包括封闭胸壁开放性伤口，通过胸腔穿刺抽吸，或胸腔闭式引流排出胸腔内的积气、积液，防治感染。

1. 胸腔闭式引流　目的是引流胸膜腔内积气、积液，重建胸膜腔负压，保持纵隔的正常位置，促进肺复张。

(1) 适应证：① 中量、大量气胸，开放性气胸，张力性气胸；② 经胸腔穿刺术治疗后肺仍无法复张者；③ 剖胸手术后引流。

(2) 置管位置：根据临床诊断和胸部 X 线检查结果决定置管位置。气胸一般在前胸壁锁骨中线第 2 肋间隙置管；胸腔积液则在腋中线与腋后线间第 6 或第 7 肋间隙置管；脓胸则选择脓液积聚的最低位置。

(3) 引流装置：包括一次性使用的单瓶、双瓶和三瓶 3 种闭式胸腔引流装置。① 单瓶水封闭式闭式引流。引流瓶中装有 500 mL 无菌生理盐水，瓶口加塞，分别插入长、短两根引流管。短引流管下端远离液面，使瓶中空气与大气相通，长引流管的一端插至液面下 3～4 cm，一端与患者的胸膜腔引流管相连接。接通后可见长引流管的液面随气胸患者的呼吸上下波动。② 双瓶水封闭式引流瓶：在单瓶的基础上加上 1 个收集瓶(图 9－2)。③ 三瓶水封闭式引流瓶：在双瓶的基础上增加了一个连接负压的压力控制瓶。根据患者病情选择合适负压，压力控制瓶中的通气管与大气相连，帮助保证负压的安全性(图 9－3)。

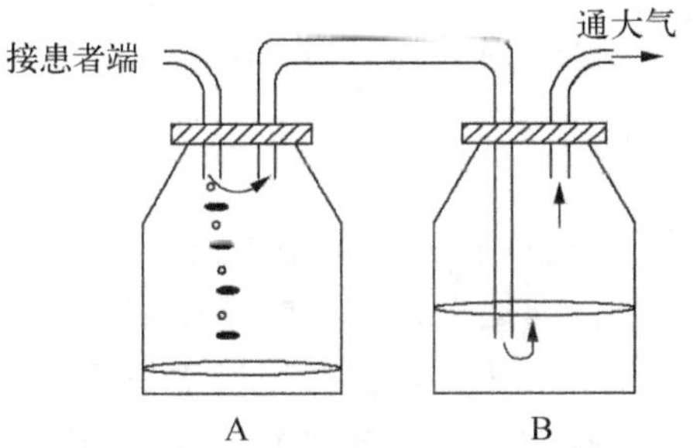

图 9－2　双瓶水封闭式引流瓶

A. 收集瓶；B. 水封瓶

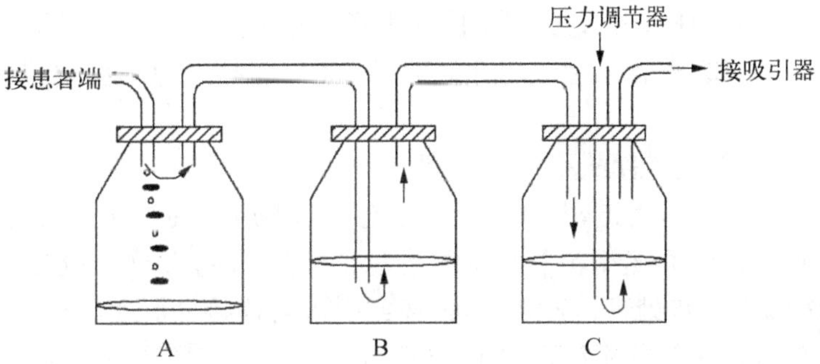

图 9－3　三瓶水封闭式引流瓶

A. 收集瓶；B. 水封瓶；C. 压力控制瓶

2. 不同类型气胸的处理

(1) 闭合性气胸：小量气胸者，一般 1～2 周内可自行吸收。中量或大量气胸者，应行胸膜腔穿刺抽尽积气以减轻肺萎陷，必要时行胸腔闭式引流术；应用抗生素防治感染。

(2) 开放性气胸

1) 紧急封闭伤口：使用无菌敷料在患者深呼气末时封盖伤口，加压包扎，并迅速转送至医院。运送途中如呼吸困难加重或有张力性气胸表现时，应在患者呼气时暂时开放密闭敷料，排除胸腔内高压气体后再封闭伤口。

2) 排出胸腔积气：及时清创缝合，并行胸腔穿刺抽气减压，必要时行胸腔闭式引流。

3) 预防和处理并发症：吸氧以缓解缺氧；补充血容量，纠正休克；应用抗生素预防感染。

4) 手术治疗：对疑有胸腔内器官损伤或进行性出血者行开胸探查术，进行止血、修复损伤或清除异物。

笔记栏

(3) 张力性气胸：可迅速危及生命，需紧急抢救。

1) 迅速排气减压：危急者可在患侧锁骨中线第2肋间，用粗针头穿刺胸膜腔排气减压，进一步处理行胸腔闭式引流排气减压。

2) 开胸探查：若胸腔引流管内持续不断溢出气体，呼吸困难未改善，肺膨胀困难，提示可能有肺和支气管的严重损伤，应手术探查并修补裂口。

（六）护理诊断

1. 气体交换障碍　与胸部损伤、疼痛、胸廓活动受限或肺萎陷有关。

2. 急性疼痛　与组织损伤有关。

3. 潜在并发症　胸腔或肺部感染。

（七）护理措施

1. 非手术治疗护理/术前护理

(1) 现场急救：开放性气胸者立即用敷料封闭胸壁伤口，阻止气体继续进入胸腔。闭合性或张力性气胸积气量多者，协助立即行胸膜腔穿刺抽气或胸腔闭式引流。

(2) 保持呼吸道通畅：及时给予吸氧，协助和鼓励患者有效咳嗽、排痰，及时清除口腔、呼吸道内的分泌物等，保持呼吸道通畅。呼吸衰竭者，实施气管插管、气管切开或呼吸机辅助呼吸。病情稳定者取半坐卧位。

(3) 缓解疼痛：咳嗽、活动时，按压患侧胸壁，以减轻伤口震动；遵医嘱给予镇痛药。

(4) 观察病情：观察意识、生命体征的变化，有无气促、呼吸困难、发绀和缺氧等症状；有无气管移位或皮下气肿的情况；是否发生低血容量性休克等。及时通知医师给予对症处理。

(5) 预防感染：开放性损伤者，应注射破伤风抗毒素，使用抗生素。

2. 术后护理

(1) 密切观察患者生命体征的变化，给予心电监测，并详细记录。妥善安放、固定各种引流管并保持通畅。

(2) 呼吸道管理。① 协助患者咳嗽咳痰：鼓励患者深呼吸、有效咳嗽，必要时给予雾化吸入与吸痰。② 气管插管或切开的护理：主要包括气道的湿化、吸痰及保持管道通畅等，以维持有效气体交换。

(3) 胸腔闭式引流的护理

1) 保持管道密闭性。① 引流管周围应用油纱布严密包盖；随时检查引流装置是否密闭及引流管有无脱落；若引流管从胸腔滑脱，立即用手捏闭伤口处皮肤，消毒后以凡士林纱布封闭伤口，协助医师进一步处理；若水封瓶损坏或引流管连接处脱落，立即用双钳夹闭胸壁引流管，更换引流装置。② 水封瓶长管应没入水中3～4 cm，并始终保持水封瓶直立。③ 更换水封瓶或搬动患者时，先用止血钳双向夹闭引流管，防止空气进入；松止血钳时，先将水封瓶低于胸壁引流口放置。

2) 严格无菌技术操作，防止逆行感染。① 更换引流装置时严格遵守无菌技术操作原则。引流口处敷料保持清洁、干燥，一旦渗湿，及时更换。② 水封瓶液面低于胸壁引流口平面60～100 cm，以防瓶内液体逆流入胸膜腔。

3) 观察引流，保持通畅。① 观察并准确记录引流液的量、颜色和性质，定时挤压引流管，防止受压、扭曲和阻塞。② 密切注意水封瓶长管中水柱波动的情况，以判断引流管是否通畅。一般水柱上下波动的范围约为4～6 cm。若水柱波动幅度过大，提示可能存在肺不张；若水柱无波动，提示引流管不通畅或肺已经完全扩张。③ 患者取半坐卧位，鼓励患者咳嗽和深呼吸，并经常改变体位，有助于引流。

笔记栏

4) 拔管。① 拔管指征：一般置管48～72 h后，水封瓶中无气体溢出且引流液颜色变浅、24 h引流量＜50 mL、脓液＜10 mL、胸部X线摄片显示肺复张良好无漏气、患者无呼吸困难或气促，即可考虑拔管。② 拔管：嘱患者先深吸一口气，吸气末迅速拔管，并立即用凡士林纱布和厚敷料封闭胸壁伤口，包扎固定。③ 观察：拔管后24 h内，应注意观察患者是否有胸闷、呼吸困难、发绀、切口漏气、渗液、出血和皮下气肿等，如发现异常及时通知医师处理。

(4) 并发症的观察与护理。肺部感染和胸腔内感染：因开放性损伤易导致胸腔或肺感染，应密切观察体温变化及痰液性状，如患者出现畏寒、高热或咳脓痰等感染征象，及时通知医师并配合处理。

(八) 健康指导

(1) 有效咳嗽、咳痰：向患者讲解腹式呼吸和有效咳嗽、咳痰的意义并给予指导，出院后仍应坚持腹式呼吸和有效咳嗽。

(2) 功能锻炼：指导进行患侧肩关节功能锻炼，早期进行并循序渐进；1 个月内不宜参加剧烈的体育活动。

(3) 定期复诊，发现异常及时就诊。

案例分析

患者，男性，18 岁，因"车祸致胸痛胸闷 3 h"，拟"胸外伤，肋骨骨折"收治入院，查体：T 37.9℃，P 92 次/min，R 22 次/min，BP 95/60 mmHg，轻度发绀，出现反常呼吸，X 线示左侧第 5～8 肋骨骨折，肺压缩 70%，医生立即行胸腔闭式引流术。

【问题】

该患者在改变体位时主诉疼痛，你计划采取哪些护理措施？

【分析与解答】

护理措施：① 评估患者疼痛的部位、程度、时间和性质；② 健康教育，向患者解释胸腔闭式引流管的目的及护理要点；③ 协助患者更换体位、下床活动，咳嗽时保护引流口，轻轻提起引流管，减少牵拉引起的疼痛；④ 保持引流通畅，及时识别拔管指征；⑤ 遵医嘱使用镇痛剂。

第三节　血　　胸

胸膜腔积血称为血胸。血胸与气胸可同时存在，称为血气胸。血胸多由胸部损伤所致，肋骨断端或利器损伤胸部均可能刺破肺、心脏、血管而导致胸膜腔积血。

(一) 病理生理与分类

胸膜腔积血，使胸膜腔内压力增高，使伤侧肺受压萎陷，纵隔被推向健侧，致健侧肺也受压，从而阻碍腔静脉血回流，严重影响呼吸和循环。由于心包、肺和膈肌的运动具有去纤维蛋白作用，故积血不易凝固。但短期内胸腔内迅速积聚大量血液时，去纤维蛋白作用不完全，即可凝固呈血块，形成凝固性血胸。凝血块机化后形成的纤维组织可限制肺和胸廓运动，进而影响呼吸功能。由于血液是良好的培养基，细菌可通过伤口或肺破裂口进入，在积血中迅速滋生繁殖，并发感染，引起感染性血胸，最终形成脓胸。

(二) 临床表现

1. 症状　与出血量相关，小量血胸(成人＜0.5 L)可无明显症状，中量(0.5～1.0 L)血胸和大量(＞1.0 L)血胸，特别是急性出血时，可出现低血容量性休克表现，同时伴有呼吸急促等胸腔积液的表现。合并感染时，可出现高热、寒战等全身表现。

2. 体征　患侧胸部叩诊呈浊音、肋间隙饱满、气管向健侧移位、呼吸音减弱或消失等。

(三) 辅助检查

1. 实验室检查　血常规检查显示血红蛋白和血细胞比容下降。继发感染者，血白细胞计数和中性粒细胞比例增高，积血涂片和细菌培养可发现致病菌。

笔记栏

2. 影像学检查　① 胸部X线：小量血胸者仅有肋膈角消失。大量血胸时胸膜腔有大片阴影，纵隔移向健侧；合并气胸者可见液平面。② 胸部B超：可明确胸腔积液位置和量。

3. 胸膜腔穿刺　抽得血性液体时即可确诊。

（四）治疗原则

1. 非进行性小量血胸　不必处理，可自行吸收。

2. 中、大量血胸　早期行胸膜腔穿刺抽出积血，必要时行胸腔闭式引流，以促进肺膨胀，改善呼吸。

3. 进行性血胸　及时补充血容量，防治低血容量性休克；立即开胸探查、止血。

4. 凝固性血胸　于出血停止后数日内手术清除积血和血凝块；对于已机化血块，待病情稳定后早期行血块和胸膜表面纤维组织剥除术；已感染血胸及时作胸腔引流，排尽积血、积脓；若无明显效果或肺复张不良，尽早手术清除感染性积血，剥离脓性纤维膜。

（五）护理诊断

1. 外周组织灌注无效　与失血引起的血容量不足有关。

2. 气体交换障碍　与肺组织受压有关。

3. 潜在并发症　感染。

（六）护理措施

1. 现场急救　胸部有较大异物者，不宜立即拔除，以免出血不止。

2. 维持有效循环血量　建立静脉通路，积极补充血容量、抗休克和补液。

3. 动态观察病情　① 严密监测生命体征；② 观察胸腔引流液量、色、质。若每小时引流量超过200 mL并持续3 h以上、引流出的血液很快凝固，持续脉搏加快、血压降低，补充血容量后血压仍不稳定，血红细胞计数、血红蛋白及血细胞比容持续下降，胸部X线显示胸腔大片阴影，则提示有活动性出血的可能，应积极做好开胸手术的术前准备。

4. 其他　同气胸护理措施，详见本章“第二节　气胸”相关内容。

（七）健康指导

（1）休息与营养：指导患者合理休息，加强营养，提高机体免疫力。

（2）呼吸与咳嗽指导：教会患者腹式呼吸及有效咳嗽的方法。

（3）自我保健：定期复诊，出现呼吸困难、高热等不适时随时就诊。

小　结

肋骨骨折好发于第4～7肋骨，患者表现为骨折部位疼痛伴有不同程度的呼吸困难。闭合性肋骨骨折的处理措施主要为固定胸廓、止痛和防治并发症。气胸根据胸膜腔积气情况可分为闭合性气胸、开放性气胸和张力性气胸。闭合性气胸无伤口，气体“不进不出”，患者表现为胸闷胸痛，程度随胸膜腔积气量和肺萎陷程度而不同，可自行吸收或行胸腔闭式引流术；开放性气胸气体可经患侧患侧胸壁伤道“进进出出”，表现为明显呼吸困难，需紧急封闭伤口并排出积气；张力性气胸在气管、支气管或肺损伤出形成活瓣，气体“只进不出”，患者胸廓饱满，表现为严重呼吸困难，需迅速排气减压。胸腔闭式引流的护理中需注意保持管道密闭性，严格无菌操作，观察引流，保持通畅，掌握拔管指征。

（张　菁）

第十章

肺癌患者的护理

学习要点

- **掌握**：肺癌的临床表现及肺癌患者手术前后的护理要点。
- **熟悉**：肺癌的病因、处理原则、并发症处理。
- **了解**：肺癌的病理分型。

肺癌多数起源于支气管黏膜上皮，因此也称支气管肺癌。发病年龄多在 40 岁以上，以男性多见，居发达国家和我国大城市男性恶性肿瘤发病率和死亡率的第一位。近年来女性肺癌的发病率和死亡率上升更为明显。

一、病因

肺癌病因尚不完全明确，认为与下列因素有关。

1. 吸烟　是肺癌的重要致病因素，烟草内含有苯并芘等多种致癌物质。

2. 化学物质　可导致肺癌的化学物质包括石棉、铬、镍、铜、锡、砷等。

3. 空气污染　室内空气污染主要指煤、天然气等燃烧过程中产生的致癌物。室外空气污染指汽车尾气、工业废气、公路沥青在高温下释放的有毒气体等。

4. 人体内在因素　如免疫状态、代谢活动、遗传因素、肺及支气管慢性刺激等。

二、病理生理

肺癌起源于支气管黏膜上皮，局限于基底膜内者称为原位癌。肺癌分布以右肺多于左肺，上叶多于下叶。周围型肺癌起源于肺段支气管以下，中心型肺癌起源于主支气管、肺叶支气管。

1. 分型　临床上肺癌可分为 2 类。

(1) 非小细胞癌：包括 3 种组织类型。① 鳞状细胞癌：占 50%，多见于老年男性，与吸烟关系密切。以中心型肺癌多见，早期即可出现支气管狭窄和阻塞的症状。鳞癌生长缓慢，恶性程度较低，转移时间较晚，通常先经淋巴转移，血行转移发生较晚。② 腺癌：占 25%，多见于女性，以周围型肺癌多见。腺癌生长速度较慢，但富含血管，局部浸润和血行转移发生较早。③ 大细胞癌：占 1%，多为中心型肺癌，生长速度快，恶性程度高。

(2) 小细胞癌：占 20%，发病年龄较轻，多见于 40 岁左右有吸烟史的男性。以中心型肺癌多见，生长速度快，恶性程度高，远处转移早，在各型肺癌中预后较差。

2. 转移途径　淋巴转移为肺癌最常见的转移途径，还包括直接扩散和血行转移。

笔记栏

三、临床表现

肺癌的临床表现与癌肿的部位、大小、是否压迫和侵犯邻近器官及有无转移等密切相关。

1. *早期*　多无明显表现，癌肿增大后可有以下表现。

(1) 咳嗽：最常见，为刺激性干咳或少量黏液痰，抗炎治疗无效。癌肿继续长大后会压迫支气管，咳嗽加重，呈高调金属音。若继发肺部感染，痰量增多，伴有脓性痰。

(2) 血痰：以中心型肺癌多见，多为痰中带血点、血丝或间歇性少量咯血。

(3) 胸痛：肿瘤侵犯胸膜、肋骨及其他组织所致，早期为胸部不规则隐痛或钝痛。

(4) 胸闷、发热：当癌肿引起较大支气管阻塞，患者可出现胸闷、局限性哮鸣、气促和发热等症状。

2. *晚期*　除发热、消瘦、食欲减退、倦怠及乏力等全身症状外，还可出现癌肿压迫、侵犯邻近器官、组织的征象。如压迫或侵犯膈神经可引起同侧膈肌麻痹；侵犯喉返神经可引起声带麻痹、声音嘶哑；压迫上腔静脉可引起上腔静脉压迫综合征；侵犯胸膜可引起胸腔积液；侵犯纵隔、食管可引起吞咽困难、支气管-食管瘘。肺上沟瘤亦称 Pancoast 肿瘤，可侵入纵隔和压迫位于胸廓上口的器官或组织，如第 1 肋间、锁骨下动静脉、臂丛神经等而产生剧烈胸肩痛、上肢静脉怒张、上肢水肿、臂痛和运动障碍等，亦可压迫颈交感神经引起同侧上眼睑下垂、瞳孔缩小、眼球内陷、面部无汗等颈交感神经综合征(Horner 征)。常见的肿瘤远处转移部位包括脑、肾、肺和淋巴结等。

3. *副癌综合征*　少数肺癌患者肿瘤产生内分泌物质，出现非转移性全身症状如杵状指(趾)、骨关节痛、骨膜增生等骨关节病综合征，Cushing 综合征，重症肌无力，男性乳房发育，多发性肌肉神经痛等表现，手术切除癌肿后上述症状可消失。

四、辅助检查

1. *痰细胞学检查*　肺癌表面脱落的癌细胞可随痰咳出，故痰中找到癌细胞即可确诊。

2. *影像学检查*　胸部 X 线和 CT 检查可了解癌肿大小及其与肺叶、肺段、支气管的关系。

3. *纤维支气管镜检查*　诊断中心型肺癌的阳性率较高，可直接观察到肿瘤大小、部位及范围，并可钳取或穿刺病变组织作病理学检查。

4. *其他*　如经胸壁肺穿刺活组织检查、胸腔镜、纵隔镜、转移病灶活组织检查、胸腔积液检查、肿瘤标记物检查等。

五、处理原则

非小细胞肺癌以手术治疗为主，辅以化疗和放疗；小细胞肺癌除早期($T_{1\sim2}N_0M_0$)适用于手术治疗外，其他则以化疗和放疗为主。

1. *手术治疗*　目的是彻底切除肺部原发癌肿病灶和局部及纵隔淋巴结，尽可能保留健康的肺组织。周围型肺癌，施行肺叶切除加淋巴结切除术；中心型肺癌，施行肺叶或一侧全肺切除加淋巴结切除术。

2. *放射治疗*　主要用于处理手术后残留病灶和配合化学治疗。小细胞癌对放射治疗敏感性较高，鳞癌次之，腺癌最差。晚期或肿瘤复发患者姑息性放射治疗可减轻症状。

3. *化学治疗*　分化程度低的肺癌尤其是小细胞癌，对化学治疗特别敏感，鳞癌次之，腺癌最差。化学治疗亦可单独用于晚期肺癌患者以缓解症状，或与手术、放射治疗综合应用，以防止癌肿转移复发，提高治愈率。

笔记栏

4. *其他治疗方法*　如中医中药治疗、免疫治疗及生物靶向治疗等。

六、护理诊断

1. *气体交换障碍*　与肺组织病变、手术、麻醉、肺膨胀不全、呼吸道分泌物潴留、肺换气功能降低等有关。

2. 营养失调　与肿瘤引起的机体代谢增加、手术创伤有关。

3. 焦虑与恐惧　与担心手术、疼痛、疾病的预后等因素有关。

4. 潜在并发症　出血、感染、肺不张、心律失常、支气管胸膜瘘、肺水肿、成人呼吸窘迫综合征等。

七、护理措施

1. 术前护理

(1) 改善肺泡的通气与换气功能,预防手术后感染

1) 戒烟:术前应戒烟2周以上。因为吸烟会使支气管分泌物增加,妨碍纤毛的清洁功能,使支气管上皮活动减少或丧失活力而致肺部感染。

2) 控制感染:注意口腔卫生,及时处理龋齿;遵医嘱雾化吸入,及时清除呼吸道分泌物;合并感染者给予抗生素控制感染。

3) 呼吸功能锻炼:指导患者练习腹式深呼吸、有效咳嗽和翻身,练习使用深呼吸训练器,以促进肺扩张,利于术后配合,预防肺部并发症的发生。

(2) 纠正营养和水分不足:提供均衡饮食,注意口腔清洁以促进食欲。伴有营养不良者,及时经肠内或肠外补充营养。

(3) 减轻焦虑:说明手术的安全性、必要性,指导患者正确认识癌症。介绍各种治疗护理的意义、方法、大致过程、配合要点与注意事项,让患者和家属有充分的心理准备。

2. 术后护理

(1) 观察生命体征:手术当天持续心电监护,密切观察患者的生命体征,观察患者意识及血氧饱和度,防止因麻醉不良反应引起的呼吸暂停。及时发现出血、心律失常等并发症。

(2) 维持呼吸道通畅

1) 给氧:肺切除术后患者会有不同程度的缺氧,主要由肺通气量和弥散面积减少、麻醉不良反应、伤口的疼痛及肺膨胀不全等原因引起。常规给予鼻导管吸氧2～4 L/min,根据血气分析结果调整给氧浓度。

2) 观察:观察呼吸频率、幅度及节律,双肺呼吸音;观察有无气促、发绀等缺氧征象及动脉血氧饱和度情况,若有异常及时通知医师。

3) 深呼吸及咳嗽:每1～2 h 1次,咳嗽前先叩背,叩背时由下向上,由外向内轻叩震荡,使存在于肺叶、肺段的分泌物松动流至支气管中。叩背后嘱患者作数次深呼吸,再慢慢轻咳,将痰咳出。患者咳嗽时,帮助固定胸部切口,以减轻震动引起的疼痛。

4) 稀释痰液:呼吸道分泌物黏稠者可行超声雾化,并增加雾化频次,以充分稀释痰液。

5) 吸痰:对于咳痰无力、呼吸道分泌物滞留的患者用鼻导管行深部吸痰。全肺切除术后,因其支气管残端缝合处在隆凸下方,行深部吸痰时极易刺破,故操作时吸痰管进入长度以不超过气管的1/2为宜。鼻导管吸痰后仍不能将呼吸道分泌物清除者,尽早行纤维支气管镜吸痰。

(3) 予以合适体位

1) 一般体位:患者未清醒前取平卧位,清醒且血压稳定者,改为半坐卧位,以利于呼吸和引流。

2) 特殊情况下患者体位:① 肺段切除术或楔形切除术者,尽量选择健侧卧位,以促进患侧肺组织扩张;② 单个肺叶切除者如呼吸功能尚可,取健侧卧位,如呼吸功能较差,取平卧位,避免健侧肺受压而限制肺的通气功能;③ 全肺切除术者,取1/4侧卧位,以防纵隔移位和压迫健侧肺而致呼吸循环功能障碍;④ 咯血痰或支气管瘘者,取患侧卧位。

(4) 维持胸腔引流通畅

1) 病情观察:定时观察胸腔引流管是否通畅,观察引流液量、色和性状,一般术后24 h内引流量约500 mL,为手术创伤引起的渗血、渗液及术中冲洗胸腔残余的液体。

笔记栏

2）全叶切除者术后胸腔引流管一般呈钳闭状态，以保证患侧胸腔内有一定的渗液，减轻或纠正纵隔移位。随时观察患者的气管是否居中，有无呼吸或循环功能障碍。若气管明显移向健侧，应立即听诊肺呼吸音，在排除肺不张后，可酌情放出适量的气体或引流液，气管、纵隔即可恢复中立位。但每次放液量不宜超过 100 mL，速度宜慢，避免快速多量放液引起纵隔突然移位，导致心搏骤停。

（5）维持液体平衡和补充营养

1）严格掌握输液量和速度：因肺组织可储存大量的血液，切除部分肺组织后会使得心脏前负荷增加，因此输液时应注意速度和量，防止发生急性肺水肿。全肺切除术后应控制钠盐摄入量，24 h 补液量控制在 2 000 mL 内，速度以 20～30 滴/min 为宜。

2）补充营养：意识完全清醒、无恶心现象，拔除气管插管后开始饮水，肠蠕动恢复后开始进食清淡半流质饮食；无不适可改为普食。左肺切除术的患者，因胃体升高影响其消化和排空功能，甚至出现胃扩张，因此术后可禁食 1～2 d，待胃肠功能恢复后进食清淡流质。胃扩张明显影响呼吸者，予胃肠减压。

（6）活动与休息

1）尽早下床活动：目的是预防肺不张和深静脉血栓，改善呼吸循环功能，增进食欲，振奋精神。术后第 1 日，生命体征平稳后，鼓励及协助患者床上活动或床旁站立移步；第 2 日起，室内行走 3～5 min，以后根据患者情况逐渐增加活动量。活动期间，妥善安置引流管，严密观察患者病情变化，出现头晕、气促、心悸和出汗等症状时，立即停止活动。

2）手臂和肩关节的运动：目的是预防术侧胸壁肌肉粘连、肩关节强直及失用性萎缩。患者清醒后，可协助其进行臂部、躯干和四肢的轻度活动，每 4 h 1 次。术后第 1 日开始作肩、臂的主动运动，如术侧手臂上举、爬墙及肩关节旋前旋后运动。全肺切除术后的患者，鼓励取直立的功能位，以恢复正常姿势，防止脊椎侧弯畸形。

（7）并发症的观察与护理

1）出血：手术时胸膜粘连紧密、止血不彻底或血管结扎线脱落，胸腔内大量毛细血管充血及胸腔内负压等因素均可导致胸腔内出血。当引流的血性液体量多（100～200 mL/h）、呈鲜红色、有血凝块，患者出现血压下降、脉搏增快、尿少等血容量不足的表现时，应考虑有活动性出血。需立即通知医师，加快输血、补液速度，遵医嘱给予止血药，注意保温。必要时做好开胸探查止血的准备。

2）肺炎和肺不张：由于麻醉药的副反应使患者的膈肌受抑制，疼痛、胸带包扎过紧等，限制了患者的呼吸运动，不能有效咳嗽排痰，导致分泌物滞留堵塞支气管，引起肺炎、肺不张。患者表现为烦躁不安、心动过速、体温升高、哮鸣、发绀、呼吸困难等症状，血气分析显示为低氧血症。肺炎及肺不张重在预防。鼓励患者咳嗽排痰，及时行鼻导管深部吸痰或支气管镜吸痰，病情严重时可行气管切开，以确保呼吸道通畅。

3）心律失常：多发生于术后 4 d 内，与缺氧、出血、水电解质酸碱失衡有关。全肺切除术后的患者术后应持续心电监护；遵医嘱应用抗心律失常药，控制静脉输液量和速度；积极消除诱因。

4）支气管胸膜瘘：是肺切除术后严重并发症之一，多发生于术后 1 周。多由于支气管缝合不严密、支气管残端血运不良或支气管缝合处感染、破裂等引起。表现为术后 3～14 d 仍可从胸腔引流管持续引出大量气体，患者有发热、刺激性咳嗽、痰中带血或咳血痰、呼吸困难等症状。一旦发生，立即报告医师；并置患者于患侧卧位，以防漏液流向健侧；使用抗生素以预防感染；继续行胸腔闭式引流。小瘘口可自行愈合，必要时再次开胸手术修补。

5）肺水肿：与患者原有心脏疾病或病肺切除、余肺膨胀不全或输液量过多、速度过快有关，全肺切除患者更易发生。表现为呼吸困难、发绀、心动过速、咳粉红色泡沫痰等。一旦发生立即减慢输液速度；给予吸氧，50%乙醇湿化；遵医嘱给予心电监护、强心、利尿、镇静及激素治疗。

笔记栏

3. 健康指导

（1）早期诊断：40 岁以上人群应定期进行胸部 X 线普查，尤其是反复呼吸道感染、久咳不愈或咳血痰者。

(2) 疾病康复：戒烟；指导患者出院后数周内，坚持进行腹式深呼吸和有效咳嗽，以促进肺膨胀。出院后半年不得从事重体力活动。

(3) 保持良好的口腔卫生，注意环境空气新鲜，避免出入公共场所。

(4) 定期返院复查，按需进行放射治疗和化学治疗。

(5) 保持良好的营养状况，注意充分休息和适度活动。

案例分析

患者，男性，65 岁，因咳嗽伴消瘦乏力月余，痰中带血就诊。查体 T 36.7℃，P 78 次/min，R 18 次/min，BP 110/61 mmHg，CT 示左上肺占位，支气管纤维镜取组织活检示鳞癌。入院后完善相关检查，排除禁忌证后在全麻下行左上肺切除＋淋巴结清扫，术中出血相对较多。术后第 2 日，患者由 ICU 返回病区。

【问题】

(1) 针对术中出血较多，目前病情观察的要点有哪些？

(2) 目前的护理措施有哪些？

【分析和解答】

(1) 病情观察的要点：① 患者的意识、生命体征、尿量等；② 伤口敷料及引流口周围的渗血情况；③ 胸腔引流液的颜色、性状和量。

(2) 护理措施：① 妥善安置体位，取半卧位；② 吸氧；③ 病情观察，密切观察生命体征、伤口敷料及胸腔引流液情况；④ 呼吸道护理：鼓励深呼吸和有效咳嗽，注意咳嗽时的力度，防止引起渗血量增加；⑤ 予半流质饮食，少量多餐；⑥ 适时进行疼痛评估，恰当应用止痛措施。

小　结

肺癌多起源于支气管黏膜上皮，因此也称为支气管肺癌。早期多无症状，肿瘤增大后可出现刺激性咳嗽、痰中带血的表现，晚期可出现邻近器官、组织受侵和远处转移的征象。手术治疗是肺癌最重要的治疗手段，小细胞肺癌预后较差，但对放疗和化疗较敏感。肺癌手术前的护理重点是呼吸道准备，需及时清除呼吸道分泌物，改善呼吸功能，预防肺部并发症。肺癌术后护理除胸外科一般护理外，注意妥善安置体位：生命体征平稳后取半卧位，肺段切除或楔形切除术后取健侧卧位，一侧肺叶切除取平卧位或侧卧位，全肺切除者取 1/4 侧卧位。同时全肺切除术后应限制钠盐摄入，24 h 的补液量控制在 2 000 mL 内。

(张　菁)

笔记栏

第十一章

食管癌患者的护理

学习要点

- **掌握**：食管癌的临床表现及食管癌患者手术前后的护理要点。
- **熟悉**：食管癌病因、处理原则、并发症处理。
- **了解**：食管癌的病理分型。

食管癌是常见的消化道恶性肿瘤。全球每年有20余万人死于食管癌，其中，我国有15余万人。国外以中亚、非洲、法国北部和中南美洲为高发区。我国以太行山地区、秦岭东部地区、大别山区、四川北部地区、闽南和广东潮汕地区、苏北地区为高发区。

一、病因

食管癌病因至今尚未明确，可能与下列因素有关。

1. 亚硝胺及真菌　亚硝胺在高发区的粮食和饮水中含量显著增高，与当地食管癌和食管上皮重度增生的患病率呈正相关。各种霉变食物能产生致癌物质，一些真菌能将硝酸盐还原为亚硝酸盐，还能合成亚硝胺。

2. 遗传因素和基因　食管癌的发病常呈家族聚集现象。在食管癌高发家族中，染色体数目及结构异常者显著增多。

3. 营养不良及微量元素缺乏　饮食缺乏动物蛋白、新鲜蔬菜和水果，摄入的维生素A、维生素B_1、维生素B_2、维生素C缺乏，是食管癌的危险因素。微量元素的缺乏，如钼、铜、锰、铁、锌等，亦与食管癌的发生相关。

4. 饮食习惯　长期吸烟、饮烈性酒者食管癌发生率明显升高。进食粗糙食物，进食过热、过快等均与食管癌的发生相关。

5. 其他因素　食管腐蚀伤、食管慢性炎症黏膜损伤及慢性刺激均与食管癌发生有关。

二、病理与分型

食管癌绝大多数为鳞状上皮癌。中胸段食管癌最多，其次为下胸段及上胸段。贲门部腺癌可向上累及食管下段。按病理形态，中晚期食管癌可分为4型。

1. 分型

(1) 髓质型：占临床病例的60%。管壁明显增厚，使癌瘤的上下端边缘呈坡状隆起，累及食管周径的全部或绝大部分，恶性程度高。

(2) 蕈伞型：瘤体呈卵圆形扁平肿块状，向腔内呈蘑菇样突起。隆起的边缘与周围的黏膜境界清楚，瘤体表面多有浅表溃疡，底部凹凸不平。

笔记栏

(3) 溃疡型：瘤体的黏膜面呈深陷而边缘清楚的溃疡，深入肌层，食管阻塞程度较轻。

(4) 缩窄型(硬化型)：瘤体在食管周径形成明显的环行狭窄，较早出现阻塞症状。

2. 转移途径　以淋巴转移为主，还包括直接扩散和血行转移。

三、临床表现

1. 症状　早期常无明显症状，在吞咽粗硬食物时可有不适感觉，包括哽噎感、胸骨后烧灼样、针刺样疼痛等。症状时轻时重，可通过饮水缓解。中晚期主要是进行性吞咽困难，先是难咽干硬食物，继而只能进半流质、流质，最后滴水难进。晚期肿瘤可侵犯邻近器官或向远处转移，出现转移症状。癌肿侵入气管形成食管气管瘘，出现吞咽时剧烈呛咳，并发生呼吸系统感染；侵犯喉返神经出现声音嘶哑；穿透主动脉可出现致死性大呕血。

2. 体征　中晚期患者逐渐消瘦、贫血、乏力及营养不良，可触及锁骨上淋巴结肿大，晚期患者出现恶病质。若有肝、脑等脏器转移，可出现黄疸、腹水、昏迷等。

四、辅助检查

1. 食管吞钡造影　早期表现为食管皱襞紊乱、中断；小的充盈缺损；局限性管壁僵硬，蠕动中断；小龛影。中、晚期有明显的不规则充盈缺损或龛影，病变段管壁僵硬。严重狭窄者近端食管扩张。

2. 内镜及超声内镜检查　食管镜检查可直视肿块部位、形态，并可钳取活组织作病理学检查。超声内镜检查可判断肿瘤侵犯深度、周围组织有无受累及局部淋巴结转移情况。

3. CT 检查　胸、腹部 CT 检查能显示食管癌向邻近器官扩展的范围及淋巴结转移情况。

五、处理原则

以手术为主，辅以放疗、化疗。食管原位癌可在内镜下行黏膜切除，适用于病灶＜2 cm，无淋巴转移者。

1. 手术治疗　是治疗食管癌的首选方法。适用于全身情况和心肺功能良好、无明显远处转移者。手术方式有开胸和非开胸两种。开胸手术中，病变在食管中下段者多左胸后外侧径路进胸，与代食管的吻合通常在主动脉弓上；病变在食管中上段者经右胸、上腹及颈三切口进行手术，与代食管器官的吻合口在颈部。目前，对中段以上的病变者多主张三切口方法，同时进行淋巴结清扫。代食管的器官大多为胃，有时为结肠或空肠(图 11－1，图 11－2)。对晚期食管癌、不能治或放疗、进食有困难者，可作姑息手术，如食管腔内置管术、胃造瘘术等，以改善营养。

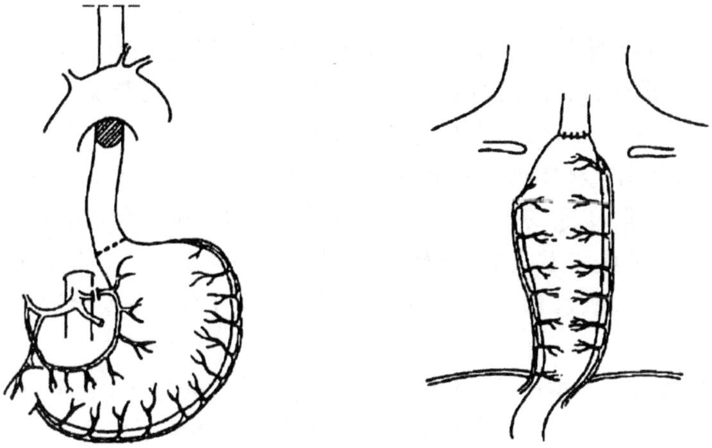

图 11－1　食管癌切除后胃代食管术

笔记栏

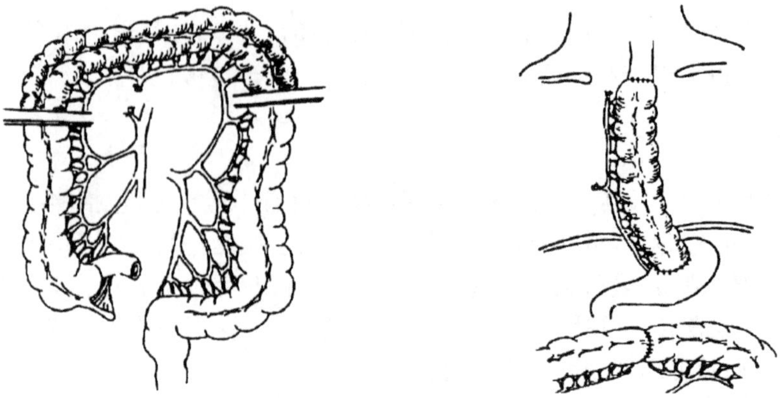

图 11－2 横结肠代食管术

2. 放射治疗　① 与手术治疗综合应用：术前放疗可增加手术的切除率，放疗后间隔 2～3 周再做手术较为合适。术中在切除不完全的残留癌组织处作金属标记，术后 3～6 周开始放疗。② 单纯放疗：多用于颈段、胸上段食管癌。

3. 化学治疗　食管癌对化疗药物敏感性差，与其他方法联合应用，有时可提高疗效。食管癌常用的化疗药物有顺铂、博来霉素、紫杉醇等。

4. 其他　免疫治疗及中药治疗等亦有一定疗效。

六、护理诊断

1. 营养失调　低于机体需要量，与进食减少或不能进食、消耗增加等有关。

2. 体液不足　与吞咽困难、水分摄入不足有关。

3. 焦虑　与对癌症的恐惧和担心疾病预后等有关。

4. 潜在并发症　肺不张、肺炎、出血、吻合口瘘、乳糜胸等。

七、护理措施

1. 术前护理

(1) 心理护理：患者对吞咽困难、体重下降存在焦虑恐惧，同时对手术结局和术后生活质量不确定，因此加强与患者及家属的沟通，实施耐心的心理疏导。

(2) 营养支持和维持水、电解质平衡：能进食者，鼓励进食高蛋白、丰富维生素的半流饮食；仅能进食流质而营养状况较差者，遵医嘱给予肠内、肠外营养。

(3) 术前准备

1) 呼吸道准备：严格戒烟 2 周。指导并训练患者腹式深呼吸和有效咳嗽，锻炼肺功能，以减少术后呼吸道分泌物、有利排痰、增加肺部通气量、改善缺氧、预防术后肺炎和肺不张的发生。

2) 胃肠道准备。① 饮食：术前 3 d 无渣流质饮食，术前晚行清洁灌肠或全肠道灌洗后禁食禁饮。② 肠道准备：食管癌出现梗阻或炎症者术前 1 d 遵医嘱分次口服抗生素；拟行结肠代食管者，术前 3～5 d 口服肠道抗生素，以预防感染。③ 冲洗胃及食管：对有食物滞留或反流者，术前晚遵医嘱予以生理盐水加抗生素冲洗胃及食管，减轻术后局部充血水肿。④ 术晨置胃管：胃管通过梗阻部位时不能强行进入，以免穿破食管，可置于梗阻部位上端，待术中调整至胃中。

2. 术后护理

笔记栏

(1) 监测并记录生命体征：术后 2～3 h 内，严密监测患者的意识、心率、血压以及呼吸频率、节律等的变化，平稳后改为每 30 min 至 1 h 测量 1 次，维持生命体征平稳。

(2) 饮食护理：① 术后早期吻合口处于充血水肿期，需禁饮禁食 3～4 d，持续胃肠减压，经静脉营养支持。② 停止胃肠减压 24 h 后，若无呼吸困难、胸痛、高热等吻合口瘘的症状时，可开始进食。

先试饮少量水，术后 5～6 d 可进全清流质。术后 3 周患者若无特殊不适可进普食，注意少食多餐，细嚼慢咽。避免进食生、冷、硬食物。③ 进食后 2 h 内勿平卧，睡眠时将床头抬高，防反流致窒息。④ 胃代食管术后患者，由于胃拉入胸腔，肺受压而出现胸闷、进食后呼吸困难，建议患者少食多餐，1～2 个月后症状多可缓解。

（3）呼吸道护理：食管癌术后患者易发生呼吸困难、缺氧，并发肺不张、肺炎甚至呼吸衰竭，主要与年老患者常伴有呼吸功能不全、开胸手术损伤胸廓、肋间肌、膈肌及肺和迷走神经功能亢进有关。护理措施包括：① 密切观察呼吸型态、频率和节律，听诊双肺呼吸音是否清晰，有无缺氧征兆；② 术后第 1 日鼓励患者深呼吸、吹气球、使用深呼吸训练器每 1～2 h 1 次，促使肺膨胀；③ 遵医嘱雾化吸入，出现痰阻塞现象时，立即吸痰，保持呼吸道通畅。

（4）胃肠道护理

1）胃肠减压的护理：① 妥善固定胃管，防止脱出。② 严密观察引流液的量、性状及颜色并准确记录。术后 6～12 h 可引流出少量血性液或咖啡色液，以后颜色逐渐变浅。若引流出大量鲜血或血性液，患者出现烦躁、血压下降、脉搏增快、尿量减少等，应考虑吻合口出血，需立即通知医师并配合处理。③ 胃管不通畅者可用少量生理盐水冲洗。④ 胃管误拔或滑脱后应严密观察病情，不应盲目再插入。待肛门排气、引流量减少后，拔除胃管。

2）结肠代食管者应注意观察腹部体征，了解有无发生吻合口瘘、腹腔内出血或感染等。因结肠逆蠕动，患者常嗅到粪便气味，一般半年后逐步缓解，指导患者注意口腔卫生。

（5）胸腔闭式引流的护理：参见本书第九章“第二节　气胸”相关内容。

（6）并发症的观察与护理

1）出血：密切观察生命体征及各引流管引流液的性状、量，警惕胸腔、腹腔、吻合口活动性出血。若胸引管引流血量持续 2 h 超过 200 mL/h，患者伴低血容量表现，应考虑有胸腔内活动性出血，立即报告医师，并做好再次开胸的准备。

2）吻合口瘘：多发生在术后 5～10 d，胸腔内吻合口瘘病死率高达 50%。吻合口瘘表现为呼吸困难、胸腔积液和全身中毒症状，如高热、寒战、甚至休克等一旦出现上述症状，立即通知医师并配合处理。包括：① 立即禁食；② 协助行胸腔闭式引流并常规护理；③ 遵医嘱予以抗感染治疗及营养支持；④ 严密观察生命体征，积极抗休克治疗；⑤ 再次手术者完善术前准备。

3）乳糜胸：因术中伤及胸导管所致，多发生在术后 2～10 d，少数患者可在 2～3 周后出现。由于乳糜液中 95%以上是水，并含有大量脂肪、蛋白质、胆固醇、酶、抗体和电解质，若未及时治疗，可在短时期内造成全身消耗、衰竭而死亡，故须积极预防和及时处理。护理措施：① 加强观察，注意患者有无胸闷、气急、血压下降等。② 协助处理，放置胸腔闭式引流，及时引流胸腔内乳糜液，使肺膨胀。可用负压持续吸引，以利胸膜形成粘连。③ 给予肠外营养支持。④ 再次手术者完善术前准备。

3. 健康指导

（1）疾病预防：避免接触引起癌变的因素，如减少饮水、食物中的亚硝胺及其他有害物质、防霉去毒；应用维 A 酸类化合物及维生素等预防药物；积极治疗食管上皮增生，避免过烫、过硬饮食等；加大防癌宣传教育，在高发区人群中做普查和筛检。

（2）饮食指导：向患者讲解术后进食时间，指导选择合理的饮食及注意事项。

（3）自我观察：若术后 3～4 周再次出现吞咽困难，可能为吻合口狭窄，应及时就诊。

（4）定期复查，坚持后续治疗。

案例分析

患者，男，50 岁，因进行性吞咽困难 2 个月入院。食管镜检查示：食管中段 5 cm 长之管腔狭窄，黏膜中段，病理报告为鳞癌。临床诊断为：食管癌，遂行食管癌切除术后胃代食管术。术后第 7 日，患者出现高热、寒战，脉快、胸闷、呼吸困难等症状。诊断：吻合口瘘。

笔记栏

【问题】

针对上述并发症，应采取哪些相应的护理措施？

【分析与解答】

护理措施：① 立即禁食；② 协助行胸腔闭式引流并常规护理；③ 遵医嘱予抗感染治疗及营养支持；④ 严密观察生命体征，积极抗休克治疗；⑤ 再次手术者完成术前准备

小　结

食管癌是常见的消化道肿瘤。早期常无明显症状；中晚期以进行性吞咽困难为典型症状，晚期肿瘤可侵犯周围组织引起转移症状。治疗措施以手术治疗为主，辅以放疗、化疗。食管癌患者术前护理包括呼吸道准备、胃肠道准备及心理护理等；术后护理除常规胸外科护理外，需加强饮食护理，包括术后早期禁食禁饮、持续胃肠减压、肠外营养及逐渐恢复流质、半流质到普食的进食，注意少食多餐、细嚼慢咽，进食后 2 h 内勿平卧、睡眠时抬高床头，防止反流致窒息。

（张　菁）

笔记栏

第十二章

心脏疾病患者的护理

学习要点

- **掌握**：① 体外循环、法洛四联症、冠状动脉粥样硬化性心脏病等概念；② 体外循环术后患者的护理措施；③ 心脏病患者手术前后的护理要点。
- **熟悉**：① 体外循环手术后病理生理改变、并发症；② 先天性心脏病的分类、临床表现和处理措施。
- **了解**：① 体外循环的建立过程；② 后天性心脏病的病因。

第一节　体 外 循 环

体外循环指利用特殊人工装置将回心的上、下腔静脉血和右心房静脉血引出体外，在人工心肺机内进行氧合并排出二氧化碳，经过温度调节和过滤后，再由血泵输回体内动脉、继续血液循环的生命支持技术。体外循环的目的是在阻断患者心脏血流状态下，暂时取代心肺功能，维持全身组织器官的血液供应和气体交换，为实施心内直视手术操作提供无血或少血的手术野。

一、人工心肺机的基本组成

1. 血泵　　即人工心。常用的有转压式血泵和离心式血泵。前者利用泵头转子交替转压弹性泵管，驱使泵管内血液单向流动；后者则利用旋转磁场驱动泵内多层旋转锥体或叶轮高速旋转，依靠离心力驱动血流沿锥体表面单向流动，无须血流转压，可减少对血液成分的破坏。

2. 氧合器　　即人工肺常用的有鼓泡式氧合器和膜式氧合器。前者是将引出体外的静脉血与输入的氧气直接混合，形成血气泡，经去泡装置滤过后流入贮血器，再经血泵泵回体内，使用安全时限为 3 h。膜式氧合器是利用可透气的高分子薄膜材料分隔氧气和红细胞，通过透析作用进行气体交换，血液与氧气不直接接触，可以明显减少血液成分的破坏和微气栓的产生，适宜较长时间的体外循环，目前广泛应用。

3. 变温器　　利用循环水温和导热薄金属隔离板，降低或升高体外循环血液的温度。

4. 过滤器　　体外循环的动、静脉系统均有过滤装置，用于滤除血小板、纤维素或气体等形成的微栓等成分。

5. 血液浓缩器　　利用半透膜滤除水分和小于半透膜孔隙的可溶性中小分子物质。

二、体外循环的建立

心内直视手术一般经胸骨正中切口进入胸腔，显露心脏，套绕上、下腔静脉阻断带和升主动脉

笔记栏

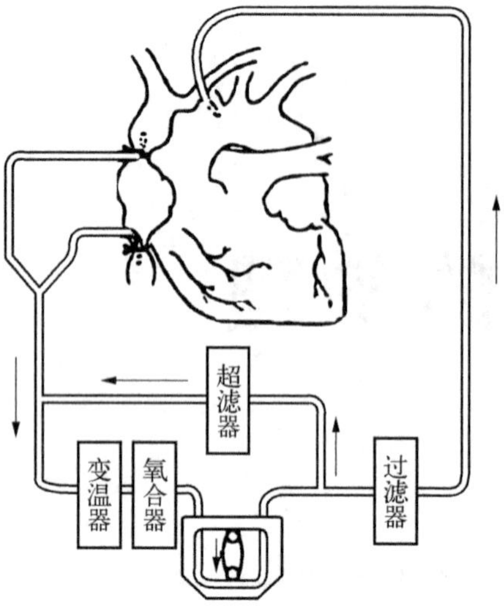

图 12-1 体外循环示意图

牵引带，全身肝素化(肝素用量 2～3 mg/kg)。维持全血活化凝血时间(ACT)延长至 480～600 s 以上。将插入上下腔静脉和动脉的各导管分别连接人工心肺机的管道后，即可开动心肺机转流，建立体外循环(图 12-1)。开始转流时常将血液温度降至 25～30℃，以降低代谢率、保证机体有氧代谢、避免血液成分受损和心肌损伤；心内手术即将结束时，再将血液温度回升至常温。心肺转流开始后，每隔 30 min 监测 ACT，并使其值维持在上述安全水平。转流结束后，静脉注射鱼精蛋白以终止肝素的抗凝作用，并拔除动脉插管和上、下腔静脉插管。

三、体外循环后的病理生理变化

1. 凝血机制紊乱　主要为红细胞破坏、血红蛋白下降、溶酶激活、纤维蛋白原和血小板减少等，常引起凝血机制紊乱，引起术后大量渗血。

2. 酸碱失衡　主要为代谢性酸中毒和呼吸性碱中毒。前者是由于组织灌注不良、代谢产物堆积所致；后者则常因过度换气所致。

3. 重要器官功能减退　体外循环可损害心肌细胞；同时长时间的低血压、低灌注量、酸中毒造成脑损伤和脑循环障碍；低灌注量和大量游离血红蛋白等可影响肾功能，甚至造成肾功能衰竭；微栓、氧自由基等毒性物质的释放、炎性反应引起的肺间质水肿、出血和肺泡萎缩等可导致呼吸功能不全，甚至呼吸功能衰竭。

4. 电解质失衡　主要为低血钾，多见于术前长期服用强心、利尿药物而转流过程中尿量多者。

四、处理原则

维持血流动力学稳定，保持血容量平衡；应用呼吸机辅助呼吸，促进有效通气；及时纠正水、电解质和酸碱失衡；应用抗生素预防感染。

五、护理诊断

1. 焦虑与恐惧　与心脏疾病和体外循环手术有关。
2. 低效性呼吸型态　与手术、麻醉、人工辅助呼吸、体外循环和术后伤口疼痛有关。
3. 心排出量减少　与心脏疾病心功能减退、血容量不足、心律失常、水电解质失衡有关。
4. 潜在并发症　急性心脏压塞、肾功能不全、感染、脑功能障碍等。

六、护理措施

1. 术前护理

(1) 心理护理：鼓励患者说出内心感受，给予针对性的心理疏导；介绍其与手术成功的患者交流，增强对手术治疗的信心；介绍疾病相关知识，引导患者熟悉手术室及监护室的环境，减轻其焦虑、恐惧心理。

(2) 病情观察：观察患者有无心律失常、心力衰竭、肺部感染等症状，发现异常通知医师及时处理。

(3) 维持循环和呼吸功能稳定：① 嘱患者减少活动量，保证休息，避免患儿哭闹；② 心功能不全者，遵医嘱应用强心、利尿药物，改善循环功能；③ 严重心律失常者，给予持续心电监护并遵医嘱给药；④ 给予间断或持续吸氧，纠正低氧血症；⑤ 指导患者深呼吸及有效咳嗽，保持呼吸道通畅。

笔记栏

（4）改善营养状况：进食高蛋白、富含维生素食物，增强机体对手术耐受力，必要时行静脉高营养治疗。心功能欠佳者，限制钠盐摄入。

（5）预防感染：注意保暖，防止呼吸道感染；保持口腔卫生，避免黏膜和皮肤损伤；积极治疗感染灶。

2. 术后护理

（1）心理护理：患者对监护室的陌生环境、各种留置管道和呼吸机、监护仪器等设备会有恐惧心理，应进行有效沟通，告知配合方式。

（2）监测心功能，维持有效循环

1）持续监护：每 15 min 监测并记录生命体征一次，待平稳后改为每 30 min 1 次；监测心电图，及时发现不同类型的心律失常；监测中心静脉压、肺动脉压、左心房压等，若发现异常，及时通知医师处理。常经桡动脉插管对患者进行有创动脉血压的连续监测，应注意：① 严格无菌操作，防止感染；② 测压前调整零点；③ 操作过程中严防空气进入导致气栓；④ 定时观察穿刺部位有无出血、肿胀，导管有无脱落，以及远端皮肤颜色和温度。

2）密切观察患者末梢皮肤的颜色、温度、湿度，口唇、甲床的颜色，毛细血管充盈和动脉搏动情况，及时发现微循环灌注不足和组织缺氧，给予相应的处理。

3）监测和记录每小时尿量和 24 h 液体出入量。

4）补液的护理　保持静脉输液通道通畅，控制输液速度和总量；严格无菌操作；应用血管活性药物时，严格遵医嘱配制药物，并使用输液泵控制输注速度。

（3）加强呼吸系统管理，维持有效通气：体外循环术后患者常规使用机械通气以支持呼吸功能，以改善氧合、减少呼吸做功、降低肺血管阻力、促进心功能恢复。

1）妥善固定气管插管，测量气管插管距门齿的距离并做好标记，防止气管插管脱出或移位。

2）密切观察呼吸频率、节律和幅度；呼吸机是否与患者呼吸同步；患者有无发绀、鼻翼翕动、点头或张口呼吸；听诊双肺呼吸音；监测动脉血气分析。及时调整呼吸机参数。

3）保持呼吸道通畅：及时吸痰，痰液黏稠时，可经气管插管滴入 0.45%氯化钠溶液后再吸痰。

4）拔除气管插管后护理：① 遵医嘱雾化吸入；② 吸氧，维持充分的氧合状态；③ 定时协助患者翻身、拍背，促进咳嗽和痰液的排出；④ 指导患者进行深呼吸锻炼（吹气球或应用深呼吸训练器），以促进肺膨胀。

（4）维持体温稳定：由于患者一般在低温麻醉下手术，术后需做好保暖工作。可用热水袋缓慢复温，水温不宜超过 37℃。若体温超过 38℃，可行物理降温；婴幼儿体表面积小，为不影响其循环功能，采用药物降温；6 个月以内的患儿禁用阿司匹林、吲哚美辛栓降温。

（5）体位护理：未清醒者取平卧位，头偏向一侧。有气管插管及辅助通气者，头颈保持平直位，防止气管插管扭曲影响通气。患者清醒、循环稳定后取半卧位，促进引流与康复。

（6）营养和体液护理：患者清醒并拔除气管插管后，无呕吐可少量饮水；术后 24 h 肠蠕动恢复后，开始进流质饮食，逐步过渡到半流质及普食。为减轻心脏负荷，术后早期常限制液体摄入并使用利尿剂，应警惕因限制液体或过度利尿而发生低钠、低氯、低钾血症。

（7）切口护理：术后胸带固定切口，以减轻疼痛；注意观察切口是否有渗血和感染。

（8）心包、纵隔引流管的护理：定时挤压引流管，观察并记录引流液的性状及量，及时发现心脏压塞。若引流量持续 2 h 超过 4 mL/(kg·h)，应警惕活动性出血，及时报告医师，并做好再次开胸止血的准备。

（9）活动：术后早期定时翻身，协助患者进行四肢被动、主动活动，防止深静脉血栓形成。患者病情稳定后可逐渐下床运动。

（10）并发症的观察与护理

1）急性心脏压塞：体外循环破坏血小板，使纤维蛋白原、凝血因子损耗增多，造成凝血功能障碍，以及应用止血药物后形成血凝块等因素均可造成心包腔内积血、血块凝聚，从而引起急性心脏

笔记栏

压塞。表现为静脉压升高，心音遥远、心搏微弱，脉压小、动脉压降低的 Beck 三联症。护理措施：① 保持引流管通畅，观察并记录引流液的量及性状；② 监测中心静脉压，使其维持在 5～12 cmH_2O 的正常值范围内；③ 严密观察病情，若患者出现颈静脉怒张，动脉压降低，心音遥远，中心静脉压≥25 cmH_2O，引流量由多突然减少，挤压引流管有血凝块流出等症状时，应警惕心脏压塞的发生，及时通知医师处理。

2）肾功能不全：体外循环的低流量和低灌注压、红细胞破坏而致的血浆游离血红蛋白的增多、低心排出量或低血压、缩血管药物应用不当可造成患者肾功能不全。主要表现为：少尿、无尿、高血钾、尿素氮和血清肌酐升高等。护理措施：① 监测每小时尿量，保持尿量在 1 mL/(kg・h)，每 4 h 测尿 pH 和比重。② 观察尿色变化、有无血红蛋白尿等。发生血红蛋白尿者，应给予高渗性利尿或静脉滴注 5%碳酸氢钠碱化尿液，防止血红蛋白沉积在肾小管导致肾功能损害。③ 尿量减少时应及时查找原因，停用肾毒性药物；若确诊为急性肾衰竭，应考虑做透析治疗。

3）感染：由于心脏手术创伤大、手术时间长、体外循环的实施以及心衰、缺氧引起患者自身抵抗力降低等因素，增加了患者术后感染的机会，可发生切口感染、感染性心内膜炎等。表现为术后体温上升至 38℃以上且持续不退，伤口肿痛、并溢出分泌物等。因此，应积极采取护理措施预防感染：① 密切监测体温变化；② 严格遵守无菌操作原则；③ 保持患者口腔和皮肤卫生；④ 患者病情平稳后，及时撤除各种管道；⑤ 合理应用抗生素；⑥ 加强营养支持。

4）脑功能障碍：长时间体外循环及灌注压过低可造成脑缺血缺氧损伤，体外循环中产生的各种微栓子可造成脑梗死等。常见临床表现有清醒延迟、昏迷、躁动、癫痫发作、偏瘫、失语等。护理措施：严密观察患者的意识、瞳孔、肢体活动情况；患者若出现头痛、呕吐、躁动、嗜睡等异常表现及神经系统的阳性体征时，应及时通知医师，协助处理。

第二节　先天性心脏病

先天性心脏病简称先心病，是胎儿心脏和大血管在母体内发育异常所造成的先天畸形，是小儿最常见的心脏病。根据心脏左、右两侧及大血管之间有无分流可将先心病分为 3 类：① 左向右分流型（潜伏青紫型），如动脉导管未闭、房间隔缺损和室间隔缺损等；② 右向左分流型（青紫型），如法洛四联症和大动脉转位等；③ 无分流型（无青紫型），即心脏左、右两侧或动、静脉之间无异常通路或分流，如肺动脉狭窄和主动脉缩窄等。

一、房间隔缺损(ASD)

房间隔缺损是左、右心房之间的间隔先天性发育不全所致的左、右心房之间形成异常通路，占我国先心病发病率的 5%～10%。房间隔缺损可分为原发孔缺损和继发孔缺损。继发孔缺损多见，位于冠状静脉窦后上方，依据解剖位置分为中央型（卵圆孔型）、上腔型（静脉窦型）、下腔型和混合型，绝大多数为单孔缺损，少数为多孔缺损。

（一）病理生理

正常左心房压力(8～10 mmHg)略高于右心房(3～5 mmHg)，左心房血液经缺损向右心房分流。分流致右心容量负荷增加，造成右心房、右心室增大和肺动脉扩张；肺循环血量增加，使肺动脉压力升高，并引发肺小动脉反应性痉挛，最终导致梗阻性肺动脉高压。当右心房压力高于左心房时，出现右向左逆流，引起发绀，最终可因右心衰竭而死亡。原发孔缺损伴二尖瓣大瓣裂缺时，因存在二尖瓣反流，病理生理和病程进展重于继发孔缺损。

笔记栏

（二）临床表现

1. *症状*　继发孔缺损分流量较少的患者，儿童期多无明显症状，常在体检时发现。一般，青年期才出现劳力性气促、乏力、心悸、心律失常等症状，易出现呼吸道感染和右心衰竭。原发孔缺损伴有严重二尖瓣关闭不全者，早期可出现心力衰竭及肺动脉高压等症状。演变成右向左分流者出现发绀、杵状指、咯血及右心衰竭症状。

2. 体征　因肺循环血流增加，肺动脉瓣相对狭窄，胸骨左缘第2～3肋间可闻及Ⅱ～Ⅲ级吹风样收缩期杂音，伴第二心音亢进和分裂。分流量大者心尖部可闻及柔和的舒张期杂音。

（三）辅助检查

1. 心电图检查　原发孔缺损示电轴左偏，可有左室高电压、肥大；继发孔缺损示电轴右偏，右室肥大，不完全或完全性右束支传导阻滞。

2. X线检查　主要表现为右房、右室增大，肺纹理增多，肺动脉段突出，主动脉结缩小。

3. 超声心动图　二维彩色多普勒超声可明确显示缺损位置、大小、心房水平分流的血流信号等。

（四）处理原则

以手术治疗为主，适宜年龄为2～5岁儿童。艾森曼格综合征是手术禁忌证。手术方法是在体外循环下切开右心房，直接缝合或修补缺损；或通过介入性心导管术，应用双面蘑菇伞封闭缺损。

（五）护理诊断

1. 急性疼痛　与手术切口有关。

2. 活动无耐力　与氧的供需失调有关。

3. 潜在并发症　急性左心衰竭、心律失常等。

（六）护理措施

参见本章“第一节 体外循环”护理措施，另需注意如下并发症的观察与护理。

1. 急性左心衰竭　多见于年龄较大的患者。由于长期左向右分流，左心室偏小，房缺修补术后，左室前负荷增加。若术中、术后输液的量或速度未控制则易诱发急性左心功能不全，临床表现为呼吸困难、咳嗽、咳痰、咯血等急性肺水肿症状。护理措施包括：① 严格控制输液量及输液速度。② 术前可疑左房高压（20～25 mmHg）或左心功能不全者，需24 h监测左房压，注意是否出现肺静脉高压。③ 加强观察，出现呼吸困难、发绀、咳泡沫痰时，应警惕急性肺水肿，需及时报告医生处理。④ 遵医嘱及时应用吗啡、强心剂、利尿剂、血管扩张剂，并及时清理呼吸道内分泌物。⑤ 应用呼吸机辅助呼吸者，采用呼气末正压呼吸。

2. 心律失常　少数上腔型ASD右房切口太靠近窦房结或上腔静脉阻断带太靠近根部而损伤窦房结引发的心律失常需要安置心脏起搏器。术后出现的房性心律失常或室性期前收缩（较少见房室传导阻滞），一般经对症处理均可恢复正常。护理措施：① 严密监测动态心电图；② 维持静脉输液通道便于及时使用抗心律失常药物；③ 安置心脏起搏器者按护理常规维护。

（七）健康指导

1. 加强孕期保健　妊娠早期适量补充叶酸，积极预防风疹、流感等病毒性疾病，保持健康的生活方式。

2. 合理饮食　进食富含高蛋白、高维生素、易消化的食物，保证充足的营养，以利生长发育。

3. 休息和活动　养成良好的起居习惯，注意患儿活动范围、活动量及方法，避免劳累。

4. 用药指导　严格遵医嘱服用药物，不可随意增减药物剂量，并按时复诊。

5. 自我保健　教会患儿家属观察用药后反应及疾病康复情况，如尿量、脉搏、体温、血压，皮肤颜色、术后切口情况等，出现不适时随诊。

二、室间隔缺损（VSD）

笔记栏

室间隔缺损是指室间隔在胎儿期因发育不全，在左、右心室之间形成的异常通路，血液在心室水平产生左右的分流，在所有先心病中发病率最高，占我国先心病发病率的20%～30%。根据缺损的解剖位置，分为膜部缺损、漏斗部缺损和肌部缺损（图12-2），以膜部缺损多见。

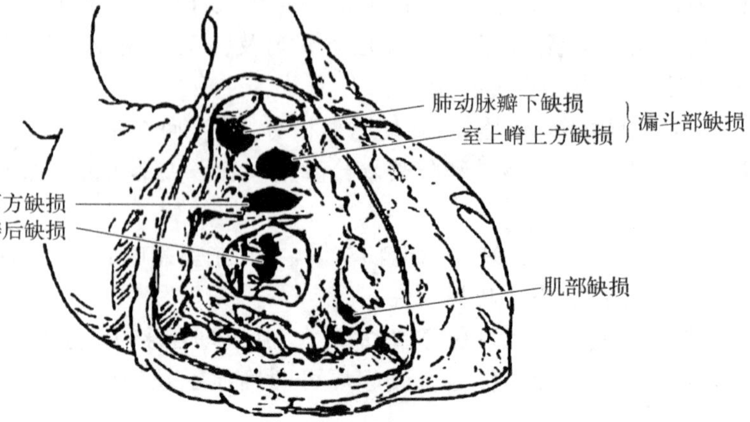

图 12-2 室间隔缺损的各种类型

(一) 病理生理

室间隔缺损时,左心室血液向右心室分流。缺损小、分流量少,不引起肺动脉压力升高;缺损大、分流量多,右心容量负荷增大,肺动脉压力逐渐增高,早期肺小动脉痉挛,引起梗阻性肺动脉高压,左至右分流明显减少;后期右心室压力超过左心室时,出现右向左分流,导致艾森曼格综合征。

(二) 临床表现

1. 症状　缺损小、分流量少者一般无症状。缺损大、分流量多者出生后即出现反复呼吸道感染、充血性心力衰竭、喂养困难和发育迟缓。能度过婴幼儿期的较大缺损者,活动耐力差,劳累后气促、心悸;逐渐出现发绀和右心衰竭。室间隔缺损易并发感染性心内膜炎。

2. 体征　胸骨左缘2～4肋间闻及Ⅲ级以上粗糙响亮的全收缩期杂音,常伴收缩期震颤。分流量多者,肺动脉第二心音增强或分裂,心前区可见心尖搏动。

(三) 辅助检查

1. 心电图　缺损小者心电图正常或电轴左偏;缺损大者左心室高电压,左心室肥大。重度肺动脉高压时双心室肥大、右心室肥大或伴劳损。

2. X线检查　缺损较大者,心影扩大,肺动脉段凸出,肺纹理增多;重度梗阻性肺动脉高压时,肺门血管影明显增粗,肺外周纹理减少,甚至肺血管影呈残根征。

3. 超声心动图　左心房、左心室内径增大。二维超声可明确缺损部位及大小。多普勒超声可判断血液分流方向和分流量,并可测量肺动脉压力。

(四) 处理原则

1. 非手术治疗　缺损小、无血流动力学改变者,可门诊随访,部分病例可自行闭合。

2. 手术治疗

(1) 适应证和禁忌证:缺损大、分流量多或伴肺动脉高压的婴幼儿,应尽早手术;缺损较小,已有房室扩大者需在学龄前手术;合并心力衰竭或细菌性心内膜炎者,需控制症状后方能手术。艾森曼格综合征者禁忌手术。

(2) 手术方法:① 低温体外循环下行心内直视修补术;② 导管伞封堵法。

三、法洛四联症

法洛四联症(TOF)是右室漏斗部或圆锥动脉干发育不全引起的一种心脏畸形,主要包括四种解剖畸形:肺动脉狭窄、室间隔缺损、主动脉骑跨和右心室肥厚(图12-3)。该病是一种最常见的发绀型先心病,占所有先心病的12%～14%。

笔记栏

(一) 病理生理

法洛四联症的病理生理改变取决于肺动脉狭窄的程度。由于主动脉瓣口靠近室间隔缺损,故左右心室收缩期峰压相等,而血液经室间隔缺损分流的方向和多少取决于肺动脉狭窄的程度。轻度肺动脉狭窄时，心室水平主要为左向右分流，肺循环血量超过体循环血量，这类患者临床称之为淡红色四联症，发绀不明显；中度肺动脉狭窄时，心室水平的分流是双向的，婴儿多在开始活动时才出现发绀；重度肺动脉狭窄时，心室水平主要是右向左分流，患者发绀明显，行动受限，常有蹲踞或昏厥现象。

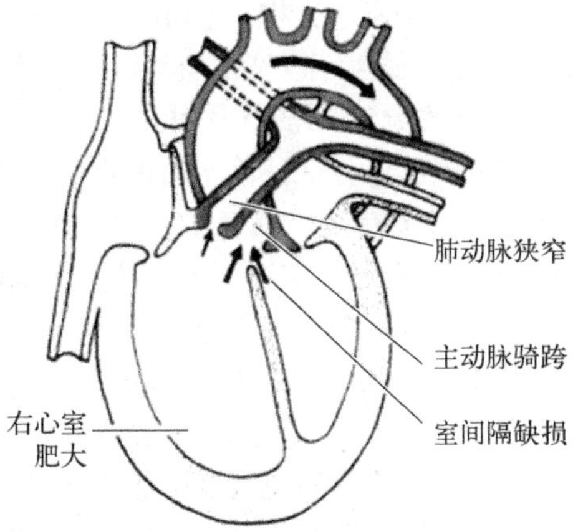

图 12－3　法洛四联症示意图

（二）临床表现

1. 症状　发绀、喜爱蹲踞和缺氧发作是法洛四联症的主要症状。

（1）发绀：由于组织缺氧，动脉血氧饱和度降低，新生儿即可出现发绀，啼哭、情绪激动时更为明显，引起喂养困难、生长发育迟缓，活动力差，且发绀随年龄增长而加重。

（2）喜爱蹲踞：是其特征性姿态。蹲踞时，患儿下肢屈曲，静脉回心血量减少，减轻了心脏负荷；同时体循环阻力增加，提高了肺循环血流量，使发绀和呼吸困难症状暂时有所缓解。

（3）缺氧发作：表现为活动后突然呼吸困难，发绀加重，出现缺氧性昏厥和抽搐，甚至死亡。常见于漏斗部重度狭窄的患儿。

2. 体征　生长发育迟缓，口唇、指(趾)甲床发绀，杵状指(趾)。胸骨左缘第 2～4 肋间可闻及Ⅱ～Ⅲ级喷射性收缩期杂音，肺动脉瓣区第二心音减弱或消失，严重肺动脉狭窄者，杂音很轻或无杂音。

（三）辅助检查

1. 实验室检查　红细胞计数和血细胞比容均升高，且与发绀成正比。动脉血氧饱和度降低。

2. 心电图　电轴右偏，右心室肥大。

3. X 线检查　心影正常或稍扩大肺动脉段凹陷，心尖钝圆，呈“靴状心”。升主动脉增宽，肺血减少，肺血管纹理纤细。

4. 超声心动图　升主动脉内径增宽，骑跨于室间隔上方，室间隔连续性中断，右心室增大，右心室流出道、肺动脉瓣或肺动脉主干狭窄。多普勒超声可见心室水平右向左分流的血流信号。此项检查可明确诊断。

（四）处理原则

手术治疗为主，包括矫治手术和姑息手术。肺动脉及左、右分支发育正常的患儿应力争在 1 岁内行矫治术，即在低温体外循环下疏通右室流出道、修补室间隔缺损，同时矫正其他心内畸形；婴儿期严重缺氧、屡发呼吸道感染和昏厥者，可先行姑息手术，即锁骨下动脉-肺动脉吻合术或右心室流出道补片扩大术，以增加肺循环血流量，改善缺氧，待条件成熟后再做矫治手术。

（五）护理诊断

1. 活动无耐力　与发绀和呼吸困难有关。

2. 低效性呼吸型态　与缺氧、手术、麻醉、体外循环和术后伤口疼痛等有关。

3. 潜在并发症　灌注肺、低心排出量综合征等。

（六）护理措施

参见本章“第一节　体外循环”护理措施，另需注意以下几点。

1. 术前护理　① 严格限制患者活动量，注意休息，避免患儿哭闹和情绪激动，减少急性缺氧性昏厥的发作。② 改善微循环，纠正组织严重缺氧；吸氧，氧流量 4～6 L/min，每日 2～3 次，每次 20～30 min；遵医嘱输注改善微循环的药物，如低分子右旋糖酐等；嘱患者多饮水，防止脱水致血液黏稠度增加，诱发缺氧发作。

2. 术后护理　维持循环功能稳定。① 重症四联症跨环补片或心功能差者，常应用多巴胺及多巴酚丁胺。在维护心功能的同时，应注意调整血容量，使患者的动脉压、中心静脉压维持在最佳

笔记栏

状态，并观察用药效果。② 定期测定血浆胶体渗透压，并维持在 17～20 mmHg。术中使用超滤的患者，术后应适当补充晶体液，以降低血液的黏稠度。

3. 并发症的观察与护理

（1）灌注肺：是矫治术后的严重并发症，发生的原因可能与肺动脉发育差、体-肺侧支多或术后液体输入过多有关。临床主要表现为急性进行性呼吸困难、发绀、血痰和难以纠正的低氧血症。护理措施：① 用呼气末正压通气方式辅助通气；② 密切监测呼吸机的各项参数，特别注意气道压力的变化；③ 促进有效气体交换：及时清理呼吸道内分泌物；拔除气管插管后，延长吸氧时间 3～5 d，并结合肺部体疗协助患者拍背排痰；④ 严格限制入量，经常监测血浆胶体渗透压，在术后急性渗血期，根据血浆胶体渗透压的变化，遵医嘱及时补充血浆及清蛋白。

（2）低心排血量综合征：患者由于术前肺血减少和左心室发育不全，术后可能出现低心排血量综合征，表现为低血压、心率快、少尿、多汗、末梢循环差、四肢湿冷等。护理措施：① 密切观察患者生命体征、外周循环及尿量等；② 遵医嘱给予强心、利尿药物，并注意保暖。

第三节　后天性心脏病

一、冠状动脉粥样硬化性心脏病

冠状动脉粥样硬化性心脏病简称冠心病，是由于冠状动脉粥样硬化使管腔狭窄或阻塞，引起冠状动脉供血不足，导致心肌缺血、缺氧或坏死的一种心脏病。主要侵及冠状动脉主干及其近段分支，左冠状动脉的前降支和回旋支的发病率高于右冠状动脉。

（一）病因

病因未完全明确，已公认的主要危险因素有血脂增高或异常、高血压、吸烟、糖尿病等。

（二）病理生理

冠状动脉血流量是影响心肌供氧最主要的因素。当情绪激动或体力活动时，心搏次数增加，心脏收缩力增强，心肌需氧量增加。冠状动脉粥样硬化使管腔狭窄，心肌需氧量增加时冠状动脉供血量却不能相应增加，则可导致心肌缺血，长时间可引起局部心肌发生缺血性坏死。心肌梗死后 1 h 内恢复再灌注，部分心肌细胞功能可以恢复，再灌注时间若持续 2～6 h 及以上，则心肌梗死无法逆转。急性心肌梗死可引起严重心律失常、心源性休克、心力衰竭甚至心室破裂。

（三）临床表现

1. 心绞痛　情绪激动、体力劳动或饱餐等情况下，可因心肌需氧量增加而引起或加重心肌供血供氧不足，出现心绞痛。表现为胸闷、胸骨后压榨样疼痛，向上、向左放射至左肩、左臂、左肘甚至小指和无名指。

2. 心肌梗死　冠状动脉急性阻塞或长时间痉挛，以及血管腔内血栓形成，引起心肌梗死。表现为心绞痛剧烈，持续时间长，休息和含服硝酸甘油片不能缓解；可伴恶心、呕吐、大汗、发热、发绀、血压下降、心律失常、心源性休克、心力衰竭，甚至猝死。

（四）辅助检查

1. 心电图　心绞痛时可见以 R 波为主的导联中 ST 段压低、T 波低平或倒置，以及室性心律失常或传导阻滞；心肌梗死时，表现为坏死性 Q 波、损伤性 ST 段和缺血性 T 波改变。

2. 实验室检查　急性心肌梗死早期磷酸肌酸激酶及其同工酶、肌红蛋白、肌钙蛋白均出现异常改变。

3. 超声心动图　可对冠状动脉、心肌、心腔结构以及血管、心脏的血流动力学状态提供定性、半定量和定量的评价。

笔记栏

4. *冠状动脉造影术*　可准确了解粥样硬化的病变部位、血管狭窄程度和狭窄远端冠状动脉血流通畅情况。

（五）处理原则

冠心病的治疗方法有药物治疗、介入治疗和外科手术治疗，根据患者具体情况进行选择。

1. *药物治疗*　主要目的是缓解症状、减缓病变的发展，尽快恢复心肌的血液灌注。

2. *介入治疗*　是应用心导管技术在冠状动脉造影的基础上经皮穿刺血管，将导管送达冠状动脉并以球囊扩张狭窄的病变部位，达到解除狭窄、增加血供和使闭塞的冠状动脉再通的目的。主要适用于单支或局限性血管病变以及急性心肌梗死时。介入治疗主要包括经皮冠状动脉腔内成形术（PTCA）和支架植入术。

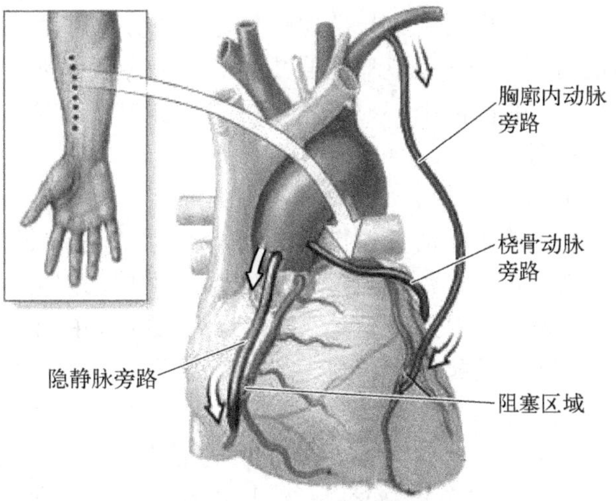

图 12-4　冠状动脉旁路移植术

3. *手术治疗*　主要目的是通过血管旁路移植绕过狭窄的冠状动脉，为缺血心肌重建血运通道，改善心肌的供血、供氧，缓解和消除心绞痛症状，改善心肌功能，提高生活质量。

（1）适应证：① 药物治疗不能缓解的心绞痛，且冠状动脉造影显示冠状动脉两支或两支以上的狭窄病变大于 70%者；② 左冠状动脉主干狭窄和前降支狭窄者；③ 出现心肌梗死并发症者，如室壁瘤形成、室间隔穿孔、二尖瓣乳头肌断裂或功能失调；④ PTCA 术后狭窄复发者。

（2）手术方式：冠状动脉旁路移植术（CABG）为常用的手术方式，即取一段自体血管移植到冠状动脉主要分支狭窄的远端，以恢复病变冠状动脉远端的血流量，改善心肌功能（图 12-4）。自体血管主要有乳内血管、桡动脉、胃网膜右动脉、大隐静脉、小隐静脉。

（六）护理诊断

1. *活动无耐力*　与心功能不全和心绞痛有关。

2. *焦虑与恐惧*　与对疾病、手术及预后不了解有关。

3. *有心排血量减少的危险*　与术后低心排综合征有关。

4. *潜在并发症*　出血、肾衰竭等。

（七）护理措施

参见本章“第一节　体外循环”护理措施相关内容，另需注意以下几点。

1. *术前护理*　减轻心脏负荷：① 适当的活动与休息，避免劳累和情绪波动；② 合理膳食：多食高维生素、粗纤维素、低脂的食物，防止便秘发生；③ 吸氧，预防组织缺氧发生；④ 术前戒烟 3 周，有呼吸道感染者应积极抗感染治疗。

2. *术后护理*

（1）加强病情监测：① 密切监测血压变化；② 监测心率、心律和心电图，观察有无心律失常和心肌梗死；③ 观察体温变化和呼吸功能；④ 观察取静脉下肢足背动脉搏动情况和足趾温度、肤色、水肿情况。

（2）低心排血量的护理：① 监测心输出量（CO）、心排指数（CI）、体循环阻力（SVR）和肺循环阻力（PVR）等数值的变化，及早发现低心排血量，及时予以处理；② 重视血容量的补充，水、电解质及酸碱平衡紊乱和低氧血症的纠正；③ 及时、合理、有效地使用正性肌力药物，观察用药效果；④ 当药物治疗不佳或反复发作室性心律失常等情况下，可行经皮主动脉内球囊反搏。

（3）功能锻炼：抬高患肢 15°～30°；术后 2 h 进行术侧下肢的被动活动；术后 24～48 h 根据病情鼓励下床运动，根据患者耐受程度，逐渐增加活动量。

笔记栏

(4) 出血的观察与护理：术后为预防指桥血管梗死，常规进行抗凝治疗，有发生局部和全身出血的可能。应密切观察全身皮肤状况及凝血酶原时间；观察手术切口及下肢取血管处伤口有无渗血；观察并记录引流液的量及性质，判断有无胸内出血或心包填塞的预兆，发现异常及时通知医师并协助处理。

3. 健康指导

(1) 健康生活方式指导。① 合理饮食，进食低盐、低胆固醇和高蛋白质饮食，多吃蔬菜水果；少食多餐，切忌暴饮暴食；② 控制体重，养成定期锻炼的习惯，术后根据心功能恢复情况逐渐增加运动量；③ 健康心态，保持心情愉快；④ 养成良好的生活习惯，戒烟、少饮酒、不熬夜、规律生活。

(2) 用药指导。详细介绍患者所用药物的名称、剂量、用法、常见的副反应，用药禁忌，告知患者及家属出现异常及时就诊。

(3) 自我保健。① 保持正确的姿势：胸骨愈合约需 3 个月，期间尽量保持上半身挺直，避免胸骨受到较大的牵张，如举重物、抱小孩等。每天做上肢水平上抬练习，避免肩部僵硬。② 促进术侧下肢血液循环：穿弹力护袜，以改善下肢血液供应；卧床时脱去护袜，抬高下肢。

(4) 定期复诊，心绞痛等不适时应及时就诊。

二、心脏瓣膜病

心脏瓣膜病是临床最常见的后天性心脏病之一，占我国心脏外科患者的 30%，风湿热所致的风湿性瓣腊病是最常见的病因。风湿性瓣膜病最常累及二尖瓣，其次主动脉瓣，三尖瓣、肺动脉瓣则较少累及。风湿性病变可单独累及一个瓣膜区，也可同时累及几个瓣膜区，以二尖瓣合并主动脉瓣病变多见。

（一）二尖瓣狭窄

二尖瓣狭窄指二尖瓣瓣膜受损、瓣膜结构和功能异常所导致的瓣口狭窄。发病率女性高于男性，在儿童和青年期发作风湿热后，往往在 20～30 岁以后才出现临床症状。

1. 病因　主要由风湿热所致。风湿热反复发作并侵及二尖瓣后，在瓣膜交界处黏着融合，造成瓣口狭窄，瓣叶增厚、挛缩、变硬和钙化等都进一步加重瓣口狭窄，并限制瓣叶活动。

2. 病理生理　正常成人二尖瓣瓣口面积为 4～6 cm^2。轻度狭窄(瓣口面积 1.5～2.5 cm^2)并不引起血流动力学改变，中度狭窄(瓣口面积 1～1.5 cm^2)出现血流障碍和临床症状，重度狭窄(瓣口面积＜1.0 cm^2)出现严重的临床症状。二尖瓣瓣口狭窄使左心房后负荷增加，压力升高，左心房逐渐扩大；肺静脉压升高，肺毛细血管扩张、淤血，影响气体交换；当肺毛细血管压力增高超过正常血浆胶体渗透压 30 mmHg (4.0 kPa)时，即可发生急性肺水肿。早期极易出现急性肺水肿，晚期由于肺小动脉痉挛、管壁增厚、管腔狭窄等原因，肺水肿发生率降低，但因右心室排血负担加重，右心室逐渐肥厚、扩大，最终引起右心衰竭。

3. 临床表现

(1) 症状：因肺淤血和肺水肿而出现劳力性呼吸困难、咳嗽、咯血、端坐呼吸和夜间阵发性呼吸困难；还可出现心悸、头晕、乏力等心排量不足的表现。

(2) 体征：二尖瓣面容，面颊和口唇轻度发绀。右心衰竭者可见颈静脉怒张、肝大、腹水和双下肢水肿。并发房颤者，心律不齐；右心室肥大者，心前区可扪及收缩期抬举样搏动；多数患者在心尖部能扪及舒张期震颤。心尖部可闻及第一心音亢进和舒张中晚期隆隆样杂音；在胸骨左缘第 3、4 肋间可闻及二尖瓣开瓣音；肺动脉高压和右心衰竭者第二心音亢进，有时轻度分裂。

4. 辅助检查

(1) 心电图：中、重度狭窄者表现为电轴右偏、P 波增宽、呈双峰或电压增高；肺动脉高压者可出现右束支传导阻滞或右心室肥大；病程长者常显示房颤。

(2) 超声心动图：可观察到二尖瓣活动情况、二尖瓣口大小、估测肺动脉压力等。

(3) X 线检查：中重度狭窄者左心房和右心室扩大，心脏影呈梨形。长期肺淤血者表现为肺门增大而模糊。

笔记栏

5. 处理原则　无症状或心功能Ⅰ级的患者不主张手术。心功能Ⅱ级以上且瓣膜病变明显者，需择期手术。心功能Ⅳ级、急性肺水肿、大咯血、风湿热活动和感染性心内膜炎等情况，应积极内科治疗，病情改善后尽早手术；如内科治疗无效，则应急诊手术，挽救生命。已出现房颤的患者，为避免血栓栓塞，应尽早手术。手术方法有经皮穿刺球囊导管二尖瓣交界扩张分离术、体外循环下二尖瓣交界切开及瓣膜成形术、二尖瓣置换术。临床上使用的人工瓣膜有机械瓣膜、生物瓣膜两大类。

6. 护理诊断

(1) 活动无耐力：与心输出量减少有关。

(2) 低效性呼吸型态：与缺氧、手术、麻醉、应用呼吸机、体外循环、切口疼痛有关。

(3) 潜在并发症：出血、动脉栓塞等。

7. 护理措施　参见本章“第一节　体外循环”护理措施相关内容，并需特别注意以下几点。

(1) 心功能维护：术后连续监测血流动力学的变化，依据病情使用正性肌力药物和血管扩张药物，遵医嘱给予强心、利尿及补钾治疗。应维持偏快心率，避免心率过慢加重左心负担。

(2) 维持水电解质平衡：瓣膜置换术后为预防低钾造成的室性心律失常，需维持血清钾在4～5 mmol/L。高浓度补钾时宜选用深静脉通道，输液泵控制速度。及时复查血钾浓度，补钾同时适当补镁。

(3) 术后抗凝治疗：机械瓣置换术后必须终生不间断抗凝治疗；置换生物瓣需抗凝3～6个月。术后24～48 h即给予华法林抗凝治疗，抗凝治疗效果以凝血酶原时间国际标准比值(INR)保持在2.0～2.5之间为宜。定期检查INR，调整华法林的剂量。

(4) 加强病情观察：① 人工瓣膜置入后注意观察有无瓣膜功能异常的症状，监听瓣膜音，发现异常及时处理。卡瓣时立即采取心前区叩击等急救措施，同时配合将患者送手术室行急诊手术。② 防感染与溶血：对体温持续增高者及时进行血液检查、血细菌培养；持续血红蛋白尿者应注意查找红细胞破坏的原因(瓣周漏、人工瓣膜造成)，同时注意碱化尿液，预防肾衰竭。

(5) 并发症的观察与护理

1) 出血：间断挤压引流管，观察并记录引流液的性状及量，若引流量持续2 h超过4 mL/(kg·h)或有较多血凝块，伴血压下降、脉搏增快、躁动、出冷汗等低血容量表现，考虑有活动性出血，及时报告医生，并积极准备再次开胸、止血。服用华法林抗凝药物期间，应密切观察患者有无牙龈出血、鼻出血、血尿等出血征象，重者可出现脑出血，出现异常及时处理。

2) 动脉栓塞：抗凝不足的表现。警惕患者有无突发晕厥、偏瘫或下肢厥冷、疼痛、皮肤苍白等血栓形成或肢体栓塞的现象，出现异常及时通知医师处理。

(6) 健康指导

1) 疾病预防：注意个人和家庭卫生，减少细菌和病毒入侵；天气变化注意防寒保暖，避免呼吸道感染。出现感染时，应及时应用抗生素。

2) 饮食指导：食用高蛋白、丰富纤维素、低脂肪的均衡饮食，少食多餐，避免过量进食加重心脏负担。少吃富含维生素K的食物，如菠菜、白菜、菜花、胡萝卜、西红柿、蛋、猪肝等，以免降低抗凝药物的作用。

3) 休息与活动：一般术后休息3～6个月，避免劳累，保持良好的生活习惯；根据心功能恢复情况，进行适当的户内外活动，并逐渐增加活动量，以不引起胸闷、气急为宜，避免重体力劳动和剧烈运动。

4) 防治感染：注意保暖，预防呼吸道感染；如出现皮肤感染、牙周炎、感冒、肺炎及胃肠道感染等应及时治疗，避免引起感染性心内膜炎。

5) 遵医嘱服药：嘱患者严格遵医嘱服用强心、利尿、补钾及抗凝药物，并教会其观察药物的作用及不良反应。

6) 使用抗凝剂用药指导。① 治疗意义：生物瓣抗凝3～6个月，机械瓣需终身抗凝。指导患者按时服药，不可随意加药、减药；随意减药会造成瓣膜无法正常工作，随意加药会增加身体各部位出

笔记栏

血的危险。② 定期复查：术后半年内，每个月定期复查凝血酶原时间(PT)和国际标准比值(INR)，根据结果遵医嘱调整用药。半年后，置入机械瓣膜患者每6个月定期复查。③ 药物反应：苯巴比妥类药物、阿司匹林、双嘧达莫(潘生丁)、吲哚美辛(消炎痛)等药物能增强抗凝作用；维生素K等止血药则降低抗凝作用，使用上述药物时，需咨询医师。④ 自我监测：如出现牙龈出血，口腔黏膜、鼻腔出血，皮肤青紫、瘀斑、出血和血尿等抗凝过量或出现下肢厥冷、疼痛、皮肤苍白等抗凝剂不足等表现时应及时就诊。⑤ 及时咨询：若需要做其他手术，应咨询医师，术后36～72 h重新开始抗凝治疗。

7）婚姻与妊娠：术后不妨碍结婚与性生活，但一般需在术后1～2年、心功能完全恢复时为宜。女性患者婚后一般应避孕，如坚持生育，应详细咨询医生并获取保健指导。

（二）二尖瓣关闭不全

二尖瓣关闭不全指二尖瓣瓣膜受损害、瓣膜结构和功能异常导致的瓣口关闭不全。可由风湿性病变、退行性变、感染性心内膜炎、缺血性心脏病等病因导致。二尖瓣关闭不全患者多合并二尖瓣狭窄。

1. 病理生理　　左心室收缩时因二尖瓣关闭不全，部分血液反流入左心房，致使左心房因血量增多而压力升高，逐渐产生代偿性扩大和肥厚。左心室舒张时，左心房过多的血流人左心室，使之负荷加重，左心室也逐渐扩大和肥厚，并导致肺静脉淤血，肺循环压力升高引起右心功能不全。左心长期负荷过重，最终导致左心衰竭。

2. 临床表现

(1) 症状：病变轻者无明显症状；病变较重或病程长者，常出现心悸、乏力和劳累后气促等。

(2) 体征：① 心尖搏动增强，并向左下移位。心尖部可闻及全收缩期杂音，第一心音减弱或消失，肺动脉瓣区第二心音亢进。② 晚期患者出现右心衰竭体征，如颈静脉怒张、肝大及周围水肿等。

3. 辅助检查

(1) 心电图：较重者示电轴左偏、二尖瓣型P波、左心室肥大和劳损。

(2) X线检查：左心房和左心室均明显扩大，钡餐X线检查可见食管受压向后移位。

(3) 超声心动图：左心房、左心室扩大，二尖瓣活动度大且关闭不全。

4. 处理原则　　症状明显、心功能改变、心脏扩大者均应及时在体外循环下进行直视手术。手术方法有两种：① 二尖瓣修复成形术：适用于瓣膜病变轻、活动度较好者，即利用患者自身组织和部分人工代用品修复二尖瓣，使其恢复功能。② 二尖瓣替换术：适用于二尖瓣损伤严重、不宜实施修复成形术者。

（三）主动脉瓣狭窄

主动脉瓣狭窄指主动脉瓣膜受损害导致瓣叶纤维化、增厚、粘连和挛缩，使瓣口狭窄。常合并主动脉瓣关闭不全和二尖瓣病变等。多风湿热引起，也可由于先天性狭窄或老年性主动脉瓣钙化所造成。

1. 病理生理　　正常成人主动脉瓣口面积为3 cm^2，收缩期跨瓣压力阶差＜5 mmHg。当瓣口面积＜1 cm^2，左心室排血受阻、收缩压升高和排血时间延长，左心室壁逐渐肥厚，最后导致左心衰竭。因左心室高度肥厚，心肌耗氧量增大，而主动脉平均压又低于正常，进入冠状动脉的血流量减少，常致供血不足。

2. 临床表现

(1) 症状：轻度狭窄者无明显症状。中重度狭窄者可表现为乏力、眩晕、心绞痛、劳累后气促、昏厥、端坐呼吸、急性肺水肿，还可并发感染性心内膜炎，甚至猝死。

(2) 体征：胸骨右缘第2肋间能扪及收缩期震颤。主动脉瓣区可闻及收缩期喷射性杂音，向颈部传导。重度狭窄者脉搏细小、血压偏低、脉压小。

笔记栏

3. 辅助检查

(1) 心电图：电轴左偏，左心室肥大伴劳损，T波倒置，部分患者出现左束支传导阻滞、房室传导阻滞或房颤。

(2) X线检查：早期心影无改变；病变加重后可见左心室增大，升主动脉扩张；晚期可有肺淤血。

(3) 超声心动图：可显示主动脉瓣增厚、变形，活动度减小和瓣口缩小。

(4) 心导管：可测定跨瓣压力差，造影可显示瓣口、左心室腔大小，是否伴有二尖瓣关闭不全等。

4. 处理原则　临床上呈现心绞痛、昏厥或心力衰竭者，一旦出现症状，病情往往迅速恶化，2～3年内有较高的猝死率，应尽早实施手术。主要手术方式是主动脉瓣置换术。

(四) 主动脉瓣关闭不全

主动脉瓣关闭不全指主动脉瓣膜受损害引起的瓣叶变形、纤维化、增厚、钙化，活动受限，影响瓣叶边缘对合，使瓣口关闭不全，常伴有不同程度的主动脉瓣狭窄。病因主要是风湿热和老年主动脉瓣变性钙化。此外，梅毒、感染性心内膜炎、马方综合征、主动脉夹层等也均可引起主动脉瓣关闭不全。

1. 病理生理　因主动脉瓣关闭不全，左心室在舒张期同时接收来自左心房和主动脉反流的血液而过度充盈，肌纤维伸长、收缩力增强，并逐渐扩大、肥厚。左心室代偿期排血量可高于正常；当功能失代偿时，心排血量减少，左心房和肺动脉压力升高，可导致左心衰竭。由于舒张压低，冠状动脉灌注量减少，而左心室高度肥厚耗氧量增加，可导致心肌供血不足。

2. 临床表现

(1) 症状：早期症状为乏力、心悸、心前区不适、眩晕和头部强烈搏动感；重度关闭不全者常出现心绞痛、气促、阵发性呼吸困难、端坐呼吸或急性肺水肿。

(2) 体征：心界向左下方增大，心尖部可见抬举性搏动。胸骨左缘第3、4肋间和主动脉瓣区可闻及叹息样舒张期杂音，向心尖传导。重度关闭不全者呈现水冲脉，股动脉枪击音，毛细血管搏动等征象。

3. 辅助检查

(1) 心电图：电轴左偏，左心室肥大伴劳损。

(2) X线检查：左心室明显增大，主动脉结隆起，升主动脉和弓部增宽，左心衰竭者可见肺淤血征象。

(3) 超声心动图：主动脉关闭和开放速度均增快，舒张期呈多线。舒张期血液反流入左心室时冲击二尖瓣，可见二尖瓣大瓣高速颤动。多普勒超声检测可估计反流程度。

(4) 心导管：左心导管检查可测定左室舒张末容积、收缩末容积、射血分数、舒张末压等。

4. 处理原则　若患者出现心绞痛、左心衰竭或心脏逐渐扩大，可在数年内死亡，故应尽早施行手术，主要为主动脉瓣置换术。

5. 护理诊断、护理措施　参见本章“第三节　后天性心脏病　二、心脏瓣膜病　(一) 二尖瓣狭窄”相关内容。

案例分析

患者，女性，80岁，因阵发性胸闷半月余入院。既往有冠心病史，心电图检查提示窦性心律，T波改变。心脏彩超检查提示主动脉瓣轻度反流，三尖瓣轻动反流，左室舒张功能减低。入院10 d后在X线下行冠脉造影术＋冠脉支架置入术。造影结果显示：冠脉血供示：左主干未见明显狭窄，前降支迂曲钙化，自开口至中远端弥漫性狭窄，最重80%；回旋支细小，自近段至远段弥漫性狭窄60%～70%；右冠全程不规则，远段弥漫性狭窄，最重80%。

【问题】

(1) 患者术后的主要护理措施？

(2) 如何对该患者进行出院健康指导？

【分析与解答】

1. 主要护理措施

(1) 密切监测：持续心电监测24 h，密切观察心率、心律、血压的变化。观察穿刺部位

笔记栏

有无渗血，自上肢穿刺者，应观察右上肢及胸部有无渗血。自下肢穿刺者应观察足背动脉搏动及皮肤温度情况，若出现足背动脉搏动减弱或消失或皮温异常，应及时报告医师处理，以免造成下肢供血不足引起坏死。

(2) 吸氧：持续高流量吸氧 3～5 d，流量为 4～6 L/min，以后间歇吸氧，流量为 2～3 L/min。

(3) 压迫止血及体位：如为大腿股动脉穿刺，局部需用沙袋压迫 4～6 h，8 h 解压，12 h 制动，尽量不要弯曲和移动该侧大腿，以免穿刺处出血，24 h 可下床活动。如采用桡动脉穿刺，术后应抬高前臂，一般 8 h 可解除加压。定时检查穿刺部位伤口情况。

(4) 当日记录 24 h 出入量。术后适量饮水，以利于造影剂的排出。应用造影剂的患者术后 4 h 排尿应大于 800 mL，以减少造影剂对肾脏的损害。

(5) 术后即可进食，饮食不宜过饱，多吃富含纤维素、维生素的蔬菜水果，24 h 内尽量不吃高蛋白饮食。保持大便通畅。

(6) 常规监测 3 d 体温，每日 4 次，根据需要遵医嘱予抗生素预防感染。

(7) 并发症的观察与护理：① 皮下瘀斑或硬结：如发现穿刺处硬结突然增大、压之疼痛明显，此时需立即通知医生，重新压迫包扎止血，再平卧 12～24 h，必要时还需停用部分抗凝药。② 出血：介入后对于不明原因的心慌、出汗、乏力和面色苍白、心率增快、血压降低都应考虑出血的可能，应立即通知医生。

2. 出院健康指导

(1) 按医嘱服药，术后积极抗血小板治疗，确保手术的长期成功，氯吡格雷与肠溶阿司匹林坚持服用。

(2) 规律性运动有利于保持冠脉通畅，促进缺血区心肌侧支血管生长。术后活动水平应根据术前的身体状况、活动习惯、手术后的心脏情况和所处的环境不同而定，提倡进行有氧运动。如散步、做保健操、打太极拳等，术后一个月内避免过度负重。

(3) 改变饮食：以清淡饮食为主，切忌暴饮暴食或进食过饱。多吃新鲜蔬菜、水果、瘦肉、鸡、鸭、兔、鱼肉、豆制品和奶制品等。不宜常食用或大量食用动物内脏、鱿鱼、蟹黄、蛋黄以及煎炸、烧烤等食品。

(4) 注意保暖，减少感冒，保持情绪稳定，避免大喜大悲或精神抑郁。

(5) 治疗冠心病主要危险因素：积极治疗糖尿病、控制血压、降低血脂。

(6) 控制体重。

(7) 戒烟酒。

(8) 定期复查，不适随诊。

小 结

本章主要讲述了体外循环术后病理生理改变，即凝血机制紊乱、酸碱失衡、重要器官功能减退、电解质失衡；先天性心脏病的分型，即左向右分流型(潜伏青紫型)、右向左分流型(青紫型)、无分流型(无青紫型)；各种先天性心脏病和后天性心脏病的病因、临床表现、处理原则和护理措施。

笔记栏

(张 菁)

第十三章

甲状腺疾病患者的护理

学习要点

- **掌握**：① 甲状腺癌的病理类型；② 甲状腺癌、结节性甲状腺肿的护理诊断、护理措施。
- **熟悉**：甲状腺癌、结节性甲状腺肿的临床表现、治疗要点。
- **了解**：① 甲状腺癌的病因；② 结节性甲状腺肿病理生理特点及甲状腺癌、结节性甲状腺肿的辅助检查。

第一节　甲状腺癌

甲状腺癌是人体内分泌器官和头颈部最常见的恶性肿瘤，其发病率呈逐年上升趋势，女性发病率高于男性。

一、病因

甲状腺癌病因至今尚不清楚，可能与电离辐射、碘缺乏与高碘、遗传、性别和女性激素等因素有关。

二、病理

1. 乳头状腺癌　是甲状腺癌中最常见的一种，占成人甲状腺癌的60%～70%和儿童甲状腺癌的全部。多见于21～45岁女性，生长缓慢，低度恶性，较早出现颈淋巴结转移，但预后较好。

2. 滤泡状腺癌　占15%～20%，常见于50岁左右女性。发展较快，中度恶性，有侵犯血管倾向，颈淋巴结侵犯约占10%，33%可经血运转移到肺、肝、骨及中枢神经系统，预后不如乳头状癌。

3. 未分化癌　是甲状腺癌中恶性程度最高的一种，占5%～10%，多见于70岁左右的老年人。肿瘤发展迅速，约50%早期便有颈淋巴结转移，除侵犯气管、喉返神经或食管外，常经血运向肺、骨等远处转移，预后很差。

4. 髓样癌　仅占7%，来源于滤泡旁细胞(C细胞)，分泌大量降钙素。中度恶性较早出现颈淋巴结转移和血行转移。预后不如乳头状腺癌及滤泡状腺癌，但较未分化癌好。

三、临床表现

笔记栏

1. 症状　乳头状腺癌和滤泡状腺癌初期多无明显症状，髓样癌患者可出现腹泻、颜面潮红、心悸、血钙降低等症状。晚期癌肿常因压迫气管、食管、喉返神经出现呼吸困难、吞咽困难、声音嘶哑；若压迫颈交感神经节链，可引起Horner综合征；若颈丛浅支被侵，患者可有耳、枕、肩等部位的疼痛。有些患者以转移癌为突出表现。

2. 体征　颈部发现孤立性或多发肿块，质地较硬，表面不光滑，边界不清，腺体在吞咽时上下移动度差，可触及同侧颈部转移的肿大淋巴结。

四、辅助检查

1. 实验室检查　测定血清 T_3、T_4、FT_3、FT_4、TSH，必要时还应检测 TGAb、TPOAb、TSAb。甲状腺癌患者甲状腺功能一般正常，少数患者可出现甲亢症状。血清降钙素测定，有助于髓样癌诊断。

2. 影像学检查

(1) 超声检查：可区分结节的实体性或囊肿性，肿块若为实体性并呈不规则反射，则恶性可能性大。

(2) X线检查：胸部及骨骼摄片可了解有无肺、骨转移；颈部摄片可了解有无气管移位、狭窄、肿块钙化及上纵隔增宽。若甲状腺部位出现细小絮状钙化影，可能为癌。

(3) CT和磁共振成像检查：CT检查可以确定结节为囊性、实质性或混合性，与邻近组织的关系，对良、恶性肿瘤的诊断正确率可达86%～96%；磁共振成像有利于发现颈部淋巴结转移。

3. 细针穿刺细胞学检查　将细针穿刺结节并抽吸、涂片，正确率可达80%以上。

4. 甲状腺核素扫描　甲状腺癌的放射性 ^{131}I 或 ^{99m}TC 扫描多提示为冷结节，边缘一般较模糊。

五、临床诊断与治疗

1. 诊断要点　主要根据临床表现，若甲状腺肿块质地硬、固定，颈部淋巴结肿大，或有压迫症状，或存在多年的甲状腺肿块，在短期内迅速增大者，应高度怀疑甲状腺癌。注意与慢性淋巴细胞性甲状腺炎鉴别，细针穿刺细胞学检查有助于诊断。另外，血清降钙素测定可协助诊断髓样癌。

2. 治疗要点　手术是除未分化癌以外各型甲状腺癌的基本治疗方法，根据患者情况辅助应用放射性核素、甲状腺激素及外照射等治疗。

(1) 手术治疗：包括甲状腺本身的切除以及颈淋巴结清扫。目前甲状腺癌的手术方式和切除范围仍有分歧，范围最小的为腺叶加峡部切除，最大至甲状腺全切除，并根据病情及病理类型决定是否加行颈部淋巴结清扫术。

(2) 内分泌治疗：甲状腺癌作次全或全切除者应终身服用甲状腺素片，以预防甲状腺功能减退及抑制 TSH。剂量应保持 TSH 低水平，但不引起甲亢为原则。

(3) 放射性核素治疗：对具有摄碘功能的分化型甲状腺癌，术后应用 ^{131}I 治疗，适用于45岁以上乳头状腺癌、滤泡状腺癌多发性病灶、局部袭性肿瘤及存在远处转移的患者。

(4) 放射外照射治疗：主要用于未分化型甲状腺癌。

六、护理诊断

1. 焦虑或恐惧　与颈部肿块性质不明，担心手术及预后有关。

2. 清理呼吸道低效　与咽喉部及气管受刺激、分泌物增多及切口疼痛有关。

3. 潜在并发症　呼吸困难和窒息、喉返神经损伤、喉上神经损伤、手足抽搐、乳糜漏等。

七、护理措施

笔记栏

1. 术前护理

(1) 心理护理：加强沟通，告知患者甲状腺癌的有关知识，消除其不安和恐惧心理。

(2) 术前准备：配合医师完成术前检查及准备。指导患者练习颈过伸仰卧位及有效咳嗽、排痰；行颈淋巴结清扫术者，剔除其耳后毛发。

2. 术后护理

（1）病情观察：严密监测生命体征，观察切口渗血情况，引流液的量、颜色、性状，颈部有无肿胀，患者的呼吸发音和吞咽情况，判断有无呼吸困难、声音嘶哑、音调降低、误咽、呛咳等并发症的发生。对于行腔镜下甲状腺手术者，应注意观察有无高碳酸血症和酸中毒的症状。

（2）体位与活动：回病室后，取平卧位；麻醉清醒、血压平稳后，改半坐卧位，利于呼吸和引流。卧床期间指导患者翻身变化体位，鼓励其早期下床活动，起床时可将手置于颈后以支撑头部，咳嗽时用手固定于切口两侧以减少震动。

（3）饮食：患者手术后 6 h 无恶心、呕吐，先给少量饮水，若无呛咳等不适，鼓励进食温凉流质饮食，逐步过渡到半流质饮食及软食，禁忌过热饮食，避免引起手术部位血管扩张。

（4）保持呼吸道通畅：床边放置气管切开盘。指导和鼓励患者咳嗽咳痰，以免痰液堵塞气管，必要时遵医嘱予雾化吸入；避免引流管阻塞导致颈部积血，形成血肿压迫气管而引起呼吸困难。

（5）引流管护理：妥善固定引流管；定时挤捏并保持引流管通畅及有效负压；更换引流装置时严格执行无菌操作，避免感染。

（6）并发症观察和护理

1）呼吸困难和窒息：是最危急的并发症，多发生于术后 48 h 内。表现为进行性呼吸困难、烦躁、发绀，甚至窒息。常见原因有切口内出血压迫气管、喉头水肿、双侧喉返神经损伤、气管塌陷。发生上述情况立即进行床边抢救。对于血肿压迫气管时，及时拆除缝线，敞开伤口，迅速去除血肿，结扎出血的血管，再送手术室作进一步止血和其他处理。喉头水肿者立即应用大剂量激素，如氢化可的松 200 mg 静脉滴入。气管塌陷者立即行气管切开术。

2）喉返神经损伤：一侧喉返神经损伤可引起声音嘶哑，双侧喉返神经损伤可引起失声或严重的呼吸困难，甚至窒息，需立即行气管切开术。多数是由于手术处理甲状腺下极时损伤所致，少数是由于血肿压迫或瘢痕组织的牵拉所致。血肿压迫、钳夹或牵拉所致损伤多为暂时性的，经理疗等及时处理后，一般在 3～6 个月可逐渐恢复。

3）喉上神经损伤：损伤外支，可使环甲肌瘫痪，引起声带松弛、声调降低；损伤内支，则使喉部黏膜感觉丧失，患者在进食特别是饮水时，容易发生误咽或呛咳。多在处理甲状腺上极时损伤所致，一般经理疗后可自行恢复。

4）手足抽搐：多在术后 1～3 d 出现。多数患者症状轻且短暂，仅有面部、唇部或手足部针刺样麻木感，2～3 周后，未受损伤的甲状旁腺增生、代偿，症状便可消失。严重者可出现面肌和手足疼痛性痉挛，每日发作数次，每次持续 10～20 min 或更长时间，甚至可发生喉和膈肌痉挛，引起窒息死亡。由于手术时甲状旁腺被误切、损伤或其血供受影响，致血钙浓度下降所致。一旦发生应控制高磷食物，如肉类、蛋类、乳品等。抽搐发作时，立即静脉注射 10%葡萄糖酸钙或氯化钙 10～20 mL。症状轻者口服葡萄糖酸钙或乳酸钙 2～4 g，每天 3 次；症状较重或长期不能恢复者，可补充维生素 D3，以促进钙在肠道中吸收。口服双氢速甾醇能迅速提高血钙含量，降低神经肌肉的应急性。

5）乳糜漏：行颈淋巴结清扫术者，容易损伤胸导管导致乳糜漏。一旦发生，局部加压包扎，禁食，静脉补充水、电解质、蛋白质及维生素。

3. 健康指导

（1）功能锻炼：头颈部在制动一段时间后，可逐步练习活动，如点头、抬头、左右旋转，以促进颈部功能恢复。行颈淋巴结清扫术者，斜方肌不同程度受损，因此切口愈合后应加强肩关节和颈部的功能锻炼，保持患肢高于健侧，防止肩下垂。

（2）心理调适：指导患者调整心态，保持良好情绪，积极配合后续治疗。

（3）甲状腺全切除者遵医嘱坚持服用甲状腺素制剂，定期复查甲状腺功能。

（4）向接受^{131}I 治疗的患者宣教饮食准备和射线防护知识。

（5）定期复诊和随访，若发现颈部结节、肿块及时就诊。

笔记栏

案例分析

患者，男性，32岁，1周前发现右颈前部有一肿块，无明显疼痛，无畏寒发热，无声音嘶哑、无呛咳，无心悸及双手颤抖，无怕热多汗，无易怒，无呼吸、吞咽困难等症状。查体：气管居中，颈软，甲状腺右叶可及一个3.0 cm×2.0 cm大小肿块，质硬，无压痛，表面光滑，边界欠清，随吞咽上下移动。术中快速冰冻报告示：甲状腺乳头状癌。遂行甲状腺全切加中央淋巴结清扫术。现为术后第二天，患者诉嘴角针刺感，手麻。

【问题】

该患者出现了什么并发症？该如何处理？

【分析与解答】

该患者术后出现了手足抽搐。一旦发生应适当限制肉类、乳类和蛋类等食品，因其含磷较高，影响钙的吸收。症状轻者口服葡萄糖酸钙或乳酸钙2～4 g，每日3次；症状较重者或长期不能恢复者，可加服维生素D，每日5万～10万，以促进钙在肠道内的吸收。抽搐发作时，立即遵医嘱静脉注射10%葡萄糖酸钙10～20 mL。

第二节　结节性甲状腺肿

结节性甲状腺肿是甲状腺外科的常见疾病，恶性病变虽不常见，但术前难以鉴别，最重要的是如何避免漏诊癌肿。

一、病理

甲状腺在TSH等多种生长刺激因子的作用下生长并形成结节，结节的形成主要是由于各个甲状腺滤泡细胞对这些生长刺激因子的反应存在异质性。在结节性甲状腺肿发生过程中，一部分对TSH和其他甲状腺生长刺激因子较敏感的滤泡细胞进入有丝分裂周期，产生新的滤泡细胞，这些滤泡细胞继承了父代细胞的高生长潜力，并不断传给下一代细胞，这些具有高生长潜力的成簇滤泡细胞，在甲状腺内分布不均匀，因而形成甲状腺结节。

二、临床表现

不少患者并无症状，而在体格检查时偶然发现。结节性甲状腺肿表现为甲状腺腺体内不均质的增生结节，一般是多发，也可以单发，单发结节包膜不完整。后期可发生囊性变并在局部形成纤维化、钙化等。

三、辅助检查

1. 实验室检查　测定血清T_3、T_4、FT_3、FT_4、TSH，患者甲状腺功能一般正常，少数患者可出现甲减或甲亢症状。

2. 颈部超声检查　是诊断甲状腺肿简便的方法，在评估甲状腺结节良恶性方面，CT和MRI检查不优于超声。

3. 病理组织学检查　细针穿刺活检可进一步明确结节性质，术中冰冻切片病理组织学检查是重要的确诊方法及选择手术方式的依据。

4. 喉镜检查　确定声带功能，一侧喉返神经受累，在呼吸或发音时没有明显的临床症状。

5. 其他　胸骨后甲状腺肿，应摄颈部X线片，以确定气管和食管的受压程度，并可确定甲状

笔记栏

腺肿在胸骨后的范围。

四、临床诊断与治疗

1. *诊断要点*　根据患者的主诉、症状、查体及辅助检查进行综合分析。如患者短期内突然发生的甲状腺结节增大，则可能是腺瘤囊性变出血所致；若过去存在甲状腺结节，近日突然快速、无痛地增大，应考虑癌肿的可能。

2. *治疗要点*　结节性甲状腺肿的治疗是一个多学科问题，对不同年龄、不同性别、不同临床症状和不同影像学表现的患者要采用不同的治疗方式。若能恰当应用细针抽吸细胞学检查，则有利于更准确地选择治疗方法。结节性甲状腺肿手术指征：① 胸骨后甲状腺肿；② 因气管、食管或喉返神经受压引起临床症状者；③ 巨大甲状腺肿影响工作和生活者；④ 结节性甲状腺肿继发甲状腺功能亢进者；⑤ 结节性甲状腺肿疑有恶变者。

五、护理诊断

1. *恐惧*　与颈部肿块性质不明、担心手术及预后有关。
2. *清理呼吸道无效*　与咽喉部及气管受刺激、分泌物增多及切口疼痛有关。
3. *潜在并发症*　呼吸困难和窒息、喉返神经损伤、喉上神经损伤、手足抽搐等。

六、护理措施

1. *术前护理*　参见本章“第一节　甲状腺癌”相关内容。
2. *术后护理*　参见本章“第一节　甲状腺癌”相关内容。
3. *健康指导*

（1）功能锻炼：卧床期间鼓励患者床上活动，促进血液循环和切口愈合。头颈部在制动一段时间后，可开始逐步练习活动，促进颈部功能恢复。

（2）心理指导：术后病理确定甲状腺癌的患者，指导其调整心态，积极配合后续治疗。

（3）用药指导：接受甲状腺全切除术者，遵医嘱坚持服用甲状腺素制剂。

（4）定期复诊：教会患者自行检查颈部；出院后定期随访，监测甲状腺功能。

小　结

甲状腺癌是最常见的甲状腺恶性肿瘤。初期多无明显症状，随着病程进展，癌肿常因压迫喉返神经、气管或食管而出现声音嘶哑、呼吸困难或吞咽困难等，可有淋巴结转移及远处脏器转移。治疗措施以手术治疗为主，辅以放射性核素治疗、内分泌治疗等。甲状腺癌患者术前护理包括心理护理、术前检查及术时体位练习等；术后护理除执行普外科一般护理常规外，需加强呼吸道管理和并发症的观察与护理，包括呼吸困难和窒息、喉返神经损伤、喉上神经损伤、手足抽搐等。

结节性甲状腺肿表现为甲状腺腺体内不均质的增生结节，一般是多发，也可以单发，单发结节包膜不完整。后期可发生囊性变并在局部形成纤维化、钙化等。如结节性甲状腺肿诊断明确且不考虑合并恶性疾病，外科手术切除应严格把握手术适应证。

（袁海娟）

笔记栏

第十四章

乳腺疾病患者的护理

学习要点

- **掌握**：乳腺癌、急性乳腺炎的临床表现及护理诊断、护理措施。
- **熟悉**：乳腺癌、急性乳腺炎的病因和治疗要点。
- **了解**：乳腺癌、急性乳腺炎的病理生理特点和辅助检查。

第一节　急性乳腺炎

急性乳腺炎(acute mastitis)是乳腺的急性化脓性感染，尤以初产妇更为多见，往往发生在产后3～4周。

一、病因

除患者产后抵抗力下降外，还与以下因素有关。

1. 乳汁淤积　乳汁是理想的培养基，乳汁淤积将有利于入侵细菌的生长繁殖。

2. 细菌入侵　乳头破损或皲裂是细菌沿淋巴管入侵致感染的主要途径，细菌也可直接侵入乳管，上行至腺小叶而致感染。多数发生于缺乏哺乳经验的初产妇，也可发生于断奶时。6个月以后的婴儿已长牙，易致乳头损伤。

二、病理生理

一般起初呈蜂窝织炎样表现，数天后可形成脓肿，脓肿可以是单房或多房性。脓肿可向外溃破，深部脓肿还可穿至乳房与胸肌间的疏松组织中，形成乳房后脓肿。

三、临床表现

1. 症状　患者感觉乳房疼痛，随着炎症发展，患者可有寒战、高热、脉搏加快，食欲缺乏等。

2. 体征　患侧乳房局部红肿、发热，有压痛性肿块；常有患侧腋窝淋巴结肿大、压痛；白细胞计数明显增高。

四、辅助检查

笔记栏

1. 实验室检查　血常规可见白细胞计数及中性粒细胞比例升高。

2. 诊断性穿刺　应在压痛最明显的炎症区进行穿刺，抽到脓液表示脓肿已形成，脓液应作细菌培养及药物敏感试验。

五、临床诊断与治疗

1. 诊断要点　根据以上临床表现，本病的诊断并不困难，但要与炎性乳腺癌相鉴别。

2. 治疗要点　包括控制感染，排空乳汁。脓肿形成前以抗生素等治疗为主；脓肿形成后，应及时行脓肿切开引流。

(1) 非手术治疗：① 患乳暂停哺乳，并用吸乳器排空乳汁；理疗、热敷或外敷，外敷药可用金黄散或鱼石脂软膏；局部皮肤水肿明显者可用25%硫酸镁溶液湿热敷。② 早期、足量应用抗生素，首选青霉素，或根据脓液的细菌培养和药物敏感试验结果选用抗生素。③ 服用清热解毒类中药，如野菊花、蒲公英等。④ 感染严重、脓肿引流后或并发乳瘘者终止乳汁分泌。如服用中药炒麦芽、溴隐亭、己烯雌酚或肌注苯甲酸雌二醇。

(2) 手术治疗：脓肿形成后，主要治疗措施是及时作脓肿切开引流。手术时要有良好的麻醉，为避免损伤乳管而形成乳瘘，应做放射状切开，乳晕下脓肿应沿乳晕边缘作弧形切口，深部脓肿或乳房后脓肿可沿乳房下缘作弧形切口。切开后以手指轻轻分离脓肿的多房间隔，以利引流。脓腔较大时，可在脓腔的最低部位另加切口作对口引流。

六、护理诊断

1. 急性疼痛　与乳汁淤积、乳腺炎症、肿胀有关。

2. 体温过高　与乳腺炎症有关。

七、护理措施

1. 术前护理

(1) 缓解疼痛：指导患者暂停患侧乳房哺乳，用吸乳器吸净乳汁；选用宽松、柔软的乳罩拖起乳房，以减轻疼痛和肿胀；局部热敷、药物外敷或理疗，以促进局部血液循环和炎症消退。

(2) 控制感染和降温：定时测量体温、脉搏及呼吸，监测血白细胞计数及中性粒细胞的比例，必要时做血培养及药物敏感试验。遵医嘱及时应用抗生素，观察用药后反应。高热者采用物理降温，必要时遵医嘱应用解热镇痛药物。

2. 术后护理　脓肿切开后，保持引流管通畅，观察引流液变化，及时更换切口敷料。

3. 健康指导

(1) 纠正乳头内陷：乳头内陷者妊娠期应每日挤捏、提拉乳头，纠正内陷。

(2) 保持乳头清洁：妊娠后期每日清洗1次。哺乳前、后应清洗乳头，保持乳头清洁干燥；忌用肥皂、刺激性液体擦洗。

(3) 养成良好哺乳习惯：定时哺乳，两侧乳房轮流哺乳，吸尽一侧乳房后再吸对侧，如有淤积，可手法按摩或用吸乳器排尽乳汁。婴儿不能养成口含乳头入睡的习惯。

(4) 乳头破损或皲裂：应暂停哺乳，用吸乳器吸出乳汁哺育婴儿；局部用温水清洗后涂抗生素软膏，待愈合后再哺乳；症状严重时应及时诊治。

第二节　乳腺癌

乳腺癌是最常见的女性恶性肿瘤，在我国占全身各种恶性肿瘤的7%～10%。近年来，我国乳腺癌发病率呈逐年上升趋势，严重影响广大妇女的健康。

笔记栏

一、病因

乳腺癌病因尚不明确。雌酮及雌二醇与乳腺癌的发病有直接关系。20岁前本病少见，20岁以后发病率迅速上升，45～50岁较高，绝经后发病率继续上升，可能与年老者雌酮含量提高相关。月经初潮早、绝经晚、不孕及高龄初产与乳腺癌发病均有关。一级亲属中有乳腺癌病史者，发病率是普通人群的2～3倍。乳腺小叶上皮高度增生或不典型增生者可能与乳腺癌发病有关。另外，肥胖、高脂饮食，可加强或延长雌激素对乳腺上皮细胞的刺激，从而增加发病机会。北美、北欧地区乳腺癌发病率约为亚、非、拉、美地区的4倍，而低发地区居民移居至高发地区后，第二、三代移民的乳腺癌发病率逐渐上升，提示环境因素和生活方式与乳腺癌的发病有一定关系。

二、病理

1. *非浸润性癌*　包括导管内癌、小叶原位癌、乳头湿疹样乳腺癌、导管内乳头状癌。此型属早期，预后较好。

2. *早期浸润性癌*　包括早期浸润性导管癌、早期浸润性小叶癌、微浸润癌。此型仍属早期，预后较好。

3. *浸润性特殊癌*　包括乳头状癌、髓样癌（伴大量淋巴细胞浸润）、小管癌（高分化腺癌）、腺样囊性癌、黏液腺癌、鳞状细胞癌、浸润性筛状癌、浸润性微乳头状癌等。此型一般分化较高，预后尚好。

4. *浸润性非特殊癌*　包括浸润性导管癌、浸润性小叶癌、大汗腺癌、硬癌、髓样癌（无大量淋巴细胞浸润）、单纯癌、腺癌等。此型一般分化低，预后较差，占乳腺癌类型的80%。

5. *其他罕见癌*　包括炎性乳腺癌、分泌性癌、富脂质癌、印戒细胞癌、黏液表皮样癌、梭形细胞癌等。

三、转移途径

1. *局部浸润*　癌细胞沿导管或筋膜间隙蔓延，继而侵及Cooper韧带和皮肤等周围组织。

2. *淋巴转移*　癌细胞可沿乳房淋巴液的4条输出途径扩散，以腋窝淋巴结转移为主。

3. *血行转移*　癌细胞可经淋巴途径进入静脉，也可直接侵入血循环而致远处转移，最常见的远处转移依次为肺、骨、肝。

四、临床表现

1. *症状*　早期患侧乳房出现无痛、单发的小肿块。晚期癌肿可侵入胸筋膜、胸肌，癌块固定于胸壁不易推动。若癌细胞侵及大片皮肤，可出现多数小结节，彼此融合，呈卫星样围绕原发病灶；有时皮肤可溃破形成溃疡，常有恶臭，容易出血。

2. *体征*　肿块质硬，表面不光滑，与周围组织分界不清楚，不易被推动。随着肿瘤增大，可引起乳房局部隆起。若累及Cooper韧带，可使其缩短而致肿瘤表面皮肤凹陷，即所谓"酒窝征"。邻近乳头或乳晕的癌肿因侵及乳管使之纠缩，可把乳头牵向癌肿一侧，进而使乳头扁平、回缩、凹陷。癌块继续增大，如皮下淋巴管被癌细胞堵塞，引起淋巴回流受阻，出现真皮水肿，皮肤呈"橘皮样"改变。

五、辅助检查

笔记栏

1. *影响学检查*　钼靶X线检查是早期发现乳腺癌的最有效的方法；B超主要用来鉴别囊性或实性病灶；磁共振不仅能提供病灶形态学特征，还能提供血流动力学情况。

2. *活组织病理检查*　目前常用细针穿刺细胞学检查，80%～90%病例可获得较肯定的细胞学诊断，但存在局限性。

六、临床分期

采用国际抗癌协会建议的T(原发癌瘤)、N(区域淋巴结)、M(远处转移)分期法，内容如下。

T_x：原发癌瘤无法评估；T_0：原发癌瘤未查出；Tis：原位癌(非浸润性癌及未查到肿块的乳头湿疹样乳腺癌)；T_1：癌瘤长径≤2 cm；T_2：癌瘤长径＞2 cm，≤5 cm；T_3：癌瘤长径＞5 cm；T_4：癌瘤大小不计，但侵及皮肤或胸壁(肋骨、肋间肌、前锯肌)，炎性乳腺癌亦属之。

N_0：同侧腋窝无肿大淋巴结；N_1：同侧腋窝有肿大淋巴结，尚可推动；N_2：同侧腋窝肿大淋巴结彼此融合，或与周围组织粘连；N_3：有同侧胸骨旁、锁骨上淋巴结转移。

M_0：无远处转移；M_1：有远处转移。

根据以上情况进行组合，可把乳腺癌分为以下各期。

0期：Tis N_0 M_0；Ⅰ期：$T_1N_0M_0$；Ⅱ期：$T_{0\sim1}N_1M_0$，$T_2N_{0\sim1}M_0$，$T_3N_0M_0$；Ⅲ期：$T_{0\sim2}N_2M_0$，$T_3N_{1\sim2}M_0$，T_4任何N M_0，任何T N_3 M_0；Ⅳ期：包括M_1的任何TN。

七、临床诊断与治疗

1. *诊断要点*　结合病史、体格检查、超声、钼靶X线摄片、磁共振显像等进行综合分析。经皮穿刺活检是目前一致认可的最好方法，成为乳腺癌初诊的金标准。

2. *治疗要点*　手术治疗为主，辅以化学药物、内分泌、放射、生物靶向等治疗。

(1) 手术治疗：对病灶局限于局部及区域淋巴结的患者首选手术治疗。目前有五种治疗性手术方式，包括乳腺癌根治术、乳腺癌扩大根治术、乳腺癌改良根治术、全乳房切除术、保留乳房的乳腺癌切除术。其中乳腺癌改良根治术是国内最常用的手术方式，有两种术式，一是保留胸大肌，切除胸小肌；二是保留胸大肌、胸小肌。

(2) 化学治疗：乳腺癌是实体瘤中应用化疗最有效的肿瘤之一。术前化疗目前多用于Ⅲ期病例，可探测肿瘤对药物的敏感性，并使肿瘤缩小，减轻与周围组织的粘连。一般认为辅助化疗应予术后早期应用，联合化疗的效果优于单药化疗，辅助化疗应达到一定剂量，治疗期不宜过长，以6个月左右为宜，能达到杀灭亚临床型转移灶的目的。

(3) 内分泌治疗：对手术切除标本应测定雌激素受体(ER)和孕激素受体(PgR)，激素受体阳性的病例优先应用内分泌治疗。三苯氧胺系非甾体激素的抗雌激素药物，对ER，PgR阳性的绝经后妇女效果尤为明显，同时可减少对侧乳腺癌的发生率。用量为每日20 mg，一般服用5年。该药副反应有潮热、恶心、呕吐、静脉血栓形成、眼部副反应、阴道干燥或分泌物多、少数病例可能发生子宫内膜癌。

(4) 放射治疗：保留乳房的乳腺癌术后，放射治疗是一重要组成部分；单纯乳房切除术后根据患者年龄、疾病分期分类等情况决定是否放疗。根治术后多数认为对Ⅰ期病例无益，对Ⅱ期以后病例可降低局部复发率。

(5) 生物治疗：近年临床上已逐渐推广使用的曲妥珠单抗注射液，系通过转基因技术制备，对HER2过度表达的乳腺癌患者有一定效果。

八、护理诊断

1. *焦虑或恐惧*　与担心疾病预后有关。
2. *自我形象紊乱*　与乳房缺失和化疗脱发有关。
3. *患侧上肢活动受限*　与手术创伤、切口疼痛、瘢痕牵拉有关。
4. *知识缺乏*　缺乏乳房自检、患肢功能锻炼相关知识。
5. *潜在并发症*　皮下积液、皮瓣坏死、患侧上肢水肿等。

笔记栏

九、护理措施

1. 术前护理

(1) 心理护理：关心、尊重患者，向其解释手术的必要性和重要性，请手术成功的患者现身说法，帮助患者度过心理调适期。

(2) 终止妊娠和哺乳：妊娠和哺乳期发生乳腺癌的患者立即终止妊娠和哺乳，以减轻激素的作用。

(3) 术前准备：做好术前常规检查，了解患者重要脏器的功能及手术耐受性。皮肤准备应视切除范围而定。

2. 术后护理

(1) 体位：患者麻醉清醒、生命体征平稳后给予半卧位，有利于呼吸和引流。

(2) 病情观察：严密监测生命体征，观察切口渗血、渗液情况，术侧上肢皮肤颜色和温度、有无肿胀。

(3) 饮食护理：术后 6 h 无恶心、呕吐等麻醉反应者，可正常饮食并保证足够热量和维生素，促进伤口愈合。

(4) 伤口护理：伤口予绷带加压包扎，松紧以容纳一指为宜，注意观察患侧上肢远端血液循环情况，若患者出现手指发麻、皮肤青紫、皮温降低、动脉搏动扪不清，提示腋窝部血管受压，应调节弹力绷带的松紧度；观察皮瓣颜色和创面愈合情况，若皮瓣颜色暗红，表示血液循环不好，可能出现坏死，应及时与医生沟通，配合治疗。

(5) 引流管护理：妥善固定引流管；保持引流通畅；定时挤捏引流管；观察并记录引流液的量、颜色、性状，术后 1～2 d 引出血性液 50～200 mL，以后颜色逐渐变淡，量逐渐减少；更换引流装置时严格执行无菌操作，避免感染。

(6) 预防患肢肿胀：术后勿在患肢测量血压、抽血、静脉注射和皮下注射；平卧时患肢下方垫枕抬高 10°～15°；半卧位时屈肘 90°放于胸腹部；下床活动时患肢用吊带托起，避免下垂，他人扶持时只能扶健侧；向心性按摩患侧上肢或进行握拳，屈、伸肘运动，以促进淋巴回流。

(7) 患肢功能锻炼：术后 24 h 内活动手指及腕部；术后 1～3 d：进行上肢肌肉的等长收缩；术后4～7 d用患侧手触摸对侧肩部及同侧耳朵，鼓励患者用患侧手洗脸、刷牙、进食；术后 1 周，开始作肩关节活动；术后 10 d，循序渐进地作抬高患侧上肢、手指爬墙、梳头等锻炼。应根据患者的实际情况而定，一般以每日 3～4 次，每次 20～30 min 为宜；逐渐增加锻炼内容。

十、健康指导

(1) 指导患者保持乐观向上的情绪，生活起居有规律。

(2) 营养合理，多食蔬菜、水果、豆类食物，不抽烟、不饮酒。

(3) 避免用患侧上肢搬动、提取重物，坚持患侧上肢功能锻炼；避免在患肢测血压、采血、输液和注射；避免患肢任何刺伤、刮伤、刀割伤或抓破皮肤。

(4) 育龄期妇女 5 年内避免妊娠。

(5) 遵医嘱坚持放化疗，放化疗期间避免到公共场所，以减少感染机会，定期复查肝、肾功能及血白细胞计数。

(6) 乳房定期自查，每月月经周期的第 7～10 日，或月经结束后 2～3 d，已绝经的妇女每月固定一日检查。40 岁以上的女性或乳腺癌术后患者每年需行钼靶检查。

1) 视诊：站在镜前取各种姿势，观察双侧乳房大小和外形是否对称，皮肤和乳头有无异常。

2) 触诊：平卧，肩下垫薄枕，一手的示指、中指、无名指并拢，用指腹在对侧乳房进行环形触摸，从外上象限开始，依次为外上、外下、内下、内上象限，然后触摸乳房中央区，注意检查乳头有无溢液，最后检查腋窝有无肿块。用同样的方法检查另一侧，若发现肿块和乳头溢液，应及时就诊。

(7) 指导患者终生随访和复查，并告知佩戴义乳的目的和方法。

笔记栏

案例分析

患者，女性，45 岁，5 年前发现右乳肿块，近 1 年来肿块有所增大，伴有皮肤凹陷 3 个月余，1 周前门诊就诊行钼靶检查提示：右乳腺体实质密度不均匀，右乳外上象限见 1.7 cm×1.8 cm 结节影，病灶境界欠清，可见星芒征，内见密集不均匀点状及沙粒状钙化，拟诊“右乳癌”入院。积极术前准备后施行了右乳癌改良根治术，现为术后第 5 日，引流管在位通畅，淡黄色引流液 30 mL，伤口敷料外观干燥，右上肢轻度肿胀。患者对康复期知识缺乏了解，担心患肢肿胀会影响患肢功能。T 36.9℃，P 77 次/min，R 18 次/min，BP 118/68 mmHg。

【问题】 在该患者出院前，护士如何指导其做好定期乳房自查？除此之外，还要进行哪些健康教育？

【分析与解答】 指导患者每月自查健侧乳房 1 次，在月经干净后 2～3 d 进行，教会患者通过视诊和触诊进行自查，指导其每年行钼靶 X 线摄片检查。除此之外，指导患者做好：① 活动：术后近期避免用患侧上肢搬动、提取重物，继续进行功能锻炼；② 避孕：术后 5 年内应避免妊娠，预防复发；③ 坚持化放疗，增加营养，多食高蛋白、高维生素、高热量、低脂肪的食物；④ 衣着避免过紧，可佩带无重量的义乳；⑤ 定期门诊复查、随访。

小 结

(1) 乳腺癌是常见的恶性肿瘤。早期表现为患侧乳房出现无痛、单发的小肿块；晚期肿块固定，局部出现卫星结节，皮肤破溃；随着肿瘤生长，乳房可出现酒窝征、乳头内陷、橘皮征等乳房外形的改变。治疗措施以手术治疗为主，辅以化疗、放疗、内分泌治疗等。乳腺癌患者术前护理包括心理护理、终止妊娠及哺乳、术前检查及皮肤准备等；术后护理除执行普外科一般护理常规外，需加强伤口护理、引流管护理、患肢护理及功能锻炼。

(2) 急性乳腺炎表现为患侧乳房红肿热痛，有压痛性肿块，随着炎症发展，患者可有寒战、高热、脉搏加快、食欲缺乏等。治疗措施包括控制感染、排空乳汁，脓肿形成前以抗生素等治疗为主；脓肿形成后，应及时行脓肿切开引流。

（袁海娟）

笔记栏

第十五章

门静脉高压症患者的护理

学习要点

- **掌握**：① 门静脉高压症的病因、临床表现、外科治疗原则；② 门静脉高压症常见并发症的预防和护理；③ 食管胃底静脉曲张破裂出血患者的护理。
- **熟悉**：① 门静脉和腔静脉之间的4组交通支、腹水形成的原因；② 门静脉高压症常见的护理诊断/问题。
- **了解**：门静脉高压症的定义、分类。

门静脉高压症是指由于各种原因导致门静脉血流受阻、血液淤滞，门静脉及其分支压力增高，导致脾大伴脾功能亢进、食管胃底静脉曲张破裂出血、腹水等一系列症状的临床综合征。

一、病因

根据门静脉血流受阻部位的不同，门静脉高压症可分为肝前型、肝内型和肝后型。

1. 肝前型　因门静脉主干及其主要属支血栓形成等致门静脉分叉之前血流受阻而引起。肝功能正常或轻度异常。常见病因有感染、创伤和肿瘤引起肝外门静脉血栓；上腹部肿瘤对门静脉或脾静脉的浸润、压迫；小儿门静脉主干先天性畸形。

2. 肝内型　在我国占95%以上。根据血流受阻部位的不同分为窦前型、窦型和窦后型。窦前型以南方多见的血吸虫病肝硬化为代表。窦型和窦后型门静脉高压症在我国最常见。

3. 肝后型　巴德-吉亚利综合征等各种原因导致主要肝静脉流出道被阻塞而引起。

二、病理

1. 脾大、脾功能亢进　门静脉压力增高后，血液淤滞，可出现充血性脾大。长期充血引起脾内纤维组织和脾组织再生，继而发生脾功能亢进。

2. 静脉交通支扩张　① 食管下段、胃底黏膜下静脉曲张：最重要的交通支，压力差最大，因而发生静脉曲张最早且最显著。② 其他交通支曲张：如直肠上、下静脉丛扩张可以引起继发性痔；脐旁静脉与腹上、下深静脉交通支扩张，可以引起前腹壁静脉曲张，甚至海蛇头征。

3. 腹水　形成原因有：① 肝功能减退引起低蛋白血症，使血浆胶体渗透压下降促使血浆外渗是主要原因；② 门静脉压力增高，门静脉系毛细血管床滤过压增高，组织液回吸收减少并漏入腹腔而形成腹水；③ 肝窦和窦后阻塞时，大量肝内淋巴自肝包膜表面漏入腹腔；④ 肝功能损害时，醛固酮和抗利尿激素在肝内灭活减少，血内水平增高，引起水钠潴留。

笔记栏

三、临床表现

1. 呕血和(或)黑便　是常见的危及生命的并发症，约半数患者出现此症状，因食管胃底曲张静脉破裂出血所致。出血部位多在食管下段和胃上端。急性出血时，患者呕吐鲜红色血液，排出柏油样黑便。

2. 脾大、脾功能亢进　巨脾在血吸虫病肝硬化患者中多见。脾大均伴脾功能亢进，引起外周血细胞减少，表现为黏膜及皮下出血。

3. 腹水　表现为腹胀、气急、食欲减退。顽固性腹水很难消退。部分患者可出现腹水感染和脐疝等。

4. 其他　多数患者有疲乏、厌食、无力、恶心呕吐、腹泻、营养不良等症状，少数出现肝性脑病。可有面色灰暗、黄疸、下肢水肿、胸腹壁静脉曲张、颈胸部有蜘蛛痣、肝掌及男性乳腺增生等体征。

四、辅助检查

1. 实验室检查　血常规：外周血细胞减少，白细胞计数 $<3\times10^9/L$，血小板计数 $<(70\sim80)\times10^9/L$，血红蛋白和血细胞比容下降；肝功能：有不同程度的酶谱变化，血红胆红素增加、低蛋白血症、白/球蛋白倒置、凝血酶原时间延长。

2. 影像学检查

(1) 食管吞钡X线检查：食管钡剂充盈时呈虫蚀状改变；排空时呈蚯蚓状或串珠状，阳性率70%～80%。

(2) 胃镜：能确定静脉的曲张程度，以及是否有胃黏膜病变或溃疡等。

(3) B超和多普勒超声：B超可了解肝硬化程度、脾是否肿大、有无腹水等情况。多普勒超声可测定门静脉血流量，是向肝还是逆肝，对确定手术方案有重要参考价值。

(4) CT、MRI检查：CT检查可测定肝体积以推测分流术后肝性脑病发生率；MRI检查可重建门静脉、准确测定门静脉血流方向及血流量，还可将门静脉高压患者的脑生化成分作出曲线并进行分析，为制定手术方案提供依据。

(5) 门静脉造影及压力测定：可准确了解门静脉及其分支情况，特别是胃冠状静脉的形态学改变，并可直接测定门静脉压力。为创伤性检查，较少采用。

五、临床诊断与治疗

1. 诊断要点　依据病史、临床表现及辅助检查进行综合分析。

2. 治疗要点　外科治疗主要是预防和控制急性食管胃底曲张静脉破裂引起的上消化道出血；其次是解除或改善脾大伴脾功能亢进和治疗顽固性腹水。根据具体情况，采用手术治疗或非手术治疗。常用手术方式有分流术和断流术。积极手术止血不仅可以防止再出血，也是预防肝性脑病的有效措施。手术适应证为：① 无黄疸和明显腹水患者发生大出血；② 经非手术治疗24～48 h无效者。

(1) 分流术：手术分非选择性分流和选择性分流两类。常见的非选择性分流术式有：① 近端脾肾静脉分流术；② “限制性”侧侧门腔静脉分流术；③ 肠系膜上、下腔静脉间桥式H形分流术；④ 远端脾肾静脉分流术。门体分流术控制出血的近期及远期效果好，控制出血率达85%～100%，且可缓解胃黏膜病变，不足之处是肝性脑病发生率高。选择性分流术则是选择性地引流脾胃区及食管下段血流而保存向肝血流。该手术早期的肝性脑病发生率较典型的门体静脉分流者低。

(2) 断流术：通过阻断门奇静脉间反常血流达到止血目的。最有效的是脾切除加贲门周围血管离断术。贲门周围血管包括冠状(胃支、食管支和高位食管支，有时还有异位高位食管支)、胃短、胃后、左隔下四组静脉，手术时离断上述静脉及伴行的同名动脉。该手术的缺点是食管、胃底静脉

笔记栏

易再次曲张，再出血率高。

六、护理诊断

1. *焦虑或恐惧*　与大量呕血、肝性脑病、担心病情有关。

2. *体液不足*　与食管胃底静脉曲张大量出血有关。

3. *体液过多*　与腹水、低蛋白血症、门静脉压增高、血浆胶体渗透压降低及醛固酮分泌增加有关。

4. *潜在并发症*　窒息、出血、肝性脑病、肝肾综合征等。

七、护理措施

1. *术前护理*

(1) 心理护理：稳定患者情绪，树立治疗信心积极配合治疗。

(2) 控制出血，维持体液平衡：迅速建立静脉通路，尽快备血、输血，纠正水电解质紊乱并预防过度扩容；冰盐水或冰盐水加去甲肾上腺素胃内灌洗，低温灌洗液可使胃黏膜血管收缩，减少血流，降低胃的分泌及运动而达到止血作用；按时应用止血药；及时清理呕吐物、排泄物以防止误吸。

(3) 病情观察：定时测量生命体征、CVP 和尿量，观察和记录呕血和黑便情况。

(4) 预防和控制食管胃底曲张静脉出血：择期手术术前可输全血，补充维生素 B、维生素 C、维生素 K 及凝血因子；术前一般不放置胃管，手术患者应选择细、软胃管，插管时动作轻柔；注意饮食，避免腹内压增高的因素。

(5) 控制或减少腹水形成：注意休息；注意补充营养，纠正低蛋白血症；限制液体和钠的摄入，每日钠摄入量限制在 500～800 mg(氯化钠 1.2～2.0 g)，少食咸肉、酱菜、罐头等含钠高的食物；遵医嘱合理使用利尿剂，记录 24 h 出入量；每日测腹围一次，每周称体重一次。

(6) 保护肝功能，预防肝性脑病：注意休息与活动；给予高热量、适量蛋白、丰富维生素饮食，可输全血及白蛋白，加强营养支持；常规给氧，保护肝功能；遵医嘱给予保肝药物，避免使用红霉素、巴比妥类、盐酸氯丙嗪等损伤肝功能药物；纠正水、电解质和酸碱失衡，积极预防和控制上消化道出血；防止感染；及时清除肠道内积血，保持肠道通畅；禁忌肥皂水等碱性液灌肠；分流术前 2 日口服肠道杀菌剂，术前晚灌肠。

(7) 积极做好急诊手术的各项准备。

2. *术后护理*

(1) 病情观察：监测生命体征、神志、面色、尿量、引流液的量和颜色等；分流术取自体静脉者，观察局部有无静脉回流障碍；取颈内静脉者观察有无头痛、呕吐等颅内压增高表现。

(2) 休息与活动：断流术后，取半卧位；分流术者取平卧位或低坡半卧位(＜15°)，1 周后可逐步下床活动。

(3) 饮食护理：术后早期禁食，禁食期间予 TPN。术后肠功能恢复后逐步恢复饮食，禁忌过热、过硬等食物。门腔分流术后患者应限制蛋白质摄入量，每日小于 30 g。

(4) 引流管护理：妥善固定引流管；定时挤捏保持引流管通畅；更换引流装置时严格无菌操作，避免感染。

(5) 并发症的观察与护理

1) 出血：观察生命体征，有无伤口出血和消化道出血的情况，膈下置引流管者应注意记录引流液的性状和量，如在 1～2 h 引出 200 mL 以上血性液体应告知医生，妥善处理。

2) 肝性脑病：分流术后须定时测定肝功能并监测血氨浓度；观察有无性格异常、定向力障碍等肝性脑病的表现；观察黄疸是否加深；有无发热、厌食、肝臭等肝功能衰竭表现；保持大便通畅。

3) 感染：常见的感染部位为腹腔、肺和泌尿系统，术后应加强观察。遵医嘱及时使用有效抗生素；膈下置引流管者应保持负压引流系统的无菌、通畅；观察和记录引流液的性状和量；引流液逐日

笔记栏

减少、色清淡、每日少于 10 mL 时可拔管；加强皮肤、会阴、口腔护理等基础护理，防止并发症的发生。

4）静脉血栓：断流术或分流术后均可发生静脉血栓，脾切除术后发生率较高，应定时行 B 超检查。术后应注意监测血常规和凝血功能，如术后血小板上升达 600×10^{9}/L，应观察有无血栓形成迹象，必要时遵医嘱给予阿司匹林、双嘧达莫。分流术后如无严重凝血功能障碍建议抗凝治疗。

3. 健康指导

（1）饮食指导：禁烟酒，少喝浓茶和咖啡；进食高热量、维生素丰富的温凉软食，避免过热、粗糙、干硬、带骨、渣或鱼刺、油炸及辛辣食物；少量多餐，规律进食；肝功能损害较轻者，可酌情摄取优质高蛋白饮食（50～70 g/d）；肝功能严重受损及分流术后应限制蛋白质摄入；有腹水的患者应限制水钠的摄入。

（2）活动指导：合理休息与适当活动，避免过度劳累和剧烈运动，一旦出现头晕、心慌、出汗等应立即卧床休息。

（3）避免引起腹内压增高的因素：如咳嗽、打喷嚏，用力排便，提举重物等，以免诱发出血；

（4）保持情绪乐观，避免精神紧张、抑郁等不良情绪；防止外伤。

（5）定期复诊：指导患者及家属掌握出血先兆和主要急救措施，熟悉紧急就诊的途径与方法。

案例分析

患者，男，54 岁，因“乏力 2 个月，突发呕血 3 次，每次量约 150 mL”急诊入院。既往有乙型肝炎病史 8 年，胃镜检查示：食管胃底静脉重度曲张，B 超示：肝硬化、脾大、腹水。临床诊断：消化道出血。

【问题】

针对该患者，应采取哪些护理措施预防和控制曲张静脉的出血？

【分析与解答】

护理措施：① 择期手术术前可输全血，补充维生素 B、C、K 及凝血因子，以防术中和术后出血；② 术前一般不放置胃管，手术患者必须放置时，宜选择细、软胃管，插入时涂大量润滑剂，动作需轻柔；③ 注意休息；④ 注意饮食，禁烟、酒，避免粗糙、干硬、过热、带刺的食物；⑤ 避免腹内压增高的因素，如剧烈咳嗽、呕吐、打喷嚏或用力排便等。

小　结

门静脉高压症是指门静脉血流受阻、血液淤滞，门静脉及其分支压力增高，导致脾大伴脾功能亢进、食管胃底静脉曲张破裂出血、腹水等一系列症状，主要分肝前型、肝内型和肝后型，常见的病理改变是脾大伴脾功能亢进、静脉交通支扩张和腹水形成。门静脉高压症的主要临床表现有呕血和黑便、脾大伴脾功能亢进、腹水、胃肠道反应、黄疸及蜘蛛痣、肝掌等体征。治疗措施以外科治疗为主，常用的手术方式有分流术和断流术。门静脉高压症患者术前护理包括心理护理、预防和控制出血、控制和减少腹水形成、保护肝功能和急诊手术常规准备等；术后护理主要包括术后早期禁食禁饮、TPN，肠功能恢复后逐步恢复饮食，做好体位和活动的指导，保持引流管通畅，勿折叠、受压、扭曲，更换引流装置时遵循无菌原则，做好并发症的观察和护理。

笔记栏

（谢　萍　张　灿）

第十六章

原发性肝癌患者的护理

学习要点

- **掌握**：① 原发性肝癌的围术期护理要点；② 原发性肝癌术后常见并发症的预防和护理。
- **熟悉**：原发性肝癌的病因、临床表现、转移途径及治疗要点。
- **了解**：原发性肝癌的概念、病理类型。

原发性肝癌是指肝细胞或肝内胆管细胞发生的恶性肿瘤，是我国和某些亚非地区常见的恶性肿瘤。近年来其发病率有明显上升趋势，我国年发患者数约占55%。我国肝癌流行于东南沿海地区，好发于40～50岁，男性多于女性。

一、病因

1. 病毒性肝炎　肝癌患者常有急性肝炎—慢性肝炎—肝硬化—肝癌的病史，研究发现乙型、丙型和丁型3种肝炎与肝癌发病关系密切；我国90%肝癌患者HBV阳性。

2. 肝硬化　我国肝癌合并肝硬化的比率很高，占53.9%～90%，以肝细胞癌合并肝硬化最多见。

3. 黄曲霉素　黄曲霉毒素B_1具有强烈的致癌作用，其诱发动物肝癌已被证实。黄曲霉素主要来源于霉变的玉米和花生等。调查发现，我国肝癌相对高发区多为温湿地带，与进食霉变食物有关。

4. 饮水污染　调查发现，上海市崇明和南汇地区肝癌的发生与不洁饮水有关，各种饮水类型与肝癌发病关系依次为：宅沟水（塘水）＞泯沟水（灌溉水）＞河水＞井水。污水中存在多种致癌或促癌物质，如水藻毒素、氯乙烯等。

5. 其他　亚硝胺类、有机氯农药等均是可疑致癌物质；烟酒、肥胖等亦与肝癌发病有关；肝癌有明显的遗传倾向，呈现家族聚集的特点。

二、病理

1. 大体类型　原发性肝癌的大体病理形态可分为三型：结节型、巨块型和弥漫型，临床以结节型多见。全国病理协作组将原发性肝癌分为结节型、巨块型、弥漫型和小肝癌等四型。

笔记栏

2. 组织学分型　从病理组织上原发性肝癌可分为肝细胞癌、肝内胆管细胞癌和混合型肝癌三类。我国绝大多数原发性肝癌是肝细胞癌（91.5%）。

3. 肿瘤大小　传统上将原发性肝癌分为小肝癌（直径＜5 cm）和大肝癌（直径＞5 cm）。目前，临床上多采用新的分类方法，为微小肝癌（直径≤2 cm）、小肝癌（＞2 cm，≤5 cm）、大肝癌

(>5 cm,≤10 cm)和巨大肝癌(>10 cm)。

4. 转移途径 原发性肝癌预后较差,主要原因是易发生早期转移。原发性肝癌极易侵犯门静脉及其分支,癌栓经门静脉系统形成肝内播散,甚至阻塞门静脉主干引起门静脉高压的临床表现;肝外血行转移最多见于肺,其次为骨、脑等;淋巴转移最多发生于肝门淋巴结,其次为胰周、腹膜后、主动脉旁和锁骨上淋巴结。此外,直接向横膈及附近器官浸润,或癌细胞脱落种植于腹腔也不少见。

三、临床表现

原发性肝癌早期缺乏典型症状和特有体征,有症状者大多已进入晚期。

1. 症状

(1) 肝区疼痛: 约半数以上患者以此为首发症状,是原发性肝癌最常见和最主要的症状,疼痛呈间歇性或持续性胀痛或钝痛,左侧卧位明显,夜间或劳累后加重,主要是由于肿瘤迅速生长,使肝包膜张力增加所致。疼痛部位与病变位置密切相关,如肝右叶顶部癌肿侵犯膈肌时,可致右肩背部牵涉痛;左肝病变时常表现为胃痛。

(2) 全身和消化道症状: 早期常不易引起注意,主要表现为乏力、消瘦、食欲减退、腹胀等,部分患者可伴有恶心、呕吐、发热、腹泻等症状。晚期可有贫血、黄疸、腹水、下肢浮肿、出血等恶病质的表现。

(3) 肝外转移: 如肺、骨、脑等肝外转移灶相应症状。

2. 体征 肝大与肿块是中、晚期肝癌最常见体征,肝肿大呈进行性,质地坚硬,边缘不规则,表面凹凸不平呈大小结节或巨块。晚期常见黄疸和腹水。合并肝硬化者可见肝掌、蜘蛛痣、脾大、腹水和腹壁静脉曲张等。

3. 并发症 肝性脑病、上消化道出血、癌肿破裂出血、肝肾综合征及继发性感染等。

四、辅助检查

1. 实验室检查

(1) 甲胎蛋白(AFP)测定: 是诊断原发性肝癌最常用方法和最有价值标志物。广泛应用于肝癌的普查诊断、判断疗效及预测复发。正常值< 20 μg/L;AFP 诊断标准为: AFP≥400 μg/L 且持续 4 周或 AFP> 200 μg/L 且持续 8 周,并排除妊娠、活动性肝炎、生殖胚胎源性肿瘤及肝样腺癌。

(2) 血清酶学、肝功能及病毒性肝炎检查: 各种血清酶检查对原发性肝癌诊断缺乏特异性和专一性,只能作为辅助指标。常用的有血清碱性磷酸酶(AKP)、γ-谷氨酰转酞酶(γ-GT)等。肝功能异常、乙肝标志或 HCV-RNA 阳性,有助于肝癌的定性诊断。

2. 影像学检查

(1) B 超: 是肝癌定位检查的首选方法,用于高危人群的普查或术中病灶定位。能显示肿瘤部位、大小、形态及肝静脉或门静脉内有无癌栓等,能发现直径 1~3 cm 的病变,诊断准确率高达 90%。

(2) CT、MRI 检查: 能显示肿瘤位置、大小、数目及与周围器官和重要血管的关系,有助于手术方案的制定。CT 具有较高的分辨率能检出直径 1.0 cm 左右的微小肝癌,准确率达 90%以上,有助于微小肝癌的早期发现。MRI 对肝内良、恶性占位性病变,特别是对血管瘤的鉴别优于 CT,且可进行肝静脉、门静脉、下腔静脉和胆道重建成像,可显示这些管腔内有无癌栓。

(3) PET-CT 检查: 局部扫描能精确定位病灶解剖部位及反映病灶生化代谢信息;全身扫描可评估转移情况和了解全身状况,有助于早期发现病灶;治疗前后扫描可了解治疗前后肿瘤的大小和代谢变化。

(4) 发射单光子计算机断层扫描(ECT): ECT 全身骨显像有助于诊断肝癌骨转移。

(5) 肝动脉造影: 能发现 1~2 cm 大小的肝癌及其血供情况,诊断准确率达 95%以上。

笔记栏

3. 肝穿刺活组织检查和腹腔镜探查　在B超引导下行细针穿刺活检可获得肝癌的病理学确诊依据(金标准)，具有确诊的价值，但有出血、肿瘤破裂和肿瘤沿针道转移的危险。适用于经各种检查仍不能确诊，但又高度怀疑或已不适应手术而需定性诊断以指导下一步治疗必要时行腹腔镜检查。

五、临床诊断与治疗

1. 诊断要点　依据患者病史及临床表现，同时结合辅助检查结果进行综合分析。

2. 治疗要点　目前，早期手术切除是原发性肝癌最有效的治疗方法。

(1) 手术治疗：小肝癌手术切除率达80% 以上，术后5年生存率达60%～70%。

1) 肝切除术：遵循彻底性和安全性两个基本原则。常用术式有肝叶切除、半肝切除、三叶切除、肝段或次肝段切除或局部切除等。癌肿局限于1个肝叶内，作肝叶切除；已累及1叶或刚及邻近肝叶者，作半肝切除；若已累及半肝，但无肝硬化者，考虑三叶切除；位于肝边缘的肿瘤，可作肝段或次肝段切除或局部切除；对小肝癌伴有肝硬化者，行距肿瘤2 cm以外切肝的根治性局部肝切除术。肝切除手术一般至少保留正常肝组织的30%，伴有肝硬化者，肝切除量不超过50%。

2) 手术探查不能切除肝癌的手术：可作液氮冷冻、激光气化、微波或作肝动脉结扎插管，以备术后做局部化疗。也可作皮下植入输注泵、术后连续灌注化疗。

3) 根治性手术后复发肝癌的手术：肝癌根治性切除术后5年复发率高，达50% 以上。在病灶局限、患者尚能耐受手术的情况下，可再次手术治疗。复发性肝癌再切除是提高5年生存率的重要途径。

4) 肝移植：原发性肝癌是肝移植手术的指征之一，但远期疗效不理想，一般不考虑。

(2) 非手术治疗：大肝癌则主张先行综合治疗，争取二期手术。

1) 肝动脉栓塞化疗(TACE)：经皮穿刺股动脉插管到肝固有动脉，或选择性插管至肝动脉进行栓塞，经导管注入栓塞剂和抗癌药物。TACE为非手术治疗的首选方法，适于中晚期肝癌不能手术切除者，或不能耐受手术切除。剖腹探查发现癌肿不能切除，或肿瘤姑息切除的后续治疗者，可选择肝动脉和(或)门静脉置泵(皮下埋藏式灌注装置)作区域化疗栓塞。常用栓塞剂为碘油和明胶海绵，常用抗癌药物为氟尿嘧啶、阿霉素等。栓塞化疗后，部分患者癌肿缩小，为二期手术创造条件。

2) 局部消融治疗：适于瘤体小而又无法或不能手术切除者，尤其是肝切除术后早期肿瘤复发者。目前多采用B超引导下经皮穿刺肿瘤内无水乙醇注射、射频消融、微波消融、冷冻治疗、超声聚焦消融治疗等。优点是安全、简便、创伤小，有些患者可获得较好的治疗效果。

3) 放射治疗：适于一般情况和肝功能较好，不伴有肝硬化、黄疸和腹水，无脾亢和食管胃底静脉曲张，无远处转移，肿瘤较局限而又不适宜手术切除者，或手术切除后复发者。

4) 中医中药：辨证施治、攻补兼施，常与其他治疗配合应用，以提高机体免疫力，改善患者全身情况。

5) 生物治疗：主要是免疫治疗，常用胸腺肽、干扰素和白细胞介素-2等。可与化疗等联合应用，此外，还可用免疫活性细胞行过继性免疫治疗，如细胞毒性T细胞和肿瘤浸润淋巴细胞等。

6) 系统治疗：① 分子靶向药物治疗，索拉非尼是一种多靶点、多激酶抑制剂，能延缓进展，延长患者生存期，且安全性好。② 系统化疗，通过口服或静脉途径给药进行化疗，如亚砷酸注射液、奥沙利铂等。

六、护理诊断

笔记栏

1. 预感性悲哀　与担忧手术效果、疾病预后和生存期限有关。

2. 疼痛　与肿瘤迅速生长导致肝包膜张力增加或手术、介入治疗、放疗、化疗后的不适有关。

3. 营养失调　低于机体需要量，与食欲下降、放疗和化疗引起的胃肠道反应、肿瘤消耗等有关。

4. 潜在并发症　出血、肝性脑病、膈下积液或脓肿。

七、护理措施

1. 术前护理

（1）心理护理：理解、安慰患者，鼓励患者说出内心感受和对治疗、护理的需求，尽可能给予满足；对患者家属进行心理支持和具体指导，多陪伴和鼓励患者，使其树立战胜疾病的信心。

（2）疼痛护理。① 科学的评估：询问疼痛的时间、部位、诱因、性质，应用疼痛评估工具评估疼痛程度，如疼痛是否位于肝区，是否呈间歇性或持续性钝痛或胀痛，与体位有无关系，夜间或劳累时是否加重，有无牵涉痛，是否伴随有其他症状。② 用药护理：按照三级止痛原则，遵医嘱给予药物镇痛，并观察药物效果及不良反应。③ 教会患者控制疼痛和分散注意力的方法，如听音乐、交谈等。

（3）改善营养状况：宜进食高蛋白、高热量、高维生素、易消化食物，少量多餐。合并肝硬化有肝功能损害者，适当限制蛋白质摄入；必要时予肠内外营养支持，输注血浆或白蛋白等，补充维生素 K_1 和凝血因子等，以改善贫血、纠正低蛋白血症和凝血功能障碍，提高手术耐受力。

（4）维持体液平衡：对肝功能不良伴腹水者，严格控制水和钠盐的摄入量；遵医嘱合理补液与利尿，注意纠正低钾血症等水电解质紊乱；准确记录 24 h 出入量；每日观察、记录体重及腹围变化。

（5）保肝治疗：遵医嘱予支链氨基酸治疗。避免使用红霉素、巴比妥类等损害肝脏的药物。保证充足的睡眠和休息，禁酒。

（6）预防出血。① 改善凝血功能：合并肝硬化者，术前 3 d 遵医嘱补充维生素 K_1，适当输注血浆和凝血因子，以改善凝血功能，预防术中、术后出血。② 避免导致出血的诱因：如剧烈咳嗽、用力排便等使腹内压骤升的动作和外伤等。③ 预防应激性溃疡出血：应用 H_2 受体阻滞剂。④ 加强腹部观察：对突发腹痛，伴腹膜刺激征者，应高度怀疑癌肿破裂出血的可能，立即汇报医师，积极配合抢救，做好术前准备；对不能手术的晚期患者，可予补液、输血、应用止血剂、支持治疗等综合性治疗措施。

（7）术前准备：除常规腹部手术术前准备外，须做好术中物品准备，如血、血浆、化疗药物、抗生素等。

2. 术后护理　术后一般护理、肝性脑病的观察及护理参见门静脉高压症患者的护理，其他并发症的观察及护理如下：

（1）出血：多发生于术后 48 h 内，是肝切除术后常见的并发症之一。因此，应注意预防和控制出血：① 病情观察：术后 48 h 内专人护理，动态监测生命体征的变化；② 体位与活动：术后血压平稳者可取半卧位，卧床休息 1～2 d，术后不主张早期活动，避免剧烈咳嗽和打喷嚏等，防止肝断面出血；③ 引流管护理：保持引流管通畅，严密观察并记录引流液情况，手术当日肝周引流管可引出鲜红色液体 100～300 mL，若血性液体增多，应警惕腹腔内出血；④ 对症处理：凝血机制障碍性出血，应遵医嘱给予凝血因子，输新鲜血；⑤ 术前准备：若短期内或持续引流较大量的血液，或经输血、输液，患者血压仍不稳定时，应做好再次手术止血的准备。

（2）膈下积液及脓肿：多发生于术后 1 周左右，是肝切除术后严重并发症。术后引流不畅或引流管拔除过早，致使残肝旁积液、积血，或肝断面坏死组织及渗漏胆汁积聚造成膈下积液，若继发感染则形成膈下脓肿。若患者术后出现体温下降后再度升高，或术后发热持续不退，同时伴右上腹部胀痛、呃逆、脉速、血 WBC 升高，中性粒细胞达 90%以上，则可能为膈下积液或脓肿，影像学检查可明确诊断。护理措施：① 预防措施：妥善固定引流管，保持引流通畅，定时更换引流袋，观察引流液情况，适时拔除引流管；② 若膈下脓肿已然形成，可在 B 超引导下穿刺抽脓或置管引流，后者应做好冲洗和吸引护理；取半坐位，以利于呼吸和引流；③ 监测体温变化：高热者予降温处理，鼓励患者多饮水；④ 加强营养支持治疗和抗菌药物的应用护理。

（3）胆汁漏：多因肝断面小胆管渗漏、胆管结扎线脱落或胆管损伤所致。若患者术后有腹痛、发热和腹膜刺激征，切口有胆汁渗出或（和）腹腔引流液含有胆汁，应考虑胆汁漏，予调整引流管，保

笔记栏

持引流通畅，并注意观察引流液量与性质变化；若发生局部积液，应尽早B超定位穿刺置管引流；引起腹膜炎者应尽早手术。

3. 健康指导

(1) 早期预防：禁食霉变食物。做好肝炎防治工作。尤其是肝炎、肝硬化病史者和肝癌高发地区人群应定期健康检查。有肝病史或肝癌家族史的中年以上患者应定期作AFP检测或B超检查，以期早期发现。

(2) 心理护理：保持乐观情绪，建立健康生活方式，树立战胜疾病的信心，遵医嘱坚持综合治疗。晚期患者给予精神支持，减轻患者痛苦，让其平静舒适地度过生命的最后历程。

(3) 合理进食：多食高热量、优质蛋白质、富含维生素和纤维素的食物。食物宜清淡、易消化，避免高脂和刺激性食物。禁烟、酒。若有腹水、水肿，应控制水和钠盐的摄入量。

(4) 用药指导：遵医嘱按时服药，忌服对肝脏有损害的药物。适当应用补益中药，提高机体免疫力。

(5) 做好自我观察和定期复查：如有水肿、体重减轻、出血倾向、黄疸和乏力等症状，应及时就诊。定期随访，第1年每1～2个月复查1次AFP、胸片和B超，以便早期发现临床复发或转移迹象。

案例分析

患者，男，51岁，因右上腹胀痛伴食欲下降3个月入院，既往有慢性乙型肝炎病史10年。CT提示肝右叶脏面5 cm×6 cm大小占位，脑、肺CT未见异常；AFP 1 205 μg/L，肝肾功能正常。遂行肝右叶切除术。目前，患者术后第7 d，体温38.7℃，右上腹部胀痛，白细胞计数13.5×10^9/L。

【问题】

患者可能出现了哪个并发症，针对该并发症，应采取哪些护理措施?

【分析与解答】

患者可能出现了膈下脓肿。

护理措施有：① 协助医师行B超定位引导下穿刺抽脓或置管引流，后者应加强冲洗和吸引护理；② 鼓励患者取半座位，以利于呼吸和引流；③ 严密观察患者体温变化，高热者给予降温处理；④ 加强营养支持；⑤ 抗菌药物的应用护理。

小 结

原发性肝癌早期缺乏特异性表现，肝区疼痛是最常见和最主要的症状，晚期可有局部和全身症状，以及肝内、外转移症状。早期手术切除是治疗原发性肝癌最有效的方法，辅以化疗、放疗、生物治疗、中医中药治疗等。原发性肝癌围术期护理要点包括术前护理和术后护理，术前护理措施包括心理护理、疼痛护理、营养治疗、保肝治疗、预防出血及术前准备等，术后护理措施包括病情观察、饮食护理、引流管护理、并发症的观察及护理。

(谢 萍 张 灿)

笔记栏

第十七章

胆道疾病患者的护理

学习要点

- **掌握**：急性梗阻性化脓性胆管炎、胆管结石围术期护理要点及术后常见并发症的预防和护理。
- **熟悉**：急性梗阻性化脓性胆管炎、胆管结石的病因、临床表现。
- **了解**：急性梗阻性化脓性胆管炎、胆管结石的病理及治疗要点。

第一节　急性梗阻性化脓性胆管炎

急性梗阻性化脓性胆管炎是急性胆管炎的严重阶段，是在胆道梗阻的基础上，并发胆道系统的急性化脓性感染，也称急性重症胆管炎。急性胆管炎和急性梗阻性化脓性胆管炎是同一疾病的不同发展阶段。

一、病因

1. 胆道梗阻　胆道梗阻的原因有：胆管结石、胆道蛔虫、胆管狭窄、胆管及壶腹部肿瘤、先天性胆道解剖异常等，其中胆管结石最常见。胆道梗阻时，胆盐不能进入肠道，易使细菌移位而导致急性化脓性炎症。随着手术及介入治疗的增加，由胆肠吻合口狭窄、PTC、ERCP置放内支架等引起者逐渐增多。

2. 细菌感染　胆道内细菌大多来自胃肠道，以大肠埃希菌等革兰阴性杆菌多见，近年来厌氧菌感染比例也有上升趋势。其感染的主要途径是经十二指肠逆行进入胆道或经门静脉系统入肝到达胆道。

二、病理

急性梗阻性化脓性胆管炎的基本病理改变是肝实质及胆道系统胆汁淤滞和化脓性感染。胆道梗阻及胆道感染造成梗阻以上胆管扩张、胆管壁黏膜肿胀，梗阻进一步加重并趋向完全性；胆道内压力升高，胆管壁充血、水肿、炎性细胞浸润及溃疡形成，管腔内逐渐充满脓性胆汁或脓液，当胆道内压力超过30 cmH_2O时，肝细胞停止分泌胆汁，胆道内细菌和毒素逆行入肝窦，引起肝内胆管和肝细胞化脓性感染；若感染进一步加重，可在肝内形成多发性脓肿及胆道出血；大量细菌和毒素还可经肝静脉进入体循环引起全身化脓性感染和多器官功能损害，导致脓毒血症和感染性休克，甚至引起多器官功能障碍综合征。致病的细菌主要是革兰氏阴性菌，其中以大肠杆菌、克雷伯菌最常见、在革兰氏阳性菌感染中，常见的有肠球菌，25%～30%合并厌氧菌感染。

笔记栏

三、临床表现

多数患者有胆道感染史或胆道手术史。本病发病急，进展快，临床表现除具有 Charcot 三联征（腹痛、寒战高热、黄疸）外，还有休克、中枢神经系统受抑制的表现，称为 Reynolds 五联征。

1. 腹痛　表现为突发的剑突下或右上腹持续性胀痛或绞痛，呈阵发性加重，并向右肩胛下及腰背部放射。肝内梗阻时疼痛较轻，肝外梗阻时腹痛明显。剑突下或右上腹部有压痛，可出现腹膜刺激征；能触及肿大的肝脏和胆囊，肝区有压痛和叩击痛。

2. 寒战、高热　体温持续升高至 39～40℃或以上，呈弛张热。

3. 黄疸　多数患者有不同程度的黄疸，一侧胆管梗阻可不出现黄疸，肝外梗阻时黄疸较明显。

4. 中枢神经系统表现　神志淡漠、嗜睡、谵妄、神志不清，甚至昏迷；合并休克时有烦躁不安、谵妄等表现。

5. 休克表现　出冷汗、口唇发绀，呼吸急促，脉搏细速达 120 次/min 以上，血压迅速下降，出现皮下瘀斑和全身出血点。

6. 胃肠道反应　多数患者伴恶心、呕吐等消化道症状。

四、辅助检查

1. 实验室检查　白细胞计数升高达 20×10^9/L 以上，中性粒细胞比例明显升高，细胞质内有中毒颗粒。肝功能损害，凝血酶原时间延长。动脉血气分析示 PaO_2 下降、氧饱和度降低。常伴有代谢性酸中毒、低钠血症等。

2. 影像学检查　B 超显示肝和胆囊肿大，肝内外胆管扩张及胆管内结石光团伴声影。必要时行 CT 或 MRCP 检查，以了解胆道梗阻部位、程度、结石大小和数量，肝内外胆管扩张情况及病变的性质。

五、临床诊断与治疗

1. 诊断要点　依据患者病史及临床表现，同时结合辅助检查结果进行综合分析。

2. 治疗要点　治疗关键是及时解除胆道梗阻并引流。当胆管内压降低后，患者情况能暂时得到改善，为进一步治疗争取时间。

（1）非手术治疗：非手术治疗期间，若症状不缓解或病情进一步加重，应紧急手术治疗。主要措施有：① 抗休克：补液扩容，维持有效循环血量。及时应用肾上腺皮质激素，必要时应用血管活性药物；② 抗感染：联合应用广谱、有效、足量的抗生素；③ 纠正水、电解质紊乱及酸碱失衡：以等渗或低渗性缺水、代谢性酸中毒常见；④ 对症处理：降温、解痉止痛、营养支持等治疗；⑤ 其他治疗：禁食、胃肠减压等；⑥ 在以上治疗后病情未改善时，应在抗休克的同时行紧急胆道引流治疗。

（2）手术治疗：手术力求简单而有效，多采用胆总管切开减压、T 管引流术。病情允许的情况下，也可行经内镜鼻胆管引流术或 PTBD 治疗。急诊手术常不能完全去除病因，待患者恢复一般情况，1～3 个月后根据病因选择彻底的手术治疗。

六、护理诊断

1. 体液不足　与呕吐、禁食、胃肠减压和感染性休克等有关。

2. 体温过高　与胆道梗阻并继发感染有关。

笔记栏

3. 低效性呼吸型态　与感染中毒有关。

4. 营养失调　低于机体需要量，与胆道疾病致长期发热、肝功能受损及禁食有关。

5. 潜在并发症　胆道出血、胆瘘、多器官功能障碍或衰竭。

七、护理措施

1. 术前护理

(1) 病情观察：观察患者神志、生命体征、腹部体征及皮肤黏膜情况，发现异常，及时汇报医生处理。

(2) 维持体液平衡。① 观察指标：监测生命体征，尤其是体温和血压的变化；准确记录 24 h 出入量，监测中心静脉压和每小时尿量作为补液依据。② 补液扩容：建立静脉通路，尽快补液，恢复有效循环血量。③ 纠正电解质紊乱：监测电解质、酸碱失衡情况，确定补液的量和种类，合理安排补液的速度和顺序。

(3) 维持有效气体交换：监测呼吸功能及血气分析结果的变化，应用有效措施改善缺氧状况。

(4) 维持正常体温：遵医嘱予降温措施；联合应用足量抗生素有效控制感染。恢复正常体温。

(5) 营养支持：禁食期间，通过肠外营养途径改善营养状况。凝血功能障碍者予维生素 K_1 肌内注射。

(6) 做好术前准备工作：积极完善术前相关检查，备好术中用药，按上腹部手术要求进行皮肤准备。

2. 术后护理

(1) 病情观察：观察生命体征、腹部体征及引流的情况，对术前黄疸者，监测血清胆红素变化。

(2) 营养支持：术后禁食期间通过肠外营养途径补充足够的热量、氨基酸、维生素、水和电解质，维持良好的营养状态。拔除胃管后根据其胃肠功能恢复情况，由无脂流质逐渐过渡至低脂饮食。

(3) T 管引流的护理：正常成人胆汁呈黄绿色、清亮、无沉渣、有一定黏性，分泌量为每日 800～1 200 mL。T 管引流的护理措施有：① 妥善固定引流管，以防翻身、活动时牵拉造成管道脱出。② 每周更换引流装置(脓性引流液每日更换)，严格无菌操作，预防感染。③ 定时挤捏引流管，防止管道堵塞，保持引流通畅，防止受压、折叠、扭曲。④ 观察并记录胆汁的色、性状和量，术后 24 h 胆汁引流量为 300～500 mL，恢复饮食后可增至 600～700 mL/d，以后逐渐减少至 200 mL/d；胆汁突然减少或无胆汁引出，提示管道堵塞、受压、扭曲或脱出；胆汁过多，提示可能有胆道下端梗阻；胆汁浑浊，可能是结石残留或胆管炎症未被控制。⑤ T 管一般放置 10～14 d，若患者无腹痛、发热、黄疸、血象、血清胆红素正常，引流量逐渐减少，可考虑拔管。拔管前需试行夹管 1～2 d，夹管期间若无发热、腹痛、黄疸等症状，可经 T 管行胆道造影，证实胆道通畅无结石残留或其他病变，造影后持续引流 24 h 以上方可拔管。若胆道造影发现有结石残留，需保留 T 管 6 周以上，再作取石或其他处理。

(4) 并发症的观察与护理

1) 出血：术后出血可能发生在腹腔或胆管内。腹腔内出血多发生于术后 24～48 h 内，可能与术中血管结扎线脱落、肝断面渗血及凝血功能障碍有关。胆管内出血术后任何时间均可发生，一般与结石、炎症引起的血管壁糜烂、溃疡或术中操作不慎有关。术后早期，胆肠吻合口也极易发生出血，其临床表现与胆管内出血相似，需加以鉴别。护理措施：① 严密监测生命体征及腹部体征，腹腔内出血主要表现为腹腔引流管引出大量血性液体，超过 100 mL/h、持续 3 h 以上并伴有心率增快、血压下降；胆管内出血则表现为 T 管引流出血性胆汁或鲜血，解柏油样便，伴有休克的表现。需立即通知医师，配合抢救。② 遵医嘱予维生素 K_1 10 mg 肌内注射，每日 2 次，改善和纠正凝血功能。③ 对肝部分切除者，术后应卧床 3～5 d，以防肝断面出血。

2) 胆瘘：与胆囊管结扎线松脱、胆管损伤、T 管脱出有关。若患者出现发热、腹痛腹胀和腹膜刺激征，或腹腔引流管引出黄绿色胆汁样液体，常提示胆瘘的发生。护理措施：① 将漏出的胆汁充分引流至体外；② 长期大量漏出者需补充足够的液体和电解质，维持水、电解质平衡；③ 及时更换引流管周围被胆汁浸湿的敷料，予氧化锌软膏涂敷局部皮肤，防止胆汁刺激和损伤皮肤。

笔记栏

3. 健康指导

(1) 饮食指导：进食低脂、高碳水化合物、高蛋白、富含维生素的食物，忌油腻、辛辣食物，少量多餐。

(2) 自我监测：① 非手术治疗患者出院后遵医嘱服药，定期复查，如有不适，及时就诊；② 行胆囊切除者，术后有大便增多的现象，持续数周或数月后可恢复正常；③ 胆管结石易复发，若出现腹痛、黄疸、发热等不适，需及时就诊；④ 中年以上胆囊结石者，应定期复查，防止癌变的可能。

(3) 带管出院患者的指导：① 防止管道受压；② 保护引流管口周围皮肤；③ 观察引流液的量、色和性状；④ 避免提举重物或过度活动，以免牵拉 T 管导致管道脱出；⑤ 定时更换引流管口敷料，淋浴时，用塑料薄膜覆盖引流管口，以防感染；⑥ 出现引流异常或管道脱出时，及时就诊。

第二节 胆管结石

胆管结石为发生在肝内、外胆管的结石。

一、病因与分类

1. *根据结石的成因* 分为原发性胆管结石和继发性胆管结石。原发性结石的成因与胆汁淤滞、胆道感染、胆道异物、胆管解剖变异等有关，以棕色胆色素结石或混合性结石多见。继发性结石主要是胆囊结石排入胆总管内引起，也可因肝内胆管结石排入胆总管引起，胆固醇结石或黑色胆色素结石多见。

2. *根据结石所在部位* 分为肝外胆管结石和肝内胆管结石，发生于肝管分叉部以下的为肝外胆管结石，分叉部以上的为肝内胆管结石。肝内胆管结石主要与胆道感染、胆汁淤滞、胆道解剖变异、营养不良等有关。肝内胆管结石常呈肝段、肝叶分布，多见于肝左外叶及右后叶与此两肝叶的肝管与肝总管汇合的解剖关系致胆汁引流不畅有关。

二、病理

胆管结石所致的病理生理改变与结石的部位、大小及病史长短有关。结石主要导致：① 胆道梗阻：胆管结石致使胆道不同程度的梗阻，阻塞近端的胆管呈不同程度扩张、胆汁淤滞、结石积聚。长时间的梗阻导致梗阻以上的肝段或肝叶纤维化和萎缩，最终引起胆汁性肝硬化和门静脉高压症，甚至癌变。② 急性胆管炎：结石致使胆汁引流不畅，继发胆管内感染，反复感染加重胆管炎性狭窄；急性感染可引起化脓性胆管炎、胆源性肝脓肿、胆道出血及脓毒血症。③ 胆源性胰腺炎：结石嵌顿于壶腹部时可引起急性和(或)慢性胰腺炎。

三、临床表现

1. *肝外胆管结石* 平时无症状或仅有上腹部不适，当结石造成梗阻并继发感染时，可出现 Charcot 三联征表现，即腹痛、寒战高热及黄疸。

(1) 腹痛：发生在剑突下或右上腹部，呈阵发性绞痛，或持续性疼痛阵发性加剧，向右肩背部放射，常伴恶心、呕吐。其原因是结石嵌顿于胆总管下端或壶腹部，刺激胆管平滑肌或 Oddi 括约肌痉挛所致。

(2) 寒战高热：约 2/3 患者病程中出现寒战高热，多发生于剧烈腹痛后，表现为弛张热，体温可高达 39～40℃。胆管梗阻继发感染导致胆管炎，胆管黏膜水肿，加重水肿致胆管内压力增高，细菌和毒素逆行入经毛细胆管入肝窦至肝静脉，再进入体循环引起全身性感染。

(3) 黄疸：胆管梗阻后胆红素逆流入血所致。黄疸时，患者出现尿色变黄、大便颜色变浅和皮

笔记栏

肤瘙痒等症状。黄疸的严重程度取决于梗阻的程度、部位和是否继发感染。部分梗阻时黄疸较轻，完全性梗阻时黄疸较重；合并胆管炎者，其黄疸呈间歇性和波动性，主要是因为胆管黏膜与结石的间隙随炎症的发作及控制而变化。

2. *肝内胆管结石*　可多年无症状或仅有上腹部和胸背部胀痛不适。绝大多数患者因寒战、高热和腹痛就诊。当梗阻和感染发生在某肝叶、肝段胆管时，患者可无黄疸；当结石位于肝管汇合处时可出现明显黄疸。反复胆管炎可致多发性肝脓肿，长期梗阻甚至可致肝硬化，表现为黄疸、腹水、上消化道出血和肝衰竭。体格检查可能仅可触及肿大或不对称的肝脏，肝区有压痛和叩击痛，有其他并发症时则出现相应的体征。

四、辅助检查

1. *实验室检查*　血常规检查白细胞及中性粒细胞，比例明显升高。血清胆红素升高，其中直接胆红素升高明显，转氨酶、碱性磷酸酶升高。尿胆红素升高，尿胆原降低或消失。糖链抗原 CA19－9 或 CEA 明显升高，应高度怀疑癌变。

2. *影像学检查*　首选 B 超，可明确结石大小和部位。CT、MRI 或 MRCP 检查可显示梗阻部位、程度及结石大小、数量等，并能发现胆管癌。PTC、ERCP 为有创性检查，仅用于诊断困难及准备手术的患者。

五、临床诊断与治疗

1. *诊断要点*　依据患者病史及临床表现，同时结合辅助检查结果进行综合分析。

2. *治疗要点*　原则为取尽结石，解除梗阻，去除感染病灶，通畅引流胆汁，预防结石复发。

(1) 肝外胆管结石：应积极外科手术治疗。

1) 胆总管切开取石、T 管引流术：适于单纯胆管结石，胆管上、下端通畅，无狭窄或其他病变者。此法保留正常的 oddi 括约肌功能为治疗肝外胆管结石的首选方法，胆总管下端通畅者取石后放置 T 管(图 17－1)。其目的为：① 引流胆汁和减压，防止胆汁排出受阻，导致胆总管内压力增高、胆汁外漏引起腹膜炎。② 引流残余结石，使胆道内残余结石，尤其是泥沙样结石通过 T 管排出体外；亦可经 T 管行造影或胆道镜检查、取石。③ 支撑胆道，防止胆总管切开处粘连、瘢痕狭窄。

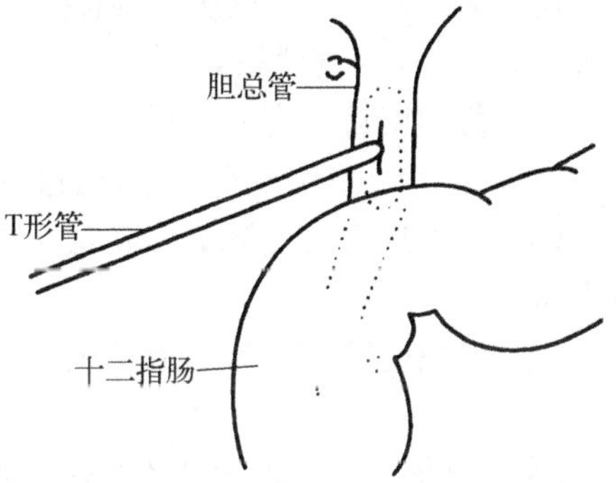

图 17－1　T 形引流管(简称 T 管)

2) 胆肠吻合术：又称胆肠内引流术，行胆总管空肠 Roux-en-Y 吻合，同时切除胆囊。适于胆总管下端严重的良性狭窄或梗阻，狭窄段超过 2 cm，无法用手术方法在局部解除梗阻者。

3) Oddi 括约肌切开成形术：适于胆总管结石并胆管下端短段狭窄(＜1.5 cm)或胆管下端结石嵌顿者。

4) 微创治疗：ERCP 检查的同时行内镜括约肌切开，向胆总管送入取石篮取石。合并胆道感染时，可临时在内镜下安置鼻胆管引流或支撑管。此法操作简便，创伤小，尤其适于结石数量不多、高龄或伴有重要脏器疾病不能耐受手术者。残余结石可在手术 6 周后用胆道镜取石。

(2) 肝内胆管结石：宜采取以手术为主的综合治疗。

1) 肝切除术：切除范围包括结石所在部位、狭窄的胆道、远端扩张的胆管，是治疗肝内胆管结石最常用、最有效的方法。手术适应证有：① 肝区域性的结石合并纤维化、萎缩、脓肿和胆瘘；② 难以取净的肝叶、肝段结石并胆管扩张；③ 不易手术的高位胆管狭窄伴近端胆管结石；④ 局限于一侧的肝内胆管囊性扩张；⑤ 局限性结石合并有胆管出血；⑥ 结石合并癌变的胆管。

2) 胆管切开取石术：单纯胆管切开取石术很难完全取尽肝内胆管结石，该术式仅用于胆道减压和引流，一般只适于肝内胆管无扩张、未合并狭窄、结石在较大胆管或并发急性胆管炎者。

笔记栏

3）胆肠吻合术：常用肝管空肠 Roux-en-Y 吻合术。适于胆总管扩张超过 2.5 cm，下端梗阻难以解除但上段胆管通畅者；结石呈泥沙样不易取尽，有残留结石或结石复发者。是治疗肝内胆管结石合并胆管狭窄、恢复胆汁通畅的有效手段。

4）肝移植术：适于全肝胆管充满结石无法取尽，且肝功能严重损害危及患者生命时。肝内胆管结石伴全肝胆管硬化性胆管炎、囊性扩张症、肝硬化及门静脉高压等合并症时，也应考虑行肝移植术。

六、护理诊断

1. 急性疼痛　与结石嵌顿致胆道梗阻、感染及 Oddi 括约肌痉挛等有关。
2. 体温过高　与胆管结石梗阻导致胆道感染有关。
3. 营养失调　低于机体需要量，与摄入不足、疾病消耗及手术创伤等有关。
4. 有皮肤完整性受损的危险　与胆管梗阻、胆盐沉积致皮肤黄染、瘙痒及术后胆汁漏有关。
5. 潜在并发症　出血、胆瘘、感染等。

七、护理措施

1. 术前护理

(1) 病情观察：观察患者有无寒战、高热、腹痛、黄疸等情况，发现异常立即汇报医师，积极处理。

(2) 缓解疼痛：观察疼痛部位、性质、发作时间、诱因及缓解的相关因素，对诊断明确且疼痛剧烈者，予消炎利胆、解痉镇痛药物。禁用吗啡，以免引起 Oddi 括约肌痉挛。

(3) 降低体温：根据患者体温情况采取降温措施，如物理降温和(或)药物降温；联合应用足量的抗生素，有效控制感染，恢复正常体温。

(4) 营养支持：给予低脂、高蛋白、高碳水化合物、高维生素的普通饮食或半流质饮食。禁食、不能经口进食或进食量不足者，通过肠外营养途径补充足够的营养。

(5) 纠正凝血功能障碍：肝功能受损者肌内注射维生素 K_1 10 mg，每日 2 次，纠正凝血功能，预防出血。

(6) 保护皮肤完整性：指导患者修剪指甲，不可用手抓挠皮肤。保持皮肤清洁，用温水擦浴，穿棉质衣裤。瘙痒剧烈者，遵医嘱使用外用药物和(或)其他药物治疗。

2. 术后护理　参见本章“第一节　急性梗阻性化脓性胆管炎”相关内容。

3. 健康指导　参见本章“第一节　急性梗阻性化脓性胆管炎”相关内容。

案例分析

患者，女，48 岁，因反复右上腹隐痛 3 年，加重 2 d 入院，B 超提示：胆囊结石、胆总管结石，诊断为：胆管结石、胆囊结石，遂行胆囊切除＋胆总管切开取石＋胆道镜检查＋T 管引流术。

【问题】

患者目前术后第 1 日，针对 T 型引流管，应采取哪些护理措施？

【分析与解答】

护理措施：① 妥善固定引流管，以防管道滑脱；② 保持引流通畅，防止管道阻塞；③ 定期更换引流装置，严格执行无菌操作；④ 保护引流管口周围皮肤；⑤ 观察并记录胆汁的颜色、量及性状；⑥ 拔管的护理：拔管前先试行夹管 1～2 d；夹管期间观察患者有无发热、腹痛、黄疸等异常情况，若无异常情况，可经 T 管行胆道造影，证实胆管内无残余结石、胆管远端通畅后开放引流 24 h 方可拔管。

笔记栏

小　结

急性梗阻性化脓性胆管炎是在胆道梗阻的基础上，并发胆道系统的急性化脓性感染，基本的病理改变是肝实质及胆道系统胆汁淤滞和化脓性感染。临床表现除具有 Charcot 三联征(腹痛、寒战高热、黄疸)外，还有休克、中枢神经系统受抑制的表现，称为 Reynolds 五联征。治疗关键是及时解除胆道梗阻并引流，主要以手术治疗为主。急性梗阻性化脓性胆管炎患者术前护理包括病情观察、维持体液的平衡和有效的气体交换、积极做好术前准备工作，术后护理除常规的腹部手术后护理常规，还用做好 T 管引流的护理，确保引流通畅。

胆总管结石是指发生在肝内、外胆管的结石，根据结石成因分为原发性结石和继发性结石，根据结石所在部位的不同分为肝外胆管结石和肝内胆管结石，呈肝段、肝叶分布，且左侧多于右侧。肝内胆管结石平时无症状或仅有上腹部不适，当结石造成梗阻并继发感染时，可出现 Charcot 三联征，肝内胆管结石可多年无症状或仅有上腹部和胸背部胀痛不适。肝内外胆管结石的治疗措施均以手术治疗为主。胆总管结石的术前护理包括病情观察、降低体温、缓解疼痛、营养支持和纠正凝血功能障碍等，术后护理措施除常规的腹部手术后护理常规，也应做好 T 管引流的护理，确保引流通畅。

(谢　萍　张　灿)

笔记栏

第十八章

胰腺肿瘤患者的护理

学习要点

- **掌握**：胰腺肿瘤患者围手术期的护理要点。
- **熟悉**：胰腺肿瘤和壶腹部癌的临床表现、辅助检查及治疗要点。
- **了解**：① 胰腺癌和壶腹部癌的概念。② 胰腺肿瘤和壶腹部癌的病理分型和转移途径。

第一节 胰 腺 癌

胰腺癌是一种较常见的消化道恶性肿瘤，发病隐匿，进展迅速，近年来，其发病率有明显增高的趋势。多发生于40～70岁中老年人，男性多于女性。90%的患者诊断后1年内死亡，5年生存率仅为1%～3%。

胰腺癌好发于胰头部(约占75%)，其次为胰体尾部，全胰癌少见。该病早期诊断困难，手术切除率低，预后很差。

一、病因

胰腺癌病因尚不确定，可能与下列因素有关。

1. 饮食　高蛋白、高脂肪摄入及嗜酒、吸烟者。
2. 职业环境因素　长期接触某些金属、石棉、N-亚硝基甲烷、β-萘酚胺的人群。
3. 病史　糖尿病、慢性胰腺炎患者胰腺癌的发病率明显高于一般人群。
4. 遗传因素　胰腺癌患者的亲属患胰腺癌的危险性增高。

二、病理

导管细胞腺癌占90%，其次为腺泡细胞癌，黏液性囊腺癌和胰母细胞癌等较少见。导管细胞腺癌致密而坚硬，浸润性强；切面呈灰白色或灰黄色，常伴有纤维化增生及炎症反应，与周围胰腺组织无明确界限。胰腺癌转移和扩散途径主要为局部浸润和淋巴转移，也可经血行转移至肝、腹膜、肺、骨等处。

笔记栏

三、临床表现

1. 上腹痛　是常见或首发症状。腹痛剧烈，呈持续性，常位于左上腹或脐周，向腰背部放射，仰卧位时加重，夜间加剧，屈膝卧位可稍有缓解。腹痛主要原因是由于肿瘤压迫致胰管梗阻引起胰管内压力增高，甚至小胰管破裂，胰液外溢至胰腺组织呈慢性炎症所致。晚期因癌肿侵及腹膜后神经组织。

2. 黄疸　是胰头癌最主要的临床表现，呈进行性加重。癌肿距胆总管越近，黄疸出现越早；胆道梗阻越完全，黄疸越深。大多数患者出现黄疸时已属中晚期，多伴有皮肤瘙痒、茶色尿和陶土色大便。黄疸伴无痛性胆囊增大称库瓦西耶征，对胰头癌具有诊断意义。

3. 消化道症状　早期常有食欲减退、上腹饱胀、消化不良、腹泻等症状；部分患者可出现恶心、呕吐。晚期癌肿浸润或压迫胃十二指肠，可出现上消化道梗阻或消化道出血。

4. 消瘦和乏力　随着病程进展，患者消瘦乏力、体重呈进行性下降，同时伴有贫血、低蛋白血症等。

5. 其他　可出现发热、胰腺炎发作、糖尿病、脾功能亢进及血栓性静脉炎等。

6. 体征　肝大、胆囊肿大、胰腺肿块可在左上腹或脐周闻及血管杂音。晚期可出现腹水或扪及左锁骨淋巴结肿大。

四、辅助检查

1. 实验室检查

(1) 血清生化检查：继发胆道梗阻或出现肝转移时，血清胆红素升高常超过 256.5 μmol/L，以直接胆红素升高为主，碱性磷酸酶和转氨酶升高；空腹或餐后血糖升高及糖耐量异常；血、尿淀粉酶一过性升高。

(2) 免疫学检查：大多数胰腺癌血清学肿瘤标志物可升高，包括 CA19-9、CEA、胰胚抗原、胰腺癌特异抗原及胰腺癌相关抗原，但是，目前尚未找到特异性的胰腺癌标志物。CA19-9 对胰腺癌敏感性和特异性相对较好，常用于评估疗效、术后随访和监测肿瘤复发。

2. 影像学检查

(1) B 超：是首选检查方法，可发现直径≥2.0 cm 的胰腺癌，可显示胆、胰管扩张。

(2) CT、MRI：CT 检查是诊断胰腺癌的重要手段，能清楚显示胰腺形态、肿瘤部位、肿瘤与邻近血管的关系及后腹膜淋巴结转移情况。MRI 诊断胰腺癌敏感性和特异性较高，显示胰腺肿块的效果较 CT 更好。

(3) MRCP：MRCP 可显示胰胆管扩张、梗阻情况，具有重要诊断意义。

(4) ERCP：可显示胆管或胰管狭窄或扩张，并能进行活检；同时还可经内镜放置鼻胆管或内支架引流，以达到减轻胆道压力和术前减黄的目的。

(5) 经皮肝穿刺胆囊造影(PTC)：显示梗阻部位、胆管扩张程度及受累胆管改变等。经皮肝穿刺胆管引流术(PTCD)能引流淤滞的胆汁，减轻黄疸，保护肝肾脏器功能。

五、临床诊断与治疗

1. 诊断要点　依据病史、临床表现及辅助检查进行综合分析。做 ERCP 时收集胰液查找癌细胞，以及在 B 超或 CT 引导下经皮细针穿刺胰腺病变组织行细胞学检查，具有诊断价值。

2. 治疗要点　根治性手术切除是有效的治疗方法。尚无远处转移的胰头癌，均应争取手术切除。

(1) 胰十二指肠切除术(Whipple 手术)：是腹外科最复杂的手术之一，胰头癌可行胰十二指肠切除术。手术切除范围包括胰头(含钩突部)、胆囊和胆总管、远端胃、十二指肠及空肠上段 10 cm 处，同时清除周围淋巴结，再做胰、胆和胃肠吻合，重建消化道。

(2) 保留幽门的胰头十二指肠切除术(PPPD)：即保留全胃、幽门和十二指肠球部，其他切除范围和经典 Whipple 手术相同。适用于幽门上下无淋巴结转移、十二指肠切缘无癌细胞残留的壶腹周围癌。术后生存期与 Whipple 手术相似。PPPD 避免了胃大部切除并发症，有利于改善术后营养状态。

(3) 胰体尾部切除术：适用于胰体尾部癌，因确诊时多属晚期，故切除率较低。

笔记栏

(4) 姑息性手术：适用于高龄、已有肝转移、肿瘤已不能切除或合并明显心肺功能障碍不能耐受手术的患者。用胆肠内引流术或经内镜放置内支架以解除胆道梗阻，减轻黄疸；用胃空肠吻合术解除或预防十二指肠梗阻，以保证消化道通畅；为减轻疼痛，可在术中行内脏神经节周围注射无水乙醇的化学性内脏神经切断术或腹腔神经节切除术。

六、护理诊断

1. *焦虑*　与对手术治疗缺乏信心及担心预后有关。
2. *急性疼痛*　与胰管梗阻、癌肿侵犯腹膜后神经丛及手术创伤有关。
3. *营养失调*　低于机体需要量，与食欲下降、禁食、呕吐及癌肿消耗有关。
4. *潜在并发症*　感染、出血、胰瘘、胆瘘、血糖异常等。

七、护理措施

1. *术前护理*

(1) 心理护理：多数患者就诊晚，手术机会小，预后差，易产生否认、悲哀、愤怒等不良情绪，护理人员应尊重、理解并鼓励患者，帮助其和家属树立战胜疾病的信心。

(2) 疼痛护理：评估疼痛的性质，疼痛剧烈者，及时使用镇痛药，观察药物疗效及不良反应保证患者良好睡眠及休息。

(3) 改善营养状态：监测相关营养指标。指导患者进食高热量、高蛋白、高维生素、低脂饮食。营养不良者，可经肠内和(或)肠外营养途径改善患者营养状况。

(4) 改善肝功能：遵医嘱予保肝药、复合维生素 B 等；静脉输注高渗葡萄糖加胰岛素和钾盐，增加肝糖原储备。有黄疸者，静脉输注维生素 K_1，改善凝血功能。

(5) 控制血糖水平：血糖异常者，通过调节饮食和注射胰岛素控制血糖。

(6) 其他准备：予肠道准备，有胆道梗阻并继发感染者，遵医嘱使用抗生素。

2. *术后护理*

(1) 病情观察：监测生命体征、腹部体征、伤口及引流情况，记录 24 h 出入量，监测 CVP 及每小时尿量。

(2) 体位与活动：全麻清醒后半卧位。

(3) 饮食护理：禁食期间给予肠外营养支持，维持水、电解质平衡，必要时输注人血白蛋白。拔除胃管后予以流质、半流质饮食，逐渐过渡至正常饮食。胰腺术后，胰外分泌功能减退，易发生消化不良、腹泻等，应根据胰腺功能予消化酶制剂、维生素 B。

(4) 并发症的观察与护理：可能会有感染、胰瘘、胆瘘、出血及血糖异常的发生。

1) 感染：腹腔内局部细菌感染最常见，还可合并全身感染。术后严密观察患者有无高热、腹痛和腹胀、白细胞计数升高等。合理使用抗生素，加强全身支持治疗。

2) 胰瘘：是胰十二指肠切除术后最常见的并发症和死亡的主要原因，可出现腹痛、腹胀、发热、腹腔引流液内淀粉酶增高等。护理措施：① 取半卧位，促进引流和液体的局限。② 保持引流通畅，妥善固定，定时挤捏引流管，防止引流管受压、折叠、扭曲和堵塞，确保引流有效。③ 禁食、胃肠减压，抑制胰腺的外分泌。④ 遵医嘱使用生长抑素、H_2受体拮抗剂等，抑制胰腺的内分泌。⑤ 观察患者的腹部体征、生命体征和局部皮肤的情况，观察引流液的颜色、性状和量，并准确记录。⑥ 必要时作腹腔灌洗引流，防止胰液积聚腐蚀内脏和大血管或继发感染，做好灌洗引流的护理。

3) 胆瘘：表现为发热、腹痛及胆汁性腹膜炎症状。

4) 血糖异常：术后动态监测血糖水平，对合并高血糖者，调节饮食并遵医嘱注射胰岛素；出现低血糖者，适当补充葡萄糖，控制血糖在适当水平。

笔记栏

3. 健康指导

（1）自我监测：年龄 40 岁以上者，出现上腹部疼痛、腹胀、黄疸、食欲减退等症状，需行胰腺疾病筛查。

（2）合理饮食：戒烟酒，少量多餐，监测血糖、尿糖变化。

（3）定期复诊与随访：化疗期间定期复查血常规，尤其白细胞和血小板；术后每 3～6 个月复查一次，若出现贫血、发热、黄疸等症状，及时就诊。

第二节　壶腹部癌

壶腹部癌是发生于胆总管末端、Vater 壶腹部及十二指肠乳头的恶性肿瘤。临床表现与胰头癌有很多共同之处，故统称为壶腹周围癌。壶腹部癌临床症状出现较早，较易发现和早期诊断，其恶性程度低于胰头癌，因此手术切除率和 5 年生存率均明显高于胰头癌，壶腹部癌；组织类型以腺癌最多见，其次为乳头状癌、黏液癌等。淋巴转移比胰头癌出现晚，远处转移多至肝。壶腹癌：黄疸出现早，呈波动性，与肿瘤坏死脱落有关，因此黄疸深浅呈波浪式变化是本病的特点。ERCP 可见十二指肠乳头隆起的菜花样肿物，胆管与胰管汇合处中段，其上方胆胰管扩张。胆总管下端癌：恶性程度较高，胆管壁增厚或呈肿瘤样，致胆总管闭塞，黄疸出现早，呈进行性加重，伴有陶土色大便。ERCP 胆管不显影或梗阻上方胆管扩张，其下端中断，胰管显影可正常。十二指肠腺癌：来源于十二指肠黏膜上皮，胆道梗阻不完全，黄疸出现较晚，黄疸不深，进展较慢。壶腹周围癌的手术方式与胰头癌相同，行胰十二指肠切除术或 PPPD，远期效果较好，5 年生存率达 40%～60%。

第三节　胰岛素瘤

胰岛素瘤指因胰岛 β 细胞瘤或 β 细胞增生造成胰岛素分泌过多，进而引起以血糖浓度低为特点的综合征，其胰岛素分泌不受低血糖抑制。胰岛素瘤是一种罕见肿瘤，但在胰腺内分泌肿瘤中最常见。95%为良性，单发肿瘤约占 92%，直径多为 1～2 cm。任何年龄均可发病，男性多于女性。

一、临床表现

主要表现为肿瘤释放过量胰岛素所致的低血糖综合征。

典型症状为清晨自发性低血糖，也可由进餐延误、运动、劳累、精神刺激或发热等诱发，给予葡萄糖后症状缓解。为避免发作，患者常因加餐而致肥胖。① 低血糖诱发儿茶酚胺释放症：表现为心慌、震颤、面色苍白、出汗、心动过速、饥饿等；② 神经性低血糖症：因低血糖造成脑组织缺乏葡萄糖而引起的症状，表现为人格改变、精神错乱、癫痫发作和昏迷等。

二、实验室及其他辅助检查

1. 实验室检查　① Whipple 三联症：即空腹时低血糖症状发作，空腹或发作时血糖低于 2.8 mmol/L，口服或静脉注射葡萄糖后症状缓解。② 空腹血糖测定：反复测空腹血糖可低至 2.2 mmol/L 以下。③ 葡萄糖耐量试验：可呈低平曲线。④ 血清胰岛素水平：正常情况下空腹免疫活性胰岛素几乎测不到，90%胰岛素瘤患者空腹免疫活性胰岛素水平＞ 25 μU/mL。⑤ 胰岛素与血糖比值测定：禁食后胰岛素血糖比值＞0.4。

笔记栏

2. 影像学检查　B超、CT、MRI检查对直径＞2 cm的肿瘤诊断率较高，当肿瘤＜1 cm时难以发现。增强CT可提高小瘤灶检出率；EUS对小的胰腺内分泌肿瘤定位阳性率可达80%～90%。

三、临床诊断与治疗

一旦确诊，应尽早手术切除。术中不能摘除干净或有转移的恶性胰岛素瘤及无法手术治疗患者，可予药物治疗，如链佐星、氟尿嘧啶、多柔比星、干扰素等，联合化疗效果优于单一化疗。

四、护理诊断

1. 焦虑　与低血糖引起的全身症状及缺乏疾病相关知识有关。
2. 营养失调　高于机体需要量，与血糖水平降低后过量进食有关。
3. 有血糖水平不稳定的危险　与术前过量胰岛素释放、术后应激反应有关。
4. 有受伤的危险　与频繁发作的低血糖致神经、精神异常有关。

五、护理措施

1. 术前护理
(1) 心理护理：向患者及家属讲解低血糖症状及处理方法。
(2) 饮食护理：详细了解患者已有的加餐规律，提醒和督促患者按时加餐，避免低血糖发作。
(3) 血糖监测：遵医嘱定时监测血糖，当患者出现心悸、出冷汗、心慌、意识障碍等症状时，急查血糖，手术当日空腹测血糖值，作为术中血糖及胰岛素监测的基础值。

2. 术后护理　一般护理同术前，并发症(高血糖或低血糖)观察及护理如下：术后部分患者因正常胰岛分泌未及时恢复，加上机体出现应激反应，可发生血糖升高；也可因肿瘤未切净而出现低血糖。术后应动态监测血糖，血糖升高时遵医嘱使用胰岛素，维持血糖在正常范围；若术后仍有低血糖，应查明原因，必要时使用药物治疗。

3. 健康指导
(1) 加强低血糖症状的自我观察，随身携带含糖食品，如糕点或糖果等。
(2) 家属应了解患者低血糖好发时间和常见症状，并及时给予含糖食品。若发现患者出现大汗淋漓、神志淡漠等严重低血糖症状时，应及时送医院急救。
(3) 教会患者自测血糖。

案例分析

患者，男，60岁，因“发现黄疸2个月、伴进行性加重10 d”入院，诊断为胰头癌，行胰十二指肠切除术治疗，患者术后第五日出现发热，体温38.5℃，伴明显腹痛、腹胀，腹腔引流管引流量增加，为清亮、无色透明液体。

【问题】

(1) 患者最可能出现的并发症是什么？

(2) 针对上述并发症，应采取哪些护理措施？

【分析与解答】

(1) 患者最可能出现的并发症是胰瘘。

(2) 护理措施：① 根据胰瘘的程度，采取禁食，胃肠减压，静脉泵入生长抑素等措施，减少胰腺外分泌、降低酶活性、保护胰腺细胞；② 与肠外(或)肠内营养支持，改善患者营养状况；③ 严密观察引流液的颜色、性状、量，准确记录；④ 采取半卧位，保持引流通畅；⑤ 保护腹壁瘘口周围皮肤，如涂抹氧化锌软膏，保持敷料清洁干燥等。

笔记栏

小 结

胰腺癌是消化系统常见的恶性肿瘤，早期无特异性症状，仅有上腹不适、饱胀、食欲减退等消化不良症状；中晚期以上腹痛、黄疸为主要症状，晚期肿瘤可侵犯周围组织引起转移症状。治疗措施以手术治疗为主，辅以化疗，介入，放射治疗、基因治疗及免疫治疗等。患者术前准备包括呼吸道准备、胃肠道准备及心理护理等；术后护理除常规普外科护理外，需加强出血、感染、胆漏、胰瘘等并发症的观察。

（谢 萍 张 灿）

笔记栏

第十九章

胃十二指肠疾病患者的护理

学习要点

- **掌握**：① 胃十二指肠溃疡急性穿孔治疗要点及护理措施；② 胃癌的诊断要点、手术方式、护理措施。
- **熟悉**：① 胃十二指肠溃疡急性穿孔、胃癌的临床表现；② 胃十二指肠疾病术后并发症的临床表现和处理；③ 胃间质瘤和胃淋巴瘤的临床表现、治疗要点、护理措施。
- **了解**：① 胃十二指肠溃疡急性穿孔、胃癌的病因；② 胃癌的病理与分型；③ 常见胃良性肿瘤类型和临床表现。

第一节 胃十二指肠溃疡急性穿孔

胃十二指肠溃疡急性穿孔是活动期胃十二指肠溃疡向深部侵蚀、穿破浆膜的结果。穿孔可引起化学性腹膜炎和腹腔内大量液体渗出，细菌繁殖后逐渐发展成化脓性腹膜炎。十二指肠溃疡穿孔较胃溃疡穿孔多见，占溃疡急性穿孔的90%，穿孔多发生在十二指肠球部前壁。

一、病因

溃疡活动期，其基底部组织发生坏死，成为薄弱之处。在过度劳累、暴饮暴食、剧烈呕吐、咳嗽、应用免疫抑制剂等情况下，可诱使溃疡突破浆膜层，形成急性游离性穿孔。

二、病理

90%的十二指肠溃疡穿孔发生在球部前壁偏小弯侧，而胃溃疡穿孔60%发生在近幽门的胃前壁，多偏胃小弯。溃疡穿孔后酸性的胃内容物流入腹腔，引起化学性腹膜炎和腹腔内大量液体渗出，6～8小时后细菌繁殖并逐渐转变为化脓性腹膜炎。肠管长时间浸泡在炎性渗液中，肠蠕动减弱或消失，形成麻痹性肠梗阻。严重时可形成败血症、中毒性休克，甚至死亡。

三、临床表现

笔记栏

1. 症状　多发生于夜间空腹或饱食后。主要表现为突发性上腹部刀割样剧痛，并迅速波及全腹，尤以上腹部为重。患者疼痛难忍，并有面色苍白、出冷汗、脉搏细速、血压下降、四肢厥冷等表现。常伴恶心、呕吐。当腹腔内大量渗出液稀释漏出的消化液时，腹痛会有所减轻；继发细菌感染后腹痛再次加重。

2. 体征　患者呈急性面容，表情痛苦，卷曲位，不愿移动。腹部呈舟状；腹式呼吸减弱或消失；全腹有明显的压痛和反跳痛，以上腹部明显，腹肌紧张呈“木板样”强直；肝浊音界缩小或消失，可有移动性浊音；肠鸣音减弱或消失。

四、辅助检查

1. X 线检查　约 80%患者的立位腹部 X 线检查可见膈下游离气体。

2. 实验室检查　白细胞计数及中性粒细胞比例增高。

3. 诊断性腹腔穿刺　可含有胆汁或食物残渣。

五、临床诊断与治疗

1. 诊断要点　有多年的溃疡病史，突发上腹部刀割样剧痛，加上典型的“板样腹”体征和 X 线检查显示膈下游离气体，可以确定诊断。

2. 治疗要点　胃十二指肠溃疡急性穿孔一旦确诊，原则上应尽快手术治疗。

(1) 非手术治疗：① 禁食、持续胃肠减压；② 输液和营养支持：予以静脉输液以维持水、电解质平衡，同时给予静脉营养支持(PN)；③ 控制感染：全身性应用抗生素；④ 应用抑酸药物：如 H_2 受体拮抗剂或质子泵抑制剂等药物。

(2) 手术治疗：包括单纯性穿孔缝合术和彻底性溃疡切除手术。① 单纯性穿孔缝合术：即缝合穿孔处并加大网膜覆盖。适用于穿孔时间超过 8 h，腹腔内感染及炎症水肿严重者；以往无溃疡病史或有溃疡病史未经正规内科治疗、无出血、梗阻并发症者；有其他系统器质性疾病不能耐受急诊彻底性溃疡切除手术者。② 彻底性溃疡切除手术：若患者一般情况较好，有幽门梗阻或出血史，穿孔在 8～12 h 以内、腹腔污染不严重和胃十二指肠壁水肿较轻、重要器官无严重器质性病变者可行彻底性溃疡切除手术。

六、护理诊断

1. 急性疼痛　与胃十二指肠黏膜受损、溃疡穿孔后消化液与食物流入腹腔引起腹膜刺激、手术伤口有关。

2. 体液不足　与禁食、胃肠减压、穿孔后体液大量丢失有关。

3. 潜在并发症　出血、感染、吻合口瘘、消化道梗阻等。

七、护理措施

1. 术前护理

(1) 心理护理：了解患者认知水平与心理状态，理解关心患者，讲解疾病相关知识，树立战胜疾病信心。

(2) 胃肠道准备：禁食禁饮，胃肠减压；遵医嘱静脉补充热量及其他营养。

2. 术后护理

(1) 病情观察：了解麻醉和手术方式、术中情况、伤口和引流情况；持续低流量吸氧、心电监护；严密监测生命体征及尿量；注意有无膈下、盆腔脓肿的表现。

(2) 体位与活动：麻醉清醒，血压平稳后取半卧位。鼓励早期活动，预防肠粘连和下肢深静脉血栓等并发症。

(3) 禁食、补液护理：禁食期间应静脉补充液体。评估 24 h 出入量，及时了解患者各项检查结果，为合理补液提供依据，避免水、电解质平衡失调；必要时给予人血白蛋白、血浆及静脉营养支持，改善患者营养状况，以利于吻合口及切口愈合。禁食期间注意口腔护理，保持口腔清洁湿润。

(4) 管道护理：妥善固定、准确标记、保持通畅、无菌操作，观察并记录引流液的色、质、量。

(5) 患者饮食护理：术后肛门未排气期间禁食禁饮，拔除胃管当天可少量饮水或米汤；第 2 日

笔记栏

半量流质 50～80 mL/次；第 3 日全量流质 100～150 mL/次，4～5 次/d；第 4 日半流质，100～200 g/次，4～5 次/d；第 10 日软食，5～6 餐/d；术后 1 个月内软食为主，少食多餐；1 个月后逐步过渡至正常饮食，注意营养丰富，忌生冷、产气、刺激性食物。

（6）并发症的观察与护理

1）出血：可发生于术后 24 h、术后 4～6 d、术后 10～20 d。严密观察患者生命体征，加强引流液的色、质、量的观察，短时间内胃管内有大量鲜红色液体持续不止，及时汇报医生处理。若经非手术治疗不能有效止血或出血大于 500 mL/h，积极完善术前准备，急诊手术止血。

2）吻合口瘘：术后 1 周内，临床表现为全身中毒症状，腹膜炎体征，腹腔引流管引出浑浊液体。出现弥漫性腹膜炎的吻合口破裂的患者，需立即准备手术治疗；形成局部脓肿或外瘘且无弥漫性腹膜炎的患者，需进行局部引流，腹腔冲洗，注意保护瘘口周围皮肤。同时需结合禁食、胃肠减压、肠外营养支持、使用生长抑素等治疗。

3）倾倒综合征：分为早期与晚期两种。早期表现为循环系统症状、胃肠道症状；晚期表现为低血糖症状。早期倾倒综合征通过饮食调整，少量多餐，避免过甜、过咸、过浓的流质饮食；宜进食低碳水化合物、高蛋白饮食；进食后平卧 20 min。晚期倾倒综合征出现症状时稍进饮食，尤其糖类，即可缓解。

4）消化道梗阻：患者进食后上腹饱胀、呕吐，可有腹痛腹胀、肛门停止排气排便。遵医嘱予禁食禁饮、胃肠减压、记录 24 h 出入量，维持水、电解质平衡，必要时再次手术。

5）胃排空障碍：术后 4～10 d，上腹饱胀、钝痛、呕吐。X 线造影示残胃扩张、无张力、蠕动波减少且弱，且通过吻合口不畅。遵医嘱予禁食禁饮，胃肠减压，维持水、电解质平衡，使用促胃动力药物、中医科针灸等，一般均能经非手术治疗治愈。

3. 健康指导

（1）进食清淡易消化饮食，少食多餐，注意营养丰富，忌生冷、产气、辛辣刺激性食物。

（2）保持心情愉悦，避免精神过度紧张，调节压力。

（3）根据自身体力适当活动，避免过度疲劳。

（4）注意保暖，季节变换时添加衣物，避免受凉。

第二节　胃　　癌

胃癌是最常见的恶性肿瘤之一，在我国消化道恶性肿瘤中居第二位。好发年龄在 50 岁以上，男女发病率之比约为 2∶1。

一、病因

胃癌的确切病因不十分明确，但以下因素与发病有关。

1. 地域环境及饮食生活习惯　胃癌发病有明显的地域性差别，我国的西北与东部沿海地区胃癌发病率明显高于南方地区。长期食腌制、熏、烤食品者胃癌的发病率高，可能与上述食品中亚硝酸盐、真菌毒素、多环芳烃化合物等致癌物或前致癌物含量高有关。食物中缺乏蔬菜、水果也与发病有一定关系。吸烟增加胃癌的发生率。

2. 幽门螺杆菌（Hp）感染　也是引发胃癌的主要原因素之一。Hp 感染率高的国家和地区，胃癌发病率也增高。Hp 促使硝酸盐转化成亚硝酸盐及亚硝胺而致癌；Hp 引起胃黏膜慢性炎症并通过加速黏膜上皮细胞过度增殖导致畸变；Hp 的毒性产物 CagA、VacA 可能具有促癌作用。

3. 癌前疾病和癌前病变　癌前疾病如慢性萎缩性胃炎、胃息肉、胃溃疡、残胃炎等；胃黏膜上皮细胞的不典型增生属于癌前病变，可分为轻、中、重三度，重度不典型增生易发展成胃癌。

笔记栏

4. *遗传因素*　胃癌有明显的家族聚集倾向。有证据表明胃癌的发生与抑癌基因 *P53*、*APC*、*MCC* 杂合性丢失和突变有关。

二、病理

1. *大体分型*　根据胃癌发展所处的阶段可分为早期和进展期胃癌。

(1) 早期胃癌：胃癌仅局限于黏膜和黏膜下层，不论病灶大小或有无淋巴结转移。癌灶直径在 5 mm 以下称微小胃癌，10 mm 以下称小胃癌。

(2) 进展期胃癌：包括中晚期胃癌。癌组织超出黏膜下层侵入胃壁肌层为中期胃癌；病变达浆膜下层或超出浆膜向外浸润至邻近脏器或有转移者为晚期胃癌。国际多按传统的 Borrmann 分类法将其分为 4 型：① Ⅰ型，息肉（肿块）型，为边界清楚突入胃腔的块状癌灶；② Ⅱ型，无浸润溃疡型，为边界清楚、略隆起的溃疡状癌灶；③ Ⅲ型，有浸润溃疡型，为边界模糊不清的溃疡状癌灶；④ Ⅳ型，弥漫浸润型，癌肿沿胃壁各层向四周弥漫浸润生长，边界不清。若全胃受累致胃腔缩窄、胃壁僵硬如革囊状者称皮革胃，几乎都为低分化腺癌或印戒细胞癌，恶性程度极高。

2. *组织学分型*　2000 年，WHO 将胃癌分为：① 腺癌（肠型和弥漫型）；② 乳头状腺癌；③ 管状腺癌；④ 黏液腺癌；⑤ 印戒细胞癌；⑥ 腺鳞癌；⑦ 鳞状细胞癌；⑧ 小细胞癌；⑨ 未分化癌；⑩ 其他。胃癌绝大部分为腺癌。

3. *转移扩散途径*　① 直接浸润是胃癌的主要扩散方式之一；② 淋巴转移是胃癌的主要转移途径，早期胃癌可有淋巴转移，进展期胃癌的淋巴转移率高达 70%左右，胃癌的淋巴转移率与肿瘤浸润深度呈正相关；③ 血行转移发生在晚期，癌细胞经门静脉或体循环转移至肝、肺、骨骼、肾、脑等，以肝转移为多见；④ 腹腔种植转移，当胃癌浸润穿透浆膜后，癌细胞可脱落种植于腹膜、大网膜和其他脏器表面形成转移结节。女性患者可发生在卵巢转移性肿瘤，称 Krukenberg 瘤。癌细胞广泛播散时，可形成大量癌性腹水。

三、临床表现

1. *症状*　早期症状不典型，部分患者可有上腹部隐痛不适，食欲减退，返酸嗳气，轻度贫血等；当伴有梗阻时偶有恶心、呕吐宿食表现；肿瘤溃破血管后可有呕血和黑便。

2. *体征*　胃癌早期无明显体征，可仅有上腹部深压不适或疼痛。晚期，可扪及上腹部肿块。若出现远处转移时，可有肝大、腹水、锁骨上淋巴结肿大等。

四、辅助检查

1. *胃镜检查*　能够直接观察胃黏膜病变的部位和范围，并可取组织做病理学检查，是诊断胃癌的最有效方法。

2. *影像学检查*　X 线气钡双重造影可发现较小而表浅的病变；超声内镜结合了内镜与超声的双重功能；腹部 CT 有助于胃癌的诊断和术前临床分期。

3. *实验室检查*　粪便隐血试验常呈持续阳性。胃液游离酸测定多显示酸缺乏或减少。

五、临床诊断与治疗

1. *诊断要点*　早期胃癌无明显体征，进展期胃癌可有上腹部轻微压痛，出现梗阻、穿孔时，表现出相应的体征。如果中上腹扪及质硬的包块，左锁骨上扪及肿大的淋巴结，移动性浊音阳性等均提示已至病程晚期。

2. *治疗要点*　早期发现，早期诊断和早期治疗是提高胃癌疗效的关键。外科手术是治疗胃癌的主要手段，也是目前治愈胃癌的唯一方法。对中晚期胃癌，积极辅以化疗、放疗及免疫治疗等综合治疗以提高疗效。

笔记栏

（1）手术治疗

1）根治性手术：原则为整块切除包括癌肿和可能受浸润胃壁在内的胃的全部或大部，以及大小网膜和局域淋巴结，并重建消化道。包括胃大部切除术毕Ⅰ式、毕Ⅱ式、近端胃切除、全胃切除（食管空肠 Roux-en-Y 吻合）等，可以是腹腔镜手术、内镜下微创手术及传统开腹手术。

2）姑息性切除术：用于癌肿广泛浸润并转移、不能完全切除者。通过手术可以解除症状，延长生存期，包括姑息性胃切除术、胃空肠吻合术、空肠造瘘术等。

（2）其他治疗：包括化疗、放疗、免疗治疗、靶向治疗、中医中药治疗等。

六、护理诊断

1. 舒适的改变　与手术、引流管放置等有关。
2. 营养失调症　低于机体需要量，与长期食欲减退、癌性消耗、术后禁食有关。
3. 焦虑、恐惧　与患者对癌症的恐惧、担心治疗效果和预后有关。
4. 潜在并发症　出血、感染、十二指肠残端破裂、吻合口瘘、消化道梗阻、倾倒综合征等。
5. 知识缺乏症　缺乏康复及综合治疗相关知识。

七、护理措施

1. 术前护理

（1）心理护理：缓解患者焦虑与恐惧情绪。讲解疾病相关知识、手术方式、术后配合等，消除其不良心理，增强对治疗的信心。鼓励家人给予患者关心和支持，使其能积极配合治疗和护理。

（2）改善营养状况：给予高蛋白、高热量、丰富维生素易消化饮食。合并幽门梗阻者，注意纠正水、电解质及酸碱失衡；术前 3 d 每日用 200～250 mL 温生理盐水加浓钠洗胃，减轻胃黏膜水肿，利于术后愈合。

（3）胃肠道准备：术前 1 d 进流质饮食，禁食 10 h，禁饮 6 h。

2. 术后护理

（1）病情观察：测血压、脉搏、呼吸，开始 30 min 一次直至血压平稳，如病情较重或有休克者，仍需每 1～2 h 测量一次至病情稳定。同时观察患者神志、体温、尿量、伤口渗血和渗液，以及引流液的情况等。

（2）体位：麻醉清醒病情平稳后取半卧位；有呕吐者取去枕平卧、头偏向一侧。

（3）禁食、补液：禁食期间静脉补充液体，及时了解患者各项实验室检查指标，为合理补液提供依据，避免水电解质失衡；必要时给予血浆、人血白蛋白、肠内营养和肠外营养支持，以改善患者营养状况。

（4）管道护理：妥善固定、无菌操作、准确标记、保持通畅，观察记录引流液的色、质、量。

（5）疼痛护理：术后患者多有不同程度的疼痛，及时评估患者疼痛情况做好前馈止痛。

（6）饮食护理：参见本章“第一节　胃十二指肠溃疡急性穿孔”相关内容。

（7）鼓励患者早期活动：除年老体弱或病情较重者，术后第 1 日坐起作轻微活动，第 2 日协助患者下床、床边活动，第 3 日可在室内活动。活动量应根据患者情况而定。

（8）早期肠内营养支持：对术中放置喂养管的患者术后早期经喂养管输注肠内营养液，如百普力、能全力、瑞素、瑞代等。护理时注意：① 妥善固定喂养管，防止滑脱、移动、扭曲和受压；保持喂养管通畅，每次输注营养液前后用生理盐水冲管，输注过程中每班冲管 1 次，长期输注可用小苏打 20 mL 每日 3 次冲管；② 控制输入营养液的温度、浓度和速度，输注过程中使用加热器、喂养泵，做到温度 37℃左右持续匀速输注；③ 观察有无恶心、呕吐、腹痛、腹胀、腹泻和水电解质紊乱等并发症的发生。

（9）并发症的观察与护理

1）出血：参见本章“第一节　胃十二指肠溃疡急性穿孔”相关内容。

笔记栏

2）十二指肠残端破裂：是毕Ⅱ式胃大部切除术后近期的严重并发症，一般多发生在术后24～48 h，临床表现为突发性上腹部剧痛、发热和腹膜刺激征；白细胞计数增加；腹腔穿刺可抽出胆汁样液体，一旦发生，需立即手术治疗。

3）吻合口破裂或瘘：参见本章“第一节　胃十二指肠溃疡急性穿孔”相关内容。

4）术后梗阻：分为输入襻梗阻、吻合口梗阻和输出襻梗阻三类，前两者见于毕Ⅱ式胃大部切除术后。共同症状是大量呕吐，不能进食。处理措施主要包括禁食禁饮、胃肠减压、营养支持等，如症状在数周内不能缓解需手术治疗。

5）胃排空障碍：也称胃瘫。参见本章“第一节　胃十二指肠溃疡急性穿孔”相关内容。

6）倾倒综合征：参见本章“第一节　胃十二指肠溃疡急性穿孔”相关内容。

3. 健康指导

(1) 让患者及家属了解胃癌发生的相关因素，防治与胃癌相关的疾病。

(2) 讲解术后的饮食方法及注意事项。

(3) 讲解术后并发症的表现和预防。

(4) 讲解生活方式和行为习惯与胃癌的关系及对预后的影响。

(5) 定期复诊和随访。

第三节　其他胃肿瘤

一、胃间质瘤

胃肠间质瘤(GIST)是消化道最常见的间叶源性肿瘤，占消化道肿瘤的1%～3%，可发生于消化道的任何部位，最常见的部位是胃，称为胃间质瘤。

（一）病理

呈膨胀性生长，可向黏膜下或浆膜下浸润形成球形或分叶状的肿块。肿瘤可单发或多发，直径从1～20 cm以上不等，质地坚韧，境界清楚，表面呈结节状。瘤体生长较大可造成瘤体内出血、坏死及囊性变，并在黏膜表面形成溃疡导致消化道出血。

（二）临床表现

症状与肿瘤的部位、大小和生长方式有关。瘤体小时症状不明显，瘤体较大可扪及腹部肿块。肿瘤浸润到胃腔内常有消化道出血表现。

（三）辅助检查

最有帮助的检查方法是CT、超声内镜、病理组织学和免疫组化等手段。最终确诊还依靠病理检查和免疫组化标志物CD117和CD34。

（四）临床诊断与治疗

1. 诊断要点　主要依靠上消化道钡餐造影、胃镜、CT等检查，特别是超声内镜对胃间质瘤的诊断价值更高，病理检查和免疫组化标志CD117和CD34标记阳性是确诊间质瘤最具有诊断价值的依据。间质瘤应视为具有恶性潜能的肿瘤，肿瘤危险程度与有无转移，是否浸润周围组织显著相关，一般肿瘤直径>5 cm、核分裂数>5个/50高倍视野是判断良恶性的重要指标。

2. 治疗要点　首选手术治疗，手术争取彻底完整切除，术中应避免肿瘤破裂。手术类型和范围取决于肿瘤大小、部位和肿瘤性质等。手术方式一般包括：胃镜下切除、双镜联合手术（内镜+腹腔镜）、腹腔镜手术、开腹手术等。

（五）护理诊断

1. 恐惧、焦虑　与疾病诊断、手术治疗及担心愈后等有关。

笔记栏

2. 舒适的改变　与手术创伤、置管、腹胀等有关。

3. 营养失调　低于机体需要量，与进食不足、禁食、代谢率增加等有关。

4. 潜在并发症　出血、穿孔、梗阻、感染、吻合口瘘等。

5. 知识缺乏　与胃间质瘤治疗和护理相关知识。

（六）护理措施

1. 术前护理

（1）普外科一般护理。

（2）心理护理：对患者的不良情绪应尊重、理解，并鼓励患者树立战胜疾病的信心。

（3）营养与饮食：择期手术患者应少量多餐，给予高蛋白、高热量、富含维生素、易消化少渣饮食。必要时可予肠内、肠外营养改善患者营养状况。

（4）肠道准备：术前 1 d 进流质饮食，术前禁食 10 h，禁饮 6 h。

2. 术后护理

行胃部分切除或全胃切除术的患者的术后护理参见本章“第二节　胃癌”相关内容。行内镜或双镜联合治疗的患者术后护理措施如下：

（1）体位：术后全麻清醒取半卧位，床头抬高 30°～45°。

（2）病情观察：心电监护，氧气吸入 6 h。密切观察患者生命体征、腹部体征及排便情况，及时发现出血、穿孔等并发症，采取有效措施。

（3）管道护理：保持管道通畅及有效引流，观察并记录引流液的色、质、量。

（4）用药护理：使用止血药、抑酸制剂、能量及电解质，观察药物疗效及不良反应。

（5）饮食指导：术后禁食 24 h，对于创面较大、凝血功能不佳、体质较弱的患者应适当延长禁食时间。逐渐由温凉流质过渡到半流质饮食，随后进食细软易消化饮食。

（6）并发症的观察及护理

1）出血：观察患者血压是否持续下降，脉搏是否增快，是否有呕血或血便等。若发生出血，应禁食、保持静脉通畅、遵医嘱用药、绝对卧床休息、保持呼吸道通畅。

2）穿孔：密切观察患者生命体征，认真听取患者主诉。如患者出现腹痛剧烈、肌紧张等体征立即汇报医生，取半卧位、禁食、胃肠减压、补液、针对性使用抗生素等。保守治疗无效者，需 X 线检查明确穿孔部位，及时手术。

（7）术后随访：内镜、双镜联合治疗的患者，出院后口服质子泵抑制剂 3～4 周，一般 3～4 个月愈合。术后 3 个月、6 个月、1 年随访，每年 1 次复查胃镜，2 年内未复发可延长复查胃镜时间。

二、胃淋巴瘤

原发性胃淋巴瘤是结外形淋巴瘤中最常见者，占胃恶性肿瘤的 3%～5%。病因尚不清楚，近年发现 Hp 感染、胃的黏膜相关淋巴样组织(MALT)与淋巴瘤发病密切相关，几乎所有胃淋巴瘤患者的胃黏膜上均发现 Hp 存在。

（一）病理

95%以上的胃原发性恶性淋巴瘤为非霍奇金淋巴瘤，组织学类型以 B 淋巴细胞为主；病变源于黏膜相关淋巴组织，黏膜下层出现淋巴滤泡，逐渐向周边蔓延并侵及全层。大体所见黏膜肥厚、隆起但外观完整，病变进展黏膜可形成溃疡、胃壁节段性浸润或皮革胃样改变，严重者可发生出血、穿孔。

（二）临床表现

笔记栏

早期症状无特异性，常误诊为胃溃疡和胃癌。最常见的症状为上腹痛，可伴有恶心、呕吐、体重下降、消化道出血、贫血等表现。部分患者上腹部可触及肿块，少数患者可有不规则发热。

（三）临床诊断与治疗

1. 诊断要点　胃镜检查可见黏膜隆起、溃疡、粗大肥厚的皱襞层卵石样改变、黏膜下多发结节或肿块等；内镜超声（EUS）可判断淋巴瘤浸润胃壁深度与淋巴结转移情况，结合胃镜下多部位较深取材活组织检查可显著提高诊断率。CT 检查可见胃壁增厚，了解肝脾有无侵犯、纵隔与腹腔淋巴结的情况可有助于排除继发性胃淋巴瘤。

2. *治疗要点*　早期低度恶性胃黏膜相关淋巴瘤的可采用抗幽门螺杆菌治疗，清除幽门螺杆菌后，肿瘤一般 4～6 个月消退，有效率可达到 60%～70%。抗生素治疗无效的患者可能存在潜在的高度恶性的病灶，可选择化疗，胃淋巴瘤对化疗反应较好。手术治疗胃淋巴瘤有助于准确判断临床病理分期，病变局限的早期患者可获根治机会。姑息性切除也可减瘤，结合术后化疗而提高疗效、改善愈后。

（四）护理诊断

手术治疗的护理诊断参见本章“第二节　胃癌”相关内容。

（五）护理措施

手术治疗的护理措施参见本章“第二节　胃癌”相关内容。

三、胃的良性肿瘤

良性肿瘤约占全部胃肿瘤的 2%左右。按其组织来源可分为黏膜上皮细胞良性肿瘤和间叶组织良性肿瘤。前者常见的有胃腺瘤和腺瘤性息肉，占良性肿瘤的 40%左右，多见于胃窦部，外观呈息肉状，单发或多发，有一定的恶变率，尤其是直径大于 2 cm 的广基底腺瘤；胃间叶源组织良性肿瘤主要有平滑肌瘤、纤维瘤、脂肪瘤、血管瘤、神经纤维瘤等。最常见的为平滑肌瘤，多见于胃体和胃窦部。

（一）临床表现

胃良性肿瘤一般体积小，发展较慢，常见的临床表现有：① 上腹部不适、饱胀感或腹痛；② 上消化道出血；③ 腹部肿块，较大的良性肿瘤上腹部可扪及肿块；④ 位于贲门或幽门的肿瘤可引起不全梗阻等。

（二）临床诊断与治疗

1. *诊断要点*　X 线钡餐检查、胃镜、超声及 CT 检查等有助于诊断。纤维胃镜检查大大提高了胃良性肿瘤的发现率，有助胃良性肿瘤的确诊。

2. *治疗要点*　手术切除是胃良性肿瘤的主要治疗方法。由于临床上难以排除恶性肿瘤，且部分良性肿瘤还有恶变倾向以及可能出现严重并发症，故主张确诊后积极地手术治疗。根据肿瘤的大小、部位以及有无恶变倾向选择手术方式，小的腺瘤或腺瘤样息肉可行内镜下套切术，较大肿瘤可行胃部分切除术、胃大部切除术，术中应行冰冻病理检查，以及时发现恶变者。

（三）护理诊断

1. *恐惧、焦虑*　与手术治疗及担心愈后等有关。
2. *舒适的改变*　与手术创伤、置管、腹胀等有关。
3. *营养失调*　低于机体需要量，与进食不足、禁食、代谢率增加等有关。
4. *潜在并发症*　出血、穿孔、梗阻、感染、吻合口瘘等。
5. *知识缺乏*　与胃良性肿瘤治疗和护理相关知识。

（四）护理措施

小的腺瘤或腺瘤样息肉行内镜治疗的护理措施参见本章“第三节　第一部分胃间质瘤”相关内容。较大肿瘤行胃部分切除术、胃大部切除术患者护理措施参见本章“第二节　胃癌”相关内容。

案例分析

患者，男，45 岁，高中老师。因反复左上腹隐痛半月收治入院。胃镜示胃癌累及贲门，病理示：（胃体）恶性肿瘤，倾向低分化腺癌。遂行全胃切除（食管空肠吻合术）。术后 5 d，进少量温水，术后 8 d 共进流质 450 mL，患者发热，T 38.6～39℃，腹腔引流管内引流出含肠内容物的浑浊液体。

笔记栏

【问题】

(1) 该患者出现了什么情况?

(2) 应给予哪些护理措施?

【分析与解答】

(1) 患者出现了吻合口瘘。

(2) 护理措施:① 禁食,通过鼻肠管给予肠内营养;② 肠外营养支持,维持水、电解质和酸碱平衡;③ 使用等渗冲洗液持续腹腔双套管冲洗,保持管道通畅并做好记录;④ 保护瘘口周围皮肤(氧化锌软膏、皮肤保护粉);⑤ 做好发热护理;⑥ 遵医嘱准确及时用药,观察疗效;⑦ 安排好患者的各项检查,做好心理护理。

小 结

胃十二指肠溃疡急性穿孔的主要表现为突发性上腹部刀割样剧痛,腹部呈舟状腹。X线检查约80%的患者可见膈下游离气体。非手术治疗6~8 h病情加重者应立即手术治疗,手术治疗包括单纯性穿孔缝合术和彻底性溃疡切除手术。患者术前护理包括常规检查准备、心理护理、胃肠道准备等;术后护理除普外科常规护理外,需加强管道护理、引流液观察,饮食护理、胃大部切除术后并发症的观察和护理等。

胃癌早期症状不典型,晚期肿瘤可引起转移症状。治疗措施以手术治疗为主,辅以化疗、放疗及免疫治疗。胃癌术前护理包括心理护理、改善营养状况、胃肠道准备等;术后护理包括病情观察、饮食护理、疼痛护理、活动指导、肠内外营养支持、管道护理及并发症的观察和护理等。

(方 方)

笔记栏

第二十章

肠道疾病患者的护理

学习要点

● **掌握**：① 肠梗阻的治疗要点、病情观察和护理；② 单纯性肠梗阻和绞窄性肠梗阻的临床特点；③ 肠梗阻和肠瘘的处理原则；④ 大肠癌的临床表现及治疗原则；⑤ 肠瘘和大肠癌患者的围术期护理。

● **熟悉**：① 肠梗阻、肠瘘及大肠癌的症状、体征；② 肠梗阻 X 线检查特异性成像；③ 大肠癌实验室及辅助检查；④ 肠造口的护理及并发症的观察。

● **了解**：① 肠梗阻、肠瘘的病因和分类；② 大肠癌的病因和病理分型。

第一节　肠 梗 阻

肠梗阻是指任何原因引起的肠内容物通过障碍，是外科急腹症之一。肠梗阻发病后，肠管形态和功能发生改变，还可导致一系列全身性病理改变，严重者可危及生命。其死亡原因主要由于手术时机延误、手术方式选择不当、水电解质及酸碱平衡失调以及患者年龄大、合并心肺功能不全等。

一、病因与分类

1. 按肠梗阻发生的基本原因分

(1) 机械性肠梗阻：最常见，系各种机械性原因导致的肠腔缩窄或不通、肠内容物不能通过。主要为肠腔内堵塞、肠管外受压、肠壁病变等。

(2) 动力性肠梗阻：肠壁本身无器质性的腔狭窄，是由于神经反射或毒素刺激引起肠壁肌肉功能紊乱，使肠蠕动丧失或肠管痉挛，以致肠内容物不能正常运行，可分为痉挛性肠梗阻和麻痹性肠梗阻。

(3) 血运性肠梗阻：是由于肠系膜血管受压或血栓形成，使肠管血运障碍，肠失去蠕动能力，肠内容物停止运行。

2. 按肠管局部有无血运障碍分　单纯性肠梗阻和绞窄性肠梗阻。

3. 按梗阻部位分　高位或低位肠梗阻。

4. 按梗阻程度分　完全性或不完全性肠梗阻。

二、病理

笔记栏

1. 局部　各类型的局部病理变化不全一致。① 单纯性机械性肠梗阻：梗阻以上肠段蠕动增强，肠腔积气、积液；梗阻以下肠管空虚，瘪陷。② 急性完全性肠梗阻：肠管静脉回流受阻，肠腔压力升高致动脉血供受阻，肠管坏死、破溃穿孔。③ 慢性不完全性肠梗阻：梗阻近端肠腔膨胀，肠壁肥厚，远端肠表变细，肠壁变薄，可见肠型。

2. 全身　体液丧失引起水、电解质、酸碱失衡，大量毒素的吸收可引起全身感染中毒症状，腹胀可引起呼吸和循环功能障碍，最后多种因素可引起休克和多器官功能衰竭。

三、临床表现

1. 症状

(1) 腹痛：单纯性肠梗阻为阵发性绞痛；绞窄性肠梗阻为持续性剧痛；麻痹性肠梗阻为持续性胀痛。

(2) 呕吐：早期呕吐为反射性，梗阻部位的高低而有所不同，高位梗阻呕吐出现早而频繁，呕吐物为胃或十二指肠内容物，低位梗阻呕吐出现迟而少，呕吐物可成粪样。麻痹性肠梗阻时呕吐物多为溢出性。绞窄性肠梗阻呕吐物为血性或棕褐色液体。

(3) 腹胀：高位肠梗阻腹胀轻；低位肠梗阻腹胀明显；麻痹性肠梗阻呈均匀性全腹胀肠扭转时腹胀多不对称。

(4) 肛门停止排气排便：完全性肠梗阻发生后，患者多不再排气排便；但高位性肠梗阻早期或不完全性肠梗阻患者仍可有排气排便。绞窄性肠梗阻可排血性黏液样便。

2. 体征

(1) 局部：单纯性机械性肠梗阻可见腹胀、肠型和蠕动波，可闻及肠鸣音亢进，有气过水声或金属声，触诊腹部有压痛。绞窄性肠梗阻腹部有固定压痛和腹膜刺激征，腹腔内有渗液，可有移动性浊音。麻痹性肠梗阻时腹胀均匀，肠鸣音减弱或消失。

(2) 全身：肠梗阻初期全身情况无明显变化，后期或绞窄性肠梗阻患者可出现明显的脱水体征，如：口唇干燥、眼窝凹陷、皮肤弹性差、尿少或无尿，还可能出现中毒或休克征象。

四、辅助检查

1. X线检查　一般在肠梗阻发生4～6 h后，X线立位平片即可见胀气肠袢及多数阶梯状液平面，空肠梗阻可见“鱼肋骨刺”状的环形皱襞。当怀疑肠套叠，乙状结肠扭转或结肠肿瘤时，未明确梗阻部位和性质，可行钡灌肠或CT检查。

2. 实验室检查　绞窄性肠梗阻时白细胞和中性粒细胞明显增加，血清电解质和血气分析也会出现变化。呕吐物和粪便检查有大量红细胞或隐血阳性，有肠管血运障碍。

五、临床诊断与治疗

1. 诊断要点　临床表现：腹痛、腹胀、呕吐、肛门停止排气排便、全身症状及辅助检查结果。

2. 治疗要点　根据梗阻部位、程度、性质原因、类型、有无并发症和患者全身情况选择治疗方法。主要分手术治疗和非手术治疗。

(1) 非手术治疗

1) 禁食、持续胃肠减压。

2) 液体治疗：应该尽早输入生理盐水和平衡液，以恢复血容量，测定血清电解质并纠正异常，由于血容量不足或肠坏死引起的酸中毒必须尽快改善。必要时补充血浆、白蛋白等胶体。

3) 控制感染：全身性应用抗生素。

4) 营养支持：营养支持不仅是一种支持手段，而且是一种重要的治疗措施。因营养不良可引起低蛋白血症，导致肠壁水肿，影响肠功能恢复，加重梗阻症状。

笔记栏

5) 生长抑素：生长抑素可减少胃肠胰液及胆汁分泌，增加肠管吸收，减少肠腔内液体，减轻胃肠道扩张和炎症程度，降低肠壁坏死概率，促进肠道再通。

(2) 手术治疗：手术治疗主要适用于绞窄性肠梗阻、非手术治疗无效的肠梗阻、肿瘤或先天畸形引起的肠梗阻等。常见的手术方法有：肠粘连松解术、肠切开取异物术、肠套叠或肠扭转复位术、肠切除吻合术、短路手术、肠造口术等。

六、护理诊断

1. 舒适的改变　与肠内容物不能正常运行、手术创伤等有关。

2. 体液不足　与大量呕吐、肠腔或体腔积液、禁食、胃肠减压等有关。

3. 潜在并发症　肠坏死、急性弥漫性腹膜炎、水电解质及酸碱平衡紊乱、MODS、切口感染、肠瘘等。

4. 知识缺乏　缺乏术后康复相关知识。

七、护理措施

1. 非手术治疗及术前护理

(1) 体位：取低半卧位有利于帮助患者呼吸和减轻腹肌紧张，呕吐时坐起或头偏向一侧，及时清除口腔内呕吐物，以免误吸，观察记录呕吐物的色、质、量。

(2) 疼痛护理：观察患者疼痛的部位、性质、发作时间、诱因及缓解的相关因素，对诊断明确且剧烈疼痛者遵医嘱给予解痉、镇痛药，如阿托品、山莨菪碱(654-2)等，忌用吗啡类止痛药。

(3) 胃肠减压：及时吸出胃内积气、积液，减轻腹胀，降低肠腔内压力，改善肠壁血液循环，改善因膈肌抬高而导致的呼吸和循环障碍。观察并记录引流液的色、质、量。

(4) 营养支持：肠梗阻时需禁食，给予静脉营养支持，合理安排输液，纠正水电解质紊乱及酸碱平衡失调。若梗阻解除患者开始排气、排便，腹痛、腹胀消失 12 h 后，可进流质饮食。忌食易产气的甜食和牛奶等，如无不适，逐步过渡到半流质软食。

(5) 病情观察

1) 监测患者生命体征，严密观察患者腹部症状、体征及全身情况并详细记录。

2) 准确记录 24 h 出入量。

3) 遵医嘱合理应用抗生素防治感染和中毒。

(6) 急救护理：出现以下症状，需警惕较窄性肠梗阻。① 腹痛发作急骤，发病开始即表现为持续性剧痛或持续性疼痛伴阵发性加重；② 呕吐出现早、剧烈而频繁；③ 腹胀不对称，或有局限性隆起或触痛性肿块；④ 胃内容物或肛门排泄物为血性液体；⑤ 腹膜刺激征，肠鸣音减弱或消失；⑥ 体温增高，脉搏增快；⑦ 出现休克症状，此类患者病情危重，应在抗休克，抗感染的同时，积极做好术前准备。

2. 术后护理

(1) 病情观察：密切观察生命体征变化。观察有无腹痛、腹胀、呕吐和排气等。若术中放置腹腔引流管，应观察并记录引流液的颜色、性状和量。

(2) 体位：全麻术后取平卧位，头偏向一侧，待生命体征平稳后取半卧位。

(3) 饮食：术后予以禁食、胃肠减压，静脉补液待胃肠功能恢复后，可进流质饮食，无不适可逐步过渡至半流质。

(4) 并发症的观察与护理

1) 腹腔感染和肠瘘：妥善固定和保持腹腔引流通畅，严格无菌操作，避免逆行感染密切观察引流液的色、质、量；根据病情合理给予营养支持；观察患者术后腹部症状和体征，是否发生腹膜炎，引流物有无粪臭味，警惕腹腔感染及肠瘘的可能。

2) 肠粘连：术后应早期下床活动，以促进肠蠕动；密切观察患者有无腹痛、腹胀、呕吐等肠梗阻症状，一旦发现应积极采取非手术治疗措施。

3. 健康指导

(1) 指导患者少食刺激性食物，宜进高蛋白、高维生素、易消化食物。避免暴饮暴食，饭后忌剧烈活动。

笔记栏

(2) 老年便秘者应注意通过调整饮食、腹部按摩等方法保持大便通畅，无效者可适当给予缓泻剂，避免用力排便。

(3) 指导患者自我监测病情，若出现腹痛、腹胀、呕吐、停止排便等不适，及时就诊。

(4) 注意保暖，季节变换时添加衣物避免受凉。

第二节 肠　瘘

肠瘘是由于某种原因造成肠管与其他器官之间，或肠管与肠管之间，或与腹腔内、外之间的病理性通道肠内容物经此进入其他脏器、体腔或体外，引起严重感染、体液失衡、营养不良等，它是外科常见的重病症。肠瘘临床上可造成一系列病理生理紊乱及严重并发症，以致危及生命。

一、病因与分类

1. 病因　常见有：① 腹部手术后，如吻合口瘘，腹部其他手术损伤肠管等；② 腹部创伤，如急性外伤性肠破裂；③ 肠梗阻、肠套叠所致肠壁血运障碍、坏死、破裂形成瘘；④ 炎症性疾病，如肠结核，克罗氏病，肠伤寒穿孔形成瘘；⑤ 腹腔引流管(含 T 型管)，放置时间过长，压迫邻近肠管，拔管后出现瘘；⑥ 腹腔严重感染；⑦ 癌肿或其他恶性肿瘤浸润及盆腔放射治疗后致使肠管损伤、穿孔形成的肠瘘。

2. 分类　① 按肠腔与外界是否相通分为：肠外瘘、肠内瘘；② 按瘘口形态分：管状瘘、唇状瘘、断端瘘；③ 按发生部位分高位肠瘘、低位肠瘘；④ 按瘘口数量：可分为单个瘘口和多发瘘；⑤ 按肠瘘的日排出量：大于 500 mL/d 为高流量瘘，小于 500 mL/d 为低流量瘘。

二、病理

肠瘘的病理过程，大致分为四期：① 腹膜炎期：肠内容物经肠壁缺损处流出，对腹腔周围器官产生剧烈刺激，引起腹膜炎反应，此期多发生在瘘后 3～5 d。② 腹内脓肿期：随着肠内容物的不断排出，引起腹膜炎进一步的炎症性反应伴有腹腔内纤维素性渗出与周围器官粘连而使渗漏液局限，形成脓肿，多发生在瘘后 7～10 d。③ 瘘管形成期：上述脓肿若得不到及时引流，可自发性破溃致体表或破向周围器官，形成瘘管，液体排出。④ 瘘管闭合期：随着全身状况改善，引流通畅，周围炎症反应消退及纤维组织增生，瘘管将被肉芽组织充填并形成纤维性瘢痕而愈合。

三、临床表现

1. 发热　持续性高热，为炎症介质刺激，感染、中毒所致。

2. 腹痛　持续性腹痛，并伴明显腹膜刺激征，压痛、反跳痛，患者还有面色苍白、出汗、血压下降、脉搏增快至 100 次/min 以上。

3. 排出物　高位肠外瘘者可排出大量肠液，低位肠外瘘者排出物为粪便，量少，有臭味。

4. 水电解质代谢紊乱　肠瘘位置越高丢失体液越多，代谢紊乱也越重，患者出现脱水症状。

5. 营养不良　大量消化液丢失，影响消化吸收，患者出现体重下降、贫血、低蛋白血症。

四、实验室检查与其他辅助检查

笔记栏

1. 钡餐造影或钡灌肠造影检查　可帮助诊断肠内瘘的发生及位置，亦可帮助诊断肠外瘘是否通畅。

2. X 线检查　可见膈下游离气体，十二指肠瘘者可见腹膜后积气或右侧腰大肌影模糊。

3. B 超检查　可以发现腹腔积液，是否形成液腔。

4. CT 检查　可发现十二指肠腔损伤。

5. 亚甲蓝检查　采用 0.5%亚甲蓝 100 mL 口服，如有蓝色液体流出体外或从引流管内流出，说明有肠瘘。

五、临床诊断与治疗

1. 诊断要点　外科患者腹部手术后若腹腔引流量逐渐增多，引流瓶内或切口流出肠内容物，或有恶臭味即有肠瘘发生，若患者腹胀、腹痛、体温升高、腹肌紧张、压痛及反跳痛明显此时可采用口服或胃管注入亚甲蓝协助诊断，直肠阴道瘘者可见阴道有粪便流出，直肠膀胱瘘者尿液中可混有粪便。

2. 治疗要点

(1) 腹膜炎期及局限性的腹腔脓肿期：可在 B 超或 CT 引导下经皮穿刺置管引流，生长抑素降低胃肠液分泌，控制感染，加强营养，纠正水、电解质及酸碱失衡。

(2) 瘘管形成期：抑制肠液分泌，通过内堵或外堵法堵塞瘘管，防治肠液外流，利于瘘口愈合。

(3) 非手术治疗无效或多个瘘存在的情况下应手术治疗，如早期腹腔引流术，瘘口造口术，肠段部分切除吻合术，肠瘘旷置术等。

六、护理诊断

1. 体液不足　与禁食、肠液大量外漏有关。

2. 体温过高　与腹腔感染有关。

3. 营养失调　低于机体需要量，与肠液大量丢失、炎症和创伤引起的机体高消耗状态有关。

4. 潜在并发症　出血、腹腔感染、粘连性肠梗阻。

七、护理措施

1. 非手术治疗及术前护理

(1) 保持体液平衡：补充液体和电解质，纠正水、电解质及酸碱平衡失调。并根据患者的生命体征、皮肤弹性、口唇黏膜湿润情况、出入液量、电解质及血气分析检查结果，及时调整电解质与液体的种类和量。

(2) 控制感染

1) 体位：取低半卧位，以利漏出液积聚于盆腔，减少毒素吸收，同时有利于引流及呼吸。

2) 合理应用抗生素：根据药敏试验，遵医嘱合理应用抗生素。

3) 腹腔双套管持续冲洗护理：经手术切口或瘘管内放置双套管行腹腔冲洗并持续负压吸引，以充分稀释肠液，保持引流通畅，减少肠液溢出，减轻瘘口周围组织的浸蚀程度，促进局部炎症消散、肉芽组织生长，从而为瘘管的愈合创造有利条件。其护理要点：① 调节负压大小，一般情况调节负压至 75～150 mmHg(10～20 kPa)为宜，具体应根据肠液黏稠度及日排出量调整。② 保持引流管通畅，妥善固定，避免扭曲、折叠等。定时挤捏引流管并及时清除双套管内的粪块及坏死组织，避免堵管。可通过冲洗管声音判断引流效果，若冲洗过程中听到明显气过水声，表明引流效果好。若出现堵管，可沿顺时针方向轻轻旋转松动外套管，指导患者变换体位等，如无效则立即停止冲洗，汇报医生，另行更换引流管。③ 调节等渗冲洗液量及速度，冲洗液速度取决于引流液的量及性状。一般每日的冲洗量为 2 000～4 000 mL，速度为 40～60 滴/min，若引流量多且色深黏稠，可适当加快冲洗速度；当瘘管形成，肠液漏出减少后，冲洗速度可适当减慢。若有脓腔形成或腹腔内感染严重，冲洗液内可适当加入敏感抗生素。使用加热器保持冲洗液的温度在 30～40℃，避免过冷对患者造成不良刺激。④ 观察并记录引流液的量及性状，从中减去冲洗液的量，以计算每日肠液排出量。通过冲洗量和引流量判断进出量是否平衡。冲洗过程中应观察患者有无畏寒、心慌气急、面色苍白等不良反应，一旦出现立即停止冲洗，汇报医生，协助处理。

(3) 营养支持：肠瘘发病初期应停止经口进食，禁食禁饮，胃肠外营养，必要时遵医嘱予血浆、

笔记栏

人血白蛋白等以促进瘘口愈合。随着病情好转，漏出液的减少和肠功能的恢复，逐渐恢复肠内营养，以促进肠蠕动及胃肠激素释放，增强肠黏膜屏障功能。

(4) 瘘口周围皮肤的护理：瘘管渗出的肠液有较强的腐蚀性，易造成引流管周围皮肤破溃、糜烂。须保持引流通畅，减少渗出液；及时清除漏出肠液，保持皮肤干燥；局部清洁后使用皮肤保护膜、复方氧化锌软膏、皮肤保护粉等加以保护。

(5) 心理护理：介绍疾病相关知识；加强社会支持系统。增加战胜疾病的信心。

(6) 瘘口堵塞护理，密切观察堵片有无移位或松脱，如发现异常及时通知医生，调整或更换合适堵片。

(7) 做好各项术前准备，除常规胃肠道手术前护理外，还应加强肠道准备，皮肤准备，特别是瘘口周围皮肤。保持口腔卫生，及时治疗口腔病变。

2. 术后护理

(1) 饮食：可适当延长禁食时间 4～6 d。

(2) 引流管护理：妥善固定并做好标记；严格无菌技术操作；保持各管道引流通畅；及时调整负压吸引压力，观察并记录各引流液的颜色、性状和量。

(3) 并发症的观察与护理：术后出血、腹腔感染、粘连性肠梗阻等。

3. 健康指导

指导患者早期患者行 TPN 直至肠功能恢复，开始进食以低脂、适量蛋白、低渣饮食为主，逐渐增加蛋白质和脂肪的量；鼓励患者在瘘口封闭或愈合后，早期离床活动，促进胃肠功能的恢复。

案例分析

患者，女性，30 岁，因“剧烈活动后突发腹痛 2 h”入院，诉腹部呈阵发性绞痛，强迫体位，大量呕吐胃内容物。体格检查：“T 37℃，P 110 次/min，R 20 次/min，BP 90/60 mmHg”。神志清、痛苦貌，蜷伏位，全腹胀满，腹式呼吸减弱，脐周可见一个肠型，既往有破宫产史，全腹压痛、反跳痛，脐周明显，全腹鼓音，肝浊音界缩小，无固定压痛点，肠鸣应 1 次/min。可闻及气过水声，移动性浊音(—)。血红蛋白 110 g/L，白细胞计数 7.0×10^9/L，X 线检查：可见孤立突出胀大的肠袢。诊断为回盲部肠扭转，立即急诊全麻下行回肠切除术。术后第 5 日，患者出现腹痛、腹胀、呕心、呕吐，体温 38.6℃，引流管内出现浑浊的肠内容物伴恶臭。

【问题】

(1) 该患者出现了什么并发病，最简单实用的检查手段是什么？现要做瘘管造影，请向患者讲解检查的目的。

(2) 该患者术后护理措施是什么？

【分析与解答】

(1) 并发症为肠瘘。检查手段为口服亚甲蓝。检查的目的为明确瘘管的部位、长度、走向、大小，脓腔范围及引流通畅程度，同时还可了解其周围肠管与其相通肠管的情况。

(2) 护理措施：① 饮食：禁食 4～6 d，逐渐进食流质、半流质；② 引流管护理；③ 并发症的观察与护理。

笔记栏

第三节 大肠癌

大肠癌是结肠癌及直肠癌的总称，是胃肠道中常见的恶性肿瘤。大肠癌的发生有以下流行病学特点：世界范围内，结肠癌发病率呈明显上升趋势，直肠癌的发病基本稳定；不同地区大肠癌的发病率有所差异，发达国家的大肠癌发病率较高，且城市居民的发病率高于农村；大肠癌的发病率随年龄的增加而逐步上升，尤其以60岁以后大肠癌的发病率及病死率均显著增加；男性大肠癌的发病率及病死率略高于女性；结肠癌根治性切除术后5年生存率一般为60%～80%，直肠癌为50%～70%。另外我国直肠癌比结肠癌发病率稍高，比例为1.2∶1～1.5∶1，中低位直肠癌所占直肠癌比例高，约为70%。青年人(小于30岁)比例较高，为12%～15%。

一、病因

本病的确切病因尚不明确，目前认为主要与以下因素有关。

1. 饮食习惯　大肠癌的发生与高脂、高蛋白和低纤维素饮食有一定相关性；

2. 大肠慢性炎症　如溃疡性结肠炎、克罗恩病、血吸虫病等；

3. 癌前病变　其中以绒毛状腺瘤及家族性肠息肉病癌变率最高；遗传因素。

二、病理

1. 大体分型

(1) 隆起型：肿瘤主体向肠腔内突出，呈结节状、菜花状或息肉状隆起，大的肿块表面易发生溃疡。

(2) 溃疡型：最常见。肿瘤中央形成较深的溃疡，溃疡底部深达或超过肌层。

(3) 浸润型：肿瘤沿肠壁各层呈浸润生长，局部肠壁增厚，表面黏膜皱襞增粗、不规则或消失变平。

(4) 胶样型：部分黏液腺癌的肿瘤组织可形成大量黏液，使得肿瘤剖面呈半透明的胶状，故称为胶样型。

2. 组织学分类

(1) 腺癌：可分为管状腺癌、乳头状腺癌、黏液腺癌、印戒细胞癌及未分化癌等，最常见为管状腺癌。

(2) 腺鳞癌：肿瘤由腺癌细胞和鳞癌细胞构成，其分化多为中度至低度。

3. 恶性程度　通常按Broders分级，按癌细胞分化程度分为4级。Ⅰ级：75%以上癌细胞分化良好，属高分化癌，低度恶性；Ⅱ级：25%～75%癌细胞分化良好，属中度分化癌，中度恶性；Ⅲ级：分化良好的癌细胞不到25%，属低分化癌，高度恶性；Ⅳ未分化癌，恶性程度最高。

4. 扩散和转移方式　直接浸润、淋巴转移、血型转移、种植转移。

5. 临床常用病理分期

(1) Dukes改良分期：A期，癌肿局限于肠壁，未突出浆膜层；B期，癌肿侵入浆膜或浆膜外组织、器官，未发生淋巴转移。C期，癌肿侵及肠壁任何一层，有淋巴转移，D期，已发生远处转移或腹腔转移或广泛侵及邻近脏器。

(2) TNM分期：T代表原发肿瘤，N代表区域淋巴结，M代表远处转移。

三、临床表现

1. 症状

(1) 结肠癌：早期多无症状或症状轻微，临床表现可根据病灶大小、所在部位以及病理类型而不同。排便习惯和粪便性状的改变，为最早出现的症状。腹痛，多为定位不准确的持续性隐痛，或仅为腹部不适感或腹胀感。腹部包块，多为肿瘤本身。肠梗阻表现。全身症状，患者可出现贫血、消瘦、乏力、低热。

(2) 直肠癌：早期无明显症状，癌肿破溃形成溃疡或感染时才出现症状。直肠刺激症状：便意频繁，排便习惯改变；便前肛门坠胀、里急后重、排便不尽感，晚期可出现下腹痛。肠腔狭窄的症状：初期癌肿致肠腔狭窄，大便变细、变形，癌肿造成肠管部分梗阻时，可出现腹痛腹胀、肠鸣音亢进等

笔记栏

不完全性肠梗阻的表现。癌肿破溃感染的症状，大便表面可带血和黏液，严重时可见脓血便。

2. 体征　大多数直肠癌患者可通过直肠指诊在直肠管壁扪及肿块，质硬，不可推动，还能初步了解癌肿与肛缘的距离、大小、硬度、形态及其与周围组织的关系。直肠指诊也是诊断直肠癌的最直接和主要的方法。

四、辅助检查

1. 实验室检查　大便隐血试验和肿瘤标记物。

2. 直肠指检　诊断直肠癌主要方法。

3. 内镜检查　可通过直肠镜、乙状结肠镜或纤维结肠镜检查，可获取活组织行病理学检查，最有效可靠。

4. 影像学检查　X线钡剂灌肠或气钡双重造影检查；B超和CT检查；PET-CT检查等。

5. 其他　女性患者应行阴道及双合诊检查。有泌尿系统症状的男性患者，应行膀胱镜检查，了解肿瘤浸润程度。

五、临床诊断与治疗

1. 诊断要点　患者排便形态及习惯改变，部分患者出现梗阻症状。根据直肠指检和肠镜结果即可诊断。

2. 治疗要点　手术是大肠癌的主要治疗方法，同时配合化疗、放疗等综合治疗可在一定程度上提高疗效。

(1) 手术治疗

1) 结肠癌根治术：包括腹腔镜或经腹右半结肠、横结肠、左半结肠和乙状结肠切除术。

2) 直肠癌根治术：根据癌肿位于直肠位置的高低，有不同的手术方式：① 癌肿距齿状线5 cm以上者，可在腹腔镜下或经腹切除乙状结肠和直肠大部，保留肛门，称为(Dixon)；② 腹膜反折以下的直肠癌，常可采用经腹腔镜辅助下或经腹会阴联合直肠癌根治术(Miles)，切除乙状结肠部分、全部直肠、肛管及肛周5 cm直径的皮肤及全部肛门括约肌，于左下腹行肠造口。

3) 姑息性手术适用于不能根治的晚期癌症，包括短路手术或结肠造瘘术。

4) 结肠癌并发急性肠梗阻的处理，应当在进行胃肠减压，纠正水和电解质紊乱以及酸碱失衡等适当的准备后，早期施行手术治疗。

(2) 非手术治疗：包括放疗、化疗、生物治疗及中医治疗等。

知识拓展

加速康复外科在结直肠癌患者围术期中的应用

加速康复外科(FTS)是指采用一系列有循证医学证据的围术期处理的优化措施，减少手术患者生理和心理的创伤应激，达到患者快速康复的目的。在结直肠癌患者围术期的具体措施包括：加强对患者及其家属的心理支持及健康教育；缩短术前禁食、禁水时间；术前根据患者具体情况放置胃管及导尿管(不作为常规放置)；创口采用可吸收缝线、不常规放置腹腔引流管；在维持患者生命体征平稳的前提下，限制术后输液量；通过应用加温输液、保暖床垫等避免围术期低温；术中及术后予积极有效的镇痛措施；缩短术后抗生素使用时间；促进术后早期进食；鼓励患者早期下床活动。

笔记栏

六、护理诊断

1. 焦虑、恐惧　与对癌症治疗缺乏信心及担心术后肠造口影响生活、工作等有关。

2. 营养失调　低于机体需要量　与术后禁食、癌肿慢性消耗、放化疗反应等有关。

3. 自我形象紊乱　与行肠造口后排便方式改变有关。

4. 知识缺乏　缺乏术前准备及术后造口护理的相关知识。

5. 自理能力下降　与手术创伤、术后引流和肠造口等有关。

6. 潜在并发症　切口感染、吻合口瘘、泌尿系损伤及感染、造口并发症及肠粘连等。

七、护理措施

1. 术前护理

(1) 心理护理：讲解结肠造口的功能及护理知识；针对个体情况进行针对性心理护理。树立与疾病斗争的勇气和信心。

(2) 营养支持：给予高蛋白、高热量、高维生素、低脂、易消化的少渣饮食；改善全身营养状况。

(3) 肠道准备。具体措施包括：① 饮食：术前 3 d 少渣半流质饮食，术前 1 d 流质饮食，术前禁食 10 h，禁饮 6 h；有梗阻症状者入院后予禁食；② 胃管：有梗阻症状者及早放置胃管；③ 经口全肠道清洁灌肠：术前 1 d 予复方聚乙醇电解质散口服行全肠道灌洗；④ 灌肠：直肠癌伴梗阻者术前 1 d 予清洁灌肠；⑤ 阴道冲洗：女性患者若癌肿侵犯阴道后壁，术前 3 d 每晚需冲洗阴道。

(4) 肠造口腹部定位：根据患者术后方式予患者行造口术前定位，选择最佳的造口位置减少并发症。

(5) 术前常规准备。

2. 术后护理

(1) 病情观察：术后每半小时测量血压、脉搏、呼吸，测量 8～10 次病情平稳后改每小时测量 1 次，病情稳定 24 h 后可延长间隔时间。

(2) 体位：病情平稳者，可取半卧位。

(3) 饮食：术后禁食，48～72 h 后肛门排气或肠造口有气体或粪便排出，无腹胀、恶心、呕吐等可进食流质饮食；术后一周进少渣半流质饮食；2 周左右可进普食，补充高热量、高蛋白、维生素丰富的食物。

(4) 活动：术后早期，可鼓励患者床上翻身、抬臀、足背等长运动；2～3 d 后患者情况允许，协助患者下床活动，行 Milse 术患者下床活动时间适当延长至 6～7 d。

(5) 引流管护理：保持引流管通畅，及时记录引流液颜色、性状、量。

(6) 保持会阴部切口清洁干燥：及时更换渗湿敷料。

(7) 肠造口护理

1) 肠造口观察：正常肠造口颜色呈新鲜牛肉红色，与患者唇色相近，表面光滑湿润。术后早期肠黏膜轻度水肿属于正常现象，1 周左右水肿消退。如果肠造口出现暗红色或淡紫色提示肠造口黏膜缺血；若局部或全部肠管变黑，则提示肠管缺血坏死，可间断拆线、湿热敷、撒造口粉于肠管表面、重做造口等。

2) 指导患者及家属正确使用造口产品：常见造口袋有一件式和两件式之分。其使用方法：① 一件式造口袋只需将底盘上的胶质贴面直接贴于皮肤上即可。两件式造口袋将底板粘贴好，再将透明袋安装在底板上，透明袋可随时取下清洗。同时还可以配合使用造口粉、防漏膏、防漏条、皮肤保护膜等；② 造口袋的正确使用与更换：裁剪造口袋底盘，用造口测量板测量造口的大小、形状，在底盘上裁剪大小合适的开口，造口底盘孔径大于造口直径约 0.2 cm；撕去底盘的粘贴保护纸，将造口袋底板平整地粘贴在造口周围皮肤上，用手均匀按压造口底盘边缘各处，使其与皮肤贴合紧密；③ 扣好造口袋尾部袋夹。

3) 饮食指导：宜高热量、高蛋白、富含维生素及易消化的少渣食物为主，多饮水，注意饮食卫生，避免辛辣刺激、过多的粗纤维、产气食物等。

笔记栏

4）预防造口常见并发症。① 造口出血：出血量少用棉球和湿纱布稍加压迫；出血较多用 1% 肾上腺素溶液浸湿的纱布压迫；大量出血时需缝扎止血；② 造口缺血坏死：如造口颜色变暗、发黑，及时汇报医生，可行间断拆线，同时可全身运用活血化瘀药物，必要时重新行造口术；③ 皮肤黏膜分离：较浅的分离，可给予造口粉后再用防漏膏或防漏条阻隔后贴上造口袋，较深的分离，渗液多或有感染时，多选用吸收性敷料如藻酸盐类和银离子类敷料等填塞后再贴上造口袋；④ 结肠造口狭窄：在造口处拆线愈合后，将食指、中指缓慢插入造口肠管，以扩张造口，每日 1 次；⑤ 造口旁疝：指导患者避免增加腹压，如提举重物、慢性咳嗽、结肠灌洗，并佩戴特制的疝气带，旁疝严重者需行手术修补；⑥ 其他并发症，如造口回缩、造口脱垂、过敏性皮炎、粪水性皮炎等。

（8）并发症的观察与护理，如切口感染、吻合口瘘、泌尿系损伤等，密切观察，及时发现、有效处理。

3. 健康指导

（1）疾病指导：向健康人群宣教如何预防大肠癌的发生，防治各种慢性疾病，如肠息肉、慢性结肠炎等。高危人群定期进行体检，早发现、早诊断、早治疗。

（2）饮食调整：进食低脂、适量蛋白、富含维生素和纤维素的饮食，不吃发霉食物。少食腌、熏、烧烤和油炸食物，有效预防腹泻和便秘的发生。

（3）肠造口指导：教会患者及家属如何自我护理造口：包括衣、食、住、行及造口产品的使用和保存。术后避免重体力劳动和提举重物，适度锻炼。

（4）活动指导：参加适度体育锻炼，生活规律保持心情愉快，尽可能融入正常的生活、工作和社交活动。

（5）定期复查，每 3～6 月门诊复查，造口患者出现造口狭窄应及时就诊。对化疗放疗患者，定期复查血常规，了解白细胞和血小板计数。

小　结

（1）肠梗阻是外科常见的急腹症之一，可引起肠管本身形态和功能的改变，还可导致全身性生理紊乱，其病因及分类：按梗阻发生的基本原因分，机械性肠梗阻、动力性肠梗阻、血运性肠梗阻。按肠管局部有无血运障碍分：单纯性肠梗阻、绞窄性肠梗阻。按梗阻发生的部位分：高位和地位、完全性与不完全性。按病情缓急分：急性和慢性。其治疗要点，非手术治疗和手术治疗。肠梗阻非手术治疗及术前护理包括：禁食、胃肠减压、疼痛护理、营养支持、急救护理，密切观察病情变化，积极做好各项术前准备，术后早期给予禁食、胃肠减压，待胃肠功能恢复后，逐渐恢复流质、半流质，密切观察病情变化，做好各管道护理，预防腹腔感染、肠瘘、肠粘连等并发症的发生。

（2）肠瘘是腹部外科中常见的重症疾病，其临床表现为发热、腹痛、排出肠内无容物，营养不良，水电解质紊乱。其治疗要点为：腹膜炎期及局限性腹腔脓肿期，充分引流、控制感染，营养支持，纠正水电解质及酸碱失衡；瘘管形成期，抑制肠液分泌，堵塞瘘管。其护理要点，保持体液平衡，控制感染，合适体位，应用敏感抗生素，持续腹腔冲洗并做好护理。其手术方式有，肠段部分切除吻合术，肠瘘旷置术等。营养支持，早期行肠外营养支持，待病情好转，逐步恢复肠内营养，同时做好引流管护理，瘘口周围皮肤护理，术后出血、腹腔感染、粘连性肠梗阻等并发症的观察和护理，做好心理护理，鼓励患者早期离床活动，促进胃肠功能恢复。

（3）大肠癌是常见的消化道恶性肿瘤，它包括结肠癌和直肠癌。其临床表现，结肠癌有排便习惯和粪便性状的改变，腹痛、腹部包块、肠梗阻等，全身症状有，贫血、消瘦、乏力、低热等；直肠癌有直肠刺激症状，肠腔狭窄，癌肿破溃感染，癌肿侵及周围脏器或周围组织出现相应症状。治疗措施以手术治疗为主，辅以化疗放疗等综合治疗手段。大肠癌患者术前护理包括，心理护理，营养支持，肠道准备，术前造口定位，术前常规准备。术后护理包括，病情观察，合适体位，引流管护理，术后并

笔记栏

发症的观察和护理，有造口的患者要做好造口护理和造口并发症的观察和预防。造口患者的饮食宜高热量、高蛋白，富含维生素，及易消化的少渣食物为主，注意饮食卫生避免辛辣刺激性，过多的粗纤维，产气及味道重的食物。加强心理护理，让患者接纳并主动参与造口护理。

（刘　春）

笔记栏

第二十一章

阑尾炎患者的护理

学习要点

- **掌握**：急性阑尾炎的临床表现及护理要点。
- **熟悉**：① 急性阑尾炎的病理分型、转归及治疗要点；② 特殊类型阑尾炎的临床特点。
- **了解**：① 急性阑尾炎的病因；② 急性阑尾炎的实验室检查及影像学检查。

第一节　急性阑尾炎

阑尾位于右髂窝部，起自盲肠根部，3 条结肠带汇合点其体表投影，约在脐与右髂前上棘连线的中外 1/3 交界处，称为麦氏点，是阑尾手术的标记点。绝大多数人的阑尾属腹膜内位器官。一般在右下腹，由于阑尾基底部与盲肠关系恒定，因此阑尾的位置可随盲肠的位置改变而变异，其尖端指向有 6 种类型：① 回肠前位；② 盆位；③ 盲肠后位；④ 盲肠下位；⑤ 盲肠外侧位；⑥ 回肠后位。不同类型其临床症状及压痛部位也不同。急性阑尾炎是外科最常见的急腹症之一，多发生于 20～30 岁的青年人，男性发病率高于女性。

一、病因

1. 阑尾管腔阻塞　　是发生急性阑尾炎的主要病因。造成阑尾管腔阻塞的原因有：① 淋巴组织明显增生，约占 60%；② 粪石阻塞，约占 35%；③ 异物、炎性狭窄、食物残渣、蛔虫、肿瘤等则较少见；④ 阑尾管腔细，开口小，系膜短，致阑尾卷曲。

2. 细菌入侵　　阑尾管腔阻塞后，内容物排出受阻，腔内细菌繁殖入侵阑尾肌层。阑尾壁间质压力升高，影响动脉血流，造成阑尾缺血，最终造成梗死和坏疽。

二、病理生理

1. 分型　　根据急性阑尾炎的临床过程和病理解剖学变化，可分为 4 种病理类型。

(1) 急性单纯性阑尾炎：属轻型阑尾炎或病变早期，病变多只限于黏膜和黏膜下层。

(2) 急性化脓性阑尾炎：又称急性蜂窝织炎性阑尾炎，常由急性单纯性阑尾炎发展而来。

(3) 坏疽性及穿孔性阑尾炎：是一种重型阑尾炎，阑尾病变进一步加剧，阑尾管壁坏死或部分坏死，严重者发生穿孔致急性弥漫性腹膜炎。儿童和老年人多见。

笔记栏

(4) 阑尾周围脓肿：急性阑尾炎化脓、坏疽或穿孔时，阑尾被大网膜和邻近的肠管包裹粘连形成炎性肿块。

2. 转归　　取决于患者的防御能力及急性阑尾炎的病理类型等。其转归有：① 炎症消退；

② 炎症局限、形成炎性肿块或阑尾周围脓肿；③ 炎症扩散发展为弥漫性腹膜炎、化脓性门静脉炎或感染性休克等。

三、临床表现

1. 症状

(1) 腹痛：70%～80%的患者具有典型的转移性右下腹痛，部分患者也可在发病初即表现为右下腹痛。不同类型、不同位置的阑尾炎其腹痛的部位及性质也有区别，如单纯性阑尾炎仅有轻度隐痛，化脓性阑尾炎表现为阵发性胀痛和剧痛，坏疽性阑尾炎呈持续性剧烈腹痛，穿孔性阑尾炎因阑尾腔压力骤减，腹痛可暂时减轻，但出现腹膜炎后，腹痛又呈持续加剧；盲肠后位阑尾炎表现为右侧腰部疼痛，盆位阑尾炎疼痛在耻骨上区，肝下区阑尾炎可引起右上腹痛等。

(2) 胃肠道症状：早期可有轻度厌食、恶心或呕吐。有些患者可发生腹泻，如盆位阑尾炎或出现盆腔脓肿时，炎症刺激直肠和膀胱，可引起排便次数增多、里急后重等症状。弥漫性腹膜炎可致麻痹性肠梗阻而表现为腹胀、排便排气减少。

(3) 全身表现：早期乏力，炎症加重时可出现心率增快、寒战、体温升高等中毒症状，阑尾穿孔形成腹膜炎者，出现寒战，体温明显升高(39℃或40℃)，若发生门静脉炎则可出现寒战、高热和轻度黄疸。

2. 体征　右下腹麦氏点固定压痛是急性阑尾炎最常见的重要体征，但亦可随阑尾的解剖位置变异而改变，严重者可出现压痛、反跳痛、肌紧张和肠鸣音减弱或消失等腹膜刺激征。当出现阑尾炎性肿块或阑尾周围脓肿时，可在右下腹扪及压痛性包块。对于不同位置的阑尾炎可呈现不同的特殊体征，可表现为结肠充气试验(+)、腰大肌试验(+)、闭孔内肌试验(+)等特殊体征。阑尾穿孔，炎症波及盆腔或发生盆腔脓肿时，直肠指诊可触及痛性肿块。

四、辅助检查

1. 实验室检查　白细胞计数和中性粒细胞比例增高。白细胞计数可升高到$(10 \sim 20) \times 10^9/L$，发生核左移。

2. 影像学检查　B超或CT检查可发现肿大的阑尾或脓肿。

3. 腹腔镜检查　用于急性阑尾炎的诊断，一旦确诊可同时在腹腔镜下做阑尾切除术。

五、临床诊断与治疗

1. 诊断要点　患者表现转移性右下腹痛、右下腹固定压痛点，结合辅助检查，其诊断不难。但20%阑尾炎患者表现不典型或重型阑尾炎，必须认真与外科许多急腹症相鉴别，以免延误诊断。

2. 治疗要点

(1) 手术治疗：一旦确诊，应尽早行阑尾切除术，有条件者可采用腹腔镜阑尾切除术，重型阑尾炎术中需腹腔冲洗，放置腹腔引流管。如出现阑尾周围脓肿，并无局限趋势时，可先行手术切开引流为主，如阑尾显露方便，一并切除阑尾，否则待3个月后伤口愈合再行手术切除阑尾。

(2) 非手术治疗：适用于不接受手术、不能耐受手术或有手术禁忌证的患者，如阑尾周围脓肿。主要措施包括选择有效的抗生素、中药外敷、补液治疗等。

知识拓展

1983年，德国妇产科医师Semm实施首例腹腔镜阑尾切除术，由此拉开传统开放手术与腹腔镜手术优劣争论的序幕。由于外科手术技术、视觉设备系统及微创观念的发展，微创技术在阑尾炎手术的应用范围、手术方式得以充分发展。其具有创伤干扰小、术后康复快及美观的优点，并能大大降低术后切口感染和粘连性肠梗阻的发生，逐步被广大患者及医生接受。

笔记栏

六、护理诊断

1. 疼痛　与阑尾炎症刺激壁腹膜或手术创伤有关。
2. 体温过高　与急性阑尾炎炎症有关。
3. 潜在并发症　腹腔脓肿、切口感染、粘连性肠梗阻、出血等。

七、护理措施

1. 术前护理

(1) 病情观察：定时监测生命体征，观察患者的腹部症状和体征，尤其是体温及腹痛的变化。如在非手术治疗期间，出现右下腹痛加剧、发热、白细胞计数和中性粒细胞比例上升，应做好急诊手术的准备。

(2) 胃肠道护理：在未明确诊断或症状减轻前，予禁食、同时给予肠外营养，禁服泻药及灌肠，以免延误手术或使肠蠕动加快，增高肠内压力，导致阑尾穿孔或炎症扩散。

(3) 控制感染：遵医嘱及时应用有效的抗生素，脓肿形成者做好中药外敷。

(4) 镇痛：已明确诊断或已决定手术的患者疼痛剧烈时可遵医嘱给予解痉或止痛药，以缓解疼痛。

2. 术后护理

(1) 病情观察：定时监测生命体征，观察患者的切口、腹部体征的变化，注意倾听患者主诉，发现异常及时通知医师。

(2) 体位与活动：全麻清醒或硬脑膜外麻醉平卧 6 h 后，血压、脉搏平稳后改为半卧位，并鼓励早期下床活动，以促进肠蠕动恢复，减少肠粘连的发生。

(3) 并发症的观察与护理

1) 切口感染：是阑尾切除术后最常见的并发症，多见于化脓性或穿孔性阑尾炎。表现为术后 3 日左右体温升高，切口红、肿、痛，甚至有脓液渗出。一旦发现立即汇报医生给予定期换药，必要时拆除缝线敞开引流。

2) 粘连性肠梗阻：观察有无腹痛、腹胀、肛门停止排气排便情况，一旦发生肠梗阻，立即禁食，不完全梗阻者行胃肠减压，完全性肠梗阻者则应手术治疗。

3. 健康指导

(1) 疾病知识指导：向患者讲解阑尾炎相关知识及治疗方法，告知术后康复配合要点。

(2) 出院指导：告知患者出院后，若出现腹痛、腹胀等不适，应及时就诊。阑尾周围脓肿未切除阑尾者，告知出院 3 个月后再行阑尾切除术。

第二节　特殊类型阑尾炎

一、新生儿急性阑尾炎

新生儿急性阑尾炎很少见。由于新生儿不能提供病史，早期临床表现仅有厌食、恶心、呕吐、腹泻和缺水等症状，发热及白细胞计数升高均不明显，早期诊断较困难，穿孔率高达 50%～85%，病死率亦较高。因此体查时应认真检查右下腹部压痛和腹胀等体征，一旦确诊应早期手术治疗。

笔记栏

二、小儿急性阑尾炎

小儿大网膜发育不全，不能起到足够的保护作用。患儿也不能清楚地提供病史，早期诊断困难。其临床特点：① 病情发展快且较重，早期即出现高热、呕吐等症状，最常见的主诉是全腹疼痛；② 右下腹体征不明显，不典型，但局部有明显压痛和肌紧张，是小儿阑尾炎的重要体征；③ 穿孔率较高，并发症及死亡率也较高。处理原则为早期手术，输液、纠正脱水，应用广谱抗生素。

三、妊娠期急性阑尾炎

妊娠期急性阑尾炎较常见。临床特点有：① 妊娠期盲肠和阑尾被增大的子宫向右上腹推挤而移位，压痛点随之上移；② 腹壁被抬高，炎症刺激不到壁腹膜，故腹膜刺激征不明显；③ 大网膜难以包裹病变阑尾致腹膜炎不易局限；④ 炎症刺激子宫，易引起流产或早产。处理原则为早期手术，围手术期加用黄体酮，尽量不用腹腔引流。术后应用青霉素类广谱抗生素。临产期急性阑尾炎或阑尾穿孔，全身感染症状严重时，可考虑经腹剖宫产术，同时切除阑尾。

四、老年人急性阑尾炎

随着人口老龄化，老年人急性阑尾炎有增多趋势。其临床特点有：① 老年人对疼痛感觉迟钝，腹肌薄弱，防御功能减退，致患者主诉不强烈，体征不典型，临床表现轻而病理改变重，体温和血白细胞升高不明显，容易误诊；② 老年人多伴动脉硬化，阑尾动脉也会发生相应改变，易导致阑尾缺血坏死；③ 老年人常伴发心脑血管疾病，糖尿病等，使病情更趋复杂严重。处理原则为一旦诊断应及时手术治疗，同时注意处理伴发的基础疾病。

案例分析

患者，女，24 岁，因“转移性右下腹痛 6 h”急诊入院。查体：体温 39.2℃，脉搏 116 次/min，血压 112/65 mmHg；右下腹压痛、肌紧张，有反跳痛，肠鸣音消失；血常规提示：白细胞计数 13.1×10^9/L，中性粒细胞比例 0.84；腹部平片示：盲肠扩张和气液平面，拟诊：急性化脓性阑尾炎，遂行急诊手术治疗。术后第 3 日，患者体温 39.0℃，切口红肿、有压痛。

【问题】

患者可能出现了哪个并发症？针对该并发症，应采取哪些护理措施？

【分析与解答】

患者可能发生了切口感染。

针对该并发症采取的护理措施有：① 试穿刺抽出脓液，或在波动出拆除缝线敞开引流，排出脓液；② 及时更换被渗液污染的敷料；③ 定时监测体温、脉搏等生命体征变化，定期复查血常规等指标；④ 遵医嘱合理应用抗生素。

小　结

急性阑尾炎的护理要点主要包括以下三点：① 病情观察，重点加强腹部症状和体征的观察；② 术后鼓励患者早期下床活动；③ 并发症的观察和护理，主要是切口感染和粘连性肠梗阻的发生。

（刘　霞）

笔记栏

第二十二章

腹部损伤患者的护理

学习要点

- **掌握**：腹部损伤的治疗要点及护理措施。
- **熟悉**：实质性脏器损伤和空腔脏器损伤的临床特点。
- **了解**：腹部损伤的病因及辅助检查。

第一节　概　　述

腹部损伤是由各种原因所致的腹壁和(或)腹腔内脏器损伤，可分为开放性损伤和闭合性损伤，在外科急症中常见。腹腔实质性脏器或大血管损伤时，可因大出血而死亡；空腔脏器受损破裂时，常继发严重的腹腔感染而威胁生命。

一、病因

1. 外因　开放性损伤常由刀刺、枪弹等锐器或火器伤所引起；闭合性损伤常由高处坠落、碰撞、冲击、挤压、拳打脚踢、棍棒等钝性暴力所致。无论开放或闭合，都可能引起腹部内脏损伤，尤其是腹腔内脏器已有病理情况者。

2. 内因　① 肝、脾及肾的组织结构脆弱，受暴力打击后，比其他内脏更易破裂；② 肠道不固定部分比活动部分更易受损；③ 上腹受到碰撞，挤压时，胃窦、十二指肠水平或胰腺可被压在脊柱上而断裂；④ 空肠脏器在充盈时比排空时更易破裂；⑤ 胰、十二指肠、膈、直肠等由于解剖位置较深，损伤发生率较低。

二、临床表现

伤情不同，腹部损伤后的临床表现差异很大。

1. 症状

(1) 实质性脏器或大血管损伤：以内出血为主，表现面色苍白、出冷汗、脉率加快，严重时脉搏微弱、血压不稳、尿量减少，甚至休克。腹痛一般不剧烈，腹膜刺激征也并不剧烈，若肝、脾受损导致胆管、胰管断裂，可出现剧烈的腹痛。

(2) 空腔脏器损伤：以弥漫性腹膜炎为主，表现持续性剧烈腹痛，伴恶心、呕吐，稍后体温升高、脉率增快、呼吸急促等全身性感染症状；严重者可发生感染性休克。如合并邻近大血管损伤，可出现呕血、血便等。

笔记栏

2. 体征　实质性脏器损伤可有腹胀和移动性浊音，肾脏损伤时可出现血尿。空腔脏器损伤有典型的腹膜刺激征，即压痛、反跳痛、腹肌紧张，其程度因空腔脏器内容物不同而异，胃液、胆汁或胰液对腹膜的刺激最强，肠液次之，血液最轻；空腔脏器破裂后腹腔内游离气体常致肝浊音界缩小或消失；肠麻痹可出现腹胀，肠鸣音减弱或消失；直肠损伤时直肠指检可发现直肠内出血，有时还可扪及直肠破裂口。

三、辅助检查

1. 实验室检查　实质性脏器破裂出血时，血红细胞、血红蛋白、血细胞比容等数值下降。空腔脏器破裂时，白细胞计数和中性粒细胞比例明显上升。胰腺、胃肠道损伤时，血、尿淀粉酶升高。泌尿系统损伤时，尿常规多见血尿。

2. 影像学检查　B超主要用于诊断实质性脏器的损伤，能提示脏器损伤的部位和程度；X线检查主要用于诊断空腔脏器的损伤，腹腔游离气体是胃肠道破裂的主要证据，立位腹部平片表现为膈下新月形阴影。必要时进行CT和MRI、选择性血管造影等，但处于休克状态患者，这些检查常受限制。

3. 诊断性腹腔穿刺术和腹腔灌洗术　对判断有无脏器损伤和哪一类脏器损伤有很大帮助。通过对穿刺液的肉眼观察、涂片或实验室检验作出诊断。但穿刺阴性时，穿刺针被网膜阻塞或腹内液体并未流至穿刺区，不能完全排除内脏损伤的可能，应继续严密观察，必要时重复穿刺或改行腹腔灌洗。

4. 其他检查　对高度怀疑有腹腔脏器损伤，但又未能证实者，可使用腹腔镜作诊断性探查。

四、临床诊断与治疗

1. 诊断要点　详细询问外伤史，仔细体格检查是诊断腹部损伤的依据，结合实验室及辅助检查综合判断有无内脏损伤及何种脏器受到损伤，并诊断有无其他部位合并伤。

2. 治疗要点　早期正确诊断，及时有效处理是降低腹部损伤患者病亡率的关键。

(1) 急救处理：首先处理对生命威胁最大的损伤。对最危急的病例，首先进行心肺复苏，其中最重要的是解除气道梗阻。其次要迅速控制明显的外出血，处理开放性气胸或张力性气胸，尽快恢复循环血容量，控制休克和进展迅速的颅脑损伤。如无上述情况，则立即处理腹部损伤。实质性脏器损伤常发生威胁生命的大出血，比空腔脏器损伤处理应更为紧急。

(2) 非手术治疗：适用于暂不能确定有无内脏损伤者或轻度的单纯性实质性脏器损伤，且生命体征稳定者。治疗方法包括禁食禁水、补充血容量、应用抗生素、禁用止痛剂、不随便搬动伤者，并密切观察病情变化，疑有空腔脏器破裂或明显腹胀时应行胃肠减压。

(3) 手术治疗：对确诊腹腔内脏器破裂者或在非手术治疗观察期间，出现以下情况时，应终止观察，必要时在积极抗休克的同时进行手术：① 全身情况有恶化趋势，出现口渴、烦躁、血压下降、脉率增快，体温及白细胞计数上升或红细胞计数进行性下降；② 腹痛和腹膜刺激征进行性加重或范围扩大；③ 肠鸣音逐渐减弱、消失或出现明显腹胀；④ 腹腔穿刺抽得气体、不凝血、胆汁或胃肠内容物，腹部平片膈下有游离气体；⑤ 经积极抗休克治疗情况不见好转或继续恶化；⑥ 消化道出血不易控制。手术方法为剖腹探查术，是治疗腹内脏器损伤的关键，待查明损伤部位和器官后再作针对性处理。

知识拓展

腹部损伤，尤其是多脏器损伤，早期诊断较困难，阴性剖腹率较高。近年来随着腹腔镜微创技术的不断发展，腹腔镜已广泛应用于临床。腹腔镜镜端能到达腹腔各个区域，使较小的损伤、出血也可通过放大的图像在监视器上显示出来，因而能迅速、直观、准确地作出诊断。除了诊断外，还能在镜下进行止血、修复，甚至脏器切除等，减少许多不必要的剖腹等优点，是一种诊断、治疗一体化的现代外科微创技术，但要注意掌握适应证、禁忌证及手术技巧，以减少并发症。

笔记栏

五、护理诊断

1. 体液不足　与损伤致腹腔内出血，严重腹膜炎、呕吐及禁食有关。
2. 疼痛　与腹部损伤有关。
3. 恐惧　与意外损伤的打击和担心预后有关
4. 潜在并发症　损伤器官再出血、腹腔脓肿。

六、护理措施

1. 急救护理　腹部损伤可合并多发性损伤，在急救时应分清轻重缓急，首先处理危及生命的情况。急救措施：① 心肺复苏；② 合并张力性气胸，配合医师行胸腔穿刺排气；③ 止血、输液、输血；④ 开放性腹部损伤者，妥善处理伤口，切勿在毫无准备的情况下强行将突出的腹内脏器或组织回纳，可用消毒碗覆盖保护；⑤ 密切观察病情变化。

2. 非手术治疗护理/术前护理

（1）体位与活动：绝对卧床休息，病情稳定后可取半卧位。观察期间不随意搬动患者，以免加重伤情。

（2）病情观察：严密监测生命体征、腹部体征、尿量，观察有无其他伴随症状，了解血红蛋白、红细胞和白细胞计数、血细胞压积，以判断腹腔内有无活动性出血及感染征象。在未明确诊断之前应禁饮食、禁灌肠、禁热敷、禁用镇痛药，以免加重或掩盖病情，必要时胃肠减压。

（3）维持体液平衡和预防感染：补充足量的液体及电解质，遵医嘱合理使用抗生素。

（4）心理护理：关心患者，加强交流，避免在患者面前谈论病情的严重程度。

（5）完善术前准备，一旦决定手术，尽快完善必要的术前准备。

3. 术后护理

（1）病情观察：严密监测生命体征，注意观察患者的面色、神志、腹部体征，危重患者加强呼吸、循环和肾功能的监测和维护。同时观察有无其他并发症的发生。

（2）腹腔引流护理：术后正确连接引流装置，引流管应贴标签注明其名称及引流部位，妥善固定，保持引流通畅，观察引流液的量、颜色、性状。

（3）体位与活动：全麻未清醒者置平卧位，头偏向一侧。待全麻清醒或硬膜外麻醉、术后 6 h，生命体征平稳，无其他合并伤需限制活动者可改为半卧位，鼓励患者翻身，及早下床活动，促进肠蠕动，预防肠粘连。

（4）禁食、胃肠减压：做好胃肠减压的护理。待肠蠕动恢复、肛门排气、停止胃肠减压后，可进流质，根据病情逐渐过渡到半流质和普食。

（5）并发症的观察与护理

1）再出血：如腹痛缓解后突然加剧、烦躁，患者出现面色苍白、皮肤湿冷、呼吸及脉搏增快、血压下降、腹腔引流管间断或持续引流出鲜红色血液等表现，禁止随意搬动患者，应立即通知医师，迅速建立静脉通道协助医生抢救。

2）腹腔脓肿：如术后体温持续不退或下降后又升高，伴有腹胀、腹痛、直肠或膀胱刺激症状，腹腔引流可见较多浑浊液体，白细胞计数和中性粒细胞比例明显升高，多提示腹腔脓肿形成，应通知医生，对症处理，合理正确使用抗生素，保持引流通畅，加强营养。

4. 健康指导

（1）安全宣传：加强劳动保护、安全生产、户外活动安全、交通安全等宣传，避免意外损伤的发生。

（2）急救知识普及：普及各种急救知识，在发生意外事故时，能迅速且简单的急救或自救。

（3）及时就诊：一旦发生腹部损伤，无论轻重，都应经专业医护人员检查，以免贻误诊治。

（4）出院指导：出院后要适当休息，加强锻炼，增加营养。若有不适，及时就诊。

笔记栏

第二节　常见脏器损伤

一、肝、脾破裂

脾破裂的发生率占腹部闭合性损伤的 20% ～ 40%，在开放性损伤中占 10%，已有病理改变（如门静脉高压、血吸虫病、淋巴瘤等）的脾更易破裂。按病理解剖脾破裂可分为 3 种：中央型破裂（破裂处在脾实质深部）、被膜下破裂（破裂在脾实质周边部）和真性破裂（破损累及被膜）。前 2 种因被膜完整，出血量受到限制，故临床上并无明显内出血征象而不易被发现，可形成血肿而被吸收，但在某些微弱外力的作用下，可突然转变为真性破裂。临床上约 85% 为真性破裂，合并脾蒂撕裂时，出血量较大，可迅速发展为出血性休克，甚至来不及抢救而死亡。

肝破裂占各种腹部损伤的 15%～20%，右肝破裂较左肝多见。可分为：① 肝破裂，肝被膜和实质均裂伤；② 被膜下血肿，实质裂伤但被膜完整；③ 中央型肝破裂，肝深部实质裂伤，伴或不伴有被膜裂伤。肝破裂的致伤因素、病理类型与脾破裂极为相似。

肝、脾破裂主要表现为腹腔内出血和失血性休克。但肝破裂后可能有胆汁溢入腹腔或血液通过胆管进入十二指肠，因此腹痛和腹膜刺激征较脾破裂更明显，并出现呕血或黑便。另外还可继发肝脓肿。

对于肝脾裂伤比较局限、表浅，无其他腹腔脏器合并伤，并且生命体征稳定或经补充血容量后保持稳定的患者可先采取非手术治疗，严密观察生命体征、腹部体征、血细胞比容及影像学变化，一旦发现继续出血，且失血量超过全身血容量的 40%，补充血容量后生命体征仍不稳定或有其他脏器损伤应立即手术治疗。

二、胰腺损伤

胰腺位于腹膜后，位置较深，不易受到损伤及早期发现，其损伤占腹部损伤的 1%～2%，主要由于上腹部强力挤压，暴力直接作用于脊柱所致。胰腺损伤后常并发胰瘘，因胰液侵蚀性强，又影响消化功能，故胰腺损伤的病死率高达 20%左右。

胰腺损伤后，胰液积聚在网膜囊内而出现上腹部压痛和腹肌紧张，还可因膈肌受刺激伴有肩部放射痛。漏出的胰液经网膜孔进入腹腔出现弥漫性腹膜炎伴剧烈腹痛，但单纯胰腺钝性伤临床表现不明显，往往不易及时发现和处理，日久形成胰腺假性囊肿才被发现。化验室检查腹腔液和血清淀粉酶升高。

高度怀疑或诊断为胰腺损伤者，应立即手术治疗，原则是全面探查，彻底清创、止血，抑制胰液外分泌及处理合并伤。根据胰腺受损的部位和程度选择不同的手术方式。

三、胃、肠破裂

胃肠破裂中，小肠受外伤的机会最多，其次是结肠。十二指肠大部分位于腹膜后，位置较深，损伤的发生率很低，仅占腹部损伤的 3.7%～5%。一旦损伤，处理常较其他脏器的损伤更为困难。胃破裂仅偶尔发生在胃膨胀时。

胃肠破裂后，胃肠液流入腹腔引起剧烈腹痛和明显的腹膜炎体征，但有其各自不同的特点：① 胃破裂，立即出现腹膜炎表现，肝浊音界消失，膈下有游离气体，胃管引流出血性液体；② 小肠破裂，早期即产生明显的腹膜炎表现，少数患者有气腹，但部分患者可无腹膜炎表现，如腹膜后的十二指肠损伤、小肠裂口小或穿破后裂口被堵塞。对于腹膜后的十二指肠损伤可表现为右上腹或腰部持续性疼痛及压痛，有时向右肩部放射，易与胰腺损伤相混淆；③ 结肠与腹膜反折之上直肠破裂因

笔记栏

其液体成分少而细菌含量多，故腹膜炎出现得晚，但却较严重。腹膜反折之下的直肠损伤，无腹膜炎表现，可出现血便、严重的直肠周围感染及各种肠瘘表现，易被误诊。

一旦确诊应立即行手术治疗。包括术中彻底探查、清理腹腔、根据具体伤情修复受损脏器。

案例分析

患者，男，43岁，因右上腹撞伤伴腹痛4 h入院，查体示：神志清，痛苦面容，体温36.7℃，脉搏104次/min，血压106/63 mmHg，右上腹部有压痛、反跳痛及肌紧张，移动性浊音(－)。腹部彩超提示为肝破裂。

【问题】

该患者非手术治疗期间，病情观察的内容有哪些？

【分析与解答】

病情观察的内容有：① 生命体征的变化，每15～30 min测定脉搏、呼吸、血压1次；② 腹部检查，每30 min检查1次，注意腹膜刺激征的程度和范围变化，肝浊音界有无缩小或消失，有无移动性浊音等；③ 血常规监测，动态检测血红细胞计数、血细胞压积、血红蛋白值和白细胞计数的变化，以判断有无活动性出血；④ 注意有无急性腹膜炎、失血性休克等并发症的发生；⑤ 必要时重复B超、诊断性腹腔穿刺或血管造影等检查。患者观察期间若需外出检查，应有专人护送，并密切注意病情变化。

小　结

腹部损伤分为实质性脏器损伤和空腔脏器损伤，实质性脏器损伤主要表现为内出血、失血性休克；空腔脏器损伤导致弥漫性腹膜炎。腹部损伤的治疗要点为首先处理危及生命的损伤，重视急救处理；严格掌握非手术治疗的适应证；对手术治疗患者要全面探查，再针对性处理。对非手术治疗患者加强病情观察，未明确诊断前应做到绝对卧床休息；手术治疗患者术后应加强病情观察，做好引流管护理，指导患者的活动与饮食。

（刘　霞）

笔记栏

第二十三章

腹外疝患者的护理

学习要点

- **掌握**：① 腹外疝发生的主要原因及临床分型；② 腹外疝的临床表现及手术前后护理。
- **熟悉**：① 疝、腹外疝的定义及腹外疝的常见类别；② 股疝、切口疝的临床特点及治疗原则。
- **了解**：脐疝的临床特点及治疗原则。

第一节　腹外疝

体内任何脏器或组织离开其正常解剖部位，通过先天或后天形成的薄弱点、缺损或孔隙进入另一部位，称为疝。疝多发生于腹部，以腹外疝多见。腹外疝是由腹腔内某一器官或组织连同壁腹膜，经腹壁薄弱点或孔隙，向体表突出而致。常见的有腹股沟疝、股疝、切口疝、脐疝等。

一、病因

腹壁强度降低和腹内压力增高是导致腹外疝发生的两个主要原因。

1．腹壁强度降低　　最常见的有：① 先天性发育异常，如在胚胎发育睾丸下降过程中形成的鞘状突，出生后未闭或闭锁不完全，形成先天性腹股沟斜疝的疝囊。② 先天性结构缺陷，如精索或子宫圆韧带穿过腹股沟管、股动静脉穿过股管、脐血管穿过脐环、腹白线发育不全等。③ 后天的腹壁薄弱或缺损，如手术切口愈合不良、腹壁外伤及感染、年老或肥胖所致肌萎缩等。

2．腹内压力增高　　常见原因有慢性咳嗽、便秘、排尿困难、腹水、妊娠、提举重物、婴儿经常啼哭等。

二、病理与分型

1．病理　　典型的腹外疝由疝囊、疝内容物、疝外被盖组成。疝囊颈为腹壁薄弱或缺损处，是疝环所在位置，又称疝环或疝门，临床各种疝常以疝门命名。疝内容物以小肠最多见，其次为大网膜，而盲肠、阑尾、结肠、膀胱较少见。疝外被盖指疝囊以外的各层组织，通常由筋膜，皮下组织和皮肤等组成。

2．临床类型　　腹外疝有易复性、难复性、嵌顿性、绞窄性等临床类型。

(1) 易复性疝：最常见，疝内容物很容易回纳入腹腔，称为易复性疝。

(2) 难复性疝：疝内容物不能或不能完全回纳入腹腔内，但疝内容物无血运障碍无器质性病理改变。其原因有：疝内容物反复突出、疝内容物多、巨型腹股沟斜疝。

笔记栏

(3) 嵌顿性疝：疝内容物因囊颈的弹性回缩在疝环处卡住受压，不能还纳，但尚未发生血运障碍。如疝内容物为肠管，此时肠壁及肠系膜静脉回流受阻，肠系膜内动脉搏动可扪及，若能及时解除，病变肠管可恢复正常。

(4) 绞窄性疝：是嵌顿性疝病程的延续，此时疝内容物出现了血运障碍，嵌顿若不能及时解除，可使动脉血流减少，最终导致完全阻断。可发生严重的并发症，甚至因肠坏死穿孔引起腹膜炎而危及生命。

第二节 腹股沟疝

腹股沟疝是指发生在腹股沟区的腹外疝，分为斜疝和直疝。斜疝最多见，占腹股沟疝的85%～95%，全部腹外疝的75%～90%，男女发病率之比约为15∶1，多见于儿童及成年人，右侧多于左侧，而直疝多见于老年人。

一、临床表现

1. 腹股沟斜疝　易复性斜疝多无明显症状，偶有胀痛；难复性斜疝可出现胀痛，还可出现消化不良和便秘等症状；嵌顿性斜疝疼痛明显，如嵌顿内容物为肠袢，可有腹痛、腹胀、恶心、呕吐、肛门停止排便排气等机械性肠梗阻表现；绞窄性斜疝在嵌顿性斜疝症状的基础上，疼痛进一步加剧，但如疼痛突然减轻而肿块仍存在者，应高度怀疑肠坏死穿孔的发生，严重者可发生脓毒症。

2. 体征　腹股沟区可复性肿块，但疝块嵌顿时则不易回纳，如肠坏死穿孔，可出现腹膜炎及休克表现。

二、实验室检查与其他辅助检查

1. 透光试验　因疝块不透光，故腹股沟疝为透光阴性，而鞘膜积液多为透光阳性。但幼儿的疝块，由于组织菲薄，常能透光，因此勿与鞘膜积液混淆。

2. 超声影像学检查　超声检查可协助诊断，如疝嵌顿或绞窄时，X线检查可见肠梗阻征象。

三、临床诊断与治疗

1. 诊断要点　典型的腹股沟疝可根据病史(腹股沟区出现可复性包块，即站立时出现，平卧后可回纳或消失)、临床表现及辅助检查确定诊断。

2. 治疗要点　无特殊情况应尽早实施手术治疗，降低复发率，减少并发症。

(1) 非手术治疗：1岁以下婴幼儿、年老体弱或伴有其他严重疾病而禁忌手术的患者可使用医用疝带。但长期使用疝带使疝囊颈经常受摩擦而增厚，增加难复性疝及嵌顿性疝的发病率。

(2) 手术治疗：手术修补是腹股沟疝最有效的治疗方法。可归纳为以下3种。

1) 传统的疝修补术：基本原则是疝囊高位结扎、加强或修补腹股沟管管壁。① 疝囊高位结扎术：单纯性疝囊高位结扎主要适用于婴幼儿或儿童。因为婴幼儿的腹肌在发育中逐渐强壮，单纯高位结扎就能达到满意的效果。绞窄性疝因肠坏死而局部有严重感染者，通常也采取单纯性疝囊高位结扎，以避免因感染导致修补失败，其腹壁缺损在以后另行择期手术加强之。② 加强或修补腹股沟管管壁：成年腹股沟疝患者进行单纯疝囊高位结扎后，不足以预防腹股沟疝的复发，只有在此基础上，加强或修补薄弱的腹股沟管前壁或后壁，才有可能彻底治疗。

笔记栏

2) 无张力疝修补术：传统的疝修补术具有缝合张力大、局部有牵拉感、疼痛、修补的组织愈合差及易复发等缺点。无张力疝修补术是在无张力情况下，利用人工高分子材料网片(补片)进行缝合修补，具有恢复快、术后疼痛轻、复发率低等优点。但嵌顿性疝并发肠坏死以及腹股沟管未发育完全的儿童不宜使用补片。

3）经腹腔镜疝修补术：是从腹腔内部用网片加强腹壁缺损或用钉(缝线)使内环缩小，具有创伤小、恢复快、术后疼痛轻、复发率低、无局部牵扯感等优点，但需全身麻醉，且手术费用高。此手术方式对于双侧腹股沟疝，尤其是多次复发及隐匿性疝，更具优势。

知识拓展

近年来腹腔镜下治疗腹股沟疝已在国内外逐步开展，并取得了与开腹修补同样的临床效果。腹腔镜腹股沟疝修补术式有：经腹膜外路径的修补、经腹腔的腹膜前修补、腹腔内的补片修补，由于微创手术可以避开前入路瘢痕组织，于腹膜前间隙进行修补，对于单纯缝合修补术后复发疝，微创手术是合理有效的选择。但复发性腹股沟疝微创治疗的术式选择，需考虑前次手术的入路和补片植入的层次及术者的临床技术。如腹膜前修补术后复发疝，不建议选择经腹膜外路径的修补，可选择经腹腔的腹膜前修补，如术中无法分离出足够的间隙和腹膜，可改为腹腔内的补片修补。

(3）嵌顿性疝和绞窄性疝的处理原则：嵌顿性疝原则上需紧急手术治疗，以防疝内容物嵌顿坏死，并解除伴发的肠梗阻。但具备下列情况可先试行手法复位：① 嵌顿时间在3～4 h内，局部无明显压痛，腹部也无压痛或腹肌紧张等腹膜刺激征者；② 年老体弱或伴有其他严重疾病而估计肠袢尚未绞窄坏死者。复位后需严密观察腹部情况，注意有无腹膜炎及肠梗阻症状，一旦复位不成功或出现上述症状，需紧急手术治疗。绞窄性疝的内容物已坏死，必须紧急手术。在手术处理嵌顿或绞窄性疝时，关键在于正确判断肠管活力，然后根据病情确定手术方法，如复位后按易复性疝手术处理、切除病变肠管进行一期吻合、肠管外置造瘘进行二期手术等。

四、护理诊断

1. 疼痛　与疝块嵌顿或绞窄、手术创伤有关。
2. 知识缺乏　缺乏预防腹内压升高及促进术后康复的相关知识。
3. 潜在并发症　术后阴囊水肿、切口感染。

五、护理措施

1. 术前护理

(1）消除引起腹内压升高的因素：有慢性咳嗽、呼吸道感染、腹水、便秘、排尿困难等应先处理，待症状控制后再行手术；指导患者多饮水、多吃水果蔬菜等粗纤维食物，保持排便通畅，避免用力排便；戒烟，注意保暖，避免感冒咳嗽及打喷嚏；疝块较大者减少活动，多卧床休息；建议离床活动时使用疝带压住疝环口，避免嵌顿。

(2）嵌顿性/绞窄性疝的观察与护理：观察患者疼痛的性状、疝回纳的情况、腹部体征及生命体征，若腹痛加剧，疝块增大不能回纳腹腔，应高度警惕嵌顿疝发生的可能，立即汇报医生，进行手法复位。若疼痛剧烈，可遵医嘱注射吗啡或哌替啶，以止痛，镇静并松弛腹肌。复位后24 h内严密观察患者生命体征、腹部情况，一旦发生绞窄性疝或出现腹膜炎、肠梗阻症状，应立即汇报医生，予禁食、胃肠减压，纠正水、电解质及酸碱平衡、抗感染等措施，同时积极做好术前准备。

(3）术前准备：按常规做好术前各项准备，术前两周停止吸烟，服药者按医嘱调整，加强腹壁肌肉锻炼，便秘者术前给予通便或灌肠，腹腔镜手术应做好脐部的清洁。

2. 术后护理

笔记栏

(1）体位与活动：术后当日平卧位，膝下垫软枕，次日可改为低半卧位，以降低腹股沟区切口张力及腹腔内压力。传统疝修补术后3～5 d可下床活动，采用无张力疝修补术一般术后次日即可下床活动，但复发性疝、绞窄性疝、巨大疝等患者可适当延迟下床活动的时间。卧床期间鼓励患者床上翻身及活动肢体，以防护理并发症的发生。

（2）防止腹内压升高：注意保暖，防止受凉引起咳嗽及打喷嚏，咳嗽时用手按压伤口，以减轻震动引起的切口疼痛。保持排便通畅，避免用力排便，便秘者给予通便药物。小儿避免剧烈哭闹或活动。

（3）饮食护理：术后 6～12 h，若无恶心、呕吐，可进流质，次日进软食或普食，鼓励患者多饮水，多食水果蔬菜等粗纤维食物，以保持大便通畅。行肠切除吻合术者术后禁食，饮食如同肠道手术。

（4）并发症的预防和护理

1）阴囊水肿：是术后常见的并发症。因阴囊比较松弛及位置低，术后可用丁字带或阴囊托托起阴囊并密切观察肿胀情况。

2）切口感染：切口感染是引起疝复发的主要原因之一。因此术后要加强切口护理，保持切口敷料清洁干燥，观察切口有无红、肿、疼痛或渗液，如有出血或切口血肿时应予沙袋适当加压，若不慎被尿粪污染或敷料脱落，应及时更换。预防切口感染，一旦发现切口感染，应尽早处理。绞窄性疝行肠切除、肠吻合术后须正确合理应用抗生素。

3. 健康指导

（1）相关疾病知识介绍：向患者讲解造成腹外疝的原因和诱因、手术治疗的必要性以及对使用补片患者讲解材料的优点及费用，解除顾虑，使其安心配合治疗。

（2）避免腹内压升高的因素：出院后逐渐增加活动量，3 个月内避免重体力劳动或提举重物；注意保暖，避免呼吸道感染；多食通便食物，勿用力排便。如咳嗽或便秘要及时处理。

（3）定期随访：若发现腹股沟再现肿块，应疑似疝复发，及早诊治。

第三节　其他腹外疝

一、股疝

腹腔内脏器或组织通过股环、经股管向卵圆窝突出形成的疝，称为股疝。占腹外疝的 3%～5%，多见于 40 岁以上妇女。妊娠是腹内压增高的主要原因。

平时无症状，少部分患者可在久站或咳嗽时感到胀痛，并有可复性肿块。如发生嵌顿，可出现明显疼痛，或伴有急性机械性肠梗阻表现，严重者甚至可以掩盖股疝的局部症状。

因股疝极易嵌顿、绞窄，一旦确诊，应及早手术，关闭股环、封闭股管。最常用的手术是 McVay 修补法。也可采用无张力疝修补法或经腹腔镜疝修补术。

二、切口疝

切口疝是腹腔内脏器或组织自腹壁手术切口突出形成的疝。临床上比较常见，占腹外疝的第三位。手术操作不当及切口愈合不良是导致切口疝的重要原因，如切口感染、引流物留置时间过久、腹壁切口缝合不严密或缝合时张力过大而致组织撕裂；切口内血肿形成、肥胖、高龄、营养不良、合并糖尿病或使用糖皮质激素等导致切口愈合不良。

多数患者无特殊不适。较大的切口疝有腹部牵拉感，伴食欲减退、恶心、腹部隐痛，有时还伴有不完全性肠梗阻表现，站立或用力时腹壁切口瘢痕处有可复性肿块。疝内容物有时可达皮下，若为肠管常可见到肠型和肠蠕动波。

笔记栏

切口疝疝环一般比较宽大，很少发生嵌顿。其治疗原则是手术修补。较小的切口疝切除疝的原手术切口瘢痕，回纳疝内容物后，在无张力的条件下进行逐层严密缝合。较大的切口疝可用补片修补。

三、脐疝

腹腔内脏器或组织通过脐环突出形成的疝称脐疝。可分为小儿脐疝和成人脐疝，以前者多见。① 小儿脐疝为先天性，多数脐环在 2 岁时能自行闭锁，因此，除了嵌顿或穿破等紧急情况外，一般 2 岁前脐疝均采取非手术治疗，其方法在回纳疝块后，用一大于脐环、外包纱布的硬币或小木片抵住脐环，然后用绷带或胶布加以固定。如 2 岁后脐环直径仍大于 1.5 cm 或 5 岁以上儿童的脐疝则应采取手术治疗。② 成人脐疝为后天性，见于中年经产妇、肝硬化腹水、肥胖等患者。由于成人脐疝容易发生嵌顿或绞窄，因此成人脐疝应采取手术治疗，切除疝囊，缝合疝环，必要时补片修补。

案例分析

患者，男，54 岁，因“发现右腹股沟肿块 1 个月”入院，咳嗽、用力排便时肿块明显，平卧位时消失。查体：回纳后压住深环肿块不突出，遂行无张力疝修补术。

【问题】

该患者疝修补术后的护理措施有哪些？

【分析与解答】

护理措施：① 卧床休息与活动：术后当天取平卧位，次日可下床活动；② 饮食护理：术后 6～12 h，若无恶心、呕吐，可进流质饮食，次日可进软食或普食；③ 防止腹内压升高的因素：指导患者增加腹压时保护切口的方法(如在咳嗽时用手掌按压切口)，注意保暖，保持大便通畅，便秘者给予通便药物，避免用力咳嗽；④ 预防并发症的发生：观察阴囊肿胀情况，预防阴囊水肿；保持切口敷料清洁干燥，若敷料脱落或被污染，应及时更换，预防切口感染。

小　结

腹外疝的护理要点主要是术后当日需平卧，勿过早下床活动锻炼；消除咳嗽、排便困难、提举重物等引起腹内压升高的因素；对于嵌顿疝/绞窄疝要加强病情观察，及时发现，汇报处理，以免肠坏死。

(刘　霞)

笔记栏

第二十四章

周围血管疾病患者的护理

学习要点

- **掌握**：① 深静脉血栓形成和动脉硬化闭塞症的概念；② 深静脉血栓形成和动脉硬化闭塞症临床表现及护理措施；③ 周围血管疾病患者后的体位要求。
- **熟悉**：① 深静脉血栓形成和动脉硬化闭塞症的病因、临床表现及处理方法；② 周围血管损伤的临床表现、处理方法。
- **了解**：① 周围血管疾病的辅助检查；② 周围血管损伤的病因；③ 动脉硬化闭塞症的概念。

第一节　深静脉血栓形成

深静脉血栓形成(DVT)是指血液在深静脉内不正常凝结，阻塞管腔，导致静脉回流障碍。急性期因血栓脱落所引发的肺梗死是临床猝死的常见原因之一。后期则形成静脉血栓后遗症，影响生活和工作能力，甚至致残。全身主干静脉均可发病，以左下肢多见。

一、病因

深静脉血栓形成有3个主要因素：静脉壁损伤、血流缓慢、血液高凝状态。

二、临床表现

1. 症状与体征

(1) 患肢肿胀：是最常见的症状，急性期患者患肢皮肤发红，皮温高，表现为非凹陷性水肿，严重时可出现水泡。

(2) 疼痛、压痛和发热：压痛主要局限于产生炎症反应的部位。小腿腓肠肌压痛也成为Homans征阳性。

(3) 浅静脉曲张：主干静脉堵塞后下肢静脉血液通过浅静脉回流，浅静脉代偿性曲张。

(4) 股青肿：最严重，表现为患肢剧痛，皮肤发亮，伴有水疱或血疱，呈青紫色，皮温低，不能扪及足背动脉、颈后动脉搏动。患者伴有高热、神志淡漠，甚至休克。处理不及时可发生肢体坏死。

2. 并发症　肺动脉栓塞，表现为呼吸困难、胸痛、咯血、咳嗽、血压下降等症状。

三、辅助检查

笔记栏

1. 彩色多普勒超声　诊断准确率高，目前首选检查，可显示下肢深静脉血栓的部位、范围、程度等。

2. 下肢静脉造影　是诊断下肢深静脉血栓的金标准，可显示血栓的大小、形态、位置及侧支循环。

3. 血液检查　血液中D-二聚体浓度上升对临床诊断有一定意义，但其阳性意义并不大，反而阴性价值更可靠，基本可排除急性血栓形成的可能。

四、临床诊断与治疗

1. 诊断要点　一侧肢体突然发生肿胀，伴有胀痛、浅静脉扩张，都应怀疑下肢深静脉血栓形成，结合彩色多普勒超声或下肢静脉造影有助于确诊和了解病变的范围。

2. 治疗要点　包括非手术治疗和手术治疗，应根据病变类型和实际病期而定。

(1) 非手术治疗：包括卧床休息，抬高患肢，使用抗凝、溶栓、祛聚等药物治疗，病情缓解后，可离床进行轻便活动，但应使用弹力绷带或穿医用弹力袜。

(2) 手术治疗：① 取栓术常用于下肢深静脉血栓患者，其时机应在发病3～5 d内，主要采用导管取栓术；② 经导管直接溶栓术(CDT)是近年来开展的血管腔内治疗技术。

五、护理诊断

1. 疼痛　与深静脉回流障碍或手术创伤有关。

2. 自理缺陷　与急性期需绝对卧床休息有关。

3. 潜在并发症　肺动脉栓塞、出血。

六、护理措施

1. 非手术治疗护理术前护理

(1) 休息与缓解疼痛：急性期绝对卧床休息10～14 d，患肢禁止热敷按摩，以防血栓脱落。抬高患肢高于心脏平面20～30 cm，可促进静脉回流并降低静脉压，减轻疼痛与水肿。必要时遵医嘱应用镇痛药物。

(2) 病情观察：密切观察患肢疼痛的部位、程度、动脉搏动、皮肤温度、色泽和感觉；每日定时定位测量肢体周径并记录，以便进行对比。

(3) 饮食护理：进食低脂、富含纤维素的食物，避免便秘而致腹内压增高而影响下肢静脉回流。

(4) 药物护理：使用抗凝溶栓药物期间应观察全身有无出血倾向，定期监测凝血功能。

2. 术后护理

(1) 病情观察：观察生命体征、切口敷料有无渗血；观察患肢远端皮肤的温度、色泽、感觉和动脉搏动强度，以判断术后血管的通畅程度及肿胀消退情况等。

(2) 体位与活动：取栓术后患肢宜高于心脏平面20～30 cm，膝关节微屈。鼓励患者尽早下床活动，恢复期逐渐增加活动量，以促进下肢深静脉再通和侧支循环的建立。CDT术后卧床休息，患肢平伸制动，避免溶栓导管移位。

(3) 溶栓导管护理：妥善固定导管，保持通畅，避免移位、滑脱、扭曲、折断，遵医嘱正确应用溶栓药物。

(4) 并发症的观察与护理

1) 出血：是抗凝、溶栓治疗最严重的并发症。因此在抗凝溶栓期间，避免碰撞，观察患者有无创口渗血或血肿，有无牙龈、消化道或泌尿道出血等征象，发现异常立即通知医师。

2) 肺动脉栓塞：是深静脉血栓最严重的并发症，死亡率较高。一旦出现咽痛，呼吸困难，血压下降，可能发生肺动脉栓塞，应立即协助患者平卧，避免剧烈翻动及深呼吸咳嗽，同时给予高浓度吸氧，并通知医师配合抢救。

3. 健康指导

(1) 保护患肢：指导患者正确使用弹力袜，避免久坐或长时间不改变体位。当患肢肿胀不适时

笔记栏

及时卧床休息，并抬高患肢高于心脏平面 20～30 cm。

(2) 饮食指导：进食低脂、高纤维素及黑木耳等降低血液黏稠度食物，保持大便通畅，避免腹内压增高，影响下肢静脉回流；戒烟，防止烟草中尼古丁刺激引起血管收缩。

(3) 运动指导：加强日常锻炼，促进静脉回流。避免膝下垫硬枕、过度屈髋、使用过紧的腰带和穿紧身衣物而影响静脉回流。

(4) 药物指导：出院后遵医嘱继续服用抗凝药，定期复查，监测凝血功能，自我观察有无出血倾向。

第二节　动脉硬化闭塞症

动脉硬化闭塞症(ASO)是全身性动脉粥样硬化在肢体的局部表现，表现为动脉内膜增厚、钙化、继发血栓形成等，是引起动脉管腔狭窄甚至闭塞的一组慢性缺血性疾病。本病多见于 50 岁以上的中老年男性，好发于大、中型动脉。

一、病因

尚不完全清楚，可能多种因素综合作用所致。① 血管内膜损伤；② 脂质代谢紊乱；③ 动脉分叉处血流动力学改变；④ 高危因素，如高脂血症、高血压、吸烟、糖尿病、肥胖等。

二、临床表现

1. 症状　症状轻重与病程进展、动脉狭窄及侧支循环代偿的程度相关。病程按 Fontaine 法分为四期。

(1) Ⅰ期(轻微症状期)：患肢无明显临床症状，或仅有麻木、怕冷、行走易疲劳等自觉症状。

(2) Ⅱ期(间歇性跛行期)：是 ASO 的特征性表现，主要为活动后出现间歇性跛行。根据最大间歇性跛行距离分为：Ⅱ a 期＞200 m；Ⅱ b 期＜200 m。

(3) Ⅲ期(静息痛期)：以静息痛为主要症状，表现为持续性剧烈疼痛，夜间更甚，患者常抱足而坐，彻夜不眠，或借助肢体下垂以减轻疼痛。静息痛是患肢趋于坏疽的前兆。

(4) Ⅳ期(溃疡和坏死期)：症状继续加重，除静息痛外，出现肢端溃疡、坏疽。如继发感染，干性坏疽转为湿性坏疽，可出现发热、烦躁等全身毒血症状。

2. 体征　早期皮肤干燥脱屑，皮温低，色泽苍白，足背和/或胫后动脉搏动减弱；后期动脉搏动消失，肢端发黑、干瘪、溃疡、坏疽。

三、辅助检查

1. 一般检查　肢体抬高试验(Buerger 试验)；踝/肱指数(ABI)正常值≥1.0，若 ABI＜0.8 提示动脉缺血，可出现间歇性跛行，ABI＜0.4 提示严重缺血，可出现静息痛。

2. 超声多普勒　可测出动脉搏动强度及血流速度，还能显示管壁厚度、狭窄程度、有无附壁血栓。

3. CTA 或 MRA　能显示动脉狭窄程度或闭塞的部位、范围、侧支及阻塞远端动脉主干的情况，以确定诊断，指导治疗。因其无创、血管显影清晰，已逐渐成为 ASO 首选检查方法。

4. DSA　是诊断 ASO 的金标准，但因其有创，具有一定的危险性和并发症，因此不作为常规检查。

笔记栏

四、临床诊断与治疗

1. 诊断要点　结合相应部位的动脉搏动情况，根据临床表现及辅助检查结果，即可诊断。

2. *治疗要点*　着重在于控制疾病的继续发展，改善侧支循环，缓解疼痛，促进溃疡愈合。

(1) 非手术治疗：主要目的是降低血脂，稳定动脉斑块，改善高凝状态，扩张血管与促进侧支循环。包括禁烟、调节血压与血脂、适当锻炼，应用抗血小板聚集及扩张血管药物。疼痛严重者，可用止痛剂。高压氧舱治疗可改善组织的缺氧状况。出现继发血栓形成时，可先行溶栓治疗。

(2) 手术治疗：根据动脉硬化的部位、范围、侧支循环、血管流入道及流出道条件和全身情况选择手术方式。常见的手术方法有：① 经皮腔内血管成形术合并支架置入术，是目前治疗 ASO 的首选治疗方法；② 旁路转流术；③ 内膜剥脱术；④ 腰交感神经节切除术；⑤ 大网膜移植术；⑥ 截肢术。

(3) 创面处理：对坏疽创面，应予消毒包扎，预防继发感染。感染创面可作湿敷处理，必要时截肢。

五、护理诊断

1. *疼痛*　与患肢缺血及组织坏死有关。

2. *活动无耐力*　与患肢远端供血不足有关。

3. *有皮肤完整性受损的危险*　与肢端坏疽、脱落有关。

4. *潜在并发症*　出血、远端血管栓塞、移植血管闭塞、吻合口假性动脉瘤。

六、护理措施

1. *非手术治疗护理/术前护理*

(1) 疼痛护理：选择合适的体位；早期轻症患者可用血管扩张剂，解除血管痉挛；疼痛剧烈的中晚期患者可遵医嘱使用麻醉性镇痛药。

(2) 患肢护理：① 防寒保暖，勿使患肢暴露于寒冷环境中，以免血管收缩；避免热疗，以免增加组织需氧量，加重组织缺氧；② 保持足部清洁，每天用温水洗脚，鞋袜宽松透气，皮肤瘙痒时，可涂拭止痒膏，避免烫伤、抓伤或修趾甲等造成开放性伤口引起继发感染，如有皮肤溃疡或坏死，应保持清洁，避免受压，加强创面换药，遵医嘱应用抗生素。

(3) 体位：取合适体位，睡觉或休息时取头高脚低位，避免长时间维持同一姿势不变，坐位时避免双膝交叉，防止动、静脉受压，阻碍血流。

(4) 饮食护理：以低脂、低糖、低热量、低胆固醇、富含纤维素食物为主；嘱其戒烟，消除烟碱对血管的收缩。

(5) 功能锻炼：鼓励患者每天步行，指导患者进行 Buerger 运动，促进侧支循环的建立。Buerger 运动方法：平卧，抬高患肢 45°以上，维持 2～3 min；再坐起，患肢自然下垂于床旁 2～5 min，同时做足背伸屈和旋转运动；恢复平卧，将患肢放平休息 5 min。每日如此重复运动数次，活动量以疼痛出现作为指标。

(6) 心理护理：患者长期身心痛苦，甚至对治疗失去信心，故应关心体贴患者，讲解疾病有关知识，改变患者认知，使其情绪稳定，主动配合治疗和护理。

2. *术后护理*

(1) 体位与活动：旁路转流术后取平卧位，翻身时动作轻柔，避免人造血管扭曲、血管吻合口撕裂。动脉血管重建术后应卧床制动 2 周，自体血管移植者若愈合较好，卧床制动时间可适当缩短。

(2) 病情观察：密切观察生命体征、尿量、切口敷料及患肢肿胀情况，观察患肢的皮温、色泽、感觉及动脉搏动强度，以判断血管通畅度。若动脉重建术后患肢出现肿胀、剧烈疼痛、麻木、皮肤发紫、皮温降低，及时汇报医师，协助处理。

(3) 引流管护理：观察并记录引流液的量、颜色及性状，保持引流管通畅。

(4) 用药护理：严密观察抗凝药物疗效及不良反应。定期监测凝血功能，观察有无出血倾向。

(5) 功能锻炼：卧床制动期间，鼓励患者床上作足背伸屈运动，以利静脉回流，防止下肢深静脉血栓形成。

(6) 腔内介入治疗护理

笔记栏

1）病情观察：密切观察生命体征、伤口有无渗血，如髂动脉支架植入，还需观察腹部体征，以便及时发现血管破裂征象。观察患肢的皮温、色泽、肿胀及动脉搏动强度，以判断血管通畅度。

2）体位与活动：患肢和（或）穿刺侧肢体平伸制动 12 h，穿刺点予弹力绷带加压包扎 1～2 d，以防局部出血或血肿。卧床休息，1～2 d 后可下床活动，如支架跨过关节，可延迟下床活动时间。

3）饮食护理：鼓励患者多饮水，增加尿量，以减少造影剂对肾脏的损害。

（7）并发症的观察与护理

1）出血：严密观察患者的生命体征、切口敷料及引流液的量、颜色、性质，警惕吻合口大出血，一旦发生，立即汇报医师并做好再次手术准备。

2）远端血管栓塞、移植血管闭塞：观察患肢有无急性缺血表现，如皮肤温度降低或发绀等，必要时可行多普勒超声检查明确诊断。

3）感染：监测患者的体温，观察切口局部有无红、肿、热、痛、渗液等感染症状，发现异常及时汇报医师。遵医嘱合理应用抗生素。

4）吻合口假性动脉瘤：表现为局部疼痛、搏动性肿块，听诊有血管杂音，一经确诊，及时手术治疗。

3. 健康指导

（1）保护患肢：注意保暖，避免受寒、外伤，选择宽松透气鞋袜，保持足部清洁，勿赤足行走；旁路术后患者出院 6 个月内避免吻合口附近关节的过屈、过伸和扭伤，以防移植物再闭塞或吻合口撕裂。

（2）饮食指导：进食低热量、低脂、低糖、低胆固醇食物，预防动脉粥样硬化；多摄取维生素，以维持血管平滑肌的弹性；戒烟。

（3）药物指导：指导患者正确服用抗凝、降糖、降脂及降压等药物，定期监测凝血功能。

（4）定期复诊：出院 3～6 个月门诊复查彩超或 CTA，以了解血管通畅情况，不适随诊。

案例分析

患者，男性，53 岁，因左示指腹部皮瓣术后 11 d 入院，入院后于在局麻下行断蒂术，术后第 1 日患者出现左上肢疼痛、肿胀，予以查 B 超示：左侧上肢静脉血栓的可能，请血管外科会诊后予以 DSA 透视分段观察提示：左上肢深静脉血栓形成。立即予以左上肢制动，禁止按摩，低分子肝素 q12h 皮下注射抗凝治疗。后经过严密的观察与护理及抗凝等治疗，患者于 7 d 后顺利出院。

【问题】

（1）该患者深静脉血栓形成后主要护理问题是什么？应采取哪些护理措施？

（2）如何对该患者进行健康指导？

【分析与解答】

（1）主要问题是有肺栓塞的危险，可能与活动时栓子脱落引起肺动静脉栓塞有关。应采取以下护理措施。

1）绝对卧床休息 10～14 d，抬高患肢 20°～30°、制动，禁止按摩、热敷、理疗及剧烈运动，避免用力排便，以免造成栓子脱落，并发肺栓塞。

2）每班观察下肢肿胀程度及皮肤温度、色泽及足背动脉搏动，每日测量并记录患肢不同平面的周径并记录，以判断疗效。

3）溶栓护理：① 注射部位：静脉溶栓首选患肢静脉。静脉穿刺时止血带不宜捆扎过紧，最好选择静脉留置针，尽量减少注射次数，拔针时局部压迫 5～10 min。② 疗效观察：用药后每 2 h 观察患肢色泽、温度、感觉、脉搏强度 1 次。注意有无消肿起皱，每日定时精确测量并与健侧肢体对照，如发生病情加重，应立即向医师汇报。③ 并发症观察：严密观察有无牙龈出血、鼻衄、注射部位及消化道出血倾向。要特别注意有无头痛、呕吐、意识障碍、肢体瘫痪麻木等颅内出血迹象。同时监测凝血酶原时间、出凝血时间。④ 为了保证疗效，溶栓药物现配现用，遵医嘱或按要求滴注。

笔记栏

4）观察有无胸痛、呼吸困难、咳嗽、出汗、咯血、休克、晕厥等肺栓塞症状。对突然发生的呼吸困难、发绀、高度提示肺栓塞，应及时汇报医生处理。

5）主动关心患者的心理变化，讲解相关治疗方法，使患者理解、积极配合，并树立战胜疾病信心。

6）饮食护理：宜活血化瘀、低脂、粗纤维、清淡易消化饮食，多饮水，保持大便通畅，避免因便秘造成腹压增高影响静脉回流。

（2）健康指导

1）戒烟：告诫患者要绝对禁烟，防止烟草中尼古丁刺激引起血管收缩。

2）饮食：进食低脂、高纤维的饮食；保持大便通畅。

3）适当运动，促进静脉回流：血流缓慢是引发深静脉血栓形成的重要因素，应鼓励患者加强日常锻炼，预防静脉血栓形成。对于长期卧床和制动的患者应同时指导其家属，加强患者床上运动，如定时翻身，协助患者做四肢的主动或被动锻炼。避免在膝下垫硬枕、过度曲髋、用过紧的腰带和紧身衣物而影响静脉回流。

4）保护静脉：静脉壁损伤也是引发深静脉血栓形成的因素，长期静脉输液者，应尽量保护静脉，避免在同一部位反复穿刺。

5）及时就诊：若突然出现肢体剧烈胀痛、浅静脉曲张伴有发热等，应警惕下肢深静脉血栓形成的可能，及时就诊。

小　结

本章主要讲述了深静脉血栓形成的病因、临床表现（如患肢肿胀、疼痛、压痛和发热、浅静脉曲张、股青肿等）及处理原则和护理措施；动脉硬化闭塞症的病因，临床表现与分期，即分为Ⅰ期（轻微症状期）、Ⅱ期（间歇性跛行期）、Ⅲ期（静息痛期）和Ⅳ期（溃疡和坏死期）及处理原则和护理措施。

（张　菁）

笔记栏

第二十五章

泌尿、生殖系统疾病患者的护理

学习要点

● **掌握**：① 肾损伤的临床表现、治疗及护理要点；② 上尿路结石的临床表现及护理要点；③ 前列腺增生症的临床表现及护理要点；④ 肾癌、膀胱癌、前列腺癌的临床表现及护理要点。

● **熟悉**：① 肾损伤、膀胱损伤的病因及诊断要点；② 上尿路结石的非手术治疗要点；③ 前列腺增生症的治疗原则；④ 肾癌、膀胱癌、前列腺癌的治疗原则。

● **了解**：① 膀胱损伤的临床表现、治疗及护理要点；② 上尿路结石的病因；③ 良性前列腺增生症的病因和病理；④ 肾癌、膀胱癌、前列腺癌的病因和病理。

第一节　泌尿系统损伤

一、肾损伤

肾深藏于肾窝，受到肋骨、腰大肌、脊椎和前面的腹壁、腹腔内脏器、膈肌的保护，故不易受损。但肾质地脆，包膜薄，周围有骨质结构，一旦受暴力打击可以引起肾损伤，如肋骨骨折的断端可损伤肾实质。

（一）病因

1. 开放性损伤　各种锐器致伤，常伴有胸、腹部等其他脏器损伤，病情严重而复杂。

2. 闭合性损伤　因直接或间接暴力所致。上腹部或腰背部受到外力撞击或挤压是肾损伤最常见的原因。

（二）病理与分类

临床上最多见为闭合性肾损伤，根据损伤的程度可分为以下病理类型。

1. 肾挫伤　损伤仅局限于部分肾实质，形成肾瘀斑和（或）包膜下血肿，肾包膜及肾盂黏膜均完整。一般症状轻微，可以自愈。

2. 肾部分裂伤　肾实质部分裂伤伴有肾包膜破裂，可致肾周血肿。如肾盂肾盏黏膜破裂，可引起明显的血尿。

3. 肾全层裂伤　肾实质深度裂伤，外及肾包膜，内达肾盂肾盏黏膜，常引起广泛的肾周血肿、重度血尿和尿外渗。肾横断或碎裂时，可导致肾组织缺血。

4. 肾蒂损伤　肾蒂血管损伤比较少见。肾蒂血管部分或全部撕裂时可引起大出血、休克，常来不及诊治就已死亡。

笔记栏

继发性病理改变包括由于持久尿外渗形成的尿囊肿血肿及尿外渗致继发感染；血肿、尿外渗引起周围组织纤维化，压迫肾盂及输尿管导致肾积水；部分肾实质缺血或肾蒂周围纤维化压迫肾动脉，引起肾血管性高血压。

（三）临床表现

肾损伤的临床表现与损伤程度有关，常不相同，尤其在合并其他器官损伤时，轻度肾损伤的症状不易被察觉。主要表现有休克、血尿、疼痛、腰腹部肿块、发热等。

1. 症状

（1）血尿：肾损伤患者大多有血尿。挫伤时可出现少量血尿，严重肾裂伤则呈大量肉眼血尿，并有血块。血尿与损伤程度不一致，肾挫伤或轻度裂伤可导致肉眼血尿，而严重的肾裂伤可能只有轻微血尿或无血尿，如肾蒂血管断裂、肾动脉血栓形成、肾盂、输尿管断裂或血块堵塞等。

（2）疼痛：肾包膜下血肿、肾周围软组织损伤、出血或尿外渗引起患侧腰、腹部疼痛。血液、尿液渗入腹腔或合并腹内脏器损伤时，出现全腹疼痛和腹膜刺激症状。血块通过输尿管引起梗阻时可发生肾绞痛。

2. 体征　血液、尿液渗入肾周组织可使局部肿胀，形成腰腹部包块，有明显触痛和肌强直。

3. 并发症

（1）休克：严重肾裂伤、肾蒂裂伤或合并其他脏器损伤时，因损伤和失血常发生休克，可危及生命。

（2）感染与发热：血肿、尿外渗等易继发感染，引起发热。如继发肾周脓肿或化脓性腹膜炎时会出现全身中毒症状。

（四）辅助检查

1. 实验室检查　尿常规可见大量红细胞。血红蛋白与血细胞比容持续降低提示有活动性出血。血白细胞计数增多应注意是否存在感染。

2. 影像学检查　B超能提示肾损伤的部位和程度，有无包膜下和肾周血肿、尿外渗，其他器官损伤及对侧肾等情况；CT检查可清晰显示肾皮质裂伤、尿外渗和血肿范围，并可了解与周围组织和腹腔内其他脏器的关系，为首选检查。

（五）临床诊断与治疗

1. 诊断要点　任何腹部、背部、下胸部外伤或受对冲力损伤的患者，无论是否有典型的腰、腹部疼痛、肿块、血尿等，均要注意肾损伤的可能。有时症状与肾损伤的严重程度并不平行。严重的胸、腹部损伤时，往往容易忽视泌尿系统损伤的临床表现，应当尽早收集尿液标本，做尿常规检查，以免贻误诊断。

2. 治疗要点　肾损伤的处理与损伤程度直接相关。轻微肾挫伤经短期休息可以康复，多数肾挫裂伤可用保守治疗，仅少数需手术治疗。

（1）紧急处理：大出血、休克的患者需迅速抢救，密切观察生命体征，进行输血、复苏，同时进行必要的检查以明确有无合并其他器官损伤，作好手术探查的准备。

（2）非手术治疗：为绝大多数肾损伤患者的首选治疗方法。主要措施包括：绝对卧床休息2～4周，合理应用广谱抗生素；补充血容量，给予输液、输血等支持治疗；应用止痛、镇静及止血药物等。

（3）手术治疗：几乎所有开放性损伤都需施行手术探查，原则是清创、引流及缝合，同时探查有无其他腹部外伤；严重肾裂伤、肾碎裂及肾蒂损伤应尽早手术。若肾损伤患者在保守治疗期间发生以下情况，需施行手术治疗：经积极抗休克后生命体征仍未改善，提示有内出血；血尿逐渐加重，血红蛋白和血细胞比容持续降低。手术方式：肾修补术和肾切除术。持久性血尿可施行选择性肾动脉造影及栓塞术。

（六）护理诊断

1. 组织灌注量改变　与严重肾损伤、出血有关。

2. 疼痛　与损伤后局部肿胀、尿外渗或血块引起输尿管梗阻有关。

笔记栏

3. 焦虑与恐惧　与外伤打击、害怕手术和担心预后不良有关。

4. 潜在并发症　感染。

（七）护理措施

1. 非手术治疗的护理/术前护理

（1）心理护理：加强宣教与沟通，减轻焦虑与恐惧。

（2）休息：绝对卧床休息2～4周，待病情稳定、血尿消失后可离床活动。

（3）病情观察：定时观察血压、脉搏、呼吸及尿色的变化；观察腰腹部肿块大小变化；动态监测血红蛋白和红细胞比容变化；定时观察体温和血白细胞计数，判断有无继发感染；观察疼痛的部位及程度。

（4）维持体液平衡，保证组织有效灌注量：维持水、电解质及血容量的平衡，根据病情及时补充血容量，预防休克发生。

（5）防治感染：遵医嘱使用抗生素，保持伤口清洁干燥。

（6）对症处理：高热者给予物理或药物降温；腰腹部疼痛明显者，可给予止痛、镇静剂，以减轻疼痛、避免躁动而加重出血。

（7）基础护理：预防压疮发生。

（8）术前准备：有手术指征者，在抗休克的同时，紧急做好各项术前准备。

2. 术后护理

（1）休息与活动：肾部分切除术后患者绝对卧床休息1～2周，防止继发性出血。

（2）严密观察病情，及早发现出血、感染等并发症。

（3）饮食：肠蠕动恢复后可进饮食。

3. 健康指导

（1）非手术治疗、病情稳定后的患者，告知出院后2～3个月避免重体力劳动或竞技运动。

（2）行肾切除术后的患者须注意保护健侧肾，防止外伤，避免使用损害肾功能的药物。

二、膀胱损伤

膀胱空虚时位于盆腔深处，受到周围筋膜、肌肉、骨盆及其他软组织的保护，损伤原因主要为贯通伤或骨盆骨折。膀胱充盈时膀胱壁张力高，且膀胱高出耻骨联合伸展至下腹部，易遭受损伤。

（一）病因

1. 开放性损伤　由子弹或锐器贯通所致，常合并其他脏器损伤，如直肠、阴道损伤，形成腹壁尿瘘、膀胱直肠瘘或膀胱阴道瘘。

2. 闭合性损伤　当膀胱充盈时，下腹部遭撞击、挤压、骨盆骨折骨片刺破膀胱壁。产程过长，膀胱壁被压在胎头与耻骨联合之间引起缺血性坏死，可致膀胱阴道瘘。医源性损伤多为闭合性损伤。

（二）病理

1. 膀胱挫伤　仅伤及膀胱黏膜或肌层，膀胱壁未穿破，局部出血或形成血肿，可有血尿，无尿外渗。

2. 膀胱破裂　严重损伤可发生膀胱破裂，分为腹膜外型与腹膜内型两类。

（1）腹膜外型：此类型较常见，大多由膀胱前壁的损伤引起，伴有骨盆骨折。膀胱壁破裂，但腹膜完整，尿液外渗到膀胱周围组织及耻骨后间隙。

（2）腹膜内型：该类型较少见，多见于膀胱顶邻近腹膜的区域的损伤。是膀胱壁破裂伴腹膜破裂，与腹腔相通，尿液流入腹腔，引起腹膜炎。

笔记栏

（三）临床表现

膀胱壁轻度挫伤仅有下腹部疼痛，少量终末血尿，短期内症状可逐渐消失。膀胱全层破裂时症状明显，临床表现与病理分型有关。

1. 症状

(1) 休克：骨盆骨折所致剧痛、大出血，膀胱破裂引起尿外渗及腹膜炎，伤势严重，常发生休克。

(2) 腹痛：腹膜外型膀胱破裂时，尿外渗及血肿引起下腹部疼痛。

(3) 血尿和排尿困难：膀胱壁轻度损伤时可仅有少量血尿，膀胱全层破裂时患者有尿意，但不能排尿或仅有少量血尿。

2. 体征　腹膜外型膀胱破裂时，下腹部压痛及肌紧张，直肠指检可有触痛和饱满感；腹膜内膀胱破裂时，尿液流入腹腔而引起急性腹膜炎症状，并有移动性浊音；尿瘘。

（四）辅助检查

1. 导尿试验　经导尿管向膀胱内注入无菌生理盐水 200 mL，片刻后吸出。液体外漏时引流量会减少，腹腔液体回流时引流量会增多。若液体进出量差异很大，提示膀胱破裂。

2. 影像学检查　腹部平片可以发现骨盆或其他骨折。膀胱造影自导尿管注入 15%泛影葡胺 300 mL，可发现造影剂漏至膀胱外。

（五）临床诊断与治疗

1. 诊断要点　患者下腹部或骨盆受外来暴力后，出现腹痛、血尿及排尿困难，体检发现耻骨上区压痛，直肠指检触及直肠前壁有饱满感，提示腹膜外膀胱破裂。全腹剧痛，腹肌紧张，压痛及反跳痛，并有移动性浊音，提示腹膜内膀胱破裂。骨盆骨折引起膀胱及尿道损伤，则兼有后尿道损伤的症状和体征。

2. 治疗要点　膀胱破裂的治疗原则：完全的尿流改道；膀胱周围及其他尿外渗部位充分引流；闭合膀胱壁的缺损。

(1) 紧急处理：抗休克治疗，如输液、输血、止痛及镇静。尽早应用抗生素预防感染。

(2) 非手术治疗：膀胱挫伤或造影时仅有少量尿外渗，症状较轻者，可从尿道插入导尿管持续引流尿液 7～10 d；使用抗生素，预防感染，破裂可自愈。

(3) 手术治疗：膀胱破裂伴有出血和尿外渗，病情严重，须尽早施行手术。如为腹膜外破裂，需清除外渗尿液，修补膀胱，作耻骨上膀胱造瘘。如为腹膜内破裂，应行剖腹探查，同时处理其他脏器损伤，修补腹膜与膀胱壁，并作耻骨上膀胱造瘘。应用抗生素预防感染。

(4) 并发症处理：盆腔血肿尽量避免切开，以免发生大出血。若出血不止，用纱布填塞止血，24 h 后再取出。出血难以控制时可行选择性盆腔血管栓塞术。

（六）护理诊断

1. 恐惧与焦虑　与外伤、害怕手术和对预后的担忧有关。

2. 组织灌注量改变　与损伤后尿外渗、出血或腹膜炎有关。

3. 潜在并发症　感染。

（七）护理措施

1. 非手术治疗护理/术前护理

(1) 心理护理：加强交流沟通，稳定患者及家属情绪，解释膀胱损伤的病情发展和预后及主要的治疗护理措施，减轻焦虑与恐惧。

(2) 维持体液平衡，保证组织有效灌注量：密切观察病情，监测患者的生命体征变化，正确记录尿量，合理安排输液，维持有效循环血量、水电解质及酸碱平衡，预防休克发生。

(3) 感染的预防与护理：① 保持伤口的清洁干燥。② 保持尿管引流通畅，观察尿液的量、颜色和性状；尿管留置 7～10 d 拔除。③ 遵医嘱应用抗生素。④ 及时发现感染征象，若患者体温升高、伤口疼痛并伴有白细胞计数及中性粒细胞比例升高，尿常规示有白细胞时，多提示感染，及时通知医生处理。

(4) 术前准备：有手术指征者，在抗休克的同时，紧急做好各项术前准备。

2. 术后护理

(1) 严密观察病情：及早发现出血、感染等并发症。

笔记栏

(2) 膀胱造瘘管护理：保持引流管通畅，防止逆行感染；观察引流液的量、色、性状及气味；保持造瘘口周围清洁、干燥。膀胱造瘘管一般留置 10 d 左右拔除。

3. 健康指导

(1) 告知患者留置导尿管、膀胱造瘘管相关注意事项。

(2) 告知拔除留置导尿管前定时夹闭训练排尿的意义。

案例分析

患者，男性，59 岁，因骑电动车跌倒致右腰部疼痛伴血尿急诊入院。入院查体：神志清，面色苍白，稍烦躁，BP 135/85 mmHg，P 122 次/min，R 26 次/min，SpO_2 95%。入院后排尿 1 次，全程尿呈鲜红色，左腰部肿胀，有压痛，无反跳痛及肌紧张。急查血常规示血红蛋白 9.0 g/L，尿常规示红细胞满视野。CT 报告示：左肾裂伤，肾周血肿、肾周积液。

【问题】

(1) 该患者保守治疗期间如何护理？

(2) 肾损伤后继发性病理改变有哪些？

【分析与解答】

(1) 该患者保守治疗期间的护理如下：

1) 心理护理：加强与患者交流与沟通，减轻患者焦虑与恐惧。

2) 休息：绝对卧床休息 2～4 周，待病情稳定、血尿消失后可离床活动。

3) 病情观察：定时观察血压、脉搏、呼吸及尿色的变化；观察腰腹部肿块大小及变化；动态监测血红蛋白及血细胞比容变化；定时观察体温和血白细胞的计数，判断有无继发感染；观察疼痛的部位及程度。

4) 维持体液平衡，保证组织有效灌注量：维持水电解质及血容量的平衡，根据病情及时补充血容量，预防休克发生。

5) 防治感染：遵医嘱使用抗生素，保持伤口清洁干燥。

6) 对症处理：高热者给予物理或药物降温；腰腹部疼痛明显者，给予止痛、镇静剂，以减轻疼痛，避免躁动加重出血。

7) 术前准备：有手术指征者，在抗休克的同时，紧急做好术前准备。

(2) 继发性病理改变有：由于持久尿外渗形成的假性尿囊肿；血肿及尿外渗致继发感染；血肿、尿外渗引起周围组织纤维化，压迫肾盂及输尿管导致肾积水；损伤致部分肾实质缺血或肾蒂周围组织纤维化压迫肾动脉致其狭窄，引起肾血管性高血压。

第二节 上尿路结石

上尿路结石是指肾和输尿管结石。单侧多见，双侧占 10%。

一、病因

1. 流行病学因素

(1) 性别和年龄：男∶女为 3∶1，女性易患感染性结石。

(2) 种族：美国尿结石年发病率为 1.64‰，其中有色人种比白人患尿石症的少。

(3) 职业：高温作业的人、飞行员、海员、外科医师、办公室工作人员等发病率较高。

(4) 地理环境和气候：尿石症发病有明显的地区差别。山区、沙漠、热带和亚热带地区尿石症

笔记栏

发病率较高，我国南方比北方多见。

(5) 饮食和营养：饮食的成分和结构对尿结石的形成有重要影响。营养好、动物蛋白摄入过多时易形成肾结石；营养差、动物蛋白摄入过少时易形成膀胱结石。

(6) 水分摄入：任何破坏水的摄入量与损失量平衡的因素如出汗过多，易于尿结石的形成。

(7) 疾病：有些尿结石的形成与遗传性疾病有关，如胱氨酸尿症、家族性黄嘌呤尿症等。

2. 尿液改变

(1) 形成尿结石的物质排出增加：尿液中钙、草酸或尿酸排出量增加。长期卧床、甲状旁腺功能亢进者尿钙增加；痛风患者尿酸排出增多；内源性合成草酸增加或肠道吸收草酸增加引起高草酸尿症等。

(2) 尿 pH 改变：在碱性尿中易形成磷酸镁铵及磷酸盐沉淀；在酸性尿中易形成尿酸结石和胱氨酸结晶。

(3) 尿液浓缩：尿中盐类和有机物质的浓度增高。

(4) 尿中抑制晶体形成和聚集的物质减少：如枸橼酸、焦磷酸盐、酸性黏聚糖等。

3. 泌尿系统局部因素

(1) 尿液淤滞：由于机械性因素导致的尿路梗阻、尿动力学改变、肾下垂等原因均可引起尿液淤滞，促使结石形成。

(2) 尿路感染：泌尿系统感染时，细菌、坏死组织、脓块等均可成为结石的核心。

(3) 尿路异物：尿路内存留的各种异物，如留置尿管、小线头等，可使尿液中晶体物质附着而逐渐形成结石。

二、病理

尿路结石在肾和膀胱内形成，绝大多数输尿管结石和尿道结石是结石排出过程中停留该处所致。结石沿输尿管行径移动，常停留或嵌顿于输尿管三个狭窄处，以输尿管下 1/3 处最多见。尿路结石所致的病理生理改变与结石部位、大小、数目、继发炎症和梗阻程度等因素有关。当结石堵塞肾盂输尿管连接处或输尿管时，可引起完全或不完全性输尿管梗阻，导致肾积水，使肾实质受损、肾功能不全。结石可引起局部损伤、梗阻、感染，梗阻与感染也可使结石增大，三者互为因果加重泌尿系统的损害。结石对泌尿系的长期慢性刺激也可致局部恶变。上尿路结石以草酸钙结石多见。

三、临床表现

上尿路结石主要表现为与活动有关的肾区疼痛和血尿。疼痛程度与结石部位、大小，活动与否及有无损伤、感染、梗阻等有关。

1. 疼痛　结石大、移动小的肾盂、肾盏结石可无明显临床症状，活动后出现上腹或腰部钝痛。结石活动或引起输尿管完全梗阻时可引起肾绞痛，典型的表现为突发疼痛，剧烈难忍，多在深夜至凌晨发作，持续数分钟至数小时不等。疼痛位于腰部或上腹部，并沿输尿管行径放射至下腹和会阴部，可至大腿内侧。疼痛性质为刀割样阵发性绞痛，肾区可有叩击痛。

2. 血尿　通常患者都有肉眼或镜下血尿，有时活动后镜下血尿是上尿路结石的唯一临床表现。

3. 并发症　结石继发急性肾盂肾炎或肾积脓时，可有畏寒、发热、脓尿、肾区压痛等症状。结石引起严重肾积水时，可在上腹部触到增大的肾脏。双侧或孤立肾上尿路完全梗阻时，可导致无尿，肾功能不全。

四、实验室检查与其他辅助检查

1. 实验室检查　尿常规检查常有镜下血尿，伴感染时有脓尿，有时可发现晶体尿。感染性尿结石患者尿细菌培养呈阳性。若怀疑患者尿路结石与代谢状态有关时，应测定血、尿的钙、磷、尿

笔记栏

酸、草酸等。此外应作肾功能测定。

2. 影像学检查

(1) B超：能显示结石的特殊声影，亦能评价肾积水或肾实质萎缩情况等，可发现尿路平片不能显示的小结石和透X线结石。用于指引经皮介入肾造口术或经皮肾镜诊断和治疗的路径。

(2) X线检查：确定结石的存在、特点及解剖形态，是否需要治疗及合适的治疗方法。① 尿路平片：能发现90%以上的结石。② 排泄性尿路造影：可显示结石所致的尿路形态和功能改变，有无尿路异常如先天性畸形等。③ 逆行肾盂造影：常用于其他方法不能确定结石的部位或结石以下尿路系统病情不明时。④ CT检查：能发现以上检查不能显示的或较小的输尿管中、下段结石。有助于鉴别不透光的结石、肿瘤、血凝块等，以及了解有无肾畸形。疑有甲状旁腺功能亢进时，应作骨摄片。

(3) 放射性核素肾显像：评价治疗前肾功能的受损情况和治疗后肾功能的恢复情况。

3. 内镜检查　借助内镜可以明确诊断和治疗。包括肾镜、输尿管镜和膀胱镜检查。

五、临床诊断与治疗

1. 诊断要点　根据病史和体检，与活动有关的疼痛和血尿，有助于此病的诊断，尤其是典型的肾绞痛。询问病史需问清第一次发作的情况，确认疼痛发作及其放射的部位，以往有无结石史或家族史，既往病史包括泌尿生殖系统疾病或解剖异常，或结石形成的影响因素等。疼痛发作时可有肾区叩击痛。

2. 治疗要点　一般如结石＜0.6 cm，表面光滑、无尿路梗阻、无感染，纯尿酸结石及胱氨酸结石，可先采用非手术治疗。直径＜0.4 cm、表面光滑的结石，80%多能自行排出。

(1) 病因治疗：如切除甲状旁腺瘤；解除尿路梗阻等。

(2) 非手术治疗：调整饮食结构可显著降低结石复发率。

1) 调整生活方式，调整饮食结构可显著降低结石复发率，如水化疗法、调整饮食、增加运动量等。

2) 药物治疗：调节尿pH；调节代谢；中医和针灸；控制感染；解痉止痛。

3) 体外冲击波碎石(ESWL)：通过X线或B超对结石进行定位，利用高能冲击波聚焦后作用于结石，使结石裂解，粉碎成细砂，随尿排出。此法适用于结石直径＜2.5 cm、结石以下输尿管无梗阻、肾功能良好、无尿路感染且凝血功能正常的患者。再次治疗间隔时间为10～14 d。震波碎石的次数不超过3～5次。碎石效果与结石部位、大小、性质、是否嵌顿等因素有关。

适应证：适用于肾、输尿管上段结石，输尿管下段结石治疗的成功率比输尿管镜取石低，碎石成功率90%左右。

禁忌证：结石远端尿路梗阻、妊娠、出血性疾病、严重心脑血管病、安置心脏起搏器者、血肌酐≥265 μmol/L、急性尿路感染、育龄妇女输尿管下段结石等。过于肥胖、肾位置过高、骨关节严重畸形、结石定位不清等，不适宜采用此法。

(3) 手术治疗

1) 经皮肾镜取石或碎石术(PCNL)：经腰背部细针穿刺直达肾盂，扩张并建立皮肤至肾内的通道，插放肾镜，直视下取石或碎石。适用于＞2.5 cm的肾盂结石、部分肾盏结石及鹿角形结石。此法可与ESWL联合应用治疗复杂性结石。

2) 输尿管镜取石或碎石术(URL)：输尿管镜经尿道插入膀胱，沿输尿管直视下采用套石或取石。此法适用于中、下段输尿管结石，泌尿系平片不显影结石，因肥胖、结石硬、停留时间长而用ESWL困难者，亦用于ESWL治疗所致的"石街"。

3) 腹腔镜输尿管取石：腹腔镜输尿管取石(LUL)适用于输尿管结石直径＞2 cm或经ESWL、输尿管镜手术治疗失败者。

笔记栏

4) 开放手术：开放手术主要用于结石远端梗阻、部分泌尿系统畸形、既往非手术治疗失败、肾积水感染严重或肾无功能等尿路结石患者，手术方式有肾盂切开取石、输尿管切开取石、肾实质切开取石等。

六、护理诊断

1. *疼痛*　与结石刺激引起的炎症、损伤及平滑肌痉挛有关。
2. *血尿*　与结石粗糙，损伤肾及输尿管黏膜有关。
3. *焦虑*　与结石引起的绞痛及肾功能减退有关。
4. *知识缺乏*　缺乏疾病相关知识。

七、护理措施

1. *非手术治疗的护理*

（1）肾绞痛的护理：发作期患者应卧床休息，遵医嘱使用解痉止痛药物，同时观察疼痛的缓解情况。

（2）鼓励患者大量饮水，在病情允许的情况下，根据结石部位不同选择体位排石，如跳跃式运动或改变体位，促进结石排出。

（3）病情观察：观察尿液内是否有结石排出，并做结石成分分析，以指导结石治疗和预防。观察有无血尿及尿路感染等。

2. *体外冲击波碎石的护理*

（1）碎石前告知患者该方法简单、安全有效、可重复治疗，以解除其恐惧心理，争取主动配合，治疗中不能随意移动体位。

（2）鼓励多饮水以增加尿量，促进结石排出和避免血块堵塞输尿管。

（3）观察和记录碎石后排尿及排石情况。淡红色血尿一般短期内可自行消失；碎石经过输尿管排出时，可出现肾绞痛，可予解痉和镇痛治疗；摄腹部平片观察碎石治疗效果；若出现肾绞痛、发热、严重血尿等异常现象时，需立即复诊。

3. *内镜碎石术的护理*

（1）术前护理

1）心理护理：向患者及家属解释内镜碎石术的方法与优点，术中的配合要求及注意事项，使其更好地配合手术与护理。

2）术前准备。其内容包含：① 协助做好术前准备。② 体位训练，术中患者需取截石位或俯卧位。俯卧位时患者呼吸循环受到影响。因此，术前指导患者作俯卧位练习，以提高患者术中体位的耐受性。③ 术前一日备皮、配血、术前晚行肠道清洁。

（2）术后护理

1）病情观察：观察患者生命体征，尿液颜色和性状。

2）引流管护理

A. 肾造瘘管：经皮肾镜取石术后常规留置肾造瘘管，目的是引流尿液及残余碎石渣。护理：妥善固定引流管；引流管的位置不得高于肾造瘘口，以防引流液逆流引起感染；保持引流管通畅，若发现肾造瘘管堵塞，挤捏无效时，可协助医师作肾造瘘管低压冲洗；观察引流液的量、颜色、性状，并做好记录；术后3～5 d如尿液转清、体温正常可考虑拔管。拔管后督促患者2 h左右排尿1次，并观察患者体温、腰腹痛及排尿情况。

B. 双“J”管：碎石术后于输尿管内放置双“J”管，可起到内引流及支撑的作用，还可扩张输尿管，有利于小结石的排出，防止输尿管内“石街”形成。护理：术后指导患者尽早取半卧位，多饮水，勤排尿；鼓励患者早期下床活动，避免活动不当（如剧烈活动、过度弯腰、突然下蹲）引起双“J”管滑脱或移位；术后1个月如尿路平片复查无结石残留，在膀胱镜下拔除双“J”管。

笔记栏

3）并发症的观察与护理

A. 出血：PCNL术后早期，肾造瘘管引流液为血性，一般1～3 d内颜色转清。若术后短时间内引出大量鲜红色血性液体，嘱其卧床休息，及时报告医生处理。除应用止血药外，可夹闭造瘘管1～3 h，使肾盂内压力增高，达到压迫止血的目的。若出血停止，患者生命体征平稳，可重新开放肾造瘘管。

B. 感染：术后密切观察患者体温变化；遵医嘱应用抗生素，嘱患者多饮水；保持引流管通畅，保持会阴部清洁；保持肾造瘘口敷料干燥。

4. 健康指导

（1）尿石症的预防：结石的发病率和复发率很高，根据结石成分、代谢状态及流行病学因素，采取适宜的预防措施对减少或延迟结石的复发十分重要。

1）大量饮水：成人保持每日尿量在 2 000 mL 以上，睡前及半夜饮水，效果更好。

2）饮食指导：含钙结石应合理摄入钙量；草酸盐结石者限制浓茶、菠菜等食物；尿酸结石者，不宜食用含嘌呤高的食物。

3）药物预防：草酸盐结石患者可口服维生素 B_6 以减少草酸盐排出；尿酸结石患者可口服别嘌醇和碳酸氢钠以抑制结石形成。

4）特殊性预防：伴甲亢者，必须摘除腺瘤或增生组织。鼓励长期卧床者多活动，防止骨脱钙，减少尿钙含量。尽早解除尿路梗阻、感染、异物等因素。

（2）双“J”管的自我观察与护理：患者带双“J”管出院期间若出现排尿疼痛、尿频、血尿时，多为双“J”管膀胱端刺激所致，一般多饮水和对症处理后可缓解。嘱患者术后 4 周复查并拔除双“J”管。

（3）复查：定期行 X 线或 B 超检查，观察有无残余结石或结石复发。若出现腰痛、血尿等症状，及时就诊。

案例分析

患者，男性，52 岁，因反复左侧腰部疼痛 1 年余就诊，门诊 B 超示：左肾结石。入院查体：神志清，无异常面容，T 36.6℃，P 80 次/min，R 18 次/min，BP 135/78 mmHg。入院后完善各项检查后，予 2017 年 6 月 8 日在全麻下行输尿管软镜下碎石术，术中放置双“J”管，术后留置尿管。回室后 3 h 患者自觉寒战给予保暖，半小时后测 T 39.8℃，P 128 次/min，R 30 次/min，BP 85/50 mmHg。

【问题】

（1）该患者目前最主要的护理诊断是什么？

（2）针对患者双“J”管如何护理和指导患者的自我观察。

【分析与解答】

（1）最主要的护理诊断：感染性休克。

（2）双“J”管护理及自我观察如下：

1）双“J”管护理：碎石术后输尿管内留置双“J”管，可起到内支撑、内引流的作用，还可扩张输尿管，有利于小结石的排出，防止输尿管内石街形成。护理：术后指导患者尽早取半卧位，多饮水，勤排尿；鼓励患者早期下床活动，避免活动不当（如剧烈活动、过度弯腰、突然下蹲）引起双“J”管滑脱和移位；术后 1 个月如尿路平片复查无结石残留，在膀胱镜下拔除双“J”管。

2）自我观察：患者带双“J”管期间若出现排尿疼痛、尿频、血尿时，多为双“J”管膀胱段刺激所致，一般多饮水和对症处理后可缓解。如出院期间血尿明显，经卧床休息等不能减轻，及时来医院就诊。

第三节 前列腺增生

笔记栏

良性前列腺增生症简称前列腺增生，是引起中老年男性排尿障碍最为常见的一种良性疾病，多发生于 50 岁以上的老年男性。

一、病因

良性前列腺增生的病因尚不完全清楚。目前认为年龄的增长及有功能的睾丸是发病的两个重要条件。两者缺一不可。

二、病理

前列腺分为外周带、中央带和移行带和尿道周围腺体区。前列腺增生结节发生于移行带和周围腺体区，前列腺癌多起源于外周带。增生的前列腺体将外周的腺体挤压萎缩成前列腺外科包膜，与增生的腺体有明显的界限，易于分离。增大的腺体压迫尿道使之弯曲、伸长、变窄，尿道阻力增加，引起排尿困难。此外，前列腺内围绕膀胱颈部增生的、含 α 肾上腺素能受体的平滑肌收缩是引起排尿困难的又一因素。

由于排尿受阻，膀胱逼尿肌收缩力加强，久之逼尿肌增厚，加之膀胱长期高压，膀胱黏膜面出现小梁、小室和憩室；逼尿肌代偿性肥大，发生不稳定的逼尿肌收缩，出现尿频、尿急和急性尿失禁；逼尿肌失代偿，则不能排空膀胱而出现残余尿，严重时膀胱收缩无力，出现充溢性尿失禁。长期排尿困难，使膀胱高度扩张或膀胱内高压，可发生膀胱输尿管反流，最终引起肾积水和肾功能损害。由于梗阻后膀胱内尿液潴留，易继发泌尿系感染和结石。

三、临床表现

一般在 50 岁以后出现症状。症状的出现取决于梗阻的程度、病变发展的速度，以及是否合并感染和结石，而不在于前列腺本身的增生程度。

1. 症状

(1) 尿频、尿急：是最初症状，夜间较明显。早期因前列腺充血刺激引起，梗阻加重，膀胱残余尿量增多时，膀胱有效容量减少，尿频更加明显。

(2) 排尿困难：进行性排尿困难是良性前列腺增生症的最主要的症状。表现为排尿踌躇、断续、尿细而无力、射程短、排尿不尽、终末滴沥等。

(3) 尿潴留、尿失禁：梗阻加重达到一定程度，不能排尽膀胱内全部尿液，出现膀胱残余尿。过多的残余尿可使膀胱失去收缩能力，逐渐发生尿潴留，并可出现尿失禁。尿失禁是由于膀胱过度充盈而使少量尿从尿道口溢出，称为充盈性（充溢性）尿失禁。便秘、饮酒、寒冷、劳累、憋尿、久坐等情况都可诱发急性尿潴留。

2. 体征　直肠指诊可触及增大的前列腺，表面光滑、质韧、有弹性，边缘清楚，中间沟变浅或消失。

3. 并发症　① 血尿：增生的腺体表面黏膜血管破裂时，可发生不同程度的无痛性肉眼血尿。② 长期梗阻可引起肾积水、肾功能损害。③ 长期排尿困难者可并发膀胱结石、腹股沟疝等。

四、辅助检查

1. B 超　经腹壁或直肠超声可测量前列腺体积、判断增生腺体是否突入膀胱，还可测量膀胱残余尿量。经直肠超声检查更为精确。

2. 动力学检查　尿流率测定可初步判断梗阻的程度。若最大尿流率＜15 mL/s，提示排尿不畅；＜10 mL/s 提示梗阻严重。评估最大尿流率时，排尿量必须超过 150 mL 才有诊断意义。应用尿动力仪测定压力-流率等可鉴别神经源性膀胱、逼尿肌和尿道括约肌功能失调以及不稳定性膀胱逼尿肌引起的排尿困难。

3. 血清前列腺特异抗原（PSA）测定　血清 PSA 是前列腺癌的生物学标记，正常值为 0～4 ng/mL，如＞10 ng/mL 应高度怀疑前列腺癌。

笔记栏

五、临床诊断与治疗

1. 诊断要点　以下尿路症状就诊的 50 岁以上的老年男性，首先考虑前列腺增生的可能，同时需要根据患者的病史、体格检查(尤其是直肠指诊)、影像学检查及尿动力学检查等进行综合判断。

2. 非手术治疗

(1) 等待观察：症状比较轻的患者可以等待观察，不予治疗，但应密切随访，如症状加重，再选择适宜的治疗方法。

(2) 药物治疗：适用于刺激期和代偿早期的前列腺增生患者。a -受体阻滞剂：有效降低膀胱颈及前列腺平滑肌张力，减轻尿道阻力，改善排尿功能。5a 还原酶抑制剂：激素类药物，在前列腺内阻止睾酮变为双氢睾酮，缩小前列腺体积，改善排尿症状。一般服药 3 个月见效，停药后易复发，需要长期服药。植物类药：作用机制不清楚，部分患者能达到治疗目的。

3. 手术治疗　药物治疗无效或梗阻严重，反复出现尿潴留者，残余尿量超过 60 mL 时应考虑手术治疗。

(1) 开放手术治疗：只切除外科包膜以内的增生部分。常用手术方式有耻骨上经膀胱前列腺切除术、耻骨后前列腺切除术。

(2) 非开放性手术：经尿道前列腺电切术(TURP)，应用电切镜经尿道切除前列腺，是前列腺增生治疗的“金标准”。

4. 其他　近年来更安全、有效的治疗方法，如微波、激光、前列腺支架、气囊扩张、高能聚焦超声等。适合合并有心、脑、肺等重要器官的合并症而不能耐受手术的患者。

六、护理诊断

1. 排尿形态异常　与前列腺增生致尿路梗阻，留置导尿和手术刺激有关。

2. 疼痛　与手术、导管刺激、血块阻塞冲洗管引起的膀胱痉挛有关。

3. 潜在并发症　TURP 综合征、尿失禁、出血、感染。

知识拓展

前列腺增生患者的症状评分计量可以使诊断、预后及治疗监测等有统一的量化指标，是良性前列腺增生下尿路症状严重程度的主观反映，它与最大尿流率、残余尿量及前列腺体积无明显相关性，即国际前列腺症状评分(表 25 - 1，表 25 - 2)。

表 25 - 1　国际前列腺症状(IPSS)评分

在最近一个月内，您是否有以下症状？	无	在五次中					症状评分
		少于1次	少于半数	大约半数	多于半数	几乎每次	
(1) 是否经常有排尿不尽感	0	1	2	3	4	5	
(2) 两次排尿间隔是否经常小于 2 h?	0	1	2	3	4	5	
(3) 是否曾经有间断性排尿?	0	1	2	3	4	5	
(4) 是否有排尿不能等待的现象?	0	1	2	3	4	5	
(5) 是否有尿线变细现象?	0	1	2	3	4	5	
(6) 是否需要用力挤使劲才能开始排尿?	0	1	2	3	4	5	
(7) 从入睡到早起一般需要起来排尿几次?	没有	1 次	2 次	3 次	4 次	5 次	
	0	1	2	3	4	5	

症状总评分＝

0～7 分为轻度症状；8～19 分为中度症状；20～35 分为重度症状。

表 25 - 2　生活质量指数评分表(QOL)

	高　兴	满　意	大致满意	还可以	不太满意	苦　恼	很　糟
如果在您今后的生活中始终伴有现在的排尿症状，您认为如何？	0	1	2	3	4	5	6

生活质量评分(QOL)＝

0～6 分是患者受下尿路症状困扰程度及忍受程度。

笔记栏

七、护理措施

1. 非手术治疗的护理/术前护理

(1) 心理护理：前列腺增生症均为老年患者，可能有不同程度的高血压、动脉硬化、慢性气管炎、肺气肿等老年病，手术时有一定的风险，耐心向患者及家属解释疾病的发生发展和治疗方法，消除疑虑，使其积极配合治疗和护理。

(2) 急性尿潴留的预防与护理

1) 预防：避免因受凉、过度劳累、饮酒、便秘引起的急性尿潴留。鼓励患者多饮水，勤排尿、不憋尿；冬天注意保暖，防止受凉；多摄入粗纤维食物，忌辛辣食物，防便秘。

2) 护理：急性尿潴留者应及时留置尿管引流尿液，恢复膀胱功能，预防肾功能损害。如无法插入尿管可行耻骨上膀胱穿刺造瘘以引流尿液。同时做好留置尿管或膀胱造瘘管的护理。

(3) 药物治疗的护理：观察用药后排尿困难的改善情况及药物的不良反应。α-受体阻滞剂的不良反应主要有头晕、直立性低血压等，应在睡前服用，服药后卧床休息，床边备尿壶，防止跌倒。服药期间监测血压、观察药物的不良反应。5α还原酶抑制剂起效慢，常在服药后3个月才有效果，应告知患者坚持长期服药。

(4) 术前准备

1) 前列腺增生患者多为老年人，常合并慢性病，术前应作好心、脑、肺、肾等重要器官功能的检查。

2) 慢性尿潴留者，应留置尿管引流尿液，改善肾功能；尿路感染者，应用抗生素控制感染。

3) 术前指导患者有效咳嗽、排痰的方法；术前晚灌肠，防止术后便秘。

2. 术后护理

(1) 病情观察：严密观察患者意识、体温、呼吸、血压、脉搏的变化。

(2) 体位：术后需固定或牵拉气囊尿管，平卧2 d后改半卧位，防止患者坐起或活动时气囊移位而失去压迫膀胱颈口之作用，导致出血。

(3) 饮食护理：术后6 h无恶心、呕吐，可进流质饮食，鼓励多饮水，1～2 d后无腹胀即可恢复正常饮食。饮食以易消化、高蛋白、多纤维食物为主，预防便秘，以免引起继发性大出血。

(4) 膀胱冲洗的护理：术后生理盐水持续冲洗膀胱3～7 d，以防血块堵塞尿管。护理：① 冲洗液水温应控制在25～30℃。② 冲洗速度根据尿色而定，色深则快，色浅则慢。随着冲洗时间的延长血尿颜色逐渐变浅，若血尿色深红或逐渐加深，说明有活动性出血，应及时通知医生处理。③ 确保膀胱冲洗及引流通畅，若引流不畅，可采取挤捏尿管、加快冲洗速度、施行高压冲洗、调整导管位置等方法，直至引流通畅。④ 准确记录尿量、冲洗量和排出量。

(5) 膀胱痉挛的护理：前列腺切除术后因逼尿肌不稳定、导管刺激、血块堵塞冲洗管等原因引起膀胱痉挛。患者表现为强烈尿意、肛门坠胀、下腹部痉挛，膀胱冲洗速度减慢，甚至逆流，冲洗液血色加深，尿道及膀胱区疼痛等症状。膀胱痉挛发生时，及时安慰患者，缓解紧张焦虑情绪。术后留置硬膜外镇痛有良好效果。

(6) 引流管护理

1) 导尿管：术后利用导尿管的水囊压迫前列腺窝与膀胱颈，起到局部压迫止血的目的。护理：① 妥善固定引流管，防止因坐起或肢体活动致气囊移位，影响压迫止血效果；② 保持尿管引流通畅，防止尿管受压、扭曲、折叠；③ 保持会阴部清洁，每日会阴护理2次。

2) 各导管的拔管时间：① 耻骨后引流管术后3～4 d待引流量少时拔除；② TURP术后5～7 d尿液颜色清澈即可拔除导尿管；③ 膀胱造瘘管通常于术后3～5 d拔除。

(7) 预防感染：术后留置导尿管易发生尿路感染。应观察体温及血白细胞变化，若有畏寒、发热症状，应观察有无附睾肿大及疼痛。早期应用抗生素，保持会阴部清洁卫生。

(8) 并发症的观察与护理

笔记栏

1）TUR综合征：行TURP的患者因术中大量的冲洗液被吸收使血容量急剧增加，出现稀释性低钠血症，患者可在几小时内出现烦躁、恶心、呕吐、抽搐、昏迷，严重者出现肺水肿、脑水肿、心力衰竭等，称为TUR综合征。当患者出现上述症状时及时通知医生，给予氧气吸入，减慢输液速度，遵医嘱给予利尿剂、脱水剂，静脉滴注3%氯化钠纠正低钠血症。

2）尿频、尿失禁：导尿管拔除后，患者会发生暂时性的尿频或是滴尿、尿急、尿失禁等情形，指导患者进行盆底肌训练或膀胱训练来得到改善。尿失禁或尿频一般于术后1～2周内可缓解。

3）出血：指导患者术后逐渐离床活动；避免腹内压增高及便秘，术后1周内禁止灌肠或肛管排气，以免造成前列腺窝出血。

3. 健康指导

（1）生活指导：避免诱发急性尿潴留因素。术后1～2个月内避免久坐、提重物及剧烈活动，如跑步、骑自行车、性生活等，忌烟酒、防感冒，以避免手术后再出血。

（2）康复指导：若有溢尿现象，指导患者继续作提肛肌训练，以尽快恢复尿道括约肌功能。

（3）自我观察：TURP患者术后可能发生尿道狭窄而出现排尿不畅。术后若尿线逐渐变细，甚至出现排尿困难，应至医院行尿道扩张。出院后1～4周内若出现阴囊肿大、疼痛、发热等症状应考虑发生了附睾炎，及时就诊。

（4）性生活指导：前列腺经尿道切除术后1个月、经膀胱切除术后2个月，原则上可恢复性生活。如手术损伤膀胱内括约肌，会引起逆行射精，但不影响性交。少数患者可出现阳痿，可先采取心理治疗，同时查明原因，再进行针对性治疗。

案例分析

患者，男性，65岁。因进行性排尿困难10年余，加重4个月入院。入院查体：神志清，无异常面容，T 36.6℃，P 80次/min，R 18次/min，BP 135/78 mmHg。入院后完善各项检查后在腰硬联合麻醉下行经尿道前列腺电切术＋膀胱造瘘术，术中出血50 mL，术后留置尿管及膀胱造瘘管予持续膀胱冲洗。术后患者诉时有强烈尿意、下腹部疼痛明显，冲洗液时呈鲜红色。

【问题】

（1）针对患者下腹部疼痛如何护理？

（2）如何做好膀胱冲洗护理？

【分析与解答】

（1）膀胱痉挛的护理：及时安慰患者，缓解紧张焦虑情绪，观察尿管通畅情况，根据情况给予加压冲洗，观察有无血凝块堵塞，观察术后硬膜外镇痛泵的效果，必要时加用口服镇痛药等。

（2）膀胱冲洗的护理：① 冲洗液温度：水温控制在25～30℃。② 冲洗速度：根据尿色而定，色深则快，色浅则慢。随着冲洗时间的延长，血尿颜色逐渐变浅，若血尿色逐渐加深，说明有活动性出血，及时通知医生处理。③ 确保膀胱冲洗及引流通畅：若引流不畅，可采取挤捏尿管、加快冲洗速度、实行高压冲洗、调整尿管位置等方法，直至引流通畅。④ 准确记录尿量、冲洗量和排出量。

第四节　泌尿、男性生殖系统肿瘤

笔记栏

一、肾癌

肾癌是起源于肾实质泌尿小管上皮系统的恶性肿瘤，也称为肾细胞癌，是最常见的肾实质恶性肿瘤，高发年龄为50～70岁，男女之比为2∶1。

（一）病因

肾癌病因尚未清楚。认为主要与吸烟、环境污染、职业暴露（如皮革、石棉等）、抑癌基因缺失、染色体畸变等有关。

（二）病理

1. 组织学类型　肾癌有3种基本细胞类型：即透明细胞、颗粒细胞和梭形细胞，以透明细胞癌最为常见，占肾癌60%～85%，主要由肾小管上皮细胞发生。梭形细胞较多的肾癌恶性度高，预后差。

2. 转移途径　肾癌局限在包膜内时恶性程度较小，穿透假包膜后可经血液和淋巴转移。肿瘤可直接扩展至肾静脉、下腔静脉形成癌栓，亦可转移至肺、脑、骨、肝等。淋巴转移最先到肾蒂淋巴结。

（三）临床表现

1. 症状　疼痛、血尿、肿块被称为肾癌三联征，出现三联症中的任何一项都是病变发展到较晚期的临床表现；10%～40%患者可有副瘤综合征，常见表现有低热、高血压、红细胞沉降率加快、红细胞增多症等，同侧阴囊内可发现精索静脉曲张；转移症状：临床上有25%～30%的患者因转移症状就诊，如病理性骨折、咳嗽、咯血、神经麻痹等。

2. 体征　无痛性腰部肿块。

（四）辅助检查

1. 实验室检查　包括尿常规、红细胞沉降率、CEA、尿液脱落细胞学检查。

2. 影像学检查

（1）B超：首选检查方法，能准确地区分肿瘤和囊肿，查出1 cm以上肿瘤。

（2）CT、MRI检查：CT和MRI检查则能确定肾肿瘤部位、范围、邻近脏器的浸润、淋巴结转移和静脉癌栓，有助于肿瘤的分期和手术方式的确定。

（3）X线检查：泌尿系平片可见肾外形增大。静脉尿路造影可见肾脏不规则变形、拉长、移位或充盈缺损。

（五）临床诊断与治疗

1. 诊断要点　肾癌的诊断主要依靠影像学检查，确诊需要依靠病理学检查。

2. 治疗要点

（1）根治性肾切除术：是肾癌最主要的治疗方法。手术切除范围包括患肾、肾周围脂肪及筋膜、近端1/2输尿管、区域淋巴结。若肿瘤累及肾上腺，须切除同侧肾上腺和肾门淋巴结。

（2）其他治疗方法：肾癌对放疗及化疗不敏感。免疫治疗如干扰素-α、白介素-2对预防和治疗转移癌有一定疗效。

（六）护理诊断

1. 焦虑或恐惧　与对癌症和手术的恐惧、担心疾病预后有关。

2. 营养失调　低于机体需要量，与癌肿消耗、长期血尿、手术创伤有关。

3. 潜在并发症　出血、感染。

（七）护理措施

1. 术前护理

（1）营养支持：术前应注意改善患者营养状态，给予高热量高蛋白饮食。贫血者可予少量多次输血来提高血红蛋白水平及患者抵抗力。

（2）心理护理：多与患者沟通，解释病情，缓解患者的焦虑与恐惧情绪。

2. 术后护理

（1）卧床与休息：生命体征平稳后取健侧卧位。行肾切除的患者术后需卧床1～2 d，肾部分切除术者需卧床1～2周。

笔记栏

(2) 并发症的观察与护理

1) 出血：术后定时观察意识、血压、脉搏、呼吸及体温的变化。若患者术后引流液量较多大于 100 mL/h、色鲜红且很快凝固，同时伴有血压下降、脉搏增快，常提示有出血，应立即通知医生。护理：① 遵医嘱应用止血药物；② 对血容量不足的患者予输血；③ 对经处理出血未能停止者，积极做好手术止血准备。

2) 感染：保持伤口清洁干燥，及时更换渗湿敷料；遵医嘱使用抗生素；定时测体温并监测血白细胞变化，观察有无感染发生。

3. 健康指导

(1) 康复指导：戒烟，加强营养，增强体质，适当锻炼，避免劳累。

(2) 用药指导：免疫治疗期间观察患者有无发热、乏力等不良反应，患者若出现高热等症状及时就医，在医生指导下用药。

(3) 定期复查：患者需定期复查 B 超、CT 和血常规、肾功能等，有利于及时发现肾癌复发或转移。

二、膀胱癌

膀胱癌发病率居我国泌尿生殖系统肿瘤中第一位，多发生于 50～70 岁，男女之比为 4∶1。大多数患者的肿瘤局限于膀胱，只有 15%～20%的病例出现远处转移。

（一）病因

1. 长期接触某些致癌物质　制造染料的中间产物或橡胶塑料工业的防老化剂如 β-苯胺、联苯胺、4-氨基双联苯等。

2. 吸烟　是最常见的致癌因素。

3. 膀胱慢性感染与异物长期刺激　膀胱结石、膀胱憩室、膀胱白斑、血吸虫病膀胱炎等会增加发生膀胱癌的危险。

4. 其他　长期服用镇痛药非那西丁、抑癌基因缺失等。

（二）病理

1. 组织类型　上皮性肿瘤占 95%以上，其中多数为移行细胞乳头状癌，鳞癌和腺癌各占 2%～3%。非上皮性肿瘤罕见好发于婴幼儿。

2. 分化程度　WHO 提出将尿路上皮肿瘤分为乳头状瘤、乳头状低度恶性倾向的尿路上皮肿瘤、低级别乳头状尿路上皮癌和高级别尿路上皮癌。

3. 生长方式　分为原位癌、乳头状癌和浸润性癌。原位癌局限在黏膜内，无乳头亦无浸润。移行细胞癌多为乳头状，鳞癌和腺癌常有浸润。不同生长方式可单独或同时存在。

4. 浸润深度　是肿瘤临床(T)和病理(P)分期的依据。根据癌浸润膀胱壁的深度(乳头状瘤除外)，多采用 TNM 分期标准。

T_{is}：原位癌；T_a：浸润的乳头状癌；T_1：浸润黏膜固有层；T_{2a}：肿瘤侵及浅肌层；T_{2b}：肿瘤侵及深肌层；T_3：肿瘤侵及膀胱外脂肪或腹膜，T_{3a}-仅显微镜可见，T_{3b}-肉眼可见；T_4：肿瘤侵及前列腺等周围器官，T_{4a}前列腺、子宫、阴道，T_{4b}盆壁、腹壁。

5. 转移途径　肿瘤扩散主要向深部浸润直至膀胱外组织及邻近器官。淋巴转移最常见，晚期血行转移至肝、肺、骨和皮肤等处；肿瘤细胞分化不良者容易发生浸润和转移。

（三）临床表现

1. 症状

(1) 血尿：是膀胱癌最常见和最早出现的症状。常表现为间歇性肉眼血尿，可自行减轻或停止，易给患者造成“好转”或“治愈”的错觉而贻误治疗。

笔记栏

(2) 膀胱刺激症状：尿频、尿急、尿痛多为膀胱癌晚期表现，常因肿瘤坏死、溃疡或并发感染所致。

(3) 其他：三角区及膀胱颈肿瘤可梗阻膀胱出口，造成排尿困难，甚至尿潴留；骨转移患者有骨痛，腹膜后转移或肾积水患者可出现腰痛。

2. 体征 晚期患者可扪及下腹部肿块。发生肝或淋巴结转移时，可扪及肿大的肝或锁骨上淋巴结。

(四) 辅助检查

1. 尿细胞学检查 尿脱落细胞学检查对于高危人群的筛选有较大的意义，也可用于肿瘤治疗的评估。

2. 影像学检查 B超在临床上比较常用，此方法具有简便、无创伤、较准确等优点，在膀胱充盈情况下，可以看到肿瘤的位置、大小等特点；CT 和 MRI 除了能够观察到肿瘤大小、位置外，还能够观察到肿瘤与膀胱壁的关系，可以发现肿瘤浸润膀胱壁深度以及局部转移肿大的淋巴结；IVU 可了解上尿路有无肿瘤以及膀胱肿瘤对上尿路影响。

3. 膀胱镜检查 诊断膀胱癌最直接、最可靠的方法，可明确肿瘤的数目、大小、形态、部位及周围膀胱黏膜的异常情况。膀胱镜观察到肿瘤后应夹取组织做病理检查。

(五) 临床诊断与治疗

1. 诊断要点 对怀疑膀胱肿瘤的患者应行膀胱镜检查及病理活检进行确诊。

2. 治疗要点 主要采取手术治疗。其手术方法的选择主要依据肿瘤的病理类型和肿瘤的分期。原则上 Ta、T_1期及局限的 T_2期肿瘤可采用保留膀胱的手术，较大的多发、反复复发的 T_2期和 T_3、T_4肿瘤，应行膀胱全切除术。

(1) 经尿道膀胱肿瘤切除术：适用于表浅膀胱肿瘤的治疗。

(2) 膀胱部分切除术：适用于 T_2期分化良好、局限的膀胱肿瘤。切除范围包括距离肿瘤缘 2 cm 以内的全层膀胱壁，如肿瘤累及输尿管口，切除后需作输尿管膀胱吻合术。

(3) 根治性膀胱全切术：适用于反复复发、多发或侵犯膀胱颈、三角区的膀胱肿瘤。切除包括膀胱、前列腺和精囊。膀胱切除术后须行尿流改道和膀胱替代。最常用的是回肠或结肠代膀胱术。

3. 化学治疗 有全身化疗及膀胱灌注化疗等方式。全身化疗适用于有转移的晚期患者。常用药物有甲氨蝶呤、长春新碱、阿霉素、顺铂、氟尿嘧啶等。膀胱灌注化疗适用于保留膀胱患者，常用药物有卡介苗、丝裂霉素、表柔吡星、翔基喜树碱等。

4. 放射治疗 作为辅助治疗，效果尚未确定。

知识拓展

原位新膀胱术

原位新膀胱术是在全膀胱切除后，利用消化道的某一部分，制成储尿囊，与尿道吻合，期望重建下尿路功能。原位新膀胱手术最大的优点在于患者术后能够自己维持控尿和排尿，不需要带尿袋或自我导尿，能较好保持自我形象，提高患者生活质量。但是在手术不成功或有严重并发症的情况下，如尿瘘或完全不能控尿，则处理非常难。但手术步骤复杂、操作繁琐、手术时间长、术中出血多，有些并发症的处理困难，影响了临床效果，如尿瘘或完全不能控尿。

(六) 护理诊断

1. 焦虑或恐惧 与对癌症的恐惧、害怕手术、担心疾病预后有关。

2. 自我形象紊乱 与膀胱全切、尿流改道术后排尿方式改变有关。

3. 潜在并发症 出血、感染、尿瘘。

(七) 护理措施

1. 术前护理

笔记栏

(1) 心理护理：多与患者沟通，解释病情，缓解患者的焦虑与恐惧情绪。

(2) 饮食与营养：术前应注意改善患者营养状态，给予高热量高蛋白高维生素、饮食。贫血者，遵医嘱少量多次输血。

(3) 术前准备：行膀胱全切除、肠道代膀胱术的患者，须作肠道准备。术前 3 d 进少渣半流质饮食，术前 1～2 d 起进无渣流质饮食，口服肠道不吸收抗生素，术前 1 d 及术晨进行肠道清洁。

(4) 其他：术前 2 周戒烟，积极处理呼吸道感染。对拟行造口的患者，协助医师/造口师做好造口定位标记。

2. 术后护理

(1) 病情观察与体位：密切观察生命体征、意识与尿量的变化。生命体征平稳后，患者取半坐卧位，以利伤口引流及尿液引流。

(2) 引流管护理：① 妥善固定各种引流管，贴标识分别记录引流情况，保持引流通畅。回肠膀胱或可控膀胱因肠黏膜分泌黏液，易堵塞引流管，注意定时挤捏。② 拔管：输尿管皮肤造口术后 2 周，皮瓣愈合后拔除输尿管引流管；回肠膀胱术后 10～12 d 拔除输尿管引流管和回肠膀胱引流管，佩带尿路造口袋。

(3) 造口护理：及时清洗造口及周围皮肤，保持清洁干燥。

(4) 膀胱灌注化疗的护理：膀胱灌注化疗主要用于保留膀胱的患者，术后每周 1 次，8 次后改每月 1 次，直至 1 年。方法：嘱患者灌注前 4 h 禁饮水，排空膀胱，常规消毒尿道口，置入导尿管，将化疗药物经导尿管注入膀胱，再用 10 mL 空气或 0.9%生理盐水 10 mL 冲洗管内残留的药液后拔管。药物需保留在膀胱内 0.5～2 h。灌注后嘱患者多饮水，每日饮水 2 500～3 000 mL，减少化疗药物对尿道黏膜的刺激。

(5) 并发症的观察与护理

1) 出血：密切观察病情，若患者出现血压下降、脉搏加快，引流管内引出鲜血，每小时超过 100 mL 以上且易凝固，提示有活动性出血，应及时报告医师处理。

2) 感染：保持伤口清洁干燥，及时更换渗湿敷料；遵医嘱使用抗生素；定时测体温及监测血白细胞变化，观察有无感染发生。

3) 尿瘘：主要表现为盆腔引流管引出尿液、切口部位渗出尿液、导尿管引流量减少，患者出现体温升高、腹痛、白细胞计数升高等感染征象。护理：嘱患者取半坐卧位，保持各引流管通畅，盆腔引流管可作负压吸引，遵医嘱使用抗生素。

3. 健康指导

(1) 康复指导：禁止吸烟，对密切接触致癌物质者加强劳动保护。适当锻炼，加强营养，增强体质。

(2) 用药指导：膀胱保留术后患者定期行膀胱灌注化疗药，可预防肿瘤复发。

(3) 自我护理：尿流改道术后使用造口袋，应学会自我护理。

(4) 原位新膀胱训练：鼓励督促患者坚持新膀胱功能训练，包括：自主排尿及控尿，定时排尿，勿憋尿，多饮水。

(5) 定期复查：保留膀胱的患者，每 3 个月进行 1 次膀胱镜检查，2 年无复发者改为每半年一次；根治性膀胱手术后，终生随访，进行血生化、腹部 B 超、盆腔 CT 等检查。了解自己肾积水、尿路感染、尿路结石等情况。

三、前列腺癌

前列腺癌多发生于 50 岁以上的男性，发病率随年龄增加而增高。欧美国家发病率极高，但我国近年来发病率呈不断增高的趋势。

(一) 病因

笔记栏

前列腺癌的病因尚不清楚，可能与遗传、环境、饮食及性激素等有关。

(二) 病理

前列腺癌多起源于前列腺的外周带，98%为腺癌。前列腺癌经淋巴、血行扩散或直接侵犯邻近器官，血行转移以脊柱、骨盆最为常见。

按照前列腺癌细胞的分化程度由高到低分为 1～5 级。一般为 2～10 分，分数越高分化越差。2～4 分属于分化良好癌；5～7 分属于中等分化癌；8～10 分为分化差癌或未分化癌。

（三）临床表现

早期前列腺癌常无症状，常在直肠指诊、B 超检查或前列腺增生手术标本中偶然发现。当肿瘤生长可以挤压尿道、直接侵犯膀胱颈部、三角区，患者表现为尿频、尿急、尿流中断、排尿不尽、排尿困难、尿潴留；骨转移患者可出现骨痛、脊髓受压症状、病理性骨折等。

（四）辅助检查

1. 直肠指诊　直肠指诊可触及前列腺结节，质地坚硬。

2. 实验室检查　血清前列腺特异性抗原（PSA）可作为前列腺癌的筛选检查方法。前列腺癌常伴有 PSA 升高，明显升高者多数伴有转移病灶。

3. 影像学检查　经直肠 B 超检查可发现前列腺内低回声癌结节，并可测量肿瘤体积。CT 和 MRI 对判断肿瘤侵犯范围有重要意义。全身核素骨扫描可较早发现骨转移病灶。

4. 前列腺活检　前列腺穿刺活检诊断前列腺癌准确率较高。

（五）临床诊断与治疗

1. 诊断要点　直肠指诊联合 PSA 检查是目前公认的早期发现前列腺癌最佳的初筛方法。临床上大多数前列腺癌患者通过前列腺穿刺活检取得组织病理学诊断得以确诊。少数患者是在前列腺增生手术后病理中偶然发现。

2. 治疗要点

（1）根治性前列腺切除术：适于年龄较轻、能耐受手术的患者，是局限在包膜内的前列腺癌的最佳治疗方法。

（2）去势治疗：包括① 手术去势，行双侧睾丸切除术；② 药物去势，促黄体生成素释放激素类似药、雄激素受体阻滞剂。

（3）放射治疗：有内放射和外放射两种。内放射是放射性核素粒子植入治疗；外放射适用于内分泌治疗无效者。

（4）化学治疗：主要用于内分泌治疗无效者。

（六）护理诊断

1. 营养失调　低于机体需要量，与癌肿消耗，手术创伤，早期骨转移有关。

2. 焦虑或恐惧　与对癌症的恐惧、害怕手术有关。

3. 潜在并发症　出血、感染、复发、远处转移。

（七）护理措施

1. 手术治疗护理

（1）术前护理

1）营养支持：给予高热量高蛋白富含多种维生素的饮食，必要时给予肠内外营养支持。

2）心理护理：多与患者沟通，解释病情，缓解患者的焦虑与恐惧情绪。

3）肠道准备：术前 3 d 进少渣半流质饮食，术前 1～2 d 起进无渣流质饮食，口服肠道不吸收抗生素，术前 1 日及术晨行肠道清洁。

（2）术后护理

1）休息与饮食：患者术后卧床 3～4 d 后可下床活动。待肠蠕动恢复后进食流质，逐渐过渡到普食。

2）并发症的观察与护理：

A. 尿失禁：为术后常见并发症，指导患者坚持盆底肌训练及生物反馈治疗，部分患者在半年内可改善。

B. 预防感染：保持伤口清洁干燥，及时更换渗湿敷料；保持引流管通畅；遵医嘱应用抗生素；定时测体温及监测血白细胞变化，观察有无感染发生。

笔记栏

C. 勃起功能障碍：遵医嘱予西地那非（万艾可）治疗，期间注意观察有无心血管并发症的发生。

2. 去势治疗护理

（1）心理护理：充分尊重与理解患者，帮助患者调整不良心理，并积极争取家属的支持。

（2）不良反应的观察与护理：不良反应有潮热、心血管并发症、肝功能损害、骨质疏松、贫血等。用药后定时检查肝功能、血常规等，做好患者活动的安全护理。

3. 健康指导

（1）康复指导：适当锻炼，加强营养，增强体质。避免高脂肪饮食，豆类、谷物、蔬菜、水果等富含纤维素的食物及雌激素等对预防本病有一定作用。

（2）定期复查：定期检测 PSA 可作为判断预后的重要指标。若有骨痛，应行骨扫描，以明确是否骨转移。

小　结

肾脏损伤临床表现有休克、血尿、疼痛、腰腹部肿块和发热。非手术治疗措施包括：绝对卧床休息 2～4 周；早期应用抗生素；合理补充血容量，给予输液和输血等支持治疗；非手术治疗期间应严密观察患者的血尿变化和腰腹部肿块情况。非手术治疗患者出院后 3 个月内不易从事重体力劳动和竞技运动，肾切除的患者需注意保护健侧肾和避免使用对肾功能有损害的药物。

泌尿系统结石以上尿路结石多见。临床表现一般是与活动有关的肾区疼痛和血尿，疼痛程度与结石部位、大小、活动与否及有无损伤、感染、梗阻等有关。治疗措施包括病因治疗、非手术治疗和手术治疗。非手术治疗为通过调整饮食结构和改变生活方式；肾绞痛患者在病情允许情况下，鼓励患者多饮水和适当做跳跃运动，有助于结石排出。观察结石排出情况，做结石成分分析，指导结石治疗和预防结石复发。

前列腺增生临床症状有尿频、排尿困难、尿潴留等。治疗措施有非手术治疗和手术治疗；非手术治疗期间要防止急性尿潴留的发生；术前护理执行泌尿外科常规护理和尿管护理；术后护理重点是膀胱冲洗和尿管护理，观察有无膀胱痉挛的发生。

膀胱癌最常见和最早出现的症状为血尿。治疗措施有手术治疗、化学治疗和放射治疗。膀胱癌术前护理有饮食营养和肠道准备；术后护理除泌尿外科常规护理外，重点做好各管道护理。

（袁晓红）

笔记栏

第二十六章

骨与关节疾病患者的护理

学习要点

- **掌握**：① 骨折的临床表现、治疗原则；② 骨折常见并发症观察与护理；③ 骨盆骨折的急救；④ 全髋关节置换术及关节镜手术的护理要点；⑤ 颈椎前路手术的护理要点。
- **熟悉**：① 牵引术及石膏绷带固定术的适用范围；② 牵引术的种类；③ 腰椎间盘突出症的临床表现和护理要点；④ 颈椎病健康教育内容。
- **了解**：① 骨折的分类；② 关节功能活动检查的内容；③ 常见颈椎病的分型。

第一节 骨折概述

骨折是指骨的完整性和连续性中断。

一、病因和分类

1. 按病因分　外伤性骨折和病理性骨折。

2. 按骨折处是否与外界相通分　① 闭合性骨折：骨折处皮肤或黏膜完整，骨折端不与外界相通；② 开放性骨折：骨折处皮肤或黏膜破裂，骨折端与外界相通。如耻骨骨折伴膀胱或尿道破裂。

3. 按骨折的形态分　① 横形骨折；② 斜形骨折；③ 螺旋形骨折；④ 粉碎性骨折；⑤ 嵌插骨折；⑥ 凹陷骨折；⑦ 骨骺分离。

4. 按骨折的程度分　完全骨折和不完全骨折。

5. 按骨折发生的部位分　① 骨干骨折；② 干骺端骨折；③ 骨骺分离；④ 关节内骨折等。

6. 按骨折端的稳定程度分　稳定骨折和不稳定骨折。

7. 按伤后时间分　① 新鲜骨折：伤后3周内的骨折；② 陈旧性骨折：伤后超过3周的骨折。

二、临床表现

1. 症状　① 发热：骨折后一般体温正常。股骨骨折、骨盆骨折等出血量较大，血肿吸收时可出现低热，但一般不会超过38℃。开放性骨折出现高热时，应考虑感染的可能。② 休克：多由于出血所致，特别是骨盆骨折、股骨骨折和多发性骨折。出血量大者可达2 000 mL以上。③ 疼痛和压痛：骨折处局部疼痛，移动患肢时疼痛加剧。④ 功能障碍：局部肿胀和疼痛使患肢活动受限，如为完全性骨折，受伤肢体活动功能完全丧失。

2. 体征

(1) 畸形：骨折段移位后，可使患肢外形发生改变，主要表现为短缩、成角或旋转畸形。

笔记栏

(2) 反常活动：又称假关节活动，是指肢体在没有关节的部位出现异常的活动。

(3) 骨擦音或骨擦感：当搬动肢体或复位时，骨折断端相互摩擦，可听到骨擦音或感到骨擦感。

3. 并发症

(1) 早期并发症：① 休克，常见于多发性骨折、股骨骨折、严重骨盆骨折、脊柱骨折及严重开放性骨折患者，因骨折引起大出血或并发重要脏器损伤所致。② 脂肪栓塞综合征，由于骨折处髓腔内血肿张力过大，骨髓组织被破坏，所释出的脂肪滴进入破裂的静脉窦内，引起肺、脑等脂肪栓塞，通常发生在骨折后 48 h 内。肺栓塞表现为进行性低氧血症，如呼吸困难、发绀、心率加速，血压降低等。脑栓塞表现为意识障碍为主的综合征群。③ 重要脏器损伤，如肋骨骨折并发血气胸或肝、脾破裂，骨盆骨折并发膀胱破裂等。④ 重要周围组织损伤，血管损伤多见于股骨髁上骨折所致腘动脉损伤。神经损伤包括脊髓和周围神经损伤，脊髓损伤多见于颈段或胸腰段脊柱骨折、脱位，常造成损伤平面以下瘫痪，周围神经损伤多见于肱骨中下 1/3 交界处骨折所致的桡神经损伤、腓骨颈骨折所致的腓总神经损伤。⑤ 骨筋膜室综合征，骨科最严重并发症之一，由于骨折及肌肉损伤出血或肢体外固定过紧等因素，造成骨筋膜室内压力上升，阻断了肌肉及神经的血供，造成肌肉缺血坏死，产生一系列综合征。临床上通常概括为“5P”征，即疼痛、感觉异常、苍白、麻痹、脉搏消失。

(2) 中晚期并发症：① 关节僵硬，因骨折长时间固定引起关节内外组织纤维性粘连，关节囊及周围肌肉挛缩所造成。② 创伤性关节炎，关节内骨折畸形愈合造成关节面不平整。③ 缺血性骨坏死，由骨的营养血管受损伤引起，如股骨颈囊内骨折后股骨头的缺血性坏死。④ 感染，污染较重或伴有较严重的软组织损伤者，若清创不彻底，坏死组织残留或软组织覆盖不佳，可致化脓性骨髓炎。⑤ 骨化性肌炎，又称损伤性骨化。关节周围软组织骨化，多见于肘部骨折与脱位后，可严重影响关节的活动。⑥ 坠积性肺炎，老年骨折患者长期卧床，有时可因此危及患者生命。

三、辅助检查

X 线检查，是诊断骨与关节损伤的重要依据，不仅可作为诊断，也可根据骨折部位、类型和移位情况指导治疗，在临床检查中仍是首选和主要的检查方法；CT 适用于细微骨折、可疑的骨折、X 线平片不易显示的骨折，如寰椎骨折；MRI 能清晰显示关节内软组织结构如关节软骨、半月板、韧带、肌腱等，主要用于膝、踝、肩、肘及腕关节软组织损伤或隐性骨折。骨扫描有助于确定骨折的性质和并发症，如有无病理性骨折。

四、临床诊断与治疗

1. 诊断要点　依据病史、临床表现及影像学检查。在骨折专有体征中只要发现其中一项，即可确诊。

2. 治疗要点

(1) 现场急救：检查患者全身情况，判断患者有无生命危险。

1) 止血：一般开放性伤口可用无菌棉垫或干净布单加压包扎，既可止血又可防止伤口再污染。如有大血管活动性出血应用止血带止血，每小时松开止血带 5 min，以防肢体坏死，记录使用时间，并标以醒目标志。

2) 包扎：伤口以无菌敷料覆盖包扎，若发现开放性骨折断端外露，不应仓促回纳，以免把污染物带入深部组织。

3) 肢体固定：凡疑有骨折的患者，可用夹板、木板、自身肢体等固定。脊柱骨折患者应平卧于硬板上，颈椎受伤者需在颈部两侧加沙袋固定，保持颈椎稳定。

4) 迅速转运：转送要求迅速、安全，随时注意患者全身情况。

(2) 骨折治疗的三大原则：复位、固定和康复治疗。

1) 复位。① 复位标准：尽可能达到解剖复位或近似解剖复位，关节内骨折尤应力求解剖复位，

笔记栏

但在临床中，往往不能完全达到上述要求，但必须达到功能复位的要求。② 复位方法：手术复位，牵引复位，切开复位。

2）固定。① 外固定：包括石膏、牵引、夹板和局部外固定器等；② 内固定：一般与切开复位同时进行，以钢板、螺钉、髓内钉等固定为主。

在不影响固定的情况下，早期合理的功能锻炼，可促进患肢血液循环，消除肿胀；减少肌萎缩、保证肌肉力量；防止骨质疏松，关节僵硬和促进骨折愈合，是恢复肢体功能的重要保证。

五、骨折愈合

1. 愈合过程

（1）血肿机化演进期：骨断裂后，骨折局部形成水肿，以后新生的毛细血管，吞噬细胞，成纤维细胞侵入，逐步机化形成肉芽组织，并转化为纤维组织。此过程用时约 2 周。此期内骨折部位仍有水肿及压痛，X 线仅见少量膜内骨化影。

（2）原始骨痂形成期：骨内、外膜增生，逐步向骨折处汇合，将两端的骨密质和纤维组织夹在中间，形成内外骨痂，被称为膜内化骨。另一方面，骨折断端的纤维组织逐步转化为软骨组织，再经钙化成骨，形成骨痂和髓腔内骨痂。一般需 4～8 周，即达临床愈合。骨折局部已无水肿，压痛及异常活动，X 线片可见梭形骨痂，骨折线仍隐约可见。

（3）骨板形成塑形期：原始骨痂按力学原则不断得到加强和改善，转变为永久性骨痂，继后髓腔重新开放，恢复正常骨的结构和形状，此期需 8～12 周。

2. 影响愈合因素

（1）全身因素：年龄越小愈合越快；全身健康状况不佳，如患恶性肿瘤，糖尿病，低蛋白血症，代谢性疾病等，可妨碍骨的愈合。

（2）局部血液循环：影响骨折愈合的重要因素，骨折两端血液供应丰富，则愈合迅速；骨折端的血供不良，则影响骨折的愈合。

（3）骨折断端的状态：骨折端接触紧密，接触面积大，如斜型骨折，易于愈合；骨折端有软组织嵌入，骨缺损较多，均不利于骨折愈合。

（4）骨折端稳定程度：由于旋转和剪式引力的持续存在，有可能导致骨愈合延迟。

（5）感染：开放性骨折发生骨折部位感染，可影响骨折的愈合。

（6）软组织损伤程度：骨折周围软组织广泛严重损伤，血供差，使骨折愈合慢。

3. 愈合标准　① 局部无压痛无纵向叩击痛；② 无异常活动；③ X 线片显示骨折线模糊，有连续性骨痂通过骨折线；④ 外固定拆除后上肢能向前平举 1 kg 重量达 1 min；⑤ 下肢能不扶拐连续步行 3 min 或不少于 30 步，且连续观察 2 周骨折处不变形。

第二节　骨科常用技术及护理

一、牵引术

牵引术是骨科应用较广的治疗方法。牵引利用适当的持续牵引的作用力和反牵引力达到整复和维持复位的治疗方法。

（一）种类

1. 皮肤牵引　用胶布或海绵带包扎在伤肢皮肤上，利用肌肉在骨骼上的附着点，使牵引力间接传递到骨骼。适用于：① 3 岁以下儿童股骨干骨折；② 老年人无明显移位、稳定的或不能耐受手术的股骨粗隆间骨折；③ 儿童肱骨髁上骨折肘部肿胀严重，桡动脉搏动减弱者。

笔记栏

2. 兜带牵引　利用布带或海绵兜带托住身体凸出部位施加牵引力。

(1) 枕颌带牵引：用枕颌带托住下颌和枕骨粗隆部，向头顶方向牵引，牵引时使枕颌带两上端分开，保持比头稍宽的距离，重量 3～10 kg，适用于颈椎骨折、脱位，颈椎间盘突出症和神经根型颈椎病等。

(2) 骨盆带牵引：骨盆牵引带包扎于骨盆，保证其宽度的 2/3 在髂嵴以上的腰部，两侧各 1 个牵引带，所牵重量相等，总重量为 7～15 kg，床脚抬高 20～25 cm，将人体重量作为对抗牵引。适用于腰椎间盘突出症及腰神经根刺激症状者。

(3) 骨盆悬吊牵引：使用骨盆悬吊带通过滑轮将骨盆向上牵引使之稍离床位，适用于耻骨联合分离。

3. 骨骼牵引　用不锈钢针穿入骨骼的特定坚硬部位，通过牵引钢针直接牵引骨骼。

(1) 胫骨结节牵引：常用于股骨骨折，牵引重量开始 7～8 kg，待骨折复位后改为 3～5 kg 维持，注意观察有无足下垂等腓总神经损伤症状。

(2) 股骨髁上牵引：适应证与胫骨结节牵引相仿，但牵引力量可更大，适用于严重移位骨盆骨折、髋关节骨折脱位。

(3) 颅骨牵引：常用于颈椎骨折和脱位或颈椎手术前准备。悬吊重量一般为 6～8 kg，床头抬高。

(4) 跟骨牵引：适用于不稳定的胫腓骨骨折、严重污染或开放性胫腓骨骨折、胫骨平台骨折，以及少数跟骨骨折复位。

（二）护理诊断

1. 躯体活动障碍　与石膏固定后肢体活动受限有关。

2. 有废用综合征的危险　与固定肢体长期缺乏功能锻炼有关。

3. 潜在并发症　骨筋膜室综合征、石膏综合征、压疮、出血。

（三）护理措施

1. 皮肤护理　有条件时可在硬板床上使用治疗性床垫，以减少骨突处皮肤表面压力，保持床单元清洁，干燥和平整。观察皮肤牵引患者胶布及绷带有无松散或脱落，定时拧紧颅骨牵引弓螺母，防止牵引弓松脱；确认牵引绳未卡到滑轮，牵引方向与近端肢体成直线，抬高床尾利用体重作反牵引，骨牵引针孔皮肤每日消毒 1～2 次，用无菌纱布覆盖。

2. 病情监测　监测牵引肢体末梢血运，皮肤色泽，温度，指(趾)活动及感觉，如肢端肿胀、苍白、发冷、麻木、疼痛剧烈要及早汇报医生，防止骨筋膜室综合征。

3. 并发症的观察与护理　鼓励患者多做深呼吸，有效咳嗽，预防坠积性肺炎；下肢牵引者要锻炼股四头肌，将踝关节置于功能位，嘱患者行踝关节的伸屈活动，避免发生足下垂的畸形；被动活动髌骨以防粘连；鼓励患者多饮水，多摄取粗纤维食物，预防便秘。

二、石膏绷带固定术

石膏绷带是常用的外固定材料之一，包括传统的石膏绷带和新一代的医用高分子绷带。本部分内容介绍石膏绷带，医用高分子绷带的护理与其类同，不做赘述。

（一）护理诊断

1. 疼痛　与石膏固定造成远端肢体受压有关。

2. 有废用综合征的危险　与肢体活动减少，肌肉萎缩、关节僵硬、静脉血栓形成等有关。

3. 潜在并发症　骨筋膜室综合征、石膏综合征、压疮、出血等。

（二）护理措施

1. 石膏型保护

笔记栏

(1) 石膏固定未硬化前，严禁被固定的关节活动或下肢行走，待石膏干固后才能搬动患者。搬运时应给予石膏适当支托，注意用手掌支托，禁止用手指支托石膏，避免在石膏上压出凹陷，形成压迫点。

(2) 抬高患肢：用枕垫或悬吊法维持石膏固定的位置。

(3) 促进石膏干固：若石膏自然风干，从硬固到完全干固需要 24～72 h。可适当提高室温，局部用烤灯、红外线照射，吹风机吹干等。注意安全，避免灼伤。冬季，要注意石膏固定肢体及患者的保暖。

在搬运、翻身或改变体位时，需注意保护石膏，防止折断。

2. 预防压疮　每日检查石膏边缘皮肤和未包石膏的骨突部位，有无早期压疮，帮助患者定时翻身。如患者主诉石膏内有明确的局限性压痛，需采取措施，变换位置，必要时石膏局部开窗检查，解除压力，预防皮肤坏死。未包石膏的骨突部位及石膏边缘皮肤，使用赛肤润按摩，促进血液循环。

3. 出血　手术切口或创面出血时，血液或渗出液可能渗出石膏外，应沿血迹边界用记号笔圈画，注明时间，如血迹边界不断扩大，应及时联系医生，需要时协助医生开窗以彻底检查。

4. 末端血循环的观察　肢(指)端皮肤颜色发白发紫浮肿活动度和感觉等变化，有无“5P”征，如发生末端血循环障碍，应与医生沟通，将石膏全层剪开，严重者须拆除，甚至行肢体切开减压术。

5. 其他　指导患者下床行走及功能锻炼，预防坠积性肺炎，肾结石，骨骼肌肉萎缩和关节僵直等并发症。

第三节　骨折患者一般护理

一、四肢骨折

四肢骨折包括上肢骨折、下肢骨折，常由直接暴力或间接暴力引起。常见四肢骨折包括肱骨干骨折、肱骨髁上骨折、尺桡骨干双骨折、桡骨远端骨折、股骨干骨折、胫腓骨干骨折等。

(一) 临床表现

1. 症状　患肢局部疼痛、肿胀。

2. 体征　反常活动、畸形及骨擦感。但不同骨折往往有个性化体征，如肱骨干骨折合并桡神经损伤，可见垂腕畸形，桡骨远端骨折可见腕关节呈“银叉”畸形和“枪刺样”畸形，胫骨上 1/3 骨折可引起下肢严重缺血甚至坏死，胫骨中 1/3 骨折可引起骨筋膜室综合征等。

(二) 辅助检查

X 线检查，可确定骨折的部位、类型和移位情况。

(三) 临床诊断与治疗

1. 诊断要点　详细询问外伤史，体格检查，结合辅助检查即可诊断。

2. 治疗要点　绝大多数四肢骨折，手法复位(有些未有移位者，不必复位)加上外固定或牵引，效果良好，不必手术。如果手法复位无法达到功能复位标准，或骨折合并重要神经、血管损伤，或骨折断端之间嵌入肌肉等软组织，估计难以长好，或骨折是由于骨病引起(即病理性骨折)，则应采用手术治疗。多段骨折、游离骨片移位较大，或骨折在关节内(或靠近关节)，如严重分离的髌骨骨折、鹰嘴骨折、股骨髁间骨折、胫骨平台骨折、肱骨外髁及内上髁翻转骨折等，难以进行手法复位和外固定，需要手术治疗。

(四) 护理诊断

1. 疼痛　与外伤骨折有关。

2. 有外周神经血管功能障碍的危险　与骨和软组织损伤、外固定不当有关。

3. 潜在并发症　休克、出血、骨筋膜室综合征、肌萎缩、关节僵硬、深静脉血栓等。

(五) 护理措施

1. 非手术治疗　多采用石膏固定、牵引等，其护理措施参见本章“第二节　骨科常用技术及护理”相关内容。

笔记栏

2. 手术治疗

(1) 术前护理

1) 按外科手术护理常规。

2) 指导患者有效咳嗽、深呼吸、床上大小便。

3) 骨折后早期可局部冰敷,减少肿胀和出血。

(2) 术后护理

1) 按麻醉术后的护理常规进行护理。

2) 病情观察:观察患者生命体征,伤口敷料有无渗血,引流液的量、性状、颜色等,如有活动性出血,应给予夹闭引流管,加快补液速度,汇报医生处理。观察患肢末梢血运及肢体活动情况。如有镇痛泵,需检查镇痛泵装置是否完好。观察患者体温及伤口有无红肿热痛等感染征象。

3) 体位护理:抬高患肢高于心脏水平 20°～30°,末梢循环不良者除外。

4) 疼痛护理:讲解疼痛的相关知识,根据疼痛评分,给予镇痛措施,晚间必要时给予镇静药保证睡眠。

3. 健康指导

(1) 饮食指导:进食高蛋白、高维生素、高热量、高钙、易消化食物。

(2) 功能锻炼:参见本章“第一节　骨折概述”相关内容。

(3) 定期复查:遵循医嘱及时复查。

案例分析

患者,男性,14 岁,2 h 前不慎受伤,左手着地,致左肘关节剧烈疼痛、肿胀、畸形、活动受限。专科体检示左肘关节明显肿胀,关节盂空虚,弹性固定。X 线示左肘关节后脱位。诊断为“左肘关节后脱位”,行手法复位。该患者术后 6 h 主诉疼痛加剧,肿胀明显,桡动脉搏动消失。

【问题】

该患者术后可能出现了什么并发症?如何处理?

【分析与解答】

患者术后可能出现的并发症:骨筋膜室综合征。处理:① 避免抬高患肢;② 密切观察患肢末梢血运、末梢血氧饱和度;③ 做好术前准备;④ 行切开减压术。

二、脊柱骨折

脊柱骨折为骨折常见创伤,发生率为 5%～6%,其中以胸腰段脊柱骨折最多见。脊柱骨折可以并发脊髓或马尾神经损伤,特别是颈椎骨折-脱位合并有脊髓损伤者,往往能严重致残甚至致命。

(一) 病因

多数脊柱骨折因间接暴力引起,少数为直接暴力所致。间接暴力多见于从高处坠落后头、肩、臀或足部落地,由于地面对身体的阻挡,使暴力传导致脊柱造成骨折。直接暴力所致的脊柱骨折多见于战伤、爆炸伤直接撞伤等。

(二) 临床表现

1. 症状

(1) 局部疼痛:颈椎骨折者可有头颅部疼痛,活动受限。胸腰椎骨折后,因腰背部肌肉痉挛、局部疼痛,患者无法站立,疼痛加重。

(2) 腹痛、腹胀:腹膜后血肿刺激腹腔神经节,使肠蠕动减慢,常出现腹痛、腹胀、肠蠕动减慢等症状。

2. 体征

(1) 局部压痛和肿胀:后柱损伤时中线部位有明显压痛,局部肿胀。

笔记栏

(2) 活动受限和脊柱畸形：颈、胸、腰段骨折患者常有活动受限，胸腰段脊柱骨折时常可摸到后凸畸形。严重者常合并脊髓损伤，造成截瘫。

(三) 辅助检查

1. X 线检查　是首选的检查方法，有助于明确骨折的部位、类型和移位情况。

2. CT 检查　可以显示出椎体的骨折情况、椎管内有无出血和碎骨片。凡是中柱损伤或有神经症状者均须做此检查。

3. MR 检查　用于观察和确定脊髓损伤的程度和范围。

(四) 临床诊断与治疗

1. 诊断要点　询问外伤史，体格检查，结合辅助检查即可诊断。

2. 治疗要点

(1) 急救及搬运：脊柱损伤患者伴有其他脏器损伤时优先处理危及患者生命的损伤。

(2) 卧硬板床：胸腰椎单纯压缩骨折时，若椎体压缩不到 1/5 或患者年老体弱，可仰卧于硬板床上，骨折部位垫厚枕，使脊柱过伸。3 d 后开始腰背肌锻炼，2 个月后骨折基本愈合，3 个月后可逐渐增加下床活动时间。

(3) 复位固定：对颈椎半脱位者应予以石膏颈围固定 3 个月，以防迟发性并发症，稳定型的颈椎骨折，轻者可采用枕颌带卧位牵引复位，牵引重量 3 kg；明显压缩移位者采用持续颅骨牵引复位，牵引重量 3～5 kg，必要时可增加到 6～10 kg。待 X 线片证实已复位，可改用头颈胸石膏固定 3 个月，石膏干硬后即可起床活动。胸腰椎单纯压缩骨折时，椎体压缩高度超过 1/5 的青少年及中年患者可用两桌法或双踝悬吊法过仰复位，复位后即包过伸位石膏背心。石膏干硬后，鼓励患者起床活动，固定约 3 个月。固定期间每日作腰背肌锻炼，并逐日增加锻炼时间。对有神经症状、骨折块挤入椎管内以及不稳定性骨折等损失严重的患者，应行切开复位内固定手术。

(4) 腰背肌锻炼：单纯压缩骨折患者卧床 3 d 后开始腰背部肌肉锻炼，利用背伸肌的肌力和背伸姿势使脊柱过伸，借助椎体前方的前纵韧带和椎间盘纤维环的张力，使压缩的椎体自行复位，恢复原状。严重的胸腰椎骨折和骨折脱位者也应在医嘱下进行腰背肌功能锻炼。

(五) 护理诊断

1. 有皮肤完整性受损的危险　与活动障碍和长期卧床有关。

2. 有废用综合征的危险　与脊柱骨折长期卧床有关。

3. 潜在并发症　脊髓损伤、关节僵硬、肌萎缩等。

(六) 护理措施

1. 预防压疮

(1) 定时翻身：间歇性解除压迫是有效预防压疮的关键。卧床期间应每 2～3 h 翻身一次。翻身时采用轴线翻身法：胸腰段骨折者双臂交叉放于胸前，两护士分别托扶患者肩背部和腰腿部翻至侧卧位；颈段骨折者还需 1 人托扶头部，使其与肩部同时翻动。患者自行翻身时应先挺直腰背部再翻身，以利用绷紧的躯干肌肉形成天然内固定夹板。侧卧时，患者背后从肩到臀用枕头抵住以免胸腰部脊柱扭转，上腿屈髋屈膝而下腿伸直，两腿间垫枕以防髋内收。颈椎骨折患者不可随意低头、抬头或转动颈部，遵医嘱决定是否垫枕及枕头放置位置。避免在床上拖拽患者，以减少局部皮肤剪切力。

(2) 保持舒适：床单元清洁、平整、干燥和舒适，有条件时使用气垫床，保持患者皮肤清洁干燥。

(3) 加强营养：保证足够的营养摄入，提高机体抵抗力。

2. 脊髓损伤的观察和预防

(1) 病情观察：观察患者肢体感觉、运动、反射和括约肌功能，及时发现脊髓损伤征象，报告医师处理。尽量减少搬运患者，搬运时保持患者脊柱中立位，以免加重脊髓损伤。

(2) 功能锻炼：单纯压缩骨折患者卧床 3 d 后开始腰背部肌肉锻炼，开始时臀部左右移动，然后要求作背伸运动，使臀部离开床面，随着腰背肌肉力量的增加，臀部离开床面的高度也逐渐增高，

笔记栏

2个月后骨折基本痊愈，第3个月可以下地适量活动，但仍以卧床休息为主。3个月后逐渐增加下地活动时间。

三、骨盆骨折

在躯干骨损伤中，骨盆骨折的发生率仅次于脊柱损伤，常合并静脉丛和动脉大量出血，以及盆腔内脏器的损伤。

（一）病因

多由直接暴力所致。年轻人骨盆骨折主要由于交通事故和高处坠落，老年人最常见的病因是摔倒。

（二）临床表现

1. 症状　患者髋部肿胀、疼痛、不能坐起或站立。出血量多或严重内脏损伤者可有面色苍白、出冷汗、脉搏细速、烦躁不安等休克早期表现。

2. 体征

(1) 骨盆分离试验与挤压试验阳性：检查者双手交叉撑开两髂棘，此时两骶髂关节的关节面更紧贴，而骨折的骨盆前环产生分离，如出现疼痛即视为骨盆分离试验阳性。检查者用双手挤压患者两髂棘，伤处出现疼痛为骨盆挤压试验阳性，在做上两项检查时会偶尔感到骨擦音。

(2) 肢体长度不对称：用皮尺测量胸骨剑突与两髂前上棘之间的距离，骨盆骨折向上移位的一侧长度较短。也可测量脐孔与两侧内踝尖端的距离。

(3) 会阴部瘀斑：是耻骨与坐骨骨折的特有体征。

（三）辅助检查

X线检查可显示骨折类型及骨折块移位情况，骨盆骨折患者CT检查更为清晰。

（四）临床诊断与治疗

1. 诊断要点　询问外伤史，体格检查，结合辅助检查即可诊断。

2. 治疗要点　先处理各种危及生命的并发症，再处理骨折。

(1) 非手术治疗

1) 卧床休息：骨盆边缘性骨折、骶尾骨骨折和骨盆环单处骨折时无移位，以卧床休息为主，卧床3～4周或至症状缓解。骨盆环单处骨折用多头带作骨盆环形固定，可以减轻疼痛。

2) 牵引：单纯性耻骨联合分离且较轻者可用骨盆兜带悬吊固定。目前大多主张手术治疗。

(2) 手术治疗：对骨盆环双处骨折伴骨盆变形者，多主张手术复位及内固定，再加上外固定支架。

（五）护理诊断

1. 组织灌注量不足　与骨盆损伤、出血有关。

2. 潜在并发症　出血性休克、膀胱损伤、尿道损伤、直肠损伤或神经损伤等。

（六）护理措施

1. 急救护理　对有休克表现的患者密切观察生命体征、尿量、末梢循环，积极补充血容量，控制休克。

2. 体位与活动　卧床休息期间，髂前上、下棘撕脱骨折可取髋、膝屈曲位；坐骨结节撕脱骨折者应取大腿伸直外旋位；骶尾骨骨折可在骶部垫软垫。协助患者更换体位，骨折愈合后才可患侧卧位。行牵引者12周以后可负重。长期卧床者需练习深呼吸，进行肢体肌肉等长舒缩。待下床活动时，可使用助行器或拐杖，以减轻骨盆负重。

3. 并发症的观察与护理

(1) 腹膜后血肿：骨盆主要为松质骨，邻近有许多动脉和静脉丛，血液循环丰富。骨折后巨大血肿可沿腹膜后疏松结缔组织间隙蔓延至肾区或膈下，患者可有腹痛、腹胀等腹膜刺激症状。大出血可造成出血性休克，护士应严密观察生命体征、意识变化、腹痛、腹胀等腹膜刺激症状，立即建立静脉输液通道，遵医嘱输血输液，纠正血容量不足。若经抗休克治疗仍不能维持血压，应配合医师

笔记栏

及时做好手术准备。

（2）腹腔内脏损伤：肝、肾、脾等实质脏器损伤可有腹痛与失血性休克，胃肠道空腔脏器损伤可表现为急性弥漫性腹膜炎。应严密观察患者的意识和生命体征，观察有无腹痛、腹胀或腹膜刺激征等表现，及时发现和处理内脏损伤。

（3）膀胱或后尿道损伤：尿道的损伤远比膀胱的损伤多见。注意观察有无血尿、无尿或急性腹膜炎等表现，及时发现和处理并发症。尿道损伤时需行修补术，留置导尿管 2 周。妥善固定引流管、每日记录引流液，每日进行会阴护理，避免逆行感染，必要时行膀胱冲洗。

（4）直肠损伤：较少见。应要求患者严格禁食，遵医嘱静脉补液，合理应用抗生素。由于行直肠修补术时还需做临时的结肠造瘘口，应做好造瘘口护理。

（5）神经损伤：主要是腰骶神经丛和坐骨神经损伤。观察患者是否有括约肌功能障碍，下肢某些部位感觉减退或消失，肌萎缩无力或瘫痪等表现，发现异常及时报告医师。

4. 骨盆兜带悬吊牵引护理　　骨盆兜带用厚帆布制成，其宽度上抵髂骨翼，下达股骨大转子，依靠骨盆挤压合拢的力量，使耻骨联合分离复位。选择宽度适宜的骨盆兜带，悬吊重量以将臀部抬离床面为宜，不要随意移动，保持兜带平整，排便时尽量避免污染兜带。

第四节　关节损伤

一、概述

随着社会经济和科技的高速发展，交通事故、运动损伤等导致骨与关节损伤患者日益增多，此外，社会老龄化使老年人群中骨质疏松性骨折的发病率上升到 20%。近年来骨与关节损伤的治疗取得了巨大进展，髋、膝关节的人工关节置换与关节镜手术使许多关节损伤的患者得到及时治疗、专科护理及康复，使患者获得了较高的生活质量。

（一）临床表现

1. 症状　　疼痛，肿胀，关节功能障碍。

2. 体征

（1）韧带损伤：① 膝关节交叉韧带断裂，抽屉试验（＋），屈膝 90°用力前、后推拉膝关节，正常时仅 0.5 cm 作用活动范围，如前拉过大为前交叉韧带断裂，后推过大为后交叉韧带断裂。② 膝关节外侧副韧带断裂，侧方推挤试验（＋），被动外展小腿若活动过大伴膝内侧疼痛为内侧副韧带断裂，被动内收小腿若活动过大伴膝外侧疼痛为外侧副韧带断裂。

（2）关节盘损伤：① 膝关节半月板损伤，旋转挤压试验（＋），又称半月板弹响试验，即屈膝，外旋外翻小腿再逐渐伸膝，内侧有弹响者常提示内侧半月板破裂；内旋内翻小腿再逐渐伸膝，外侧有弹响者常提示外侧半月板破裂。② 腕三角纤维软骨损伤，腕三角纤维软骨挤压试验（＋），即患手腕关节掌屈尺偏，向尺骨小头方向顶撞引起三角纤维软骨处疼痛。

（3）关节内骨折：除少数关节内撕脱性骨折如尺骨鹰嘴、髌骨和踝关节骨折外，多数关节内骨折因缺乏特征性体征，需借助 X 线诊断。

（4）关节脱位：① 特有体征，畸形、关节盂空虚、弹性固定；② 特殊试验，肩关节前脱位时搭肩试验（＋），即手掌搭在健侧肩部时，肘部无法贴近胸壁。

（二）辅助检查

笔记栏

1. X 线检查　　关节损伤应常规进行 X 线摄片检查。一般应包括正位、侧位。

2. CT 检查　　能准确判断出关节内微小骨折，损伤程度、部位及骨折移位程度。

3. MRI 检查　　具有高对比度、无骨伪影、无损伤、空间分辨力强等优点，CT 检查难以判断的病损在 MRI 图像上能清晰显示出来。

4. 关节镜检查　常用于韧带损伤、关节盘和关节面损伤的检查和治疗，以及关节内游离体的取出。

（三）临床诊断与治疗

1. 诊断要点　依据病史、体格检查及影像学检查可诊断。

2. 治疗要点

（1）关节软组织损伤的治疗

1）开放性损伤治疗：防止感染，清创术是关键，术后定期换药、按时抗生素治疗；尽可Ⅰ期修复各种组织结构；适时进行功能锻炼指导，尽可能恢复关节功能。

2）闭合性损伤治疗：对于关节扭伤、挫伤及韧带不完全损伤等损伤，早期应局部制动、冷敷、加压包扎等非手术治疗，大多数可以治愈而不遗留功能障碍。

3）韧带损伤的治疗：一般认为关节囊外韧带损伤后有较强自愈能力，但关节囊内韧带损伤后不能自发性修复，临床上多采用外科手术修复。① 关节外韧带损伤：治疗的原则是恢复韧带的长度及张力，或重建起止点。陈旧性的损伤则通过手术行韧带修补或重建。② 关节内韧带损伤：若为附着点撕脱可行骨片复位钢丝内固定；若为韧带实质断裂则视具体情况可在关节镜下修补，或选用自体移植物、异体移植物、人工合成材料进行重建。

4）关节软骨盘损伤的治疗：① 腕关节三角纤维软骨损伤：损伤早期、症状不重者，采用临时固定，如石膏、护腕、绷带包扎等，2～3 周后去除外固定。若症状持续，疼痛严重，可考虑关节镜下行软骨盘切除术。② 膝关节半月板损伤治疗：膝关节半月板的损伤可通过加强股四头肌的锻炼，护膝等非手术治疗缓解症状，少数患者关节疼痛明显伴有交锁症状，可在关节镜下施行半月板切除。

5）关节囊损伤的治疗：关节囊破裂多为关节脱位所致，经关节复位固定 3 周后多能自行修复，无须手术。

（2）关节软骨损伤的治疗

1）关节表层软骨损伤的治疗：如果损伤的表层软骨有碎片脱落至关节腔，有可能形成关节内游离体，经检查确诊后应尽早通过关节镜取出。

2）关节全层软骨损伤的治疗：软骨膜移植修复关节软骨缺损；骨膜移植修复关节软骨损伤；同种异体骨软骨移植，但术后存在排斥反应，移植物与受体很难嵌合紧密，有难以愈合等问题；关节面损伤严重，可行人工关节置换。

（3）关节内骨折的治疗

1）一般骨折处理：影响关节软骨面的骨折，如胫骨平台骨折、髌骨骨折等，应争取达到解剖复位，恢复关节软骨面的平整。不影响关节软骨面的骨折，如股骨颈骨折、桡骨颈骨折等，达到功能复位即可。

2）骨折伴有骨损伤的处理：对于较大块的关节内骨折，复位后常因遗留松质骨缺损空腔，需术中取自体骨或库存骨移植充填空腔，有利于骨的愈合，维持复位骨块的稳定性。

（4）关节脱位的治疗：一般复位后需固定 3 周，关节随关节囊修复而稳定。

（四）并发症及防治

1. 早期并发症

（1）关节内出血：最主要的防治措施是及时进行关节复位，外固定。闭合性损伤立即给予局部冰敷，以减少出血及渗出。关节肿胀严重，疼痛剧烈时，可在无菌条件下穿刺抽血，加压包扎处理。

（2）合并神经血管损伤：如肘关节脱位易合并肱动脉及正中神经损伤。神经血管损伤以受压多见，一般去除压迫多能自行恢复。若无效应应行手术探查。

（3）感染：伴有软组织缺损的关节损伤感染发生率较高。应进行彻底的清创、扩创，采用直接缝合、自体组织移位或游离移植等方法，争取Ⅰ期闭合创面。术后抗生素治疗，待感染控制后再做进一步处理。

2. 后期并发症

（1）关节僵硬：大多数为关节内外粘连，系关节囊、韧带挛缩引起，原因有关节损伤、出血、软组织水肿、异位骨化、外固定时间太长或固定姿势不当，没有及时行有效康复治疗等。强调早期功能锻炼的重要性，一旦关节僵硬形成可施行闭合手法松解术，若不行可考虑关节镜下松解。

（2）创伤性滑膜炎：早期积极有效处理关节损伤，避免滑膜遭受慢性刺激；合理制动，大多数可自行好转；关节积液量大，症状严重者，可行关节穿刺抽液，加压包扎；病变持续时间长、关节功能障碍明显、非手术治疗无效时，可关节镜下行病变滑膜切除术。

（3）关节不稳定与习惯性关节脱位：由于姿势不当或轻微牵拉即可发生再脱位。关节不稳定与复发性脱位均容易引起创伤性滑膜炎，后期演变为骨关节炎。预防和治疗关节不稳定和习惯性脱位重在预防。

（4）关节内游离体：关节损伤时发生关节面软骨撞击，碎裂片脱落进入关节腔，可行关节镜检取出游离体。

（5）骨关节炎与骨坏死：临床常见髋、膝骨关节炎及股骨头无菌坏死，若症状严重，影响工作和生活，可考虑关节镜检查治疗或施行人工关节置换术。

（五）关节活动及范围

人体各个关节都有不同的活动范围，有主动和被动两种形式表示。主动关节活动范围指被检查者用自己的力量活动，关节能达到的最大范围，被动关节活动范围指用外力使关节活动能达到的最大范围。关节正常活动范围：① 颈椎关节颈前屈、后伸各35°～45°，左、右侧屈曲各45°，两侧旋转各60°～80°；② 躯干关节前屈90°，后伸30°，侧屈各20°～30°，左、右侧旋各30°；③ 肩关节前屈70°～90°，后伸40°，外展90°，内收20°～40°，上臂紧贴胸壁，外旋45°，内旋70°；④ 肘关节屈曲135°～150°，后伸10°；⑤ 腕关节背伸50°～60°，掌屈40°～50°，桡偏15°～30°，尺偏30°～40°；⑥ 髋关节屈曲130°～140°，后伸10°，外展30°～45°，内收20°～30°，内旋30°～45°，外旋40°～50°；⑦ 膝关节屈曲120°～150°，过伸5°～10°；⑧ 踝关节背屈20°～30°，跖屈40°～50°。

二、人工髋关节置换

人工关节置换术是选用金属或非金属材料制成的假体置换被损伤或被疾病破坏的关节面的一种成形术。目前，由于材料设计和制作工艺上的发展，四肢所有关节均可用人工关节置换，其中全髋置换、全膝置换较常见。本节仅介绍全髋关节置换术（THP）。

（一）适应证

（1）年龄：60～75岁是髋关节置换的最佳年龄。但是随着老龄化社会的到来，髋关节置换手术的年龄谱已经逐渐扩大。

（2）股骨颈骨折GardenⅣ型或陈旧性股骨颈骨折患者股骨头、髋臼、软骨或骨骼均已破坏。

（3）骨性髋关节炎髋臼破坏重或有明显退变，疼痛重，关节活动受限明显，严重影响生活及工作。

（4）类风湿性髋关节炎，强直性脊柱炎，病变稳定。

（5）股骨头无菌性坏死并严重变形，塌陷和继发髋关节骨性关节炎。

（6）人工股骨头置换术，人工全髋置换术，髋关节融合术失败者。

（7）其他骨肿瘤累及近端股骨和髋臼等。

（二）禁忌证

（1）有重要脏器严重疾病，不能耐受大手术者。

（2）髋部新鲜或陈旧的化脓性和结核性关节炎。

（3）60岁以下的患者，特别是有其他手术如滑膜切除术，截骨术或融合术可以选择者。

（4）神经肌肉疾患影响到髋部周围肌肉活动者。

笔记栏

（三）护理诊断

1. 焦虑或恐惧　与担心预后及手术有关。

2. 疼痛　与髋关节骨病及术后创伤有关。

3. 躯体移动障碍　与疼痛、术后卧床有关。

4. 有皮肤完整性受损的危险　与卧床有关。

5. 知识缺乏　缺乏关节置换手术和康复锻炼的有关知识。

6. 潜在并发症　出血、感染、假体脱位、血栓形成和栓塞、假体松动等。

（四）护理措施

1. 术前护理

(1) 心理护理：讲解疾病相关知识及成功病例，消除患者的焦虑与恐惧。

(2) 饮食指导：根据病情给予高蛋白、高热量、高维生素、易消化饮食，增加机体抵抗力。

(3) 指导患者练习深呼吸、有效咳嗽、排痰，术前两周戒烟，指导患者练习床上大小便。

(4) 指导患者进行股四头肌舒缩练习，术后体位放置及助行器和拐杖使用。

2. 术后护理

(1) 搬运：搬动时注意将患肢髋关节及整个下肢托起，两腿分开，使用便盆时，臀部上抬适当高度，避免患肢外旋内收动作。

(2) 严密监测生命体征，给予心电监护，氧气吸入，血氧饱和度至平稳。

(3) 观察伤口敷料，保持引流管通畅，妥善固定引流装置，观察引流液的量、颜色及性质。

(4) 体位：术后平卧位，患肢外展中立位，即患肢外展30°，两下肢间置一软枕，患足可穿丁字鞋预防患肢外旋、内收等体位引起假体脱位。

(5) 功能锻炼：术后肢体感觉恢复，开始踝泵练习，何时下地行走受假体类型、手术操作和患者体力恢复情况影响，一般术后无特殊情况1～2 d行走。

(6) 并发症的观察与护理。① 出血：术后密切观察生命体征、伤口敷料及引流液情况。② 感染：遵医嘱给予有效抗生素，术后保持敷料干燥，严格无菌操作，加强营养，提高机体抵抗力。定时巡视，观察伤口敷料渗血情况，引流是否通畅，观察患者体温变化。③ 血栓形成：观察患肢有无肿胀、末梢血运。预防措施有：术后早期活动及预防性使用抗凝药，患肢可穿弹力长袜、予足底静脉泵等治疗。④ 假体脱位：患者不正确变换体位或交叉双腿时突然出现疼痛加剧，查体患肢较前缩短，可行X摄片确诊。

3. 健康指导　在锻炼和日常生活中应注意：坐位时髋关节弯曲不超过90°，入厕必须使用马桶增高架；体重超重者应注意减肥，避免负载过重；不能两腿交叉，盘腿而坐；禁止髋关节内收，旋转；单侧髋关节手术，上楼时健肢先上，下楼时患肢先下。

三、关节镜

关节镜是用来诊断和治疗关节的内窥镜，由关节镜镜头，摄像头，主机，显示器和冷光源等组成。在关节镜监控下进行的治疗操作即关节镜手术。

（一）适应证

1. 各类关节炎　如化脓性关节炎、关节结核；无菌性炎症，如类风湿、痛风、骨关节炎，各类滑膜炎。

2. 各类关节创伤　如半月板损伤、交叉韧带损伤、关节内骨折等。

3. 肿瘤以及类肿瘤样疾病　如色素绒毛结节性滑膜炎、滑膜软骨瘤病等。

4. 关节强直　如关节固定时间较长，切开手术引起的关节粘连。

5. 关节镜在关节外疾病的应用　如镜下骨折内固定物植入或取出、腕管综合征等。

（二）禁忌证

(1) 全身或局部有感染，关节部位软骨组织破损或有皮肤病。

笔记栏

（2）有严重心脏病，未控制的糖尿病。

（3）凝血机制障碍疾病。

（4）关节强直，严重瘢痕挛缩，关节腔闭塞，关节囊有较大破损等妨碍进行关节扩张及影响关节镜观察者。

（三）护理诊断

1. 疼痛　与手术、康复训练有关。

2. 知识缺乏　缺乏康复锻炼知识。

3. 有外周组织灌注异常的危险　与手术过程、肿胀有关。

4. 潜在并发症　感染、关节功能障碍等。

（四）护理措施

1. 术前护理

（1）按骨科一般护理常规。

（2）术前指导患者行股四头肌等长、等张收缩锻炼：静力收缩和直腿抬高，踝关节、足趾主动活动，每次收缩维持 10 s，重复 10～15 次，每 d 3～4 组，必要时可压沙袋，进行锻炼，以利术后功能恢复。

（3）指导交叉韧带重建术患者正确佩戴膝关节可调节支具。

2. 术后护理

（1）术后患肢抬高，密切观察生命体征、伤口渗血情况、末梢血运发现异常及时汇报医生给予处理。必要时局部冷敷 24 h，以减少出血、肿胀。

（2）严格遵守无菌操作原则，术后保持敷料干燥，加强营养，提高机体抵抗力。观察伤口有无红肿热痛及体温变化，必要时遵医嘱使用抗生素预防感染。

（3）术后早期开始功能锻炼，循序渐进，次数由少渐多，时间由短至长，强度由弱增强，锻炼以患者不感到疲劳为度。根据病情及患者体力恢复情况决定下床时间，大多数患者术后第 2 d 在医护人员指导下拄双拐或助行器练习行走。韧带重建者在康复师指导下使用膝关节支具下床行走。

（4）前后交叉韧带重建术患者晚间睡觉时佩戴活动控制支具，使膝关节维持完全伸直位，防止术后伸膝受限。

3. 健康指导

（1）告知患者术后康复锻炼的目的：锻炼肌力，恢复关节活动度和正常步态。

（2）韧带损伤患者在医生指导下佩戴膝关节活动控制支架 3 个月，具体下床时间由医生决定。

第五节　脊柱疾病

一、颈椎病

颈椎病是指因颈椎间盘退变及其继发性改变所致脊髓、神经、血管损害而表现出的相应症状和体征。好发部位为 $C_{5\sim6}$、$C_{6\sim7}$，多发于中老年人。

（一）病因

1. 颈椎间盘退行性变　是最基本的原因。随年龄增长，颈椎间盘退行性变，使椎间隙狭窄，关节囊、韧带松弛，进一步引起椎体、椎间关节及其周围韧带发生变性、增生和钙化，压迫或刺激相邻脊髓、神经或血管引发相应的症状。

2. 颈椎先天性椎管狭窄　先天性颈椎管矢状径＜正常（14～16 mm）时，引发相应的临床症状和体征。

笔记栏

3. 损伤　急性损伤使已退变的颈椎和椎间盘损害加重而诱发颈椎病；慢性损伤则加速本病的发展。

（二）病理与分型

根据受压部位和临床表现的不同，可分为 4 型。

1. 神经根型颈椎病　发病率最高，系由于椎间盘向后外侧突出致钩椎关节或椎间关节增生、肥大，进而刺激或压迫单侧或双侧神经根所致。

2. 脊髓型颈椎病　由后突的髓核、椎体后缘的骨赘、肥厚的黄韧带及钙化的后纵韧带等压迫或刺激脊髓所致。

3. 椎动脉型颈椎病　由颈椎横突增生狭窄、颈椎不稳、椎间关节活动移位等直接压迫、牵拉或刺激椎动脉，造成椎-基底动脉供血不全所致，此外，颈交感神经兴奋，也可反射性引起椎动脉痉挛。

4. 交感神经型颈椎病　颈椎各种结构病变刺激或压迫颈椎旁交感神经节后纤维所致。

（三）临床表现

不同类型的颈椎病，其临床表现各异。

1. 症状　神经根型表现为颈部疼痛及僵硬，为首发症状，可在短时间内加重，并向患侧上肢放射，可达指尖，咳嗽、打喷嚏及颈部活动时加剧；皮肤可有麻木、蚁咬感等感觉异常；上肢肌力减退、手指灵活性降低。脊髓型为症状最严重的类型，表现为手麻、活动不灵活，精细动作失调，握力减退；下肢无力、步态不稳、有踩棉花样感觉；后期出现大小便功能障碍。椎动脉型表现为眩晕、猝倒、头痛、复视、耳鸣、耳聋、恶心呕吐等，头部活动可诱发或加重；体位改变后症状可缓解。交感神经型有交感神经兴奋症状：如偏头痛、眼球发胀、耳鸣、听力下降、心律失常、血压增高等；或交感神经抑制症状：如畏光、流泪、头晕、眼花、心动过缓、鼻塞、血压下降、胃肠胀气等。

2. 体征　神经根型表现为颈部肌痉挛，颈肩部有压痛，颈部和肩关节活动有不同程度受限，上肢牵拉试验、压头试验阳性。脊髓型表现为肌力减退，四肢腱反射活跃或亢进，腹部反射、提睾反射和肛门反射减弱或消失，Hoffmamn 征、髌痉挛及 Babinski 征等阳性。椎动脉型表现为颈部压痛，活动受限。

（四）辅助检查

颈椎 X 线正侧位检查可见颈椎生理前凸减小、消失或反常，椎间隙狭窄，椎体后缘骨赘形成，椎间孔狭窄；左右斜位可见椎间孔变形；过伸过屈位可见颈椎不稳等征象。脊髓造影、CT 和 MRI 检查可显示脊髓受压情况。

（五）临床诊断与治疗

1. 诊断要点　依据病史、临床表现及辅助检查进行综合分析。

2. 治疗要点

（1）非手术治疗：原则是去除压迫因素，消炎止痛，恢复颈椎稳定性。常用枕颌带牵引：患者取坐位或卧位，牵引重量为 2～6 kg，每日数次，每次 1 h；若无不适，可行持续牵引，每日 6～8 h，2 周为一疗程。脊髓型颈椎病者不适宜牵引。颈部给予颈围固定，限制颈椎过度活动。理疗可改善局部血液循环、松弛肌肉、消肿止痛。

（2）手术治疗：适用于明确诊断，经保守治疗无效、反复发作或脊髓压迫症状加重者。手术入路分前路、后路前外侧；常用手术方式有颈椎间盘摘除、椎间植骨融合术、前路侧方减压术、颈椎半椎管切除减压或全椎板切除术、椎管成形术等。

（六）护理诊断

笔记栏

1. 低效性呼吸型态　与术后颈部水肿、颈髓水肿或植骨块脱落有关。

2. 潜在并发症　呼吸困难、出血、脊髓神经损伤、压疮、肺部感染等。

3. 自理能力缺陷　与手术、牵引或神经根受压有关。

（七）护理措施

1. 术前护理

（1）心理护理：建立良好的护患关系，向患者解释病情，介绍治疗方案、手术目的及优点，介绍成功病例，使其产生安全感，缓解焦虑。

（2）术前适应性训练：术前指导患者深呼吸、吹气球等呼吸功能训练，以增加肺的通气功能；术前二周戒烟。颈椎前路手术患者，入院后即开始气管、食管推移训练，以适应术中牵拉，减少并发症。颈椎后路手术的患者，练习俯卧位，以适应术中俯卧，防止呼吸梗阻。

（3）术前准备：术前正确备皮，后路手术患者需剃光头发。准备合适的颈托或石膏床，并教会患者正确使用。术前晚常规沐浴、更衣，以防切口感染。术晨禁食、水，患者接至手术室后床边常规准备沙袋或盐袋、氧气装置、心电监护仪、吸引装置、气管切开包、拆线包等，以备急用。

（4）俯卧位训练：后路手术的患者术中需长时间俯卧位，易造成呼吸受阻，可于术前 5 d 左右开始，指导患者将枕、被垫于身下进行俯卧位训练，从每次 30～40 min 开始，逐渐延至 3～4 h。

2. 术后护理

（1）病情观察：严密监测生命体征，观察切口渗血情况，引流液的量、颜色、性质，颈部有无肿胀，患者的呼吸、发音和吞咽情况，判断有无出血、呼吸困难、声音嘶哑、音调降低、误咽、呛咳、脑脊液漏等并发症的发生。

（2）体位与活动：患者去枕平卧 6 h，颈部制动，两侧颈肩部置沙袋；搬动或翻身时采用轴线翻身法，一人固定头颈部，保持头、颈和躯干在同一水平面上。术后第 2 日，床头抬高 30°；术后 2～3 d 佩戴头颈胸支架或颈托，在护士指导下早期下床活动。

（3）饮食护理：患者手术后 4～6 h 无恶心、呕吐，先予少量饮水，若无呛咳等，进食温凉流质饮食，逐步过渡到半流质、软食及普食。

（4）引流管护理：妥善固定引流管；保持有效负压；定时挤捏保持引流管通畅，及时引流切口内积血，预防气管受压；更换引流装置时严格执行无菌操作，避免感染。

（5）并发症的观察与护理

1）呼吸困难：是颈前路手术最危急的并发症，多发生于术后 1～3 d 内。常见原因：① 切口渗血压迫气管；② 喉头水肿压迫气管；③ 移植骨块松动、脱落压迫气管等。一旦患者出现呼吸困难、张口状急迫呼吸、应对迟缓、口唇发绀等表现，应立即通知医师，并做好气管切开及再次手术的准备。

2）术后出血：颈深部血肿多见于术后当日，尤其是 12 h 内，严重时可导致呼吸困难甚至危及生命。术后应注意生命体征、伤口敷料及引流液，如 24 h 出血量超过 200 mL，怀疑是否有活动性出血；若引流量呈淡红色且量多，考虑有脑脊液漏发生，应通知医生及时处理。注意观察颈部软组织的张力，若有明显肿胀，并出现呼吸困难、烦躁、发绀等表现时，报告并协助医师剪开缝线、清除血肿，做好气管切开手术准备。

3）脊髓神经损伤：手术牵拉和周围血肿压迫所致。一侧喉返神经损伤可引起声音嘶哑，双侧喉返神经损伤可引起失声或严重的呼吸困难，甚至窒息，需立即行气管切开术。喉上神经损伤时患者可出现饮水呛咳或误咽。脊髓神经损伤则可发生四肢感觉运动障碍以及大、小便功能障碍。损伤一般在术后 1～2 d 内明显好转或消失；较大血肿压迫引起的损伤则症状逐渐加重，术后应注意观察，及时发现并处理。

4）植骨块脱落、移位：多发生在手术后 5～7 d 内，与颈椎活动、体位不当有关，一旦发生易引起呼吸困难、窒息，需立即做好急救。

3. 功能锻炼　根据患者情况制订功能锻炼计划。一般术后第 1 日开始锻炼手的捏与握的功能，每日 3～4 次，每次 20～30 min；术后 2～3 d，引流管拔除后，可戴颈托或支架在护理人员指导下下床活动，进行坐位和站立位平稳训练及日常生活活动能力的训练。

4. 健康指导　日常生活、工作、休息时注意纠正不良姿势；保持良好睡眠体位，使头颈部保持

笔记栏

自然仰伸位、胸部及腰部保持自然曲度、双髋及双膝略呈屈曲；选择合适的枕头，长度超过肩宽 10～16 cm、高度以头颈部压下后一拳头高为宜；长期伏案工作者，宜定期远视，以缓解颈部肌肉的慢性劳损。

二、腰椎间盘突出症

腰椎间盘突出症是指椎间盘变性、纤维环破裂、髓核组织突出刺激和压迫马尾神经和神经根所引起的综合征，是腰腿痛最常见的原因之一。腰椎间盘突出症最多见于中年人，20～50 岁多发，男性居多。

（一）病因

1. 椎间盘退行性变　随着年龄增长，纤维环和髓核水分减少，弹性降低，椎间盘变薄，易于脱出；后纵韧带、椎体及椎间盘退变使椎间盘结构松弛，抗震能力下降易发生损伤。

2. 损伤　汽车和拖拉机驾驶员在驾驶过程中，长期处于座位及颠簸状态，腰椎间盘承受的压力过大，可导致腰椎间盘退变和突出。

3. 其他　如遗传、吸烟、过度负荷、外伤、妊娠及糖尿病等诸多因素。

（二）病理与分型

1. 病理　椎间盘发生蜕变，在外力及其他因素影响下，纤维环破裂，髓核突出引起腰腿痛和神经功能障碍。多发生在脊柱活动度大，承重较大或活动较多的部位，以 $L_{4\sim5}$ 及 $L_5\sim S_1$ 多见，发生率约占 90%。

2. 分型

根据病理变化和 CT、MRI 检查结果，可将腰椎间盘突出症分为膨出型、凸出型、突出型、脱出型与游离型；按突出位置可分为后外侧突型及中央型。

（三）临床表现

1. 症状　腰背痛是最早出现、最主要的症状，常为腰部急性剧痛或慢性隐痛。一侧下肢坐骨神经放射痛是本病的主要症状，多为刺痛。典型表现为疼痛从下腰部向臀部、大腿后方、小腿外侧甚至达足部的放射痛，伴麻木感。腹压增高时，疼痛加剧。中央型突出的髓核组织压迫马尾神经，出现鞍区感觉迟钝，大小便和性功能障碍，称为马尾综合征。

2. 体征

(1) 腰椎侧凸：脊柱正常生理曲度消失，发生腰椎侧凸、前凸或后凸；腰部活动在各方向均有不同程度的障碍，尤其腰椎前屈时受限最明显。

(2) 腰部肌痉挛压痛、叩痛：在病变椎间隙的棘突旁侧 1 cm 处有深压痛、叩痛，并向下肢放射。

(3) 直腿抬高试验及加强试验阳性：患者仰卧、伸膝，被动抬高患肢，抬高至 60°以内时，即出现坐骨神经放射痛，为直腿抬高试验阳性。当缓慢放下患肢，待放射痛消失后再被动背屈患侧距小腿关节，若再次出现放射痛，称为加强试验阳性。

(4) 神经系统表现：由于神经根受损，其支配区域的感觉及运动功能减弱甚至丧失，如皮肤麻木、皮温下降、肌力减退等，部分患者出现膝反射或跟腱反射减弱或消失。

（四）辅助检查

影像学检查为椎间盘突出症的重要诊断手段。X 线检查能直接反映椎间盘有无突出、椎间隙有无狭窄。CT 可显示韧带是否增厚及椎间盘突出的大小、方向。MRI 可显示椎管形态，全面反映各椎体、椎间盘有无病变及神经根和脊髓受压情况。

（五）临床诊断与治疗

笔记栏

1. 诊断要点　依据病史、临床表现及辅助检查进行综合分析。

2. 治疗要点　依据临床症状的严重程度，采用非手术或手术方法治疗。

(1) 非手术治疗：适用于第一次发作、症状较轻且影像学检查无严重突出者。

1) 绝对卧床休息：卧床时保持合适体位可减轻椎间盘受压。急性期绝对卧硬板床休息，包括卧床大小便。一般卧床 3 周或至症状缓解后佩戴腰围下床活动。

2) 持续骨盆牵引：可增大椎间隙，神经根的压迫。多采用骨盆持续牵引，抬高床尾做反牵引。牵引重量一般为 7～15 kg，持续 2 周；也可采用间断牵引法，每日 2 次，每次 1～2 h，持续 3～4 周，但效果不如前者。

3) 物理治疗：正确的局部推拿、按摩、理疗、经皮电神经刺激可促进血液循环，缓解肌痉挛及疼痛，减轻对神经根的压迫，但中央型突出者不宜推拿。

4) 髓核化学溶解法：将胶原酶注入椎间盘或硬脊膜与突出的髓核之间，达到降低椎间盘压力、缓解症状的目的。主要并发症有患者对胶原酶过敏和局部的出血、粘连。

(2) 手术治疗：适用于诊断明确、症状严重、经非手术治疗无效或马尾神经症状明显者。常用椎板切除术和髓核摘除术、椎间盘切除术、脊柱融合术、经皮穿刺髓核摘除术等。

（六）护理诊断

1. 疼痛　与椎间盘突出压迫神经，肌肉痉挛或手术有关。

2. 自理能力缺陷　与疼痛、牵引或手术有关。

3. 潜在并发症　切口出血感染、尿潴留等。

（七）护理措施

1. 非手术治疗及术前护理

(1) 绝对卧硬床板休息：急性期大、小便亦不可下床或坐起。

(2) 佩戴腰围：卧床 3 周后，带腰围下床活动。

(3) 保持有效骨盆牵引：参照牵引患者的护理。

(4) 有效镇痛：遵医嘱给予镇痛剂或非甾体类消炎止痛药，缓解疼痛，保证充足睡眠。

(5) 心理支持：指导患者放松，鼓励多与家属及病友相互交流，增强自信心。

(6) 术前训练：术前常规戒烟，训练床上排便，指导使用便盆。向患者解释手术方式、麻醉方法及术后可能出现的问题，增加其对手术及术后护理的认知度。

2. 术后护理

(1) 病情观察：密切监测生命体征、下肢感觉运动恢复情况；观察切口敷料有无渗液，及时通知医师更换潮湿敷料，以防感染；观察术后创口有无疼痛，给予有效处理。

(2) 体位护理：术后平卧 2 h 后轴线翻身，即翻身时指导患者双手交叉放于胸前，双腿自然屈曲，一名护理人员扶肩背部，另一名护理人员托臀部及下肢，同时将患者翻向一侧，肩背部及臀部垫软枕支撑。

(3) 引流护理：妥善固定，防止脱落或脱落，观察并记录引流液色质量，如有异常立即报告医师。

(4) 并发症的观察与护理：常见并发症为神经根粘连和脑脊液漏，需予以积极预防。

1) 脊髓神经损伤：密切观察下肢感觉、运动情况，并与健侧和术前对比，评估患者术后疼痛、肢体麻木情况有无缓解。若患者诉肢体麻木加重，肌力下降、活动受限，需立即汇报医生处理。

2) 脑脊液漏：观察引流是否通畅，引流液的颜色和量。若引流袋中流出淡黄色液体，患者出现头痛、呕吐等症状，应考虑发生脑脊液漏可能，需立即报告医师予以处理；适当抬高床尾，去枕卧位 7～10 d。脑脊液漏期间，需检测及补充电解质，预防颅内感染发生，必要时探查伤口，行裂口缝合，或修补硬脊膜。

3) 功能锻炼：为防止长期卧床所致的肌萎缩、关节僵硬等并发症，患者宜早期行床上肢体功能锻炼。

(a) 直腿抬高锻炼：术后第 1 日开始进行股四头肌舒缩和直腿抬高锻炼，每分钟 2 次，连续 15～30 min 为一组，每日 2～3 组；逐渐增加抬腿幅度，以防神经根粘连。

(b) 四肢肌肉、关节的功能锻炼：卧床期间坚持定时活动四肢关节，以防关节僵硬。

(c) 腰背肌锻炼：根据术式及医嘱，指导患者锻炼腰背肌。一般术后 7 d 开始，先用五点支撑法，1～2 周后采用三点支撑法；每日 3～4 次，每次 50 下，循序渐进，逐渐增加次数。但腰椎有破坏

笔记栏

性改变、感染性疾病、内固定物植入的患者不宜进行腰背肌锻炼。

(d) 行走训练：制定活动计划，协助患者按时下床活动。

3. 健康指导

(1) 指导患者采取正确坐、卧、立、行和劳动姿势，减少急、慢性损伤发生。

(2) 保持正确姿势：坐位时选择高度适宜、有扶手的靠背椅，保持身体与桌子距离适当，膝与髋保持同一水平，身体靠向椅背，并于腰部衬垫一软枕；站立位时尽量使腰部平坦伸直、收腰、提臀；行走时抬头、挺胸、收腹，利用腹肌支持腰部。

(3) 变换体位：避免长时间保持同一姿势，适当进行原地活动或腰背部活动，以解除腰背肌疲劳。长时间伏案工作者，积极参加课间操活动，以避免肌肉劳损。女性患者应避免长时间穿高跟鞋站立或行走。

(4) 合理保护腰部：如站位举起重物时，高于肘部，避免膝、髋关节过伸；蹲位举重时，背部伸直勿弯；搬运重物时，宁推勿拉；搬抬重物时，下蹲弯曲髋膝，伸直腰背，用力抬起重物后再行走。

(5) 合理保护腰部：腰部劳动强度过大的工人、长时间开车的司机，需佩戴腰围保护。

(6) 加强营养：多摄入高蛋白、高维生素的食品，以减缓椎间盘退变过程。

小　结

骨折是指骨的完整性和连续性中断。全身症状有发热、休克，局部症状有疼痛、局部肿胀与瘀斑，专有体征有畸形、骨擦音、反常活动。骨折的急救包括严重创伤患者的评估(意识状态、血压、脉搏与尿量、呼吸)，骨折急救措施(止血、包扎、肢体固定)，彻底清创、骨折患者的转送。骨科常用技术有牵引术及石膏固定术，石膏固定患者护理要点有石膏保护、压疮预防、石膏渗血观察、末梢血循环的观察、预防并发症。关节损伤分类(韧带损伤、关节盘损伤、关节内骨折、关节脱位)，早期并发症有关节内出血、神经血管损伤、感染、关节僵硬。颈椎病常见分型为神经根型、脊髓型、椎动脉型、交感神经型，术后常见并发症有呼吸困难、出血、脊髓神经损伤、植骨块脱落、移位。腰椎间盘突出症健康教育包括指导患者正确坐、卧、立、行和劳动姿势，加强营养，佩戴腰围，制定康复和锻炼计划。

(乔继江　阮小燕)

笔记栏

主要参考文献

陈国悦，王深明.甲状腺外科.北京：人民卫生出版社，2015.
陈孝平，汪建平.外科学.第 8 版.北京：人民卫生出版社，2013.
褚秀美，祝凯，魏丽丽.胸外科临床护理手册.北京：人民卫生出版社，2015.
郭爱敏，周兰姝.成人护理学.第 3 版.北京：人民卫生出版社，2017.
郭曲练，姚尚荣. 临床麻醉学. 北京：人民卫生出版社，2011.
黄人健.外科护理学高等教程.北京：人民军医出版社，2015.
黄跃生.烧伤外科学.北京：科学技术文献出版社，2010.
李乐之，路潜.外科护理学.第 6 版.北京：人民卫生出版社，2017.
李小寒.基础护理学.第 6 版.北京：人民卫生出版社，2017.
刘玉村，朱正刚.外科学普通外科分册.北京：人民卫生出版社，2015.
那彦群，叶章群，孙颖浩，等.中国泌尿外科疾病诊断治疗指南.北京：人民卫生出版社，2014.
石汉平，余红兰，吴承堂.普通外科营养学.北京：人民军医出版社.2012.
孙田杰，王兴华.外科护理学.第 2 版.北京：人民卫生出版社，2013.
王彩云，贾金秀.神经外科临床护理思维与实践.北京：人民卫生出版社，2013.
王洁，陆秀珍.骨科疾病护理手册.北京：清华大学出版社，2016.
中华护理学会手术室专业委员会.手术室护理实践指南.北京：人民卫生出版社，2015.